大学语文

姜恩庆 张朝丽 / 编著

厦门大学出版社
XIAMEN UNIVERSITY PRESS

国家一级出版社
全国百佳图书出版单位

目　录

第一篇
经典诗词

　　《诗经》是我国第一部诗歌总集,奠定了富有中国特色的诗歌创作方法——赋、比、兴,确立了中国诗歌抒情言志的基本品格,开现实主义诗歌之先河。

第一节

溱　洧

◎《诗经·郑风》

溱与洧,方涣涣兮①。
士与女,方秉蕳兮②。
女曰:"观乎?"
士曰:"既且③,且往观乎④?"
洧之外,洵訏且乐⑤。
维士与女⑥,伊其相谑⑦,
赠之以勺药⑧。

溱与洧,浏其清矣⑨,
士与女,殷其盈兮⑩。
女曰:"观乎?"
士曰:"既且,且往观乎?"
洧之外,洵訏且乐。
维士与女,伊其将谑⑪,
赠之以勺药。

(选自《诗经选注》,赵浩如注释,上海古籍出版社1980年版)

注 释

①溱洧(zhēn wěi):郑国的两条水名,在今河南境内。涣涣,春水泛流的样子。

②秉:拿,持。蕳(jiān),一种香草。郑国风俗,秉执兰草,被(fú)除不祥。

③既:已经,已是。且(jū),同"徂"(cú),往。

④且:再。乎,语气词。

⑤洵讦(xún xū):洵,的确。讦,大。且,又。

⑥维:语气词。

⑦伊其相谑:伊、其,语气词。相谑,互相说笑。

⑧勺药:香草名,古时男女以勺药相赠表示爱情。

⑨浏:水清朗的样子。

⑩殷其盈:挤得满满的。殷,人多拥挤。

⑪将:互相。

导读

本诗选自《诗经·郑风》。郑国风俗,每年三月初三要到溱洧二水岸边祈求幸福,去除不祥,是人们迎春聚游的一个节日。特别是青年男女,虽然来自不同村邑,这一天都可以互赠礼物表示爱慕。这首诗就是描写这一天的游春景象,表现了对美好生活的憧憬与对纯真爱情的赞美。

此诗采用了重章体,两章相重,略有变化,仅换数字,这种回环往复的叠章式,是古老民歌的常见形式,具有纯朴亲切的风格。各章皆可分为两层,两章略有不同,第一章第一层,落脚在"蕳","溱与洧,方涣涣兮",诗人以寥寥数笔描绘了一幅春天的风景画,"士与女,方秉蕳兮",同时也描绘了一幅风俗画,男男女女手持兰草游春,表现出人们对新春万事吉祥如意的祈盼。第二章第一层,落脚"殷其盈",言游春人多,场面宏大。诗的一、二两章的第二层,均落脚在"勺药",在宏大的游春场面中,作者选取了一对青年男女,记录下他们的呢喃私语,嬉笑谈情,更凸现出他们手中爱的信物——勺药。如果说对于成年的"士与女",他们对新春的祈愿只是风调雨顺,万事如意,那么对于年轻的"士与女",他们的愿景则更加上一个重要内容——爱情,因为他们不仅拥有大自然的春天,还拥有生命的春天——青春。诗人反复吟唱,讴歌这个春天的节日,记下了人们的欢娱,肯定和赞美了纯真的爱情。

《诗经》多为整齐的四言,而这首《溱洧》却三言、四言、五言错杂参差,诵读全诗,如一溪春水般地轻快活泼,诗意明朗、清新,情景俱佳。

感　悟　讨　论

1. 此诗描写了三月初三人们游春的场面,表现了怎样的情感?
2. 你觉得这首诗艺术表现上有何特点?
3. 阅读《蒹葭》,体会《诗经》重章体的诗歌形式。

✿平行阅读

蒹　葭

蒹葭苍苍,白露为霜。所谓伊人,在水一方。
溯洄从之,道阻且长。溯游从之,宛在水中央。

蒹葭凄凄,白露未晞。所谓伊人,在水之湄。
溯洄从之,道阻且跻。溯游从之,宛在水中坻。

蒹葭采采,白露未已。所谓伊人,在水之涘。
溯洄从之,道阻且右。溯游从之,宛在水中沚。

（选自《诗经选注》,赵浩如注释,上海古籍出版社 1980 年版）

汉乐府继承了《诗经》以来的现实主义传统，具有浓郁的生活气息，长于叙事，五言为主，间以杂言，歌标志着叙事诗进入了一个更趋成熟的新阶段。

第二节

饮马长城窟行①

◎《乐府诗集》

青青河畔草，绵绵思远道②。

远道不可思③，宿昔梦见之④。

梦见在我傍，忽觉在他乡⑤。

他乡各异县，展转不相见⑥。

枯桑知天风，海水知天寒⑦。

入门各自媚⑧，谁肯相为言⑨。

客从远方来，遗我双鲤鱼⑩。

呼儿烹鲤鱼⑪，中有尺素书⑫。

长跪读素书⑬，书中竟何如？

上言加餐食，下言长相忆。

（选自《乐府诗集》，郭茂倩编，中华书局1979版）

注 释

①饮马长城窟行：曲名。相传古长城边有水窟，可供饮马，征人路此伤悲，曲名由此而来。

②绵绵：绵延不绝。

③不可思：相思也无用。无奈之反语。

④宿昔：同"夙夕"，言多次。

⑤忽觉：忽然惊醒。

⑥展转：同"辗转"，翻来覆去。

⑦枯桑两句：枯桑虽然没有叶，仍然感到风吹，海水虽然不结冰，仍然感到天冷。喻夫妇久别，自知孤苦。

⑧媚：爱。

⑨谁肯句：谁能告诉我一点消息呢？

⑩遗（wèi）：送。双鲤鱼：指藏书信的函。刻成鲤鱼形的两块木板，一底一盖，把书信夹在里面。一说鲤鱼腹中藏有书信。

⑪烹鲤鱼：喻开函取信。

⑫尺素：素是生绢，古人用绢写信，长不过尺，故称尺素。

⑬长跪：伸直了腰跪着。

　　乐府原指音乐机关。自秦代以来设立专门官署配置乐曲、训练乐工和采集民歌，汉武帝时扩充为大规模的专署，其主要任务是采集民间歌辞予以配乐，以及将文人歌功颂德之诗制谱，以供祭祀和朝会宴饮时演奏使用。后代将乐府所唱的诗歌，直接称作"乐府"，于是乐府便由机关的名称变为带有音乐性质的诗体名称，"汉乐府"即指汉代的乐府诗。汉乐府继承了《诗经》以来的现实主义传统，其优秀作品真实、广泛、深刻地反映了当时的社会现实，具有浓郁的生活气息。叙事性是汉乐府的基本艺术特色，作品通过人物的语言、行动塑造出个性鲜明的形象，语言朴素而富于感情。汉乐府打破了《诗经》四言格式，采用杂言和五言，长短参差，整散不拘，是一种具有口语化特色的新诗体，对中国古典诗歌的发展影响重大。

▶导读

　　这首诗是汉乐府怀人诗中的力作。全诗以思妇思念出门在外久无音讯的亲人的情感为主脉，写了思妇的种种意想，"天籁自鸣，直抒己志，如风行水上，自然成文，言有尽而意无穷"（清刘毓崧《古遥谚序》），把思念远方亲人的情感抒发得淋漓尽致。

　　全诗二十句，可分为三层。第一层写思妇日思夜想的悲伤。"青青河畔草，绵绵思远道"以沿河的青草连绵不断作为起兴，引出对远在他乡的丈夫的思念。终日思念，梦里相见，一觉醒来发现丈夫原来还是在外乡漂泊，不能相见。第二层写寒门独居的痛苦和不平。"枯桑知天风，海水知天寒"也是比兴，枯桑虽然没有叶，仍然感到风吹，海水虽然不结冰，仍然感到天冷，远方归来的游子纵然同我陌生，也该想到我的凄凉，可是他们各自走进自己的家门，只顾怜爱自己的亲人，谁肯向我报告丈夫的一点信息呢？诗人运用悲与欢、忧与乐的反衬，把思情更加强烈地表现出来。第三层写接到丈夫书信的情况。接到书信应该是一件喜事，但书信的内容却带来更大的悲痛，"上言加餐食，下言长相忆"。丈夫回家遥遥无期,思妇陷入了更深的思念之中,孤苦的日子还将继续。最后两句留给读者无限的想象空间,一个柔情百转、肝肠寸断的思妇形象跃然纸上。

这首诗充分显示了民歌的特点,也彰显了五言诗初起阶段的活力。不拘守任何框框,分节和用韵无拘无束,不借助任何雕饰,不用典故,一任真情的自然流露,语言清新活泼,以情驭文,文以情表,于朴素的语言中抒写了一片浓浓的相思之情。

感 悟 思 考

1. 为什么说这首诗体现出特有的民歌风格?
2. 阅读《上邪》和《东门行》,体味汉乐府的艺术特色。
3. 结合《诗经》中的作品,谈谈现实主义诗歌的特色。

平行阅读

上 邪

上邪! 我欲与君相知,长命无绝衰。
山无陵,江水为竭,
冬雷震震,夏雨雪,
天地合,乃敢与君绝!

东门行

出东门,不顾归;来入门,怅欲悲。
盎中无斗米储,还视架上无悬衣。
拔剑东门去,舍中儿母牵衣啼。
他家但愿富贵,贱妾与君共铺糜。
上用仓浪天故,下当用此黄口儿。今非,
咄! 行! 吾去为迟! 白发时下难久居。

(选自《乐府诗集》,郭茂倩编,中华书局 1979 年版)

翻译家杨宪益在《菊花》一文中提到,自陶渊明之后,人们对菊花的观念发生了变化,菊花不再是单纯的药物,有了高洁人格的象征意义。

第三节

和郭主簿①(其二)

◎ 陶渊明

和泽周三春②,清凉素秋节③。
露凝无游氛④,天高肃景澈⑤。
陵岑耸逸峰⑥,遥瞻皆奇绝⑦。
芳菊开林耀⑧,青松冠岩列⑨。
怀此贞秀姿⑩,卓为霜下杰⑪。
衔觞念幽人⑫,千载抚尔诀⑬。
检素不获展⑭,厌厌竟良月⑮。

(选自《魏晋南北朝文学史参考资料》,北京大学中国文学教研室注释,中华书局 1962 年版)

注 释

①郭主簿:事迹不详。主簿:官名,主管簿书,各级政府均有。

②和泽:雨水调和。周:遍。三春:谓春季三月。

③素秋:秋季。素:白。古人以五色配五方,西尚白;秋行于西,故曰素秋。

④露凝:露水凝结为霜。游氛:飘游的雾气。

⑤肃景:秋景。澈:清澈,明净。

⑥陵:大土山。岑:小而高的山。逸峰:飞逸高耸的山峰。

⑦远瞻:远望。

⑧耀:耀眼,增辉。

⑨冠岩列:在山岩高处挺拔而整齐排列。

⑩贞秀姿:坚贞秀美的姿态。

⑪卓：卓然挺立。

⑫衔觞(shāng)：指饮酒。觞：古代酒器。幽人：指古代的隐士。

⑬抚尔诀：坚守你们的节操。抚：持，坚持。尔：指幽人。诀：法则，原则，引申为节操。

⑭检素：自检平素心怀。展：施展。

⑮厌厌：精神不振的样子。竟：终。良月：指十月。

　　陶渊明(365—427)，字元亮，一说名潜，字渊明，号"五柳先生"，私谥"靖节"，浔阳柴桑(今江西九江)人，东晋著名诗人。陶渊明曾祖为东晋名臣陶侃，后家道中落。九岁丧父，与母妹三人在外祖父家里生活，陶渊明"存心处世，颇多追仿其外祖辈者"。他阅读了大量古籍，接受了儒家和道家两种不同的思想，培养了"猛志逸四海"和"性本爱丘山"的两种不同志趣。陶渊明先后担任过江州祭酒、镇军参军、彭泽令等小官，因不满官场黑暗，辞官归隐，过着躬耕自资的生活。他是我国最早创作田园诗的诗人，写了大量风格质朴自然、平和的田园诗，这些诗表现了诗人鄙夷功名利禄的高远志趣和守志不阿的高尚节操，表露了诗人对污浊官场的极端憎恶和彻底决裂之心，抒发了诗人对淳朴的田园生活的热爱和对理想世界的追求向往，对后世影响重大。有《陶渊明集》。

导读

　　这首诗是陶渊明《和郭主簿》的第二首，描绘秋天的景色，在写实中兼用比兴、象征的手法，表现出诗人望云怀古的避世幽情和不愿与世俗同流合污，矢志秋菊般傲霜贞秀的高洁品格。

　　诗人写秋色独辟蹊径，别开生面。"和泽周三春"首句不写秋景，却写春雨之多，继承了《诗经》中"兴"的表现手法，由多雨的春引起对肃爽的吟唱，且两相对比，令人觉得下文描绘的清秀奇绝的秋色，大有胜过春光之意。接下来具体写秋景，天高气爽，清新澄澈，远眺群山挺秀奇绝，近看林中菊花灿烂耀眼，苍松巍然挺立山岩。写松菊，发出了"霜下杰"的赞美，进而引出对孤高傲世、守节自厉的古代幽人的怀念，赞美"幽人"的节操，也寓有诗人内在品格的自喻和自厉。在向往"幽人"隐逸的同时，诗人内心始终潜藏着一股壮志未酬而悲愤不平的激流，这种矛盾的心情，反映在结尾两句：诗人检查平素有志而不获施展，清秋明月之下，不由得黯然神伤。

　　本诗描绘的意象，具有强烈的象征意味：写秋景的清凉澄澈，象征着幽人和诗人清廉纯洁的品质；写陵岑逸峰的奇绝，象征着诗人和幽人傲岸不屈的精神；写芳菊、青松的贞秀，象征着幽人和诗人卓异于流俗的节操。诗中的露凝、景澈、陵岑、逸峰、芳菊、青松等意象,无不象征着"幽人"的品质节操,寄寓着诗人的高洁志趣,物我融一,妙合无痕,充分体现了陶渊明清新淡远的审美情趣和平易自然的诗作风格。

感 悟 讨 论

1. 这首诗表现了诗人怎样的思想感情?
2. 诗中哪些地方运用了比兴和象征的手法?有什么效果?
3. 阅读《饮酒》,结合熟悉的作品谈谈你对陶渊明人格操守的看法。

平行阅读

饮酒(其八)

陶渊明

青松在东园,众草没其姿。

凝霜殄异类,卓然见高枝。

连林人不觉,独树众乃奇。

提壶挂寒柯,远望时复为。

吾生梦幻间,何事绁尘羁。

(选自《魏晋南北朝文学史参考资料》,北京大学中国文学教研室注释,中华书局1962年版)

杜甫这样评价"初唐四杰"的诗歌创作：王杨卢骆当时体，轻薄为文哂未休，尔曹身与名俱灭，不废江河万古流。(《戏为六绝句》)

第四节

在狱咏蝉

◎ 骆宾王

西陆蝉声唱①，南冠客思侵②。
那堪玄鬓影③，来对白头吟④。
露重飞难进，风多响易沉⑤。
无人信高洁⑥，谁为⑦表予心。

(选自《唐诗选》，中国社科院文学研究所编，人民文学出版社1981年版)

注 释

①西陆：指秋天。《隋书·天文志中》："日循黄道东行，一日一夜行一度，三百六十五日有奇而周天。行东陆谓之春，行南陆谓之夏，行西陆谓之秋，行北陆谓之冬。"

②南冠：楚国之冠。《左传·成公九年》："晋侯观于军府，见钟仪，问之曰：'南冠而絷者谁也？'有司对曰：'郑人所献楚囚也。'"后以"南冠"指囚徒。诗人是南方人，当时正在坐牢，因以"南冠"自称。客思：客中思乡之情。侵，一作"深"。

③玄鬓：指蝉。

④白头：诗人自指。诗人忧心深重，所以自谓"白头"，并非以老人自居，当时诗人不足四十岁。吟：谓蝉鸣。

⑤露重两句：意谓浓重的秋露沾湿了蝉翼难以奋飞，萧瑟的秋风又阻遏了蝉的鸣声。

⑥高洁：指蝉。古人认为蝉只饮露而不食，把它作为高洁的象征。

⑦谁为：为谁。

骆宾王(约640—？)，婺州义乌(今属浙江义乌)人，唐代诗人，"初唐四杰"之一。七岁能诗，号称"神童"，早年丧父，家境穷困。初为道王李元庆府属，历官武功、长安主簿，入朝迁侍御史。被诬入狱，遇赦贬为临海丞。徐敬业起兵反对武后，为徐敬业草讨武檄文，讨武兵败，逃亡不知所终。骆宾王的诗整炼缜密，精工谐亮，尤擅七言长歌，慷慨流动，排比铺陈而不堆砌，圆熟流转，代表作《帝京篇》被誉为"绝唱"。

▶导读

　　这首诗是诗人于唐高宗仪凤三年（678）在狱中所作。诗人因为上书讽谏，触怒皇后武曌（zhào），被诬以赃罪下狱。诗人在狱中以蝉起兴，借蝉自况，抒写了含冤莫辩的深切哀痛和忧愤。

　　诗的首联点题，深秋狱中寒蝉时断时续的鸣叫声，唤起了诗人思念故乡的无限惆怅与悲戚，幽咽、凄楚的意味油然而生，"侵"字，恰如其分地表现了诗人悲苦忧愤的心境。颔联紧承上联进一步抒发诗人的心情，诗人仿佛是在对蝉倾诉，又仿佛是自言自语，本来痛苦已经很深，哪里还经得起秋蝉的哀鸣，正所谓以苦引苦，人何以堪。颈联"露重飞难进，风多响易沉"，表面是写蝉，实际是抒写诗人自己的境况。秋露凝重，打湿了蝉的翅膀，使它难以飞行；秋风频吹，使蝉的声音传不到远方。诗人借蝉的困厄处境比喻自己仕途曲折，蹉跎难进；受谗言诽谤，身陷囹圄，辩词无以传递。这两句写得蝉人相融，抒情忘蝉，达到了出神入化的地步。尾联发出了源自肺腑的深深慨叹，"无人信高洁，谁为表予心"，没有人看重高洁的品德，又能指望谁来替诗人昭雪呢！是哀叹，是呼吁，是控诉，更是呐喊，一腔愤懑倾泻而出。

　　本诗用典贴切自然，语言精练，音韵和美，对仗工整，比喻精辟传神，寄情寓兴深远，格调深沉而不低颓，含蓄蕴藉与直抒胸臆互为映衬，为初唐诗坛带来清新之风。

感 悟 讨 论

　　1. 本诗以蝉起兴，以蝉自比，表达了什么样的思想感情？

　　2."露重飞难进，风多响易沉"一联有何特点？

　　3. 阅读《送杜少府之任蜀州》，体会"初唐四杰"的诗歌创作。

⚙ 平行阅读

送杜少府之任蜀州

王 勃

城阙辅三秦，风烟望五津。
与君离别意，同是宦游人。
海内存知己，天涯若比邻。
无为在歧路，儿女共沾巾。

（选自《唐诗选》，中国社科院文学研究所编，人民文学出版社 1981 年版）

赞叹美丽的大自然，讴歌纯洁的爱情，将游子思妇的情感拓展开来，与对人生哲理的探求相结合，汇成了一种情、景、理水乳交融的意境，幽美而又邈远，耐人寻味。

第五节

春江花月夜①

◎ 张若虚

春江潮水连海平，海上明月共潮生。
滟滟随波千万里②，何处春江无月明。
江流宛转绕芳甸③，月照花林皆似霰④。
空里流霜不觉飞⑤，汀⑥上白沙看不见。
江天一色无纤尘，皎皎空中孤月轮。
江畔何人初见月？江月何年初照人？
人生代代无穷已⑦，江月年年只相似。
不知江月待何人⑧，但见长江送流水。
白云一片去悠悠⑨，青枫浦上不胜愁⑩。
谁家今夜扁舟子⑪？何处相思明月楼⑫？
可怜楼上月徘徊⑬，应照离人妆镜台⑭。
玉户帘中卷不去⑮，捣衣砧上拂还来⑯。
此时相望不相闻，愿逐月华流照君⑰。
鸿雁长飞光不度⑱，鱼龙潜跃水成文⑲。
昨夜闲潭梦落花⑳，可怜春半不还家。
江水流春去欲尽，江潭落月复西斜。
斜月沉沉藏海雾，碣石潇湘无限路㉑。
不知乘月几人归，落月摇情满江树㉒。

（选自《唐诗选》，中国社科院文学研究所编，人民文学出版社1981年版）

注 释

①春江花月夜：乐府旧题，属《清商曲·吴声歌》，相传创自南朝陈后主叔宝。

13

②滟滟：水面闪光貌。

③芳甸：花草丛生的原野。

④霰(xiàn)：细密的雪珠。

⑤空里句：皎洁的月光犹如流霜飞泻。霜在古人想象中像雪一样从空中落下，所以常说"飞霜"。这里以霜喻月色，所以觉"流"而不觉"飞"。

⑥汀：水中或水边平地。

⑦无穷已：没有止尽。

⑧待：一本作"照"。

⑨白云：喻指游子。去悠悠：形容白云缓缓飘逝。

⑩青枫浦：在今湖南浏阳境内，一名双枫浦。此处泛指离别处。不胜：经不起。

⑪扁(piān)舟：小船。扁舟子：舟行的游子。

⑫何处句：有多少思妇伫立楼头，思念丈夫。"何处"与前句"谁家"互文见义。

⑬月徘徊：月影缓缓移动。

⑭妆镜台：梳妆台。

⑮玉户句：说月光似乎故意与思妇为难，帘卷不去，手拂还来。玉户：指思妇居室。

⑯捣衣砧(zhēn)：捣衣服的垫石。

⑰逐：追随。月华：月光。

⑱鸿雁：指信使。长飞光不度：鸿雁飞得再远，也无法逾越月光。度：同"渡"。

⑲鱼龙：指鲤鱼。《古诗·饮马长城窟行》："客从远方来，遗我双鲤鱼。呼儿烹鲤鱼，中有尺素书，长跪读素书，书中竟何如？上言加餐饭，下言长相忆。"说鲤鱼也能传递书信。

⑳闲潭：幽静的水潭。

㉑碣石潇湘：指天南地北。碣石：山名，在今河北。潇湘：水名，在今湖南。

㉒摇情：激荡情思，犹言牵情。

张若虚（约660—约720），扬州人。曾任兖州兵曹。唐中宗神龙(705—707)年间，与贺知章、贺朝、万齐融、邢巨、包融等都以文词俊秀驰名于京都，他与贺知章、张旭、包融并称为"吴中四士"。玄宗开元时尚在世。张若虚在《全唐诗》中存诗仅两首（另一首为《代答闺梦还》），然而，他的名篇《春江花月夜》却成为数万首诗歌的璀璨群星中最耀眼的一颗，有"孤篇盖全唐"之誉。《春江花月夜》原为乐府《吴声歌曲》名，原词已佚。隋炀帝、温庭筠等都曾作有此曲。最为出名的就是张若虚所作。闻一多先生曾给这首诗以极高的评价："在这首诗面前，一切的赞叹是饶舌，几乎是渎亵。"认为"这是诗中的诗，顶峰上的顶峰"。

导读

这首诗沿用陈隋乐府旧题，描绘了春江花月夜的幽美景色，抒写真挚动人的离情别绪及富有哲理意味的人生感慨，语言清新优美，韵律宛转悠扬，洗去了宫体诗的浮艳脂粉,给人以清丽自然、澄空明澈之感。

全诗紧扣春、江、花、月、夜的背景来写,以"月"统摄群像,随着"月"的升起——高悬——西斜——落下,描绘了潮水、波光、花林、沙滩、夜空、白云、青枫、闺阁、镜台、海雾等一系列景象,组成了一幅意趣盎然的水墨长卷。"月"是诗中情景兼容之物,在全诗中犹如一条律动的纽带,触处生神。在描绘月夜美景的同时,作者还写了漂泊的游子、望月思人的思妇,融入了美景常在而人不在、明月常圆而人难圆的感怀,引发了宇宙与人生的思索。诗人尽情赞叹大自然的奇丽景色,讴歌人间纯洁的爱情,追求思索人生的哲理,探寻自然宇宙的奥秘,画意、诗情、哲理交相融汇,令人思索不尽。

本诗语言优美、声韵和谐自然,章法结构,以整齐为基调,以错杂显变化。三十六行诗,共分为九组,每四句一组,各组用韵不同,九个韵脚富于平仄变化。开头一、三组用平韵,二、四组用仄韵,随后五六七八组皆用平韵,最后用仄韵结束,错落穿插,声调整齐而不呆板。在句式上,大量使用排比句、对偶句句式,起承转合皆妙。整首诗神气凝聚,浑然一体,清丽婉畅。

感 悟 讨 论

1. "月"是否是全诗的灵魂?为什么?

2. 找出诗中的对偶句式,分析一下其作用。

3. 本诗三十六句,用了九个韵脚,试分析本诗用韵的特点。

4. 结合初唐的时代精神,体会全诗虽写忧思惆怅却又柔婉轻盈的艺术特色。

平行阅读

望月怀远

张九龄

海上生明月,天涯共此时。

情人怨遥夜,竟夕起相思。

灭烛怜光满,披衣觉露滋。

不堪盈手赠,还寝梦佳期。

(选自《唐诗选》,中国社科院文学研究所编,人民文学出版社1981年版)

味摩诘之诗,诗中有画。观摩诘之画,画中有诗。诗曰"蓝溪白石出,玉川红叶稀。山路元无雨,空翠湿人衣"。——苏轼《东坡题跋·书摩诘〈蓝田烟雨图〉》

第六节

辋川闲居赠裴秀才迪①

◎ 王　维

寒山转苍翠②,秋水日潺湲③。
倚杖柴门外,临风听暮蝉。
渡头余落日,墟里上孤烟④。
复值接舆醉⑤,狂歌五柳前⑥。

(选自《唐诗选》,中国社科院文学研究所编,人民文学出版社 1981 年版)

注 释

①辋川:水名,在今陕西蓝田终南山下。山麓有初唐诗人宋之问的别墅,后归王维,王维居此三十余年。裴迪:盛唐山水田园诗人,王维好友,与王维唱和较多。

②转苍翠:山色愈来愈深。一作"积苍翠"。

③潺湲(yuán):水流动的样子。

④墟里:村落。孤烟:炊烟。

⑤接舆:春秋时楚国隐士陆通,字接舆,佯狂遁世。此处以接舆指裴迪。

⑥五柳:即陶潜。此处王维以陶潜自比。晋陶潜归隐后尝著《五柳先生传》以自况:"先生不知何许人也,亦不详其姓名,宅边有五柳树,因以为号焉。"

王维(701? —761),字摩诘,原籍祁州(今山西祁县),迁至蒲州(今山西永济),崇信佛教,晚年居于蓝田辋川别墅,盛唐著名诗人。王维的名和字取自《维摩诘经》中的维摩诘居士,维摩诘是佛门弟子,却过着贵族的奢华生活。王维实际的生活也和维摩诘差不多。唐玄宗开元九年(721)进士及第,为大乐丞,后任右拾遗、监察御史等职。张九龄执政时,写诗自陈,有进取之心。安史之乱王维为叛军所获,被迫接受伪职。乱平后以罪降为太子中允,由此淡泊世事,在蓝田辋川别墅过着焚香礼佛,亦官亦隐的生活。官至尚书右丞,世称王右丞。王维多才多艺,诗画成就尤高。早期的边塞诗慷慨激昂,抒写保家卫国的英雄气概。后期则致力于山水田园诗的创作,与孟浩然同为盛唐山水田园诗的代表,并称"王孟"。王维继承和发展了谢灵运开创的山水诗的传统,对陶渊明田园诗的清新自然也有所吸取,使山水田园诗的成就达到了一个高峰。他的诗对物象体察精细,描绘简洁传神,充溢着诗情画意,渗透着佛理禅机,以"诗中有画"著称。有《王右丞集》。

◤ 导读

　　这是一首诗画完美结合的五言律诗。描绘了幽居山林,超然物外之志趣,以接舆比好友裴迪,以陶潜自比,风景人物,交替出现,相映成趣,形成了物我一体、情景交融的艺术意境,抒发了闲居之乐和对友人的真切情谊。

　　这首诗所要极力表现的是辋川的秋景。首联和颈联写山水原野的深秋晚景,诗人选择富有季节和时间特征的景物:苍翠的寒山、缓缓的秋水、渡口的夕阳、墟里的炊烟,有声有色,动静结合,勾勒出一幅和谐幽静而又富有生机的田园山水画。颔联和尾联展示诗人与裴迪的闲居之乐,颔联写倚杖柴门,临风听蝉,把诗人安逸的神态,超然物外的情致,写得栩栩如生;尾联则采用了两个典故,"复值接舆醉"句中的接舆,是春秋时代"凤歌笑孔丘"的楚国狂士,诗人把沉醉狂歌的裴迪与楚国狂士接舆相比,既把裴迪的狂士风度表现得淋漓尽致,也透出对这位年轻朋友的赞许、欣赏之情;"狂歌五柳前"句中的"五柳先生"是陶潜《五柳先生传》的主人公,一位忘怀得失、诗酒自娱的隐者,"宅边有五柳树,因以为号焉"。在这里王维以陶潜自况,"五柳先生"指诗人自己。王维与裴迪,个性虽大不一样,但那超然物外的心迹却是相近相通的,浓情厚谊尽在典故的使用之中。

　　全诗物我一体,笔致简约,情景交融,用典妙合,动静相衬,"诗中有画",流溢着陶然愉悦的情趣。

感 悟 讨 论

1. 以本诗为例,谈谈你对王维诗作"诗中有画"的体会。
2. "复值接舆醉,狂歌五柳前"这两个典故,表现了诗人什么样的情感?
3. 阅读《渭川田家》、《山中》,体会山水田园诗的特点。

平行阅读

渭川田家

王　维

斜光照墟落，穷巷牛羊归。
野老念牧童，倚杖候荆扉。
雉雊麦苗秀，蚕眠桑叶稀。
田夫荷锄至，相见语依依。
即此羡闲逸，怅然歌式微。

（选自《唐诗选》，中国社科院文学研究所编，人民文学出版社1981年版）

"红旗半卷出辕门"、"将军金甲夜不脱"、"三军大呼阴山动"、"不破楼兰终不还"——建功立业的英雄气概,不畏艰险的豪迈情怀构筑了盛唐边塞诗雄浑的精神世界。

第七节

燕歌行 并序

◎ 高 适

　　开元二十六年,客有从御史大夫张公出塞而还者,作《燕歌行》以示,适感征戍之事,因而和之①。

　　　　汉家烟尘在东北②,汉将辞家破残贼③。
　　　　男儿本自重横行④,天子非常赐颜色⑤。
　　　　摐金伐鼓下榆关⑥,旌旆逶迤碣石间⑦。
　　　　校尉羽书飞瀚海⑧,单于猎火照狼山⑨。
　　　　山川萧条极边土⑩,胡骑凭陵杂风雨⑪。
　　　　战士军前半死生⑫,美人帐下犹歌舞⑬!
　　　　大漠穷秋塞草腓⑭,孤城落日斗兵稀⑮。
　　　　身当恩遇恒轻敌⑯,力尽关山未解围⑰。
　　　　铁衣远戍辛勤久⑱,玉箸应啼别离后⑲。
　　　　少妇城南欲断肠,征人蓟北空回首⑳。
　　　　边风飘飖那可度㉑,绝域苍茫更何有㉒!
　　　　杀气三时作阵云㉓,寒声一夜传刁斗㉔。
　　　　相看白刃血纷纷㉕,死节从来岂顾勋㉖?
　　　　君不见沙场征战苦㉗,至今犹忆李将军㉘!

　　　　　　　　(选自《唐诗选》,中国社科院文学研究所编,人民文学出版社1981年版)

注 释

①序中所说"御史大夫张公",指河北节度副大使张守珪。开元二十三年(735)以与契

丹作战有功,拜辅国大将军兼御史大夫。后因恃功骄纵,隐瞒交战败绩被贬。"燕歌行"本是乐府古题,多写思妇怀念征人,高适扩大了表现范围,多方面地描写了唐代的征战生活。

②汉家句:汉家,借指唐朝。烟尘,战争。

③残贼:凶残的敌人。

④横行:驰骋疆场,为国效命。

⑤非常赐颜色:厚加礼遇。

⑥摐(chuāng)金伐鼓:敲锣击鼓,指行军。榆关:指山海关。

⑦旌旆:军中旗帜。逶迤:蜿蜒绵长。碣石:山名,在今河北昌黎。

⑧校尉:武官,仅次于将军。羽书:即"羽檄",插有羽毛的文书,以示军情紧急。瀚海:沙漠。

⑨单于:古代匈奴称其王为单于。猎火:指战火。狼山:位于内蒙乌拉特旗,这里泛指与敌军交战的地方。

⑩极:到达尽头。

⑪胡骑:敌人的军马。凭陵:逼压,威逼。杂风雨:风雨交加,形容胡骑来势凶猛。

⑫半死生:死生各半。谓戍边战士出生入死,英勇奋战。

⑬帐下:军中将帅的营帐中。

⑭穷秋:深秋。腓:变黄,枯萎。

⑮斗兵稀:兵器击打的声音稀少,暗示唐军伤亡惨重。

⑯恒:常常。

⑰关山:指边境险要处。未解围:未能解除敌人对孤城的围困。

⑱铁衣:铠甲,借指戍边战士。

⑲玉箸:白色的筷子,喻指思妇的眼泪。

⑳城南:长安城南,泛指思妇的住处。

㉑蓟北:今天津蓟县。

㉒飘飘:动荡不安。度:度日。

㉓绝域:极偏僻的地方。

㉔三时:指早、午、晚,即一整天。

㉕刁斗:古代军中值夜巡逻时敲击的铜器,也可用来做饭。

㉖白刃:雪亮的战刀。

㉗死节:为国捐躯。勋:功劳。

㉘沙场:战场。

㉙李将军:即汉代名将李广。李广十分爱护士兵,《史记·李将军列传》载:"广之将兵,乏绝之处,见水,士卒不尽饮,广不近水;士卒不尽食,广不尝食。宽缓不苛,士以此爱乐为用。"高适《塞上》:"惟昔李将军,按节出此都。总戎扫大漠,一战擒单于。常怀感激心,愿效纵横谟。倚剑欲谁语,关河空郁纡。"

    高适(700—765),字达夫,沧州(今河北景县)人,居住在宋中(今河南商丘一带）。盛唐时期"边塞诗派"代表诗人。少孤贫，爱交游，性格落拓，有游侠之风，以建功立业自期。唐玄宗天宝八年（749），经举荐，中"有道科"，授封丘县尉，因不能忍受"拜迎长官心欲碎，鞭挞黎庶令人悲"的痛苦，弃官而去。安史之乱后，高适反对唐玄宗分封诸王，对肃宗李亨的王位巩固有利，因而得到李亨赏识，官职累升，最后官至散骑常侍。《全唐诗》按语说，"开元以来，诗人至达者，唯适而已"。高适前半生潦倒，其诗喟叹自身境遇的较多，对民生疾苦也有所反映。他的边塞诗数量不多，但却较为深刻地反映了社会现实，"雄浑悲壮"是高适边塞诗的突出特点。以诗体而论，尤以七言古诗最为擅长，高适的歌行长篇，波澜浩瀚，声情顿挫，感情深挚，风格雄放，语言端直，笔力浑厚。有《高常侍集》。

导读

这首诗的缘起与讽刺河北节度副大使张守珪有关，但通观整篇诗作，思想内涵不仅局限于此，而是概括了唐开元年间戍边将士生活的各个方面，其主旨是"感征戍之事"，既有对军中苦乐悬殊的揭露，也有对将帅无能、不恤士卒的抨击，有对戍边士兵以身许国、奋勇杀敌的歌颂，也有对长期浴血奋战的士兵及家人的深切同情。全景式、多角度地反映了边塞战争和戍边生活，为边塞诗派代表作。

全诗以非常浓缩的笔墨，写了一个战役的全过程，可分为四个部分：第一部分写奉命出师；第二部分写战斗失利；第三部分写戍边士兵和思妇两地相思；第四部分怀念汉将李广，表明了复杂的心情。其中既有对战争的宏观展示，又有对战争以及戍边生活的具体描写，景物映衬、氛围渲染、议论点旨相交融，手法多样，富于变化。全诗气势磅礴，笔力矫健，浑化无迹。运用了大量的对偶句式，读来抑扬顿挫，气氛悲壮而淋漓，主旨表达深刻而含蓄。"山川萧条极边土，胡骑凭陵杂风雨"，"大漠穷秋塞草腓，孤城落日斗兵稀"，暗示和渲染战斗的惨烈；"少妇城南欲断肠，征人蓟北空回首"描写了士兵和思妇复杂变化的内心活动，凄恻动人；"战士军前半死生，美人帐下犹歌舞"更是对比鲜明，凝练警策，诗人只是叙述事实，并未褒贬，但旨意显露，耐人深思，成为与杜工部"朱门酒肉臭，路有冻死骨"有异曲同工之妙的千古名句。

这是一首七言歌行体，开头四句押入声韵，后面平仄相间，音韵富于变化，使用了六个韵脚，与情感的跌宕起伏共同律动，流转自然，气势奔放。

21

感 悟 讨 论

1. 诗前小序说这首诗为"感征戍之事"而作,表达了作者哪些感慨?
2. 诗中运用了大量的对偶句式,找出来并分析其作用。
3. 《燕歌行》韵脚富于变化,分析本诗用韵的特点。
4. 阅读《走马川行奉送出师西征》,体会边塞诗的风格和特点。

平行阅读

走马川行奉送出师西征

岑 参

君不见走马川,雪海边,平沙莽莽黄入天。

轮台九月风夜吼,一川碎石大如斗,随风满地石乱走。

匈奴草黄马正肥,金山西见烟尘飞,汉家大将西出师。

将军金甲夜不脱,半夜军行戈相拨,风头如刀面如割。

马毛带雪汗气蒸,五花连钱旋作冰,幕中草檄砚水凝。

虏骑闻之应胆慑,料知短兵不敢接,车师西门伫献捷。

(选自《唐诗选》,中国社科院文学研究所编,人民文学出版社 1981 年版)

"昔年有狂客,号尔谪仙人。笔落惊风雨,诗成泣鬼神。"这是杜甫《寄李十二白二十韵》的前四句,贺知章惊李白"谪仙人"世人熟知,而"落笔惊风雨,诗成泣鬼神"两句则公认为最能表现这位浪漫主义大诗人的狂放不羁和摇惊风雨的旷世才华。

第八节

江上吟

◎李　白

木兰之枻沙棠舟①,玉箫金管坐两头②。
美酒樽中置千斛③,载妓随波任去留。
仙人有待乘黄鹤④,海客无心随白鸥⑤。
屈平词赋悬日月⑥,楚王台榭空山丘⑦。
兴酣落笔摇五岳⑧,诗成笑傲凌沧洲⑨。
功名富贵若长在,汉水亦应西北流⑩。

(选自《唐诗选》,中国社科院文学研究所编,人民文学出版社 1981 年版)

注　释

①木兰:俗称紫玉兰,名贵乔木。枻(yì):船桨。沙棠:木名。据《山海经》,沙棠出昆仑山,人吃了它的果实"入水不溺"。这里形容舟的名贵,并非实指。

②玉箫金管句:船两头坐着吹奏金箫玉管的歌妓。

③樽:酒器。斛(hú):古量器,十斗为一斛。

④乘黄鹤:崔颢《黄鹤楼》有诗句:"昔人已乘黄鹤去,此地空余黄鹤楼。"传说仙人子安乘黄鹤过此,故名。此句言欲成仙有待黄鹤来。

⑤海客:居海滨之人。无心:无机诈之心。据《列子·黄帝篇》载,有人住在海边,与鸥鸟相亲相习,他的父亲知道了,要他捉一只鸥鸟回去,他再去海边,海鸥便不再接近他了。

⑥屈平:即楚国诗人屈原(约前 340—约前 278),名平,字原。著名的浪漫主义诗人。

⑦楚王台榭:楚灵王(? —前 529),穷奢极欲,筑章华台,楚庄王(? —前 591),筑有钓台,两座台榭均以豪华驰名。

⑧五岳:指东岳泰山,西岳华山,南岳衡山,北岳恒山,中岳嵩山。

⑨沧州:指江海之涯。

⑩汉水:发源于陕西宁羌,东流至襄阳,折而南流。

李白(701—762),字太白,号青莲居士。祖籍陇西成纪(今甘肃天水),先世于隋末流徙西域,李白即生于中亚碎叶城(今巴尔喀什湖南面的楚河流域,唐时属安西都户府管辖),幼时随父迁居绵州昌隆(今四川江油)青莲乡。唐代最伟大的诗人之一。李白25岁离川远游,遍游大江南北。初到长安,贺知章惊他为"谪仙人"。天宝元年(742),被召至长安,供奉翰林。文章风采,颇为唐玄宗赏识。后因不能见容于权贵,在京仅三年,就弃官而去,仍然继续他飘荡四方的游历生活。安史之乱发生的第二年,他感愤时艰,参加了永王李璘的幕府。后永王与肃宗发生了争夺帝位的争斗,兵败之后,李白受牵累,流放夜郎(今贵州境内),途中遇赦。晚年漂泊东南一带,卒于当涂县令李阳冰处。李白的诗歌充满浪漫主义色彩,诗风旷达潇洒,感情慷慨豪迈,想象奇特丰富,词采瑰伟绚丽,格调飘逸自然。对光明的向往与对黑暗的抨击在李白诗歌中构成鲜明的对比,表现出李白率直、傲岸的性格。李白是继屈原之后我国最为杰出的浪漫主义诗人,诗作以古体和绝句见长,与杜甫齐名,世称"李杜"。有《李太白集》。

导读

这是一首即景抒怀之作。以江上泛游起兴,表现了诗人对功名富贵的蔑视和对自由美好世界的推崇,显露出傲岸放达的胸襟和超凡脱俗的志趣。

开头四句,虽是江上之游的即景,但并非如实的记叙,而是经过夸饰的、理想化的具体描写,展现出华丽的色彩,有一种超世绝尘的氛围,描绘了一个超越纷浊现实、自由而美好的世界。中间四句两联,两两对比。"仙人有待"两句承上,结合当地的神话传说和历史典故,写诗人飘然欲去求仙和摆脱功名富贵羁绊的出世心情,是对江上泛舟行乐的肯定和赞扬。"黄鹤"、"白鸥"两个意象,是诗人此际徜徉逍遥心境的外化。"屈平词赋"两句启下,表达对理想的人生境界的追求。屈原的词赋如日月高悬,辉耀千古,而楚王豪华的楼台亭阁却早已荡然无存,只剩下一片荒丘,一个"空"字,表明了诗人对待荣华富贵的态度。结尾四句,紧接"屈平"一联从正反两方面延续和深化。"兴酣"二句承屈平辞赋说,同时也回应开头的江上泛舟,潇洒豪壮,"摇五岳",是笔力的雄健豪迈;"凌沧洲"是胸襟的傲然高旷。最后"功名富贵若长在,汉水亦应西北流",承楚王台榭说,同时也把"笑傲"进一步具体化,从反面用一个根本不可能的事情来假设,强化了对功名富贵的蔑视与否定,显出不可抗拒的气势。

全诗十二句,形象鲜明,意象瑰丽,感情激扬,气势豪放,结构绵密,对仗精整,章法错落,匠心独具。

感 悟 讨 论

1. 这首诗表达了诗人怎样的人生志趣?
2. 为何说这首诗生动地体现了李白抒情诗的艺术个性?
3. 阅读《宣州谢朓楼饯别校书叔云》,分析作品的艺术特点。

⚙ 平行阅读

宣州谢朓楼饯别校书叔云

李　白

弃我去者,昨日之日不可留;
乱我心者,今日之日多烦忧。
长风万里送秋雁,对此可以酣高楼。
蓬莱文章建安骨,中间小谢又清发。
俱怀逸兴壮思飞,欲上青天览明月。
抽刀断水水更流,举杯销愁愁更愁。
人生在世不称意,明朝散发弄扁舟。

(选自《唐诗选》,中国社科院文学研究所编,人民文学出版社1981年版)

"感时花溅泪,恨别鸟惊心","朱门酒肉臭,路有冻死骨","安得广厦千万间,大庇天下寒士俱欢颜,风雨不动安如山"。——杜甫的诗歌把中国现实主义的诗歌创作带到了顶峰。

第九节

阁 夜

◎ 杜 甫

岁暮阴阳催短景①,天涯霜雪霁寒宵②。
五更鼓角声悲壮,三峡星河影动摇③。
野哭千家闻战伐④,夷歌数处起渔樵⑤。
卧龙跃马终黄土⑥,人事音书漫寂寥⑧。

(选自《唐诗选》,中国社会科学院文学研究所编,人民文学出版社1981年版)

注释

①阴阳:指日月。景:光阴。

②霁:指霜雪停止,消散。

③星河:银河。

④战伐:指崔旰(gàn)、郭英乂(yì)、杨子琳等军阀的互相残杀。永泰元年(765)冬,成都尹郭英乂被兵马使崔旰攻袭,全家遭屠杀。泸州牙将杨子琳、邛州牙将柏茂琳、剑南牙将李昌夔起兵讨旰,蜀中大乱,连年未息(牙将:古代军衔,唐朝节度使的军队为牙军)。

⑤夷歌:四川境内少数民族的歌谣。渔樵:指唱歌之人。

⑥卧龙:指诸葛亮。跃马:指公孙述。左思《蜀都赋》有"公孙跃马而称帝",又据《后汉书·公孙述传》,公孙述,字子阳,扶风人,王莽时为导江卒正。自恃蜀中地险众附,时局动荡混乱,自称白帝。

⑦漫:任。

杜甫(712—770),字子美,自号少陵野老,原籍襄阳(今湖北襄阳),寄居巩县(今属河南),盛唐伟大的现实主义诗人。唐玄宗天宝六年(747)应进士举,未第,即客居长安。唐肃宗时,官左拾遗。后入蜀,经举荐,得检校工部员外郎之职,故后世又称他杜工部。杜甫出身于一个世代"奉儒守官"之家,对国家命运和民生疾苦非常关心,半生流离失所的苦难经历,使他得以深入社会,真切认识现实黑暗并了解百姓疾苦。杜甫生活在唐朝由盛转衰的历史时期,其诗多涉笔社会动荡、政治黑暗、人民疾苦,因而被誉为"诗史"。杜甫一生写诗1500多首,风格沉郁顿挫,其中很多成为传颂千古的名篇。杜诗以古体、律诗见长,他的五七古长篇,亦诗亦史,展开铺叙,而又着力于全篇的回旋往复,标志着我国诗歌叙事艺术发展的辉煌成就;七言律诗语句精炼,属对工切,严守声律,一丝不苟。杜甫继承了《诗经·国风》、乐府的现实主义精神,把中国现实主义的诗歌创作带到了顶峰。有《杜少陵集》。

导读

这首七言律诗是杜甫于大历元年(766)冬寓居夔州西阁时所作,衰年岁暮,久客不归,因而耳目所触,皆成异样风光,睹景思故,感怀作此诗。"阁夜",即西阁之夜,此诗是诗人感时、伤乱、忆旧、思乡心情的真实写照,悲壮之情与超然之意交织,表达了深沉、复杂的情感。

此诗前四句写阁夜景象,后四句写阁夜所见所感。首联点出时空背景,岁暮日短,霜雪初霁夜,客寓异乡的诗人内心的凄凉、悲怆之情油然而生。颔联紧承"寒宵"难眠,写出了夜中所闻所见。冷寂的夜空,鼓角声格外响亮,星影在湍急的江流中摇曳不定,渲染了兵革未息的气氛,深蕴着诗人悲凉深沉的情怀。颈联写拂晓前所见,战火方炽,千家恸哭,哀歌四野,令诗人倍感悲伤。尾联写诗人极目远望夔州西郊的武侯庙和东南的白帝庙,引出无限感慨。"卧龙"、"跃马"忠逆同归,两位一世之雄皆成了土中枯骨,眼前这点寂寥孤独,又算得了什么呢?看似自遣,实际上表达了深厚沉郁的身世之痛和家国之悲。

此诗向来被誉为杜甫律诗的典范之作,诗人从几个侧面抒写夜宿西阁的所见、所闻、所感,从寒宵雪霁写到五更鼓角,从天空星河写到江水之波,从山川形胜写到战乱人祸,从当前现实写到历史往事,气象雄阔,笔势沉郁,对仗工稳,用典贴切,意象雄浑。明代胡应麟《诗薮·内编》称赞此诗"气象雄盖宇宙,法律细入毫芒"。

感 悟 讨 论

1. 为什么说此诗是感时伤乱之作？

2. 尾联"卧龙跃马终黄土，人事音书漫寂寥"，表达了诗人怎样的思想感情？

3. 阅读《恨别》，结合熟悉的作品体会杜诗的风格。

平行阅读

恨 别

杜 甫

洛城一别四千里，胡骑长驱五六年。
草木变衰行剑外，兵戈阻绝老江边。
思家步月清宵立，忆弟看云白日眠。
闻道河阳近乘胜，司徒急为破幽燕。

（选自《唐诗选》，中国社科院文学研究所编，人民文学出版社 1981 年版）

　　古代长篇叙事诗之绝唱,文字哀婉动人,情致缠绵细腻,节奏急缓有致,音律婀娜流畅,令人百读不厌。

第十节

长恨歌

◎ 白居易

汉皇重色思倾国①,御宇多年求不得②。
杨家有女初长成③,养在深闺人未识。
天生丽质难自弃④,一朝选在君王侧。
回眸一笑百媚生,六宫粉黛无颜色⑤。
春寒赐浴华清池⑥,温泉水滑洗凝脂。
侍儿扶起娇无力,始是新承恩泽时⑦。
云鬓花颜金步摇⑧,芙蓉帐暖度春宵⑨。
春宵苦短日高起,从此君王不早朝。
承欢侍宴无闲暇,春从春游夜专夜⑩。
后宫佳丽三千人,三千宠爱在一身。
金屋妆成娇侍夜⑪,玉楼宴罢醉和春。
姊妹弟兄皆列土⑫,可怜光彩生门户。
遂令天下父母心,不重生男重生女。
骊宫高处入青云⑬,仙乐风飘处处闻。
缓歌慢舞凝丝竹⑭,尽日君王看不足。

渔阳鼙鼓动地来⑮,惊破霓裳羽衣曲⑯。
九重城阙烟尘生⑰,千乘万骑西南行⑱。
翠华摇摇行复止⑲,西出都门百余里⑳。
六军不发无奈何㉑,宛转蛾眉马前死㉒。
花钿委地无人收㉓,翠翘金雀玉搔头㉔。
君王掩面救不得,回看血泪相和流。

黄埃散漫风萧索㉕，云栈萦纡登剑阁㉖。
峨眉山下少人行㉗，旌旗无光日色薄。
蜀江水碧蜀山青，圣主朝朝暮暮情㉘。
行宫见月伤心色㉙，夜雨闻铃肠断声㉚。
天旋日转回龙驭㉛，到此踌躇不能去㉜。
马嵬坡下泥土中，不见玉颜空死处㉝。

君臣相顾尽沾衣㉞，东望都门信马归㉟。
归来池苑皆依旧，太液芙蓉未央柳㊱。
芙蓉如面柳如眉，对此如何不泪垂？
春风桃李花开夜，秋雨梧桐叶落时。
西宫南内多秋草㊲，落叶满阶红不扫。
梨园弟子白发新㊳，椒房阿监青娥老㊴。
夕殿萤飞思悄然㊵，孤灯挑尽未成眠㊶。
迟迟钟鼓初长夜㊷，耿耿星河欲曙天㊸。
鸳鸯瓦冷霜华重㊹，翡翠衾寒谁与共㊺？
悠悠生死别经年㊻，魂魄不曾来入梦㊼。

临邛道士鸿都客㊽，能以精诚致魂魄㊾。
为感君王辗转思㊿，遂教方士殷勤觅51。
排空驭气奔如电，升天入地求之遍。
上穷碧落下黄泉52，两处茫茫皆不见。
忽闻海上有仙山，山在虚无缥缈间。
楼阁玲珑五云起，其中绰约多仙子53。
中有一人字太真，雪肤花貌参差是。
金阙西厢叩玉扃54，转教小玉报双成55。
闻道汉家天子使，九华帐里梦魂惊56。
揽衣推枕起徘徊，珠箔银屏迤逦开57。
云鬓半偏新睡觉58，花冠不整下堂来。
风吹仙袂飘飘举59，犹似霓裳羽衣舞。
玉容寂寞泪阑干60，梨花一枝春带雨。

含情凝睇谢君王61，一别音容两渺茫。

昭阳殿里恩爱绝⑥,蓬莱宫中日月长㉗。

回头下望人寰处⑱,不见长安见尘雾。

唯将旧物表深情,钿合金钗寄将去⑲。

钗留一股合一扇⑳,钗擘黄金合分钿㉑。

但教心似金钿坚,天上人间会相见。

临别殷勤重寄词,词中有誓两心知㉒。

七月七日长生殿㉓,夜半无人私语时。

在天愿作比翼鸟㉔,在地愿为连理枝㉕。

天长地久有时尽,此恨绵绵无绝期㉖。

（选自《唐诗选》,中国社科院文学研究所编,人民文学出版社 1981 年版）

注 释

①汉皇:本指汉武帝刘彻,这里借指唐玄宗。倾国:指美女。《汉书·外戚传》载李延年歌:"北方有佳人,绝世而独立。一顾倾人城,再顾倾人国。宁不知倾城与倾国,佳人难再得。"后人以"倾城""倾国"形容绝色女子。

②御宇:统治全国。

③杨家有女句:杨贵妃是蜀州司户杨玄琰的女儿,幼时寄养在叔父杨玄珪家中,小名玉环。唐玄宗开元二十三年(735)册封为寿王(玄宗的儿子李瑁)妃。开元二十八年(740)唐玄宗将她度为女道士,道号太真。天宝四年(745)召她入宫,册为贵妃。

④难自弃:意为难以长久埋没在民间。弃:舍弃。

⑤六宫:后妃居住的地方。粉黛:本指妇女化妆品,这里用作妇女的代称。无颜色:黯然失色。

⑥华清池:开元十一年建温泉宫于骊山,天宝六年改名华清宫,温泉池改名"华清池"。

⑦承恩泽:指得到皇帝的恩宠。

⑧云鬓:如云的鬓发。金步摇:古代妇女的一种金首饰,用金丝制成花枝形状,缀以珠玉,走动时自然摆动,所以叫"步摇"。

⑨芙蓉帐:绣有并蒂莲花的帐幔。

⑩夜专夜:指每夜都得到皇帝的宠爱。

⑪金屋:装饰华丽的房屋。《汉武故事》载,汉武帝刘彻年幼时,他的姑母长公主问他,长大以后愿不愿意娶她的女儿阿娇为妻,汉武帝回答:"若得娇,当以金屋贮之。"后世以"金屋"指男人宠爱的女子居住的地方。

⑫列土:即"裂土",分封到了土地。杨玉环得宠后,她的大姐封韩国夫人,三姐封虢国夫人,八姐封秦国夫人。叔伯兄弟杨铦为鸿胪卿,杨锜为侍御史,杨钊为司空,赐名国忠,

天宝十一年(752)为右丞相。

⑬骊宫:即华清宫。因建在骊山上,故名。

⑭缓歌慢舞:轻歌曼舞。慢,同"曼"。凝丝竹:管弦乐奏出徐缓的音乐。丝:弦乐。竹:管乐。

⑮渔阳鼙鼓:指天宝十四年(755)十一月,安禄山从渔阳起兵叛唐。诗中暗用东汉彭宠据渔阳起兵反汉的典故。鼙(pí)鼓:战鼓。

⑯霓裳羽衣曲:唐代著名舞曲。据传是唐玄宗根据西凉节度使杨敬述所献乐曲加工润色而成。

⑰九重城阙:指皇帝居住的地方。烟尘:弥漫的战云。

⑱西南行:天宝十五年(756)六月,安禄山破潼关,玄宗与杨玉环向西南蜀中逃避。

⑲翠华:皇家仪仗中饰有翠鸟羽毛的旗子。

⑳百余里:指马嵬坡。在今陕西兴平,也叫马嵬驿。

㉑六军:皇帝的护卫军。周朝制度,天子有六军。不发:不再前进。指将军陈玄礼带领的军队发生哗变。

㉒宛转句:指陈玄礼的部下要求处死杨国忠和杨玉环,唐玄宗无奈,只得杀死杨国忠,赐杨玉环自尽。宛转:缠绵悱恻的样子。蛾眉:美女的代称,这里指杨玉环。

㉓花钿:镶嵌珠宝的花状金首饰。委地:掉在地上。

㉔翠翘:形如翠鸟尾羽的首饰。金雀:雀形的金钗。玉搔头:玉簪。

㉕埃:土。

㉖云栈:高入云霄的栈道。萦纡:蜿蜒曲折。剑阁:即剑门关,在今四川剑阁县。

㉗峨眉山:在今四川境内。唐玄宗并未经过峨眉山,这里泛指蜀中高山。

㉘圣主:指唐玄宗。

㉙行宫:指皇帝出行时的住处。

㉚夜雨句:据《明皇杂录·补遗》:"明皇既幸蜀,西南行,初入斜谷,霖雨涉旬,于栈道雨中闻铃音,与山相应。上既悼念贵妃,采其声为《雨淋铃曲》以寄恨焉。"

㉛天旋日转:指局势有所好转,不久收复了长安。回龙驭:指玄宗起驾由蜀中回长安。

㉜踌躇:徘徊不前的样子。

㉝不见句:唐肃宗至德二年(757),唐玄宗由蜀中回长安,经马嵬坡派人以礼改葬杨玉环,掘土,发现香囊犹在,不胜悲戚。

㉞沾衣:泪湿衣襟。

㉟信马:听任马随意往前行。

㊱太液:汉代宫廷中的池名。未央:汉代的宫殿。此处借指唐朝的池苑和宫廷。

㊲西宫南内:指太极宫和兴庆宫。唐玄宗从四川回长安已让位给肃宗李亨,李亨不让玄宗再过问国事,把他从兴庆宫迁到西边的太极宫。皇宫称大内,兴庆宫在南,故称南内。

㊳梨园弟子:唐玄宗亲自调教的乐工声伎。《雍录》:"开元二年,置教坊于蓬莱宫,上自教法曲,谓之'梨园弟子'。至天宝中,即东宫置宜春北苑,命宫女数百人为梨园弟子,即

是。‘梨园’者，按乐之地；而预教者，名为‘弟子’耳。”

㊴椒房：后妃居住的宫殿。以花椒和泥涂壁，取其香暖多子，故名。阿监：宫廷中的近侍，唐代六七品女官名。青娥：指年轻貌美的女子。

㊵思悄然：忧伤愁闷的样子。

㊶孤灯挑尽：灯草将挑尽，意谓夜已深。唐代宫廷中燃蜡烛不点灯，此处形容唐玄宗晚年生活凄苦。

㊷迟迟：异常迟缓。初长夜：指秋夜。秋天夜开始变长。

㊸耿耿：明亮。星河：银河。欲曙天：天快要亮的时候。

㊹鸳鸯瓦：屋瓦一俯一仰扣合在一起叫“鸳鸯瓦”。霜华：即霜花。重：指霜厚。

㊺翡翠衾：绣着翡翠鸟的被子。

㊻经年：经年累月。形容经历很长的时间。

㊼魂魄：指杨贵妃的亡魂。

㊽临邛：今四川省邛崃县。鸿都：洛阳北宫门名，借指长安。鸿都客：客居长安。

㊾致魂魄：招来杨玉环的亡魂。

㊿展转：即辗转，反复思念。

(51)方士：有法术之人。

(52)排空驭气：即腾云驾雾。

(53)穷：找遍的意思。碧落：指天上。道家认为，东方第一层天有霞云布满，故称碧落。黄泉：指地下。

(54)五云：五色祥云。

(55)绰约：风姿美好的样子。

(56)太真：即杨玉环。

(57)金阙：金碧辉煌的宫殿。叩：敲。玉扃(jiōng)：玉作的门。

(58)小玉：传说吴王夫差之女。双成：传说西王母的侍女，姓董。此处借小玉、双成指杨贵妃在仙境的侍婢。

(59)天子使：皇帝的使者。

(60)九华帐：图案华美的彩帐。据传是西王母所有之物。九华：图案名。

(61)珠箔(bó)：珠帘。银屏：银制的屏风。逦迤(lǐyǐ)：接连不断。

(62)新睡觉：刚睡醒。

(63)袂(mèi)：衣袖。

(64)阑干：流泪貌。

(65)凝睇：凝视。

(66)昭阳殿：汉宫殿名，在未央宫，赵飞燕居住过的地方。这里代指杨贵妃生前居处。

(67)蓬莱宫：传说中的海上仙山。这里指杨玉环仙境居住的宫殿。

(68)人寰：人间。

(69)钿合：镶嵌金花的首饰盒。合，同“盒”。寄将去：托请捎去。

⑩钗留句:金钗由两股组成,捎去一股,留下一股;盒由底盖合成,捎去一半,留下一半。

⑪擘(bò):分开。合分钿:钿盒上的金花分为两半。

⑫两心:指唐玄宗和杨玉环。

⑬长生殿:宫殿名,在华清宫中。《唐会要》卷三十载:"华清宫,天宝元年十月,造长生殿,名为集灵台,以祀神。"

⑭比翼鸟:《尔雅·释地》载,南方有比翼鸟,名叫鹣鹣,一定雌雄并排在一起才飞。

⑮连理枝:两树根不同,而树干连在一起。

⑯恨:遗憾。

　　白居易(772—846),字乐天,号香山居士,原籍太原,后迁居下珪(今陕西渭南),唐代杰出诗人。贞元十六年(800),及进士第,结识元稹,遂成莫逆之交,一起倡导"新乐府运动",被后人并称为"元白"。白居易32岁步入仕途,被授校书郎。元和三年(808)拜左拾遗,任拾遗期间,恪尽职守,屡陈时政,为当政者所恶,贬江州司马,移忠州刺史。后又出任杭州、苏州刺史,官终刑部尚书。白居易主张"文章合为时而著,歌诗合为事而作"。他生活的年代是安史之乱后唐朝走向衰微的时期,错综复杂的社会现实,在白居易的诗中得到了较全面地反映。他写下了许多政治讽喻诗,揭露当时社会病态的症结所在,批判黑暗的社会现实;也写下了著名的叙事长篇《长恨歌》、《琵琶行》,白居易的长篇叙事诗,情节曲折离奇、自具首尾,描写刻画细致传神,人物形象塑造完整而丰满,个性鲜明。白诗语言畅晓平易,音韵流畅,和谐优美,这种意到笔随的自然风格,凝聚着诗人的独到匠心。"香山诗语平易,疑若信手而成者,间观遗稿,则窜定甚多。"(宋周必大《省斋文稿》)。有《白氏长庆集》。

导读

　　唐宪宗元和元年(806)冬天,当时任盩厔(今陕西周至)县尉的白居易,与友人陈鸿、王质夫到马嵬驿附近的游仙寺游览,谈及李隆基和杨玉环的爱情故事极为感慨。王质夫希望白居易将此写成诗歌,传之后世,于是,白居易写下了这首著名的长篇叙事诗。全诗以"长恨"为脉,生动地描绘了唐玄宗李隆基和杨玉环缠绵悱恻的爱情故事及悲剧结局,歌咏爱的长恨。诗人对李、杨爱情故事的描写,虽依据一定的历史事实和民间传说,但创作中已经融入了诗人的思想感情和艺术想象,全诗洋溢着具有传奇色彩的浪漫气息和浓郁的抒情氛围。

全诗分四部分。先写李隆基和杨玉环的爱情,突出杨玉环之美和唐玄宗对她的迷恋,对因贪恋女色而贻误国事有所讥讽;次写安史之乱爆发,杨玉环被赐死,悲剧铸成,李隆基悲伤不已;再写做了太上皇的李隆基对杨玉环刻骨铭心的无望思念;最后写身在仙境的杨玉环对李隆基忠贞不渝的爱情。全诗由乐而悲,由悲而思,由思而恨,天人永隔之长恨构成全诗的感情脉络。本诗情节曲折生动,这既归于李、杨故事本身的离奇,也源自诗人精心的构撰。杨玉环身死,悲剧已经完成,作者却别开境界,用展示人物思想感情来开拓和推动情节发展,波澜起伏,一咏三叹。诗中塑造的两个人物形象丰满传神,既有外在的描写和侧面的映衬,也有心理活动的揭示和刻画。写唐玄宗,突出了他早年荒淫误国和后来对杨玉环的笃诚思念;写杨玉环,则侧重描写了她当年的娇媚恃宠和在仙境对李隆基忠贞不渝的爱情,笔触细腻,刻画入微。

本诗采用了多种表现手法,既有叙事,也有写景和抒情,三者有机结合。叙事有致,张弛自如;写景融情,意境优美;抒情深挚,缠绵悱恻。此外,还运用排比、对偶、顶针等多种修辞手法,使诗作极富歌唱性,语言流畅和谐,声韵和美。近人王文濡评价《长恨歌》:“文字之哀艳动人,气度之从容不迫,声调之婉娜有致,令人百读不厌。”(《唐诗评注读本》卷二)

感 悟 讨 论

1. 全诗以“长恨”为脉,讲述了一个缠绵悱恻的爱情故事,你如何看待这首叙事诗的主题?

2. 诗中运用了哪些表现手法?有什么作用?

3. 文学作品源于生活,高于生活,分析诗中李隆基和杨玉环两个艺术形象。

平行阅读

秦中吟(第9首)

白居易

秦城岁云暮,大雪满皇州。

雪中退朝者,朱紫尽公侯。

贵有风雪兴,富无饥寒忧。

所营唯第宅，所务在追游。
朱门车马客，红烛歌舞楼。
欢酣促密坐，醉暖脱重裘。
秋官为主人，廷尉居上头。
日中为乐饮，夜半不能休。
岂知阌乡狱，中有冻死囚。

（选自《唐诗选》，中国社科院文学研究所编，人民文学出版社 1981 年版）

李义山无题诗大都辞采华美，对仗工稳，蕴藉朦胧，声情俱美。唯独这首《无题》寓意显露，直抒胸臆，是个例外。

第十一节

无 题

◎ 李商隐

万里风波一叶舟①，忆归初罢更夷犹②。
碧江地没元相引③，黄鹤沙边亦少留④。
益德冤魂终报主⑤，阿童高义镇横秋⑥。
人生岂得长无谓⑦，怀古思乡共白头⑧。

（选自《唐诗选》，中国社科院文学研究所编，人民文学出版社1981年版）

注 释

①万里句：诗人写此诗时，曾做过多个幕府的幕僚，官职变动十多次，足迹遍布大半个中国，因而诗人用"万里"来概括以往的生活历程。

②初罢：刚刚罢休。夷犹：犹豫。

③地没：即地末，地尽头。元：原，本来。引：牵引。

④黄鹤沙：指黄鹤矶，在今湖北武昌。

⑤益德：即张飞，张飞表字益德。刘备伐吴，蜀将张飞准备出师配合，临出发前被部下张达、范强所杀。

⑥阿童：晋王濬的小名。王濬是晋代平定吴国的大将，王濬平吴以蜀为根据地。高义：高尚的品德。《晋书·王濬传》载，王濬"疏通亮达，恢廓有大志"。镇：长久。横秋：横贯于秋，犹言充塞天地之间。

⑦无谓：无意义地活着。

⑧白头：老去。言外之意应该像张飞、王睿那样有所作为。

李商隐（约813—约858），字义山，号玉谿生，又号樊南生，怀州河内（今河南沁阳）人，晚唐著名诗人。唐文宗开成二年（837）进士，历官秘书郎、东川节度使判官等。早年李商隐因文才而深得牛党要员令狐楚的赏识,后因李党的王茂元爱其才而将女儿嫁给他,他因此而遭到牛党的排斥。此后,李商隐便在牛李两党争斗的夹缝中求生存,郁郁不得志,潦倒终身。李商隐诗作题材广泛,各体皆工,成就斐然,将晚唐诗歌创作推向了又一高峰。与杜牧齐名,两人并称"小李杜",与李贺、李白合称"三李",与温庭筠合称为"温李"。李商隐一生仕途坎坷,心中抱负无法得到实现,通过诗歌来排遣心中的郁闷,《安定城楼》、《春日寄怀》、《乐游原》是这类诗的代表作,承袭了杜工部诗"沉郁顿挫"的风格。李商隐还创作了包括大多数无题诗在内的吟咏内心感情的作品,意境深邃,令人回味。李诗广纳前人所长,擅用比兴、象征、典故等手法,诗作辞藻华美,对仗精工,兴寄深微,声情俱美。有《李义山诗集》和《樊南文集》。

导读

　　李商隐的无题诗有七首,其中六首以男女之情为题材,风格哀婉凄艳。唯独这首《无题(万里风波一叶舟)》寓意显露,直抒胸臆,写"思乡"、"怀古"之情,以表政治上失意的愤慨,风格沉郁之至。

　　开成三年(838),李商隐应博学宏辞科试,因受到牛党的排斥,本已被考官录取,又被除名。生逢晚唐乱世,又深受牛李党争之害,虽怀有"欲回天地"大济苍生的人生理想,却始终未能实现,一直怀才不遇,横遭埋没。诗的首联回忆往事,抒写内心矛盾痛苦。"万里风波一叶舟"是诗人回首往事所作的形象概括。"忆归初罢更夷犹","忆归"和"夷犹"反映出诗人"进"与"退"的内心矛盾和痛苦,壮志未泯,不甘罢休。颔联"碧江地没元相引,黄鹤沙边亦少留",引申"忆归",自己若真能顺长江东归而去,那么到了黄鹤楼边,也一定要探寻黄鹤楼传说中"仙人"的遗迹,表明诗人归去之后将要鄙绝尘世之心。颈联"益德冤魂终报主,阿童高义镇横秋"陡然一转,引用张飞殉于忠义,王濬奋发有为的典故,表明了诗人欲施展抱负有所为的"怀古"之情始终挥之不去。尾联"人生岂得长无谓,怀古思乡共白头"表露心迹,人生总要有所作为,岂能一切都无所谓。"思乡"意味着"退","怀古"意味着"进",然而在这"退"与"进"的纠结中,无可奈何的愁绪催人白了头。诗人对自己想有所为而不能为的人生际遇发出愤懑的喟叹,表现出逆境中仍执著于人生理想的精神追求。

　　全诗风格沉郁,情感流淌自然,用典精当,语言凝练。

感 悟 讨 论

1. 这首诗表现了诗人怀才不遇的人生遭际,如何理解"思乡"和"怀古"的寓意?

2. 谈谈你对诗中两个典故寓意的理解。

3. 阅读《安定城楼》,试比较李商隐这两首政治抒情诗。

⚙ 平行阅读

安定城楼
李商隐

迢递高城百尺楼,绿杨枝外尽汀洲。

贾生年少虚垂涕,王粲春来更远游。

永忆江湖归白发,欲回天地入扁舟。

不知腐鼠成滋味,猜意鹓雏竟未休。

（选自《唐诗选》,中国社科院文学研究所编,人民文学出版社 1981 年版）

"词至李后主而眼界始大,感慨遂深,遂变伶工之词为士大夫之词"——王国维《人间词话》。

第十二节

虞美人

◎ 李 煜

风回小院庭芜绿①,柳眼春相续②。凭阑半日独无言,依旧竹声新月似当年③。

笙歌未散尊前在④,池面冰初解。烛明香暗画楼深⑤,满鬓清霜残雪思难任⑥。

(选自《唐宋词简释》,唐圭璋选释,上海古籍出版社1981年版)

注 释

①庭芜:庭园中丛生的杂草。

②柳眼:早春时节柳树的嫩叶,好像人的睡眼初展,故称柳眼。春相续:春天继冬天之后又来到人间。

③竹声:春风吹动竹林发出的声响。新月:初升的月亮。

④笙歌:泛指乐曲。尊前在:意谓酒席未散,还在继续。

⑤烛明香暗:指夜深之时。烛:蜡烛。香:熏香。画楼:指华丽而精美的居室。深:幽深。

⑥清霜残雪:形容鬓发苍白,如同霜雪,谓年已衰老。思难任(rèn):思,忧思。难任,难以承受。

李煜(937—978),字重光,号钟隐,徐州(今江苏)人,五代南唐元宗李璟六子,北宋建隆二年(961)继位,南唐第三任国君,世称李后主。在位十五年,政事不修,纵情享乐。开宝八年(975)宋兵下金陵,李煜肉袒出降,被俘至汴京,后被宋太宗赵光义毒死。李煜富有艺术才华,精书法,善绘画,通音律,诗和文均有一定造诣，尤以词的成就最高。降宋之前所写的词，主要反映宫廷生活和男女情爱，题材较窄，风格清新柔靡。降宋后，伤感、悔恨、想挣扎而又无能为力的内心苦闷成了李煜词的主旋律，此时期的作品成就远远超过前期，名作《虞美人》《浪淘沙》《乌夜啼》《相见欢》等，皆成于此时。此时期的词作大多哀婉凄绝，主要抒写了自己凭栏远眺、梦里重归的情景，表达了对往事的无限留恋和伤感悔恨之情。李煜在中国词史上占有重要的地位，他善于运用白描手法，以洗练的语言、高度概括的形式，表达真切而深沉的感情，扩大了词的表现领域，对后世影响重大。南宋人辑他和李璟的词为《南唐二主词》。

导读

　　这是一首李煜后期抒写伤春怀旧之情的作品。词人追昔抚今，面对生机盎然的春景，寄寓了深沉的伤悲，在对往昔的依恋怀念中蕴涵了作者不堪承受的痛悔之情。

　　词的上阕，起点春景，次入人事。写春景以引出对逝去岁月的追忆，以景入情，用细腻的观察、清丽的语言勾画出一幅生机勃勃的春光图，但盎然的春意并未能驱散词人心头的愁云，独自凭栏半日无语，可见心情的沉重。到了晚上，新月初升，小院里风吹翠竹，声声入耳。回想往事，眼前此景与当年南唐宫廷里的景象何其相似，但今夕何夕，人在何处？景物依稀，而人事则不堪回首。下阕开篇写当年笙歌宴饮的欢乐，恍惚之中，思绪回到了当年，眼前又浮现出往日欢乐的场面，池塘里春风荡漾，薄冰初融，池畔嫔妃围坐，酒杯交错，笙歌齐作。结句"满鬓清霜残雪思难任"勒转今情，振起全篇。词人满鬓白发，年老体衰，生命行将消逝的悲伤不觉袭上心头，反差巨大的人生经历在词人的内心翻江倒海，难以承受，几乎无法控制，哀怨至极。

　　全词描写生动，笔触细致，情景融汇，借伤春以怀旧，借怀旧以发怨，借发怨以显痛苦，结构精妙，意象生动，抒发了独特的人生感受，显示了词人高超的艺术表现才能，

感　悟　讨　论

　　1. 本词描写春景回忆往昔，抒写了词人什么样的情感？

　　2. 阅读下面的《玉楼春》和《乌夜啼》，试比较三首词内容上和艺术表现手法上的异同。

平行阅读

玉楼春

李　煜

晚妆初了明肌雪，春殿嫔娥鱼贯列。笙箫吹断水云间，重按《霓裳》歌遍彻。

临风谁更飘香屑？醉拍阑干情未切。归时休放烛花红，待踏马啼清夜月。

乌夜啼

李　煜

昨夜风兼雨，帘帏飒飒秋声。烛残漏断频倚枕。起坐不能平。

世事漫随流水，算来一梦浮生。醉乡路稳宜频到，此外不堪行。

（选自《唐宋词简释》，唐圭璋选释，上海古籍出版社 1981 年版）

　　柳词意境脱俗,词风真率明朗,语言自然流畅。叶梦得《避暑录话》曰:"凡有井水处,皆能歌柳词",足见北宋第一位专业词人柳永雅俗兼备的词作当年是多么流行。

第十三节

玉　蝴　蝶

◎　柳　永

　　望处雨收云断,凭阑悄悄,目送秋光。晚景萧疏①,堪动宋玉悲凉②。水风轻、蘋花渐老。月露冷、梧叶飘黄。遣情伤,故人何在,烟水茫茫。

　　难忘。文期酒会③,几孤风月,屡变星霜④。海阔山遥,未知何处是潇湘⑤?念双燕、难凭远信,指暮天、空识归航。黯相望,断鸿声里,立尽斜阳。

（选自《唐宋词简释》,唐圭璋选释,上海古籍出版社1981年版）

注释

①萧疏:寂寥,凄凉。

②堪动宋玉悲凉:宋玉《九辩》首章之开端"悲哉秋之为气也,萧瑟兮草木摇落而变衰"确立了诗歌的悲秋传统。面对此景,宋玉的悲秋情怀引起词人的共鸣。

③文期酒会:文人定期举行的诗酒集会。

④星霜:星辰运转,一年循环一次,每年秋季降霜,因此以星霜指代年岁,表示岁月更换。

⑤潇湘:原是潇水和湘水之称,泛指所思之处。

　　柳永(约987—约1053),字耆卿,原名三变,后改名永,排行第七,又称柳七。官至屯田员外郎,故世称柳屯田,北宋婉约派词人。早年随父在汴京,以写词知名,自称"奉旨填词柳三变"。柳永由于仕途坎坷、生活潦倒,由追求功名转而厌倦官场,沉溺于绮旎繁华的都市生活,在"倚红偎翠"、"浅斟低唱"中寻找寄托。作为北宋第一个专事写词的词人,柳永在词坛上有着重要地位。其词主题多写男女恋情,伤春悲秋,都市繁华,羁旅生活。他精通音律,善于吸收民间词的精华，多用口语入词，扩大了语境。他创作了大量的慢词，发展了铺叙手法，促进了词的通俗化、口语化。柳词曲折委婉，情深绵渺，构词意境脱俗，词风真率明朗，语言自然流畅。刘熙载谓其词，"细密而妥溜，明白而家常，善于叙事，有过前人"，叶梦得《避暑录话》说，"凡有井水处，皆能歌柳词"，可见柳词流传之广，影响之大。现存《乐章集》。

导读

柳永以善写羁旅生活和离情别绪著称，本篇为柳词的名篇。词中抒写了对远方故人的怀念，集写景和叙事、忆旧与怀人、羁旅和别愁于一体，情景交融，吐露出内心的惆怅和伤感。

词分上下两阕。上阕以写景为主，景中有情。"望处雨收云断"，是写即目所见之景，"望处"二字，统摄全篇。凭栏远望，"悄悄"二字，已含悲意。面对黄昏的萧疏秋景，宋玉的悲秋情怀和身世感慨，涌向柳永的心头，引起他的共鸣。"水风轻、蘋花渐老"既是写眼前所见景物，也寄寓着词人寄迹江湖、华发渐增的感慨。触景生情，想到不知故人今在何方，内心充满了惆怅与哀感。下阕以"难忘"二字唤起回忆，以情为主，情中有景，妙合无垠。词人回忆起与故人一起时的"文期酒会"，至今难忘。以昔日之欢会反衬长期分离之苦，从而转到眼前的思念，波澜起伏，错落有致。分离之后，已经物换星移、秋光几度，不知有多少良辰美景因无心观赏而白白地过去了。"几孤"、"屡变"言离别之久，旨在强化与故人别后的怅惘。"海阔山遥"，又从回忆转到眼前的思念，盼故人归来，却又一次次地落空，所以"指暮天、空识归航"。一个"空"字，把急盼故人归来、思念友人之情表现得淋漓尽致，"立尽斜阳"，则折射出自己长年羁旅、怅惘不堪的留滞之情。

这首词层次分明，结构完整，脉络井然，语言自然本色，修辞既不雕琢，又不轻率，贴合地传达了诗人情感的律动，雅俗共赏，韵味隽永。

感 悟 讨 论

1. 这首词是如何做到情中有景、景中有情的？

2. 找出这首词中几个统摄全篇的关键词，体会其作用。

3. 阅读《八声甘州》，体会柳词特点。

⚙ **平行阅读**

八声甘州

柳　永

对潇潇暮雨洒江天，一番洗清秋。渐霜风凄紧，关河冷落，残照当楼。是处红衰翠减，苒苒物华休。惟有长江水，无语东流。

不忍登高临远，望故乡渺邈，归思难收。叹年来踪迹，何事苦淹留。想佳人、妆楼颙望，误几回、天际识归舟。争知我、倚阑干处，正恁凝愁。

（选自《唐宋词简释》，唐圭璋选释，上海古籍出版社 1981 年版）

诗言志词缘情，李清照认为词与诗有严格的界限，提出"词别是一家"，成一家之言。易安词风格婉约，语言清丽晓畅，声色自然。

第十四节

醉花阴

◎ 李清照

薄雾浓云愁永昼①，瑞脑消金兽②。佳节又重阳③，玉枕纱厨④，半夜凉初透。

东篱把酒黄昏后⑤，有暗香盈袖⑥。莫道不销魂⑦，帘卷西风⑧，人比黄花瘦⑨。

（选自《唐宋词简释》，唐圭璋选释，上海古籍出版社1981年版）

注 释

①永昼：悠长的白天。

②瑞脑：即龙脑，一种香料。金兽：兽形的铜香炉。

③重阳：农历九月九。

④玉枕：即瓷枕。纱厨：即碧纱橱。在床榻上架起木架，蒙上绿纱，用来驱蚊。

⑤东篱：指菊圃。陶渊明《饮酒（其五）》有诗句"采菊东篱下，悠然见南山"。后即以东篱指代赏菊之处。

⑥暗香：幽香，这里指菊花的香气。

⑦销魂：忧伤。

⑧帘卷西风：即"西风卷帘"的倒文。

⑨黄花：菊花。

李清照（1084—约1151），号易安居士，济南（今山东济南）人，婉约派代表词人。生于书香门第，父亲李格非是著名学者，在家庭熏陶下，李清照少年时代便文采出众，对诗词、散文、书画、音乐无不通晓，以词的成就最高。丈夫赵明诚是宋朝宰相赵挺之之子，金石学家，两人志趣相投，相濡以沫，以收集金石

字画、互比文采为趣。金兵南下,赵明诚病死,李清照孤苦漂泊于江南,晚年凄
凉。李清照的词作,以 1126 年靖康之变为界,前期多闺情相思之作,清丽明
快。后期大多抒写个人身世的哀痛和河山破碎的感慨,怀乡忆旧,情调悲伤。
李清照的词作风格鲜明独特,形成了自己的艺术风格——"易安体",她不追求
砌丽的藻饰,而是用白描的手法来表现对周围事物的敏锐感触,刻画细腻的心
理活动,表达丰富的感情体验,塑造生动的艺术形象,语言清丽,富有创造性,
将"语尽而意不尽,意尽而情不尽"的婉约风格发展到了极致。《词论》是词学
史上第一篇以史带论的词学论文,李清照研究了北宋词的形式与特点,评析了
词坛名家创作倾向及特征,提出了词"别是一家"的观点。她的艺术成就得到
后人的高度赞扬,后人有《漱玉词》辑本。

导读

　　这首词是寄给词人丈夫赵明诚的相思之作,表现了李清照重阳佳节孤身
独处,对丈夫的深切思念。元人伊世珍《琅嬛记》卷中云:"易安以重阳《醉花
阴》词函致明诚。明诚叹赏,自愧弗逮,务欲胜之。一切谢客,忘食寝者三日
夜,得五十阕。杂易安作,以示友人陆德夫。德夫玩之再三,曰:'只有三句绝
佳。'明诚诘之,答曰:'莫道不销魂,帘卷西风,人比黄花瘦。'政(正)是易安作
也。"这件轶闻未必准确,但由此不难看出《醉花阴》一词颇具艺术特色。

　　上阕从季候天气入手,写秋日无聊。"愁永昼"三字,突出了词人内心烦闷
难挨,百无聊赖,"永昼"多用以形容夏日,而时下已是昼短夜长的深秋季节,可
知"永昼"是心理错觉,词人借此点出了她独守空闺、度日如年之感。"瑞脑消
金兽",枯坐铜香炉旁,看炉中的香料一点点地消融,更觉寂寞,"半夜凉初透",
则暗示了她辗转反侧,难以成眠。下阕承"愁永昼"之意,再做铺垫,把酒、赏菊
本是重阳应景之举,但在词中却成了李清照思念之情的寄托,"有暗香盈袖",
既表现了雅淡如菊的情怀,也隐含夫妻离别之愁,"莫道不销魂,帘卷西风,人
比黄花瘦",因花瘦而触及己瘦,以人比菊,设喻新奇工妙,言情含蓄蕴藉,勾勒
出一个因愁而消瘦的才女形象。

　　词人写菊,字面上没有出现"菊";词人写愁,全篇未现"愁"字,而菊的淡雅
情怀和相思之愁却统摄全篇,令人感觉无处不在。词人善于把深挚的情感表
现得含蓄蕴藉,显示出婉约派词作的独特韵味。

感 悟 讨 论

1. 这首词总体的特点是什么？表现了什么样的情感？
2. 说说你对"莫道不销魂，帘卷西风，人比黄花瘦"三句的理解。
3. 阅读《一剪梅》和《声声慢》，比较李清照前后期词作的不同。

平行阅读

一 剪 梅

李清照

红藕香残玉簟秋。轻解罗裳，独上兰舟。云中谁寄锦书来？雁字回时，月满西楼。

花自飘零水自流，一种相思，两处闲愁。此情无计可消除，才下眉头，却上心头。

永遇乐·元宵

李清照

落日熔金，暮云合璧，人在何处？染柳烟浓，吹梅笛怨，春意知几许？元宵佳节，融和天气，次第岂无风雨？来相召、香车宝马，谢他酒朋诗侣。

中州盛日，闺门多暇，记得偏重三五。铺翠冠儿，捻金雪柳，簇带争济楚。如今憔悴，风鬟霜鬓，怕见夜间出去。不如向帘儿底下，听人笑语。

（选自《唐宋词选》，中国社科院文学研究所编，人民文学出版社 1981 年版）

南宋文学家刘辰翁在《辛稼轩词序》中这样评价苏东坡的词作："词至东坡,倾荡磊落,如诗,如文,如天地奇观。"

第十五节

八声甘州·寄参廖子①

◎ 苏 轼

有情风万里卷潮来,无情送潮归。问钱塘江上,西兴浦口②,几度斜晖?不用思量今古,俯仰昔人非。谁似东坡老,白首忘机③。

记取西湖西畔,正春山好处,空翠烟霏④。算诗人相得⑤,如我与君稀⑥。约他年,东还海道,愿谢公雅志莫相违⑦。西州路,不应回首,为我沾衣⑧。

(选自《唐宋词选》,中国社科院文学研究所,人民文学出版社1981年版)

注 释

①参廖子:即僧人道潜,字参廖,浙江于潜人。精通佛典,工诗,苏轼与之交厚。

②西兴:即西陵,在钱塘江南,今杭州市对岸。浦:水滨。

③忘机:忘却心机,与世无争。李白《下终南山斛斯山人宿置酒》:"我醉君复乐,陶然共忘机。"

④烟霏:云烟弥散。

⑤相得:相投合。

⑥稀:少。

⑦"约他年"三句:以东晋谢安的故事喻归隐之志。《晋书·谢安传》:"安虽受朝寄,然东山之志始末不渝,每形于言色。"东山之志:回东山隐居的想法。

⑧"西州路"三句:《晋书·谢安传》载,"羊昙者,太山人,知名士也,为安所爱重。安薨后,辍乐弥年,行不由西州路。"此处是说自己要实现谢公之志,但要活着回来,绝不要参廖像羊昙那样痛哭于西州路。西州:即西州城,东晋时所筑,故址在今江苏南京。

苏轼(1037—1101),字子瞻,号东坡居士,眉州(今四川眉山)人。北宋文学家、书画家。父苏洵、弟苏辙都是著名文学家,世称"三苏"。宋仁宗嘉祐二年(1057)进士。宋神宗熙宁年间，因与王安石意见不合，自请外放，历任杭州通判，密州、徐州、湖州知州。元丰二年(1079)，因被诬作诗"谤讪朝廷"，遭弹劾，被捕入狱，史称"乌台诗案"。后贬为黄州团练副使。宋哲宗时累迁中书舍人、翰林学士，出知杭州、颍州。后又以"为文讥斥朝廷"罪名远谪广东、海南。苏轼一生官海沉浮，历经坎坷，思想上常有出世与入世的矛盾，但每失意时，能达观自解，始终保持进取、欲有所为的精神。苏轼在文艺创作的各方面都有突出的成就。散文自然畅达、随物赋形，为"唐宋八大家"之一；诗作大都抒写仕途坎坷的感慨，也有反映民生疾苦、揭露现实黑暗之作，豪迈清新，尤长于比喻，与黄庭坚并称"苏黄"；词开豪放一派，突破了晚唐以来艳词的窠臼，扩大了词的题材，丰富了词的意境，冲破了诗庄词媚的界限，与辛弃疾并称"苏辛"。刘辰翁在《辛稼轩词序》说："词至东坡，倾荡磊落，如诗，如文，如天地奇观。"有《苏东坡集》、《东坡乐府》。

导读

此词作于元祐六年(1091)，苏轼由杭州太守被召为翰林学士承旨，离杭时写下这首赠别词，表达了词人与友人参寥相契如一的志趣和亲密无间、荣辱不渝的感情。

上阕写景、议论、抒情相结合。"有情风万里卷潮来，无情送潮归。"起句超逸旷远，气势不凡，以钱塘江喻人世的聚散离合，充分表现了词人的逸怀浩气，同时又以天地万物的无情反衬人之有情。接着以"问"字领起下文，"钱塘江上，西兴浦口，几度斜辉？"词人发出了感喟：落日残照中的钱塘潮见证了多少次世间聚散离合！"斜晖"一则承前面的"潮归"，同时也是古典诗词中与离情结合的独特意象。"不用思量今古，俯仰昔人非"，今古变迁，不去思量了，低头抬头之间，往事已成过眼云烟，词人纵阅古今之变，表明心迹："谁似东坡老，白首忘机。"表现了诗人超脱旷达、淡泊宁静的心境。下阕追忆往事，借用典故表明心迹。"记取西湖西畔，正春山好处，空翠烟霏。算诗人相得，如我与君稀。"将旧日漫游的地点、季节、景色以及二人相知相得的珍贵友谊一一写出，意境清新，情谊深挚。最后六句则借用谢安、羊昙的故事安慰老友，表明志向。《晋书·谢安传》载，谢安起初在会稽东山隐居，朝廷请他出山做宰相，后被贬。谢安要从海路回会稽东山继续隐居，但他是病中被人抬着从西州路过的。谢安死后，羊昙无比哀痛。此后路过西州门都要绕道而行。词人借用这个典故一方面表达了对和自己情感笃厚的参廖的安慰，另一方面也表达了超然物外的退隐江湖之心,抒发了真挚的情感,表达了高逸的情怀。

全词气势恢宏,笔力雄健,清朗疏宕,境界高逸,情深义重。

感 悟 讨 论

1. 这首词表达了词人怎样的思想感情? 采用了哪些表现手法?
2. 结合苏词体会豪放派词风和特点。

平行阅读

卜算子·黄州定惠院寓居作

苏　轼

缺月挂疏桐,漏断人初静。谁见幽人独往来,缥缈孤鸿影。

惊起却回头,有恨无人省。拣尽寒枝不肯栖,寂寞沙洲冷。

（选自《唐宋词选》,中国社科院文学研究所,人民文学出版社1981年版）

肝肠似火，悲歌慷慨，沉郁中见豪壮，读稼轩词感受天地浩然之气。

第十六节

水龙吟·登建康赏心亭①

◎ 辛弃疾

楚天千里清秋②，水随天去秋无际。遥岑远目③，献愁供恨，玉簪螺髻④。落日楼头，断鸿声里⑤，江南游子。把吴钩看了⑥，栏杆拍遍，无人会，登临意。

休说鲈鱼堪脍，尽西风，季鹰归未⑦？求田问舍，怕应羞见，刘郎才气⑧。可惜流年，忧愁风雨，树犹如此⑨！倩何人唤取，红巾翠袖，揾英雄泪⑩！

（选自《唐宋词简释》，唐圭璋选释，上海古籍出版社1981年版）

注 释

①建康：今江苏南京。赏心亭，在建康下水门城上，临秦淮，尽观赏之盛。

②楚天：指长江中下游一带。

③遥岑远目：即"远目遥岑"的倒装。岑，小而高的山。目，用作动词，眺望。

④玉簪螺髻：玉簪，女子头上的碧玉发簪。螺髻，梳成螺形的发髻。比喻美丽的群山。

⑤断鸿：离群的孤雁。

⑥吴钩：吴地所造的钩形刀。

⑦休说三句：刘义庆《世说新语·识鉴》载，西晋张翰（字季鹰）在洛阳做官，见秋风起，想起家乡的美味鲈鱼羹，便弃官归隐。脍，将肉切细。这里辛弃疾反其意用之，表示绝不学张翰弃官归隐。

⑧求田问舍三句：刘郎，指三国时刘备。《三国志·陈登传》载，三国时许汜去看望陈登，陈登对他很冷淡，独自睡在大床上，叫他睡下床。许汜去询问刘备，刘备说：天下大乱，你忘怀国事，求田问舍，陈登当然瞧不起你。如果是我，我将睡在百尺高楼，叫你睡在地下，岂止相差上下床？辛弃疾用这个典故表示绝不学许汜只求田问舍。

⑨可惜流年三句：《世说新语·言语》载，东晋桓温北征时，见过去栽下的树已经长得很高大，叹曰："木犹如此，人何以堪！"慨叹时光流逝，世事变迁。

⑩倩：请。红巾翠袖：穿红戴绿的歌女。揾：擦拭。

辛弃疾(1140—1207)，原字坦夫，改字幼安，号稼轩，历城(今山东济南)人，豪放派代表词人，风格沉郁豪放，悲壮慷慨。出生时，中原已为金兵所占，早年参加抗金义军，不久归南宋，一生力主抗金。曾上《美芹十论》与《九议》，陈战守之策，显示其卓越的军事才能与爱国热忱。但提出的抗金建议，均未被采纳，并遭到打击，曾长期落职闲居于江西上饶、铅山一带。晚年再度起用，不久病卒。辛弃疾存词数量之多为宋代词人之冠，现存600多首，题材广泛，风格多样，意境深远，善于用典。辛弃疾把爱国抱负和满腔忧愤倾注到词的创作当中，形成雄奇豪壮、苍凉沉郁的风格，是继苏轼之后，豪放派又一代表词人，"东坡胸次广，稼轩力如虎"(陈毅《吾读》)。有词集《稼轩长短句》。

导读

辛弃疾是一位力主抗金的民族志士，但长期不得重用，赋闲在家。他登临建康赏心亭，远眺被金兵占领的江山，思绪万千，词中表露了报国无门、年华虚掷的忧伤，抒发了关心国事、渴望收复失地的强烈爱国情怀。

词分上下两阕，情感深沉浓郁。上阕开头以秋意无限的滚滚长江作为背景，境界阔大，寓情于景，江山虽美，却沦陷在金人手下。词人如离群的孤雁，游子漂泊，看吴钩，拍栏杆，词人写外在的动作以表胸中无人能理解的满腔愤懑。下阕连用三个历史典故抒怀言志，用张翰弃官归隐的故事，表明自己一心以国事为重，耻于归隐；用刘备鄙视许汜求田问舍、追逐个人私利的故事，言表自己绝不谋求个人私利，一切以国家、民族大义为重；用桓温慨叹时光流逝的故事，表明自己年华虚度、壮志未酬的忧伤。用典贴切达意，体现了稼轩词"以文为词"的特点。这是稼轩早期词中最负盛名的一篇，艺术上也渐趋成熟境界，豪而不放，壮中见悲，在阔大苍凉的背景上，一个孤寂的爱国者一咏三叹、悲歌慷慨的形象呼之欲出。

全词格调高昂，苍凉沉郁。拟人、比喻修辞手法的运用，更增添了词的形象性，使词作具有极强的艺术感染力。

感 悟 讨 论

1. 本词表达辛弃疾怎样的思想感情？
2. 如何理解辛稼轩"以文为词"的创作特色？
3. 找出词中比喻句、拟人句和具有象征意象的句子，体会其作用。

4. 阅读两篇《贺新郎》，体会辛词的特点。

平行阅读

贺 新 郎
辛弃疾

把酒长亭说。看渊明，风流酷似，卧龙诸葛。何处飞来林间鹊，蹙踏松梢残雪。要破帽、多添华发。剩水残山无态度，被疏梅、料理成风月。两三雁，也萧瑟。

佳人重约还轻别。怅清江、天寒不渡，水深冰合。路断车轮生四角，此地行人销骨。问谁使、君来愁绝？铸就而今相思错，料当初、费尽人间铁。长夜笛，莫吹裂。

贺新郎·同父见和，再用前韵
辛弃疾

老大那堪说。似而今、元龙臭味，孟公瓜葛。我病君来高歌饮，惊散楼头飞雪。笑富贵、千钧如发。硬语盘空谁来听，记当时，只有西窗月。重进酒，换鸣瑟。

事无两样人心别。问渠侬：神州毕竟，几番离合。汗血盐车无人顾，千里空收骏骨。正目断、关河路绝。我最怜君中宵舞，道"男儿到死心如铁"。看试手，补天裂。

（选自《唐宋词选》，中国社科院文学研究所，人民文学出版社 1981 年版）

　　"岁寒三友"一直是古代诗人吟咏的对象，松之坚毅伟岸，竹之挺拔虚怀，梅之傲雪怒放。借自然之物抒怀，表现出中国文人对理想的精神境界的执著追求。

第十七节

卜算子·咏梅

◎ 陆　游

驿外断桥边①，寂寞开无主。已是黄昏独自愁，更著风和雨②。
无意苦争春，一任群芳妒。零落成泥碾作尘③，只有香如故。

（选自《唐宋词简释》，唐圭璋选释，上海古籍出版社 1981 年版）

注 释

①驿外：驿站外。
②著（zhuó）：同"着"，加上。
③碾：滚轧。

　　陆游（1125—1210），字务观，号放翁，越州山阴（今浙江绍兴）人，南宋爱国诗人。父亲陆宰是个具有爱国思想的知识分子，陆游少年就树立了忧国忧民的思想和杀敌报国的壮志。他自幼好学不倦，"年十二能诗文"，他还学剑，钻研兵书。绍兴二十三年（1153），应进士试，为秦桧所黜。陆游生当民族矛盾尖锐、国势危迫的时代，他怀着"铁马横戈"、"气吞胡虏"的英雄气概和"一身报国有万死"的牺牲精神，力主抗金，但屡遭朝廷投降派的排挤、打击。但他始终不渝地坚持自己的理想。嘉定三年（1210），85 岁的老诗人，抱着"死前恨不见中原"的遗恨，离开人世。陆游是爱国主义诗派的一个光辉代表，他一生创作了大量作品，诗的成就最为显著。前期多为爱国诗，诗风宏丽、豪迈奔放。后期多为田园诗，风格清丽、平淡自然。他的词，无论飘逸婉丽的作品，还是慷慨激昂之作，也都充满悲壮的爱国激情。有《渭南文集》、《剑南诗稿》、《南唐书》、《老学庵笔记》等传世。

导读

　　这是一首咏梅的词。作者托物言志，以梅自喻，表现了高洁的志趣和坚贞自守的傲骨。

　　上阕写梅花的处境。梅花植根的地方，是荒凉的驿亭外，断桥旁。"寂寞开无主"这一句，将自己的感情倾注在客观景物中，写梅花的遭遇，也暗示作者被排挤的政治遭遇。日落黄昏，暮色朦胧，孑然一身，只有"独自愁"，与上句的"寂寞"相互呼应。而此时风雨又袭来，"更著"这两个字用得好，凸显出梅花的艰困处境。下阕托梅寄志。"无意苦争春，一任群芳妒"，写物与写人交织，花木无情，花开花落，是自然现象，说"争春"，是拟人，也是暗喻。"妒"则非草木能所有，表现出陆游标格独高，决不与争宠邀媚、阿谀奉承之徒为伍的品格和不畏谗毁、坚贞自守的傲骨。即使凋零飘落，成泥成尘，"只有香如故"。最后一句振起全篇，一扫凄凉、悲戚，展示了失意英雄志士秉持信念、傲岸依旧的内心世界。

　　此词运用比兴手法，托物言志，描写传神，比拟贴切，寓意深远，成为一首咏梅的杰作。

感 悟 讨 论

　　1. 这首词运用比兴手法吟咏梅花，表现了作者什么样的内心世界？

　　2. 你还知道唐宋文人哪些咏梅之作？

　　3. 阅读《书愤》，结合《卜算子》一词体会陆游的精神世界。

平行阅读

书 愤
陆 游

早岁那知世事艰，中原北望气如山。楼船夜雪瓜洲渡，铁马秋风大散关。
塞上长城空自许，镜中衰鬓已先斑。《出师》一表真名世，千载谁堪伯仲间！

（选自《宋诗三百首》，金性尧选注，上海古籍出版社 1995 年版）

近代天津曾诞育了一位嘉言懿行的人，他集艺术家和教育家于一身，皈依佛门后，又是著名的佛学大师，他就是弘一法师——李叔同。

第十八节

金缕曲·将之日本，留别祖国并呈同学诸子

◎ 李叔同

披发佯狂走①。莽中原，暮鸦啼彻②，几枝衰柳。破碎河山谁收拾？零落西风依旧。便惹得离人消瘦③。行矣临流重太息④，说相思，刻骨双红豆。愁黯黯，浓于酒。

漭情不断淞波溜⑤。恨年来、絮飘萍泊，遮难回首⑥。二十文章惊海内⑦，毕竟空谈何有。听匣底苍龙狂吼⑧。长夜凄风眠不得，度群生那惜心肝剖⑨？是祖国，忍孤负⑩！

（选自《李叔同集》，郭长海、郭君兮编，天津人民出版社 2006 年版）

注 释

①佯狂：装作发狂的样子。这里暗示屈原去国之意。
②暮鸦：昏鸦，极言荒凉之境况。
③离人：远行人。
④临流：面对江流。太息：叹息。
⑤漭情：满腔之情。淞波溜，吴淞江之波浪。
⑥遮：同"这"。
⑦二十文章惊海内：李叔同作这首词，时年 26 岁。但其诗文字画，已名震天下。
⑧匣底：指剑鞘。苍龙，宝剑名。
⑨度：超度，这里言解救。
⑩孤负：辜负。

李叔同（1880—1942），名文涛，法名演音，号弘一。祖籍浙江，生于天津官宦富商之家，中国新文化运动的前驱，卓越的艺术家、教育家，中国近现代佛教

史上杰出高僧。李叔同幼年天资聪颖，悟性极高，少年成名，"二十文章惊海内"，集诗、词、书画、篆刻、音乐、戏剧、文学于一身，在多个领域，取得了杰出的成就。他的书法"朴拙圆满，浑若天成"，把中国的书法艺术推向了极致。他是第一个向中国传播西方音乐的先驱者，所创作的歌曲《送别》，历经几十年传唱经久不衰，成为经典名曲。同时，他也是中国第一个开创裸体写生的教师。卓越的艺术造诣，先后培养出了名画家丰子恺、音乐家刘质平等一批文化名人。他苦心向佛，精研律学，弘扬佛法，被佛门弟子奉为律宗第十一代世祖。他为世人留下了咀嚼不尽的精神财富，他的一生充满了传奇色彩，是绚丽至极归于平淡的典型人物。赵朴初先生评价弘一大师的一生为："无尽奇珍供世眼，一轮圆月耀天心。"

导读

这首词写于1905年。当时国事维艰，列强肆虐，民不聊生，就在这一年，李叔同的母亲去世，这对他心灵打击很大，李叔同陷入空前的悲愤和迷茫。同年秋天，李叔同老师赵幼梅受天津学务处的委托，带领学生去日本访问，实习考察，李叔同听说，毅然辞掉了上海沪学会的工作，决意去日本求学，寻求富国强兵之道。这首词是他赴日前所填，抒发了浓重而深沉的爱国情怀，表达了愿为祖国的富强而献身的远大抱负。

词分上下两阕。上阕借景抒情，开篇借用屈原的形象表达了诗人忧国忧民的一腔孤愤，选用"暮鸦"、"衰柳"、"西风"几个中国古代文学作品中的典型意象，勾勒出了一幅乌鸦悲啼、杨柳怨别、秋风萧瑟的凄怆苍凉画面。面对列强的肆意欺凌，清廷的昏聩无能，山河破碎，千疮百孔，诗人一腔孤愤，难以释怀。"红豆"形象的化用，则表现了诗人对祖国未离别已相思"浓于酒"的一片难以割舍的眷恋之情。下阕直抒胸臆，"漾情不断淞波溜"，站在江边，感慨万千，逝者如斯夫，不舍昼夜。可是自己却多年漂泊，虽年少成名，面对破碎的河山，他不愿以"二十文章惊海内"的空谈来做自我陶醉，"度群生那惜心肝剖"，一腔热血，肝肠似火，最后以反问收结全篇，诗人怎忍心辜负了自己深深热爱的祖国？是反问，更是呐喊，表达了深挚的爱国情怀，激昂慷慨，荡气回肠。

全词感情浓郁深沉，意象苍凉，用典妙合，反问手法的运用更增添了词作的气势。

感　悟　讨　论

1. 这首词表达了青年李叔同怎样的思想感情？

2. 为什么说李叔同是"中国新文化运动的前驱"？了解李叔同具有传奇色彩的一生，谈谈你的看法。

平行阅读

送　别
李叔同

长亭外，古道边，芳草碧连天。晚风拂柳笛声残，夕阳山外山。天之涯，地之角，知交半零落。一瓢浊酒尽余欢，今宵别梦寒。长亭外，古道边，芳草碧连天。晚风拂柳笛声残，夕阳山外山。

（选自《李叔同集》，郭长海、郭君兮编，天津人民出版社 2006 年版）

悄悄的我走了，正如我悄悄的来；我挥一挥衣袖，不带走一片云彩。

——《再别康桥》

第十九节

云　游

◎ 徐志摩

那天你翩翩的在空际云游，
自在，轻盈，你本不想停留
在天的那方或地的那角，
你的愉快是无拦阻的逍遥，
你更不经意在卑微的地面
有一流涧水，虽则你的明艳
在过路时点染了他的空灵，
使他惊醒，将你的倩影抱紧。

他抱紧的是绵密的忧愁，
因为美不能在风光中静止；
他要，你已飞渡万重的山头，
去更阔大的湖海投射影子！
他在为你消瘦，那一流涧水，
在无能的盼望，盼望你飞回！

（选自《志摩的诗》，徐志摩著，人民文学出版社1983年版）

徐志摩（1897—1931），原名徐章垿，浙江人，中国现代著名诗人、散文家。曾赴美国、英国留学，1922年回国，先后在北京大学、光华大学、大夏大学任教。1925年主编《晨报副镌·诗刊》，1928年主编《新月》月刊，"新月派"代表诗人。1931年，乘坐的飞机在济南附近失事去世。徐志摩是一位在中国文坛上曾经活跃一时并有一定影响的作家，作为新月派的一个主要诗人，为新诗的发展进行过种种尝试和探索。他的诗歌有着相当鲜明的独特风格。早期诗歌多表现对理想的向往与追求,也有同情下层劳动人民痛苦生活和对黑暗现实不满的诗作。后期诗歌多表现理想破灭后的彷徨、伤感、空虚的情绪。他的诗有很强的艺术感染力,字句清新,音节和谐,比喻新奇,想象丰富,意境优美,神思飘逸。诗集有《志摩的诗》、《翡冷翠的一夜》、《猛虎集》等。

导读

　　此诗作于1931年,诗作融合了东西方文学的情绪和格调。《云游》是一首描述自由恋爱初恋的甜美与失恋的悲伤的抒情诗,诗人以"云游"和"一流涧水"两个意象象征爱恋的对方与自己,表达了希望爱恋的对方能心回意转的苦苦期盼之情。

　　《云游》开篇写"云"翩翩遨游,逍遥洒脱,不会停留在天的那方,也不会停留在地的那角。"云"只是"过路"的,所以"云"不经意地投影在卑微的地面的一流"涧水"上,于是便点染了"涧水"的空灵。"云"的明艳,让"涧水"惊醒过来,想要将"云"投影下来的情影紧紧拥抱着。因为,"云"的美不可能在风光中静止,"涧水"却想要"云"停下来,然而,"云"已离开了"涧水",已飞渡了万重山头,已飞渡到更阔大的湖海去投射影子。这就是"涧水"的悲伤,所以诗上说,"涧水"不但不能抱紧"云"的情影,相反的,"涧水"所抱紧的只不过就是忧愁而已。诗的最后描述了"涧水"在为"云"消瘦,只能无奈地继续盼望着"云"会飞回来,停驻并继续投影在"涧水"之上。从《沙扬娜拉》、《再别康桥》到《云游》,人们很自然在其中找出徐志摩诗作中的意象和风格,这类诗作最能代表徐志摩的诗情和才华,这些诗想象优美,意境空灵洒脱,音律抑扬变化,透露着诗人对人生理解与生命把握的希冀与信仰,具有极高的艺术与审美价值,也正契合了诗人"追求美,追求爱,追求自由"的人生理想。此诗结构上受欧洲十四行诗的影响,而意境上又深得中国传统诗歌之精髓。

感 悟 讨 论

1. "涧水"为"云"消瘦,能否和"为伊消得人憔悴"联系起来?为什么?

2. 徐志摩代表诗作有什么特点?

3. 你怎样看待徐志摩"追求美,追求爱,追求自由"的人生理想?

4. 阅读《沙扬娜拉》和《偶然》,体会徐志摩的诗意象的特点。

平行阅读

沙扬娜拉

徐志摩

最是那一低头的温柔,
　　像一朵水莲花不胜凉风的娇羞,
道一声珍重,道一声珍重,
　　那一声珍重里有蜜甜的忧愁——
沙扬娜拉!

偶　然

徐志摩

我是天空里的一片云,
　　偶尔投影在你的波心——
你不必讶异,
　　更无须欢喜——
在转瞬间消灭了踪影。

你我相逢在黑夜的海上,
　　你有你的,我有我的,方向;
你记得也好,
　　最好你忘掉
在这交会时互放的光亮!

（选自《志摩的诗》,徐志摩著,人民文学出版社 1983 年版）

上承中国古典诗词气质，外应西方自由体诗歌形式，戴望舒的诗自创一派，别树一帜。比喻常常是新鲜而又贴切，他所采用的题材，都是自己亲身所感受的事物，抒发个人真实的情怀。

第二十节

雨 巷

◎ 戴望舒

撑着油纸伞，独自
彷徨在悠长，悠长
又寂寥的雨巷，
我希望逢着
一个丁香一样的
结着愁怨的姑娘。

她是有
丁香一样的颜色，
丁香一样的芬芳，
丁香一样的忧愁，
在雨中哀怨，
哀怨又彷徨；

她彷徨在这寂寥的雨巷，
撑着油纸伞
像我一样，
像我一样地
默默彳亍①着，
冷漠，凄清，又惆怅。

她静默地走近
走近，又投出
太息②一般的眼光；
她飘过
像梦一般的，
像梦一般的凄婉迷茫。

像梦中飘过
一枝丁香的，
我身旁飘过这女郎；
她静默地远了，远了，
到了颓圮③的篱墙，
走尽这雨巷。

在雨的哀曲里，
消了她的颜色，
散了她的芬芳，
消散了，甚至她的
太息般的眼光，
丁香般的惆怅。

撑着油纸伞，独自
彷徨在悠长，悠长
又寂寥的雨巷，
我希望飘过
一个丁香一样的
结着愁怨的姑娘。

（选自《戴望舒诗集》，戴望舒著，四川人民出版社1981年版）

注 释

①彳亍(chìchù)：形容小步慢走的样子或走走停停。

②太息:叹息。

③颓圮(pǐ):倒塌。

戴望舒(1905—1950),中国现代派象征主义诗人,翻译家。戴望舒为笔名,原名戴朝安,浙江杭县人。他的笔名出自屈原的《离骚》:"前望舒使先驱兮,后飞廉使奔属","望舒"是神话传说中替月亮驾车的天神。1923年入上海大学文学系学习,1929年出版了第一本诗集《我的记忆》。1932年赴法国、西班牙留学,1937年出版诗作合集《望舒诗稿》,成为30年代中国现代派诗歌的代表人物。戴望舒早期诗歌主要受中国古典诗歌和法国象征主义诗人影响较大,作为现代派新诗的举旗人,无论理论还是创作实践,都对中国新诗的发展产生过相当大的影响。在诗的内容上他注重诗意的完整和明朗,在形式上不刻意雕琢。抗日战争爆发后,戴望舒积极投身抗日,1941年在香港被捕入狱,表现出了坚贞不屈的民族气节,后期诗歌风格发生了很大变化,如《狱中题壁》、《我用残损的手掌》等作品都表现出崇高的爱国精神和对美好未来的期盼。

导读

《雨巷》是戴望舒的成名作,也是前期诗歌的代表作,他曾因此而赢得了"雨巷诗人"的桂冠。这首诗写于1927年夏天。当时大革命失败后,全国处于白色恐怖之中,戴望舒因曾参加进步活动而不得不避居于松江,在孤寂中咀嚼着幻灭与痛苦,内心充满了迷惘和朦胧的希望,《雨巷》一诗就是他的这种心情的表现,诗中营造出了一个梦一般凄婉迷茫的意境,其中交织着失望和希望、幻灭和追求的双重情调和邈远飘忽的浪漫情愫,含蓄而隐晦地揭示了当时青年知识分子真实的内心世界。

《雨巷》运用了象征性的抒情手法。诗中那狭窄阴沉的雨巷,在雨巷中徘徊的独行者,以及那个像丁香一样结着愁怨的姑娘,都是象征性的意象。这些意象又共同构成了一种象征性的意境,含蓄地暗示出作者既迷惘感伤又有期待的情怀,并给人一种朦胧而又幽深的美感。富于音乐性是《雨巷》的另一个突出的艺术特色。诗中运用了复沓、叠句、重唱等手法,造成了回环往复的旋律和婉转悦耳的乐感。这首诗也可看出诗人从中国古典诗词中汲取了灵感,用丁香的花蕾,来象征人们的愁心,是中国古典诗词中一个传统的表现手法。诗中雨中丁香这一凄婉朦胧的画面,是诗人依据生活经验和艺术想象的张力,创造出的比现实更美的艺术世界的画面,深得中国古典诗词婉约风格的遗韵。

感 悟 讨 论

1. 这首诗表现了诗人怎样的思想感情?
2. 分析一下本诗运用的艺术手法。
3. 分析《雨巷》、李商隐的《代赠》、李璟的《浣溪沙》中丁香结的意象。

❀平行阅读

浣 溪 沙
李 璟

手卷真珠上玉钩,依前春恨锁重楼。风里落花谁是主,思悠悠。
青鸟不传云外信,丁香空结雨中愁。回首绿波三楚暮,接天流。

(选自《唐宋词简释》,唐圭璋选释,上海古籍出版社 1981 年版)

代 赠
李商隐

楼上黄昏欲望休,玉梯横绝月如钩。芭蕉不展丁香结,同向春风各自愁。

(选自《玉溪生诗集笺注》,李商隐,上海古籍出版社 1994 年版)

融汇素直与曲婉,深入时代与人生潜流,于清隽蕴藉之诗意境界,传达发自心灵的歌吟。

第二十一节

致 橡 树

◎ 舒 婷

我如果爱你——
绝不像攀援的凌霄花,
借你的高枝炫耀自己:
我如果爱你——
绝不学痴情的鸟儿,
为绿荫重复单调的歌曲;
也不止像泉源,
常年送来清凉的慰藉;
也不止像险峰,
增加你的高度,衬托你的威仪。
甚至日光。
甚至春雨。
不,这些都还不够!
我必须是你近旁的一株木棉,
做为树的形象和你站在一起。
根,紧握在地下,
叶,相触在云里。
每一阵风过,
我们都互相致意,
但没有人
听懂我们的言语。
你有你的铜枝铁干

像刀，像剑，

也像戟；

我有我的红硕花朵，

像沉重的叹息，

又像英勇的火炬。

我们分担寒潮、风雷、霹雳，

我们共享雾霭流岚、虹霓。

仿佛永远分离，

却又终身相依。

这才是伟大的爱情，

坚贞就在这里：

不仅爱你伟岸的身躯，

也爱你坚持的位置，脚下的土地。

（选自《诗刊》1979 年第 4 期）

舒婷，原名龚佩瑜，1952 年生于福建石码镇，当代女诗人。1964 年就读于厦门一中，1969 年至闽西山区插队，1972 年返回厦门当工人。1979 年开始发表诗歌作品。1980 年调到福建省文联工作，从事专业写作，任中国作家协会福建分会副主席。著有诗集《双桅船》、《会唱歌的鸢尾花》、《始祖鸟》，散文集《心烟》、《秋天的情绪》、《硬骨凌霄》、《露珠里的"诗想"》等。舒婷擅长自我情感律动的内省，在把捉复杂细致的情感体验方面，表现出女性独有的敏感。她的诗以自己内在的情思意绪、深邃的思想和精巧新奇的意象为特征，意境优美，韵味十足。

导读

这首诗是诗人的代表作。诗人热情而坦诚地歌唱理想的爱情，伟大的爱情应该是心心相印，彼此人格独立，互相平等，比肩而立。作品体现了富于人文精神的现代爱情品格，强烈的抒情中闪耀着理性的光辉。

诗人笔下的"橡树"和"木棉"，是爱情诗中一组品格崭新的象征形象。"橡树"象征着刚硬的男性之美，而有着"红硕的花朵"的"木棉"显然体现着具有崭新审美气质的女性人格，充溢着丰盈、刚健的生命气息。这组形象的树立，不仅否定了旧式依附的爱情观,也超越了牺牲自我、只注重给予的互爱原则。这种理想人生的品格,不仅在那个特殊的时代里有着特殊的意义,时至今日对我们的人生态度和人际交往,仍然有着极大的启示意义。

诗歌采用了内心独白的抒情方式,坦诚、开朗地直抒诗人的心灵世界。以整体象征的手法构造意象,使得哲理性很强的思想、意念在生动可感的形象中生发、诗化,富于理性气质却使人感觉不到任何说教意味,抒情气息浓郁。

感 悟 讨 论

1. 你如何看待"橡树"和"木棉"这两个意象?

2. 了解 20 世纪 80 年代"朦胧诗"的创作,结合《神女峰》体会"朦胧诗"的创作在当时诗坛上的意义。

⚙ 平行阅读

神女峰

舒 婷

在向你挥舞的各色花帕中
是谁的手突然收回
紧紧捂住了自己的眼睛
当人们四散而去,谁
还站在船尾
衣裙漫飞,如翻涌不息的云
江涛
　　高一声
　　　　低一声

美丽的梦留下美丽的忧伤
人间天上,代代相传
但是,心
真能变成石头吗?
为眺望远天的杳鹤

而错过无数次春江月明
沿着江岸
金光菊和女贞子的洪流
正煽动新的背叛
　　与其在悬崖上展览千年
不如在爱人肩头痛哭一晚

（选自《绿洲》1982 年 10 月号）

第二篇
论理品评

　　儒家把修己养身看做是立身处世、实现人生价值的根本，这一文化传统影响了世世代代的中国人。作为儒家的经典，《论语》集中了孔子学说的精华和他的人生智慧。

第一节

《论语》十则

　　子曰："见贤思齐焉，见不贤而内自省也。"　　　　　　　　　《里仁篇第四》

　　子曰："质胜文则野①，文胜质则史②。文质彬彬③，然后君子。"

　　　　　　　　　　　　　　　　　　　　　　　　　　　　　　《雍也篇第六》

　　子曰："譬如为山，未成一篑④，止，吾止也。譬如平地，虽覆一篑，进，吾往也。"　　　　　　　　　　　　　　　　　　　　　　　　　　　《子罕篇第九》

　　子路问君子。子曰："修己以敬⑤。"曰："如斯而已乎？"曰："修己以安人。"曰："如斯而已乎？"曰："修己以安百姓。修己以安百姓，尧舜其犹病诸？"

　　　　　　　　　　　　　　　　　　　　　　　　　　　　　《宪问篇第十四》

　　子曰："躬自厚而薄责于人⑥，则远怨矣。"　　　　《卫灵公篇第十五》

　　孔子曰："君子有九思：视思明，听思聪，色思温，貌思恭，言思忠，事思敬，疑思问，忿思难⑦，见得思义。"　　　　　　　　　　　　《季氏篇第十六》

　　子曰："由也！女闻六言六蔽矣乎⑧？"对曰："未也。""居！吾语女。好仁不好学，其蔽也愚；好知不好学，其蔽也荡⑨；好信不好学，其蔽也贼⑩；好直不好学，其蔽也绞⑪；好勇不好学，其蔽也乱；好刚不好学，其蔽也狂。"《阳货篇第十七》

　　子夏曰："博学而笃志⑫，切问而近思，仁在其中矣。"　　　《子张篇第十九》

　　子贡曰："君子之过也，如日月之食焉；过也，人皆见之；更也，人皆仰之。"

　　　　　　　　　　　　　　　　　　　　　　　　　　　　　《子张篇第十九》

71

子张问于孔子曰："何如斯可以从政矣？"子曰："尊五美，屏四恶⑬，斯可以从政矣。"子张曰："何谓五美？"子曰："君子惠而不费，劳而不怨，欲而不贪，泰而不骄⑭，威而不猛。"子张曰："何谓惠而不费？"子曰："因民之所利而利之，斯不亦惠而不费乎？择可劳而劳之，又谁怨？欲仁而得仁，又焉贪？君子无众寡，无小大，无敢慢，斯不亦泰而不骄乎？君子正其衣冠，尊其瞻视，俨然人望而畏之，斯不亦威而不猛乎？"子张曰："何谓四恶？"子曰："不教而杀谓之虐；不戒视成谓之暴；慢令致期谓之贼⑮；犹之与人也，出纳之吝谓之有司⑯。"

《尧曰篇第二十》

（选自《论语译注》，杨伯峻译注，中华书局1980年版）

注　释

①质：朴实。

②史：言辞华丽，虚浮。

③文质彬彬：形容人既文雅又朴实，后多用来指人文雅有礼貌。彬彬：掺杂搭配适当。

④篑：盛土的竹筐。

⑤敬：严肃，慎重。

⑥躬自厚：当作"躬自厚责"，因下文"薄责"之"责"而省略。

⑦忿思难：将发怒了，考虑有什么后患。

⑧六言六蔽：六种品德和六种弊病。言：名曰"言"，实指"德"。蔽：通"弊"。

⑨荡：无所适守。

⑩贼：伤害。管同《四书纪闻》云："大人之所以不必信者，惟其为学而知义之所在也。苟好信不好学，则惟知重然诺而不明事理之是非，谨厚者则硁硁为小人；苟又挟以刚勇之气，必如周汉刺客游侠，轻身殉人，扞文网而犯公义，自圣贤观之，非贼而何？"这是根据春秋侠勇之士的事实，结合儒家明哲保身的理论所发的议论，似近孔子本意。

⑪绞：指言辞尖刻。

⑫笃志：坚守自己的志趣。

⑬屏（bǐng）：排除，摈弃。

⑭泰：安泰矜持。

⑮慢令致期：政令下得晚却要限期完成。

⑯出纳：这里单指"出"。有司：古代管事者之称，职务卑微，这里译为"小家子气"。

孔子（前551—前479），名丘，字仲尼，春秋时鲁国陬邑（今山东曲阜）人，我国伟大的思想家、教育家，世界最著名的文化名人之一。50岁时任鲁定公的司寇,掌管鲁国司法,55 岁开始周游列国,宣传自己的主张,但均没有得到重用,68 岁回鲁国从事著述和讲学。孔子是儒家学派的创始人,在政治思想上,提倡"仁"和"礼",主张"仁者爱人"、"克己复礼"。在教育方面,首倡私人讲学,打破了学在官府的传统。他提出的"因材施教"、"有教无类"的教育思想,"举一反三"、"学思结合"、"温故知新"的教学方法,"不耻下问"、"学而不厌,诲人不倦"的教学态度至今仍影响着中国的教育。孔子整理《诗》《书》等古代文献,并删修鲁国史官所记《春秋》,成为我国第一部编年体历史著作,为保存和传播我国古代文化作出了重要贡献。孔子的学说自汉代开始被奉为中国文化的正统,司马迁《史记·孔子世家》称其为"至圣"。他的学说不仅对我国思想文化的发展产生了深远影响,对世界文明也贡献巨大。联合国教科文组织将孔子列为世界十大文化名人之一。

▶ 导读

《论语》是一部语录体散文集,记载了我国思想家、教育家孔子及弟子的言行,由孔子的弟子和再传弟子记录编纂而成。"《论语》者,孔子应答弟子、时人及弟子相与言而接闻于夫子之语也。当时弟子各有所记,夫子既卒,门人相与辑而论纂,故谓之《论语》。"(班固《汉书·艺文志》)现在通行的《论语》共 20篇,各章节独立成篇,涉的内容极为广泛,是儒家学说的开创和经典之作。

孔子的思想核心是"仁",他对"仁"的解释是"仁者爱人"。《论语》记录了孔子一生的言行,"仁"贯穿始终,体现了这位春秋时期大教育家"爱"的教育理念。"君子"是儒家学说中追求理想完美人格的象征,"君子"首先是"仁德之人",如何成为"仁德之人",那就要从自身做起,从生活、学习中的点点滴滴做起,"修身"是"齐家、治国、平天下"的基础,关于修己养身的精辟论说,占了《论语》相当的篇幅。因此,说一部《论语》,半部论"修身"实不为过,《论语》体现了中国传统文化"德智统一"、"以德摄智"的深刻内涵。课文选取了其中的十则,内容涉及学习与修养,透过字里行间可以感受先哲的人生智慧。厚德载物,修身为本,加强修养不仅关乎个人的品德、学识、谈吐、气质,从大处说,也关乎国家、民族大业。《论语》于潜移默化中影响着世人的观念,对中华文化产生了深远影响。

本篇所选《论语》十则,体现了《论语》词约义丰、简练纡徐的语言风格。

感 悟 讨 论

1. 你还知道《论语》中有哪些关于修己养身的语录？回忆并概括一下。

2. 将第六则"君子有九思"译成现代汉语，并谈谈你的看法。

3. 社会在发展，时代在变化，个人在发展变化中进步，传统在发展变化中传承。你怎么看待当今社会背景下儒家的修己养身学说？

平行阅读

曾子曰："吾日三省吾身——为人谋而不忠乎？与朋友交而不信乎？传不习乎？"
　　　　　　　　　　　　　　　　　　　　　　　　　　《学而篇第一》

子贡曰："贫而无谄，富而无骄，何如？"子曰："可也；未若贫而乐，富而好礼者也。"

子贡曰："《诗》云：'如切如磋，如琢如磨'，其斯之谓与？"子曰："赐也，始可与言《诗》已矣，告诸往而知来者。"
　　　　　　　　　　　　　　　　　　　　　　　　　　《学而篇第一》

子曰："吾十有五而志于学，三十而立，四十而不惑，五十而知天命，六十而耳顺，七十而从心所欲，不逾矩。"
　　　　　　　　　　　　　　　　　　　　　　　　　　《为政篇第二》

子贡曰："如有博施于民而能济众，何如？可谓仁乎？"子曰："何事于仁，必也圣乎！尧舜其犹病诸。夫仁者，己欲立而立人，己欲达而达人，能近取譬，可谓仁之方也已。"
　　　　　　　　　　　　　　　　　　　　　　　　　　《雍也篇第六》

子张问仁于孔子。孔子曰："能行五者于天下为仁矣。""请问之。"曰："恭、宽、信、敏、惠。恭则不侮，宽则得众，信则人任焉，敏则有功，惠则足以使人。"
　　　　　　　　　　　　　　　　　　　　　　　　　　《阳货篇第十七》

（选自《论语译注》，杨伯峻译注，中华书局 1980 年版）

　　孟子曾自谓"我善养吾浩然之气"，他的散文长于论辩，气势浩然。这篇驳论文章，步步设问，层层深入，引君入毂，最后一举击破。缜密的思维，犀利的词锋，历来备受推崇。

第二节

有为神农之言者许行

◎ 孟 子

　　有为神农之言者许行①，自楚之滕②，踵门而告文公曰③："远方之人，闻君行仁政，愿受一廛而为氓④。"文公与之处。其徒数十人，皆衣褐⑤，捆屦⑥、织席以为食。

　　陈良之徒陈相与其弟辛⑦，负耒耜而自宋之滕⑧，曰："闻君行圣人之政，是亦圣人也，愿为圣人氓。"

　　陈相见许行而大悦，尽弃其学而学焉。

　　陈相见孟子，道许行之言曰："滕君，则诚贤君也；虽然，未闻道也。贤者与民并耕而食，饔飧而治⑨；今也，滕有仓廪府库，则是厉民而以自养也，恶得贤？"

　　孟子曰："许子必种粟而后食乎？"

　　曰："然。"

　　"许子必织布而后衣乎？"

　　曰："否，许子衣褐。"

　　"许子冠乎？"

　　曰："冠。"

　　曰："奚冠⑩？"

　　曰："冠素⑪。"

　　曰："自织之与？"

　　曰："否，以粟易之。"

　　曰："许子奚为不自织？"

　　曰："害于耕。"

曰:"许子以釜甑爨⑫,以铁耕乎?"

曰:"然。"

"自为之与?"

曰:"否,以粟易之。"

"以粟易械器者,不为厉陶冶;陶冶亦以其械器易粟者,岂为厉农夫哉!且许子何不为陶冶,舍皆取诸宫中而用之⑬?何为纷纷然与百工交易?何许子之不惮烦!"

曰:"百工之事,固不可耕且为也。"

"然则治理天下独可耕且为与?有大人之事,有小人之事。且一人之身而百工之所为备,如必自为而后用之,是率天下而路也⑭。故曰:'或劳心,或劳力。'劳心者治人,劳力者治于人;治于人者食人,治人者食于人——天下之通义也。

"当尧之时,天下犹未平,洪水横流,泛滥于天下;草木畅茂,禽兽繁殖;五谷不登,禽兽偪人⑮。兽蹄鸟迹之道,交于中国。尧独忧之,举舜而敷治焉⑯。舜使益掌火⑰,益烈山泽而焚之,禽兽逃匿;禹疏九河,瀹济、漯而注诸海,决汝、汉,排淮、泗,而注之江⑱;然后中国可得而食也。当是时也,禹八年于外,三过其门而不入,虽欲耕,得乎?

"后稷教民稼穑⑲,树艺五谷,五谷熟而民人育。人之有道也,饱食暖衣、逸居而无教,则近于禽兽。圣人有忧之,使契为司徒⑳,教以人伦:父子有亲,君臣有义,夫妇有别,长幼有序,朋友有信。放勋曰劳之㉑、来之㉒,匡之、直之,辅之、翼之㉓,使自得之,又从而振德之㉔,圣人之忧民如此,而暇耕乎?

"尧以不得舜为己忧,舜以不得禹、皋陶为己忧㉕。夫以百亩之不易为己忧者,农夫也。分人以财谓之惠,教人以善谓之忠,为天下得人者谓之仁。是故以天下与人易,为天下得人难。孔子曰:'大哉,尧之为君!惟天为大,惟尧则之㉖,荡荡乎民无能名焉。君哉,舜也!巍巍乎有天下而不与焉!'尧舜之治天下,岂无所用其心哉?亦不用于耕耳。

"吾闻用夏变夷者,未闻变于夷者也。陈良,楚产也,悦周公、仲尼之道,北学于中国。北方之学者,未能或之先也。彼所谓豪杰之士也。子之兄弟,事之数十年,师死而遂倍之㉗。昔者,孔子没㉘,三年之外,门人治任将归㉙,入揖于子贡,相向而哭,皆失声,然后归。子贡反,筑室于场,独居三年,然后归。他日,子夏、子张、子游以有若似圣人㉚,欲以所事孔子事之,强曾子。曾子曰:'不可。江汉以濯之㉛,秋阳以暴之㉜,皓皓乎不可尚已㉝!'今也,南蛮鴃舌之人㉞,非先王之道,子倍子之师而学之,亦异于曾子矣!吾闻出于幽谷,迁于乔木者；未闻下乔木而入于幽谷者。《鲁颂》曰：'戎狄是膺，荆舒是惩⑤。'周公方且膺之。子是之学，亦为不善变矣！"

"从许子之道，则市贾不贰⑥，国中无伪；虽使五尺之童适市，莫之或欺㉗。布帛长短同，则贾相若；麻缕丝絮轻重同，则贾相若；五谷多寡同，则贾相若；屦大小同，则贾相若。"

曰："夫物之不齐，物之情也；或相倍蓰⑱，或相什伯，或相千万。子比而同之，是乱天下也。巨屦小屦同贾，人岂为之哉！从许子之道，相率而为伪者也。恶能治国家？"

（选自《先秦文学史参考资料》，北京大学中国文学史教研室选注，中华书局 1962 年版）

注　释

①为：研究。神农：上古传说中的人物，相传是他开始教人类耕种，所以称神农。言：指学说。以许行为代表的农家学说主张"君臣并耕"。

②滕：国名，在今山东省滕县西南。

③踵（zhǒng）：脚后跟。踵门：指"足至门"，走到门上，亲自拜谒。

④廛（chán）：居所。

⑤褐（hè）：粗麻编织的衣服。

⑥捆屦（jù）：做麻鞋。

⑦陈良：楚国的儒者。

⑧耒耜（lěisì）：古代一种类似犁的农具。

⑨饔飧（yōngsūn）：早餐和晚餐，这里用作动词，指自己做饭。

⑩奚冠：戴什么帽子。

⑪素：生丝织成的绢帛。这里指用生绢做的帽子。

⑫釜甑爨：釜，一种锅。甑（zèng），古代做饭用的一种陶器。爨（cuàn）：烧火做饭。

⑬舍皆取诸宫中：舍，即"啥"，什么。宫中：室中，家中。

⑭路：在路上奔波。

⑮偪：同"逼"，威胁。

⑯敷：布，施。这里指治理水土。

⑰益：又称伯益，舜的大臣。上古设五行之官，分别掌管金木水火土，益掌管火政。

⑱禹疏九河四句：疏：疏通。九河：相传古时山东、河北一带黄河的九条支流。瀹（yuè）：疏导。济（jǐ）、漯（tà）：古水名，在今山东省境内。决：凿开缺口，导引水流。汝：汝水，今河南省境内。汉：汉水。排：排除。指清除水道淤塞。淮：淮河。泗：泗水，在今江苏省淮阴。江：长江。

⑲后稷：周朝的始祖，尧舜时做农官。

⑳使契为司徒：契（xiè），舜的臣子。司徒：掌教化之官。

㉑放勋：尧的号。

㉒劳之、来之：慰劳他们，使他们归顺。劳：慰劳。来（lài）：使……来（归顺）。

㉓辅之、翼之：帮助他们，保护他们。辅：助。翼：保护。

㉔振德：指赈济施以恩惠。

㉕皋陶（gāoyáo）：舜的司法官。

㉖则：用作动词，效法。

㉗倍：通"背"，背叛。

㉘没：通"殁"，死。

㉙治任：收拾行李。任：担子，指行李。

㉚有若：有子，孔子弟子。

㉛濯（zhúo）：洗。

㉜暴：通"曝"，晒。

㉝皓皓乎：光明洁白的样子。皓皓，通"杲杲"。

㉞鴂（jué）舌：鴂，鸟名，又名伯劳。这里比喻许行的话难听。

㉟戎狄是膺，荆舒是惩：引自《诗经·鲁颂·閟宫》。戎、狄指古代西部和北方的部族。荆舒，指南方的部族。膺：抵抗，抗击。

㊱贾（jià）：价格。

㊲莫之或欺：没有人欺骗他。

㊳倍蓰（xǐ）：倍，一倍；蓰，五倍。

孟子（约前372—前289），名轲，字子舆，邹国（今山东省邹城市）人，孔子之后儒家学派的主要代表。中国古代著名思想家、教育家和散文家，与孔子合称"孔孟"，其学说被称为"孔孟之道"，有儒家"亚圣"之称。他继承了孔子的思想核心"仁"，明确提出了"仁政"主张，"乐民之乐，忧民之忧"，并提出了著名的"民贵君轻"说。《孟子》共7篇，为孟子及其弟子所著，对后世的思想和散文都产生了较大影响。孟子善辩，善于掌握对方心理，运用逻辑推理，因势利导地进行辩论。常采用欲擒故纵的方法，善设机巧，引君入彀，笔锋一转，以子之矛攻子之盾，先破后立，在驳斥对方的基础上，进而提出自己的主张。孟子的文章常运用大量整齐对称的排偶句，行文如江水滔滔，气势磅礴，极富论辩力量。

▶ 导读

这是一篇先破后立的驳论文章，孟子重要的治国理念在文中得到了充分体现。通过与陈相的辩论,作者驳斥了农家"君臣并耕"、否定社会分工的观点,先破后立,然后提出了"劳心者治人,劳力者治于人"社会分工必然性的中心论点,并对陈相兄弟背叛师门的行为进行了无情的鞭挞。

　　全文可分四部分。第一部分,叙述论辩的起因。先写许行投奔滕国,次写陈相兄弟慕名投滕,表明滕文公施行仁政后的影响,为后面正面阐述儒家学说做了铺垫。再写陈相以农家"贤者与民并耕"的观点来否定接受孟子仁政主张的滕文公,致起论辩。第二部分,写孟子对陈相的农家"君臣同耕"学说的驳斥。步步设问,层层深入,引君入彀,最后一举击破。当陈相承认"百工之事固不可耕且为也"时,孟子当即反诘,"然则治天下独可耕且为与?"使陈相无言以答。随后,孟子提出自己的主张,说明社会分工的必然性。接着,列出尧、舜、益、禹解决天下水患,消灭天下猛兽的事实,举出后稷教民稼穑,关心民的教育、人伦道德的事实和"尧以不得舜为己忧"的"为天下得人"的理念作为自己观点的有力的支撑,到达了使对方无可辩驳的效果。第三部分,对陈相背叛师门进行了无情鞭挞。第四部分,孟子以辩证的观点批驳陈相转述许行的"市贾不贰"的观点,捍卫了儒家的治国之道。

　　文章体现了孟子缜密纯熟的辩论技巧。孟子善设机巧,请君入瓮,开合擒纵,驾驭自如。全文观点鲜明,论证严密,气势浩然,感情强烈,词锋犀利。语言精练简约,明白晓畅,气盛而词壮。

感　悟　讨　论

　　1. 孟子以善辩著称,本文体现了孟子的哪些论辩技巧?

　　2. 谈谈你对"劳心者治人,劳力者治于人"的理解。

　　3. "锋芒毕露"与"柔中寓刚"是不同的论辩风格,你更欣赏哪种?

　　4. 说一说你所知道的孟子名言。

链接

　　《齐桓晋文之事》,选自《先秦文学史参考资料》,北京大学中国文学史教研室选注,中华书局 1962 年版。

庄子认为，人生的最高境界是逍遥游。人的本性是无羁无绊，不应为外物所役使，每一个生命都应得到尊重。顺乎自然，释放人的本性，才能达到逍遥游的境界。

第三节

马 蹄

◎ 庄子

马，蹄可以践霜雪，毛可以御风寒，龁草饮水①，翘足而陆②，此马之真性也。虽有义台路寝③，无所用之。及至伯乐④，曰："我善治马。"烧之，剔之，刻之，雒之⑤，连之以羁馽⑥，编之以皂栈⑦，马之死者十二三矣。饥之，渴之，驰之，骤之⑧，整之，齐之⑨，前有橛饰之患⑩，而后有鞭策之威⑪，而马之死者已过半矣。陶者曰⑫："我善治埴⑬，圆者中规，方者中矩。"匠人曰："我善治木，曲者中钩，直者应绳⑭。"夫埴木之性，岂欲中规矩钩绳哉？然且世世称之，曰"伯乐善治马"，而"陶、匠善治埴、木"，此亦治天下者之过也⑮。

吾意善治天下者不然。彼民有常性⑯，织而衣，耕而食，是谓同德⑰；一而不党，命曰天放⑱，故至德之世⑲，其行填填，其视颠颠⑳。当是时也，山无蹊隧㉑，泽无舟梁㉒，万物群生，连属其乡㉓，禽兽成群，草木遂长。是故禽兽可系羁而游㉔，鸟鹊之巢可攀援而窥。夫至德之世，同与禽兽居，族与万物并㉕，恶乎知君子小人哉㉖，同乎无知，其德不离；同乎无欲，是谓素朴。素朴而民性得矣。及至圣人，蹩躠为仁㉗，踶跂为义㉘，而天下始疑矣㉙，澶漫为乐㉚，摘僻为礼㉛，而天下始分矣。故纯朴不残，孰为牺尊㉜！白玉不毁，孰为珪璋㉝！道德不废㉞，安取仁义！性情不离，安用礼乐！五色不乱，孰为文采㉟！五声不乱，孰应六律㊱！夫残朴以为器，工匠之罪也；毁道德以为仁义，圣人之过也！

夫马，陆居则食草饮水，喜则交颈相靡㊲，怒则分背相踶㊳。马知已此矣。夫加之以衡扼㊴，齐之以月题㊵，而马知介倪、闉扼、鸷曼、诡衔、窃辔㊶。故马之知而态至盗者㊷，伯乐之罪也。夫赫胥氏之时㊸，民居不知所为，行不知所之，含哺而熙㊹，鼓腹而游㊺，民能以此矣。及至圣人，屈折礼乐，以匡天下之形㊻，县企仁义以慰天下之心㊼，而民乃始踶跂好知，争归于利，不可止也。此亦圣人之过也。

（选自《庄子集解》，刘武撰，沈啸寰点校，中华书局 1987 年版）

注　释

①龁(hé)：咬，嚼。

②翘：扬起。陆：通作"踛"(lù)，跳跃。

③义(é)：通"峨"。义台：即高台。路：大，正。寝：居室。

④伯乐：姓孙名阳，伯乐为字，秦穆公时人，相传善于识马、驯马。

⑤烧之四句：均为治马的方法。烧：指烧红铁器灼炙马毛。剔：指剪剔马毛。刻：指凿削马蹄甲。雒(luò)："雒"通作"烙"，指用烙铁留下标记。

⑥连：系缀，连接。羁(jī)：马笼头。馽(zhí)：拴缚马足的绳索。

⑦皂(zào)：饲马的槽枥。栈：安放在马脚下的编木，用以防潮，俗称马床。

⑧驰之、骤之：意指打马狂奔，要求马儿速疾奔跑。

⑨整之、齐之：意指使马儿步伐、速度保持一致。

⑩橛(jué)：即马嚼子。马口中所衔的横木。饰：指马笼头上的装饰。

⑪鞭策：马鞭。皮制为鞭，竹制称策。

⑫陶者：制陶人。

⑬埴(zhí)：黏土。

⑭曲者两句：把木料弄曲或弄直，使之和于曲钩或直绳的标准。钩、绳皆木匠用来定曲直的工具。

⑮此亦句：这种违背天性的做法，也是治天下者易犯的错误。

⑯常性：固有的天性。

⑰同德：共同的品性。

⑱一而两句：浑然一体而没有偏私，所以叫任性自然。党：偏私。命：称。天放：任其自然。

⑲至德之世：人类天性保留最好的年代，即人们常说的原始社会。

⑳填填：行路徐缓、稳重的样子。

㉑颠颠：视物专一貌。

㉒蹊(xī)：小路。隧：隧道。

㉓梁：桥。

㉔连属其乡：各乡连在一起没有分界。属(zhǔ)：连接。

㉕系羁：用绳子牵引。

㉖族：聚集，聚合。并：俱。

㉗恶(wù)乎：哪里。

㉘素朴：喻指本色。素：未染色的生绢。朴：未加工的木料。

㉙蹩躠(biéxiè)：有脚疾而勉力走路。引申为费力用心。

㉚踶跂(dìqì)：足跟上提、竭力向上的样子。

㉛疑：猜度。

㉜澶(chán)漫：放纵。

㉝摘僻：烦琐。

㉞故纯朴句：若原始木材未被削刻，谁能做出兽形的酒樽。

㉟珪璋：玉器。上尖下方的为珪，半珪形为璋。

㊱道德：指人类原始的自然本性。

㊲文采：即文彩。错杂华丽的色彩。

㊳五声句：各种天然的声音若不错杂配合，哪能形成旋律。

㊴靡(mó)：通"摩"。

㊵踶(dì)：踢。

㊶衡：车辕前面的横木。扼：亦作"轭"。叉马颈的条木，缚在衡上。

㊷月题：马额上状如月形的佩饰。

㊸而马知句：意为加上种种束缚，马反而知道种种不安分的做法了。介倪：犹"睨"，侧目怒视之意。阘(yīn)扼：屈曲脖子企图挣脱轭的束缚。鸷(zhì)曼：暴戾不驯。诡衔：诡谲地想吐出口里的马嚼子。窃辔(pèi)：偷偷地啃咬辔绳。

㊹盗：与人抗敌的意思。

㊺赫胥氏：传说中的古代帝王。

㊻哺：口含食物。熙：通"嬉"，嬉戏。

㊼鼓腹：鼓着肚子，意指吃得饱饱的。

㊽屈折两句：矫造礼乐来改变天下人的形象。屈折：矫造的意思。匡：端正，改变。

㊾县：同"悬"。企：企望。

庄子（约前369—前286），名周，战国时代宋国蒙（今河南商丘东北）人，著名的思想家、文学家。出身贫寒，贫而乐道，不慕富贵，力求在乱世保持独立的人格，追求逍遥无恃的精神自由。庄子是继老子之后，战国时期道家学派的代表人物，他继承和发展了老子的思想，学说涵盖当时社会生活的方方面面，后世将他与老子并称为"老庄"。他认为一切事物无不在变化中，人要安时处顺。道法自然，故道无所不在，强调事物的自生自灭，否认有任何主宰。提出"通天下一气耳"，追求"天地与我并生，而万物与我为一"的精神境界。代表作《庄子》（又被称为《南华经》）阐发了道家思想的精髓，发展了道家学说，使之成为对后世产生深远影响的哲学流派。庄子的散文想象丰富，汪洋恣肆，辞藻瑰丽，妙语隽永，妙趣横生，善用寓言故事形式，幽默讥刺，富有浪漫主义色彩，艺术风格独特。

导读

本篇选自《庄子·外篇·马蹄第九》。以篇首两字作题,是先秦早期散文中常用的名篇方式。此文以马设喻,旨在宣讲恢复人的自然本性,表现了反对束缚和羁绊,提倡一切返归自然的政治主张,希望唤起人们对仁义的反思和对人的本性的珍视。作者反对"圣人"以仁义礼乐禁锢人的自由思想,主张个性解放,在当时来说,具有很大的进步意义。同时,作者因主张恢复人的自然本性,而向往愚昧无知的原始社会,又带有消极虚幻色彩。

全文可分成三个部分。第一部分以"伯乐善治马"和"陶、匠善治埴、木"为例,寄喻一切从政者治理天下的规矩和办法,都直接残害了事物的自然和人的本性。第二部分对比上古时代一切都具有共同的本性,一切都生成于自然,谴责后代推行所谓仁、义、礼、乐,摧残了人的本性和事物的真情,并直接指出这就是"圣人之过"。第三部分继续以马为喻,对马的天然生活形态做了描绘之后,又对治马引起的各种反抗加以罗列,进一步说明一切羁绊都是对自然本性的摧残,圣人推行的所谓仁义,只能是鼓励人们"争归于利"。在庄子的眼里,当世社会的纷争动乱都源于所谓圣人的"治",因而他主张摒弃仁义和礼乐,取消一切束缚和羁绊,让社会和事物都回到它的自然和本性上去。庄子对于仁义、礼乐的虚伪性、蒙蔽性揭露是深刻的,三个部分分别以"此亦治天下者之过也"、"圣人之过也"、"此亦圣人之过也"收结,充分显示了作者的用意所在。

本文善于通过生动的形象,以比喻、象征手法代替逻辑推理的论述,妙趣横生,汪洋恣肆。排比、设问句式的运用,更增添了文章不可阻遏的雄辩气势。

感 悟 思 考

1. 本篇说马,作者的真正用意何在? 采用了什么论证方法表达观点?
2. 庄子认为人生的最高境界是逍遥游,你如何看待逍遥的境界?

链接

《庄子集解》,刘武撰,沈啸寰点校,中华书局 1987 年版。

"兼相爱，交相利"是墨子治国救世的政治纲领，也是他做人的根本准则，"兼爱非攻"构成了墨子学说的核心。

第四节

兼爱（上）

◎墨　子

圣人以治天下为事者也，必知乱之所自起，焉能治之[①]；不知乱之所自起，则不能治。譬之如医之攻人之疾者然[②]：必知疾之所自起，焉能攻之；不知疾之所自起，则弗能攻。治乱者何独不然[③]！必知乱之所自起，焉能治之；不知乱之所自起，则弗能治。圣人以治天下为事者也，不可不察乱之所自起。

当察乱何自起[④]，起不相爱。臣子之不孝君父，所谓乱也。子自爱不爱父，故亏父而自利[⑤]；弟自爱不爱兄，故亏兄而自利；臣自爱不爱君，故亏君而自利，此所谓乱也。虽父之不慈子，兄之不慈弟，君之不慈臣，此亦天下之所谓乱也。父自爱也，不爱子，故亏子而自利；兄自爱也，不爱弟，故亏弟而自利；君自爱也，不爱臣，故亏臣而自利。是何也？皆起不相爱。

虽至天下之为盗贼者亦然。盗爱其室，不爱异室，故窃异室以利其室；贼爱其身，不爱人身，故贼人身以利其身。此何也？皆起不相爱。

虽至大夫之相乱家、诸侯之相攻国者亦然。大夫各爱其家，不爱异家，故乱异家以利其家；诸侯各爱其国，不爱异国，故攻异国以利其国。天下之乱物[⑥]，具此而已矣。察此何自起？皆起不相爱。

若使天下兼相爱，爱人若爱其身，犹有不孝者乎？视父兄与君若其身，恶施不孝？犹有不慈者乎？视弟子与臣若其身，恶施不慈？故不孝不慈亡有。犹有盗贼乎？故视人之室若其室，谁窃？视人身若其身，谁贼[⑦]？故盗贼亡有。犹有大夫之相乱家、诸侯之相攻国者乎？视人家若其家，谁乱？视人国若其国，谁攻？故大夫之相乱家、诸侯之相攻国者亡有。若使天下兼相爱，国与国不相攻，家与家不相乱，盗贼亡有，君臣父子皆能孝慈，若此则天下治。

故圣人以治天下为事者，恶得不禁恶而劝爱[⑧]！故天下兼相爱则治，交相恶则乱。故子墨子曰，"不可以不劝爱人"者，此也。

　　（选自《先秦文学史参考资料》，北京大学中国文学史教研室编，中华书局1962年版）

注 释

①焉：作"乃"解。

②攻：治。

③治乱者句：人们治理纷乱的社会又哪能单独例外不这样呢！

④当：通"尝"，试。

⑤亏：损害。

⑥乱物：言"乱事"。

⑦贼：用作动词，作"残害"解。

⑧恶得句：怎能不禁止互相仇恨而鼓励互相亲爱。

　　墨子（前468—前376），名翟，鲁国人，墨家学派的创始人，战国初期著名思想家。出身于"贱人"，甘愿与下层社会为伍。墨子主张简朴节俭，反对礼乐繁饰，主张勤劳刻苦，反对声色逸乐。《墨子》一书是记录墨子思想政治主张的文献，大部分是其弟子根据他的言行记录编纂而成的，书中极力主张"兼爱"和"非攻"，宣扬"天下兼相爱则治，交相恶则乱"，主张不分贫富贵贱，天下人"兼相爱，交相利"。这种思想反映了小生产者的道德要求和理想，在当时有一定进步意义。《墨子》的文章质朴而富逻辑性，善于用生动的比喻说理。

导读

　　《兼爱》有上、中、下三篇，均论述"天下兼相爱则治"的道理，这里选录了上篇。本文采用了归纳论证的方法，作者从圣人治天下说起，提出问题，认为圣人治天下"不可不察乱之所自起"，而后指出乱起"不相爱"，接着用君臣、父子、兄弟之间的利己与亏人为例予以证明；再以盗贼爱其身而不爱人身、大夫各爱其家而不爱异家、诸侯各爱其国而不爱异国的事实加强论证；又以假设继续推理得出结论——"若使天下兼相爱，国与国不相攻，家与家不相乱，盗贼亡有，君臣父子皆能孝慈，若此则天下治"。最后再次强调"故天下兼相爱则治，交相恶则乱"，使文章中心得以突出，作者的意图得以充分体现。墨子的"兼爱"，主张爱无差等，即给一切人同样的爱。这是小生产者的道德要求和人生理想，在当时的历史条件下是不可能实现的。

本文充满了逻辑思辨色彩,条分缕析,善于用具体事例论证道理,由小及大,层层推导,正反对比,说理酣畅,文字质朴,通俗易懂。作者善于抓住事物的内在联系,揭示其相互间的利害关系,如君臣、父子、大夫和诸侯之间的爱与不爱的关系及其正反不同的结果,随着层层深入的分析,道理逐步厘清。比喻的运用化理论为形象,生动、明白、晓畅;反诘的运用使说理具有无可辩驳的效果;大量排比句式的运用,更增加了文章雄辩的气势。

感 悟 讨 论

1. 你如何看待墨家提出的兼爱主张?
2. 找出文中的排比句和反诘句,体会其对于表达主旨的作用。

链接

《兼爱》(中、下),选自《先秦文学史参考资料》,北京大学中国文学史教研室编,中华书局 1962 年版。

李斯散文师承战国荀卿，不仅布局谋篇构思严密，而且设喻说理纵横驰骋，重质实，饶文采，文质互生，在寂寥的秦代文坛上一枝独秀。鲁迅曾称赞"秦之文章，李斯一人而已。"

第五节

谏逐客书

◎ 李　斯

臣闻吏议逐客①，窃以为过矣②。

昔缪公求士③，西取由余于戎④，东得百里奚于宛⑤，迎蹇叔于宋⑥，来丕豹、公孙支于晋⑦。此五子者，不产于秦，而缪公用之，并国二十，遂霸西戎。孝公用商鞅之法⑧，移风易俗，民以殷盛，国以富强，百姓乐用，诸侯亲服，获楚、魏之师⑨，举地千里⑩，至今治强。惠王用张仪之计⑪，拔三川之地⑫，西并巴蜀⑬，北收上郡⑭，南取汉中⑮，包九夷⑯，制鄢、郢⑰，东据成皋之险⑱，割膏腴之壤，遂散六国之从⑲，使之西面事秦，功施到今⑳。昭王得范雎㉑，废穰侯，逐华阳，强公室，杜私门，蚕食诸侯，使秦成帝业。此四君者，皆以客之功。由此观之，客何负于秦哉！向使四君却客而不内㉒，疏士而不用，是使国无富利之实，而秦无强大之名也。

今陛下致昆山之玉㉓，有隋、和之宝㉕，垂明月之珠㉖，服太阿之剑㉗，乘纤离之马㉘，建翠凤之旗，树灵鼍之鼓㉙。此数宝者，秦不生一焉，而陛下说㉚之，何也？必秦国之所生然后可，则是夜光之璧不饰朝廷，犀象之器不为玩好㉛，郑、魏之女不充后宫㉜，而骏良駃騠不实外厩㉝，江南金锡不为用，西蜀丹青不为采㉞。所以饰后宫、充下陈、娱心意、说耳目者，必出于秦然后可，则是宛珠之簪、傅玑之珥、阿缟之衣㉟、锦绣之饰不进于前，而随俗雅化，佳冶窈窕，赵女不立于侧也㊱。夫击瓮叩缶㊲，弹筝搏髀㊳，而歌呼呜呜快耳目者，真秦之声也。郑卫桑间、韶、虞、武、象者㊴，异国之乐也。今弃击瓮叩缶而就郑卫，退弹筝而取韶、虞，若是者何也？快意当前，适观而已矣。今取人则不然。不问可否，不论曲直，非秦者去，为客者逐。然则是所重者在乎色、乐、珠、玉，而所轻者在乎人民也。此非所以跨海内制诸侯之术也。

臣闻地广者粟多，国大者人众，兵强则士勇。是以泰山不让土壤，故能成其大；河海不择细流，故能就其深；王者不却众庶[40]，故能明其德。是以地无四方，民无异国，四时充美，鬼神降福，此五帝三王之所以无敌也[41]。今乃弃黔首以资敌国[42]，却宾客以业诸侯，使天下之士退而不敢西向，裹足不入秦，此所谓"藉寇兵而赍盗粮"者也[43]。

夫物不产于秦，可宝者多；士不产于秦，而愿忠者众。今逐客以资敌国，损民以益仇[44]，内自虚而外树怨于诸侯，求国无危，不可得也。

（选自《史记》，司马迁著，中华书局1982年版）

注 释

①吏议逐客：公元前237年，韩国人郑国来秦，以帮助秦修渠灌田为名，消耗大量财力，使秦无暇攻韩。宗室大臣以此为由，提议驱逐客卿。当时李斯为客卿，亦在被逐之列。

②窃：谦辞，"私下"之意，过，错误。

③缪（mù）公：即秦穆公，春秋五霸之一。缪，同"穆"。

④由余：春秋时晋国人，流亡于戎，后被秦穆公收为谋臣。

⑤百里奚：楚国宛人，曾任虞国大夫，后为晋俘，并作为晋献公女儿奴仆入秦，后逃回宛，秦穆公以五张羊皮将其赎回，任用为相，号五羖大夫。

⑥蹇叔：岐（今陕西境内）人，寓居于宋，由百里奚推荐被聘为秦上大夫。

⑦丕豹：郑国大夫丕郑之子，丕郑被晋惠公杀死后，丕豹投奔秦国，秦穆公任为大将攻晋，打下八城，生俘晋惠公。公孙支，岐人，秦穆公收为谋臣，任用为大夫。

⑧孝公：即秦孝公，名渠梁。商鞅，本名公孙鞅，战国卫国人，故称卫鞅。入秦后，被封为商地，又称商鞅。曾辅佐秦孝公两次变法，奠定了秦统一六国的基础。

⑨获楚、魏之师：公元前340年，秦战胜楚国、魏国的军队。

⑩举：攻克，占领。

⑪惠王：即秦惠王，秦孝公之子。张仪，魏人，秦惠王时为相，献连横之策，瓦解了六国的合纵之策。

⑫拔：攻取。三川之地：时属韩国，在今河南省黄河以南、灵宝以东的地区，境内有黄河、洛水、伊水，故称"三川"。

⑬巴蜀：当时两个诸侯国，在今四川境内。

⑭上郡：魏郡名，今陕西西北一带。

⑮汉中：楚地，今陕西西南，湖北西北。

⑯九夷：楚国境内的各少数民族。

⑰鄢、郢：楚国地名，今湖北境内。

⑱成皋：又称虎牢，今河南荥阳氾水镇。

⑲散：瓦解。从，同"纵"，指合纵，当时六国联合对付秦的一种策略。

⑳施(yì)：延续。

㉑昭王：即秦昭王，秦惠文王之子，秦武王之弟。范雎，魏国人，后入秦，为秦昭王相国。

㉒穰侯：即魏冉，秦昭王之舅，封于穰(今河南邓县)，故称穰侯。为秦相，擅权三十余载。华阳，名芈(mǐ)戎，封于华阳，故称华阳君，与穰侯一起专权，后被逐。

㉓内：同"纳"。

㉔昆山：即昆仑山，传说那里盛产美玉。

㉕隋、和之宝：指隋侯珠、和氏璧。隋是春秋时小国，相传隋侯曾令人医好一条大蟒蛇，蟒蛇衔来一颗大明珠相报，故称"隋侯珠"。相传楚国人卞和得璞玉于山中，献给楚王，琢为美玉，称之为"和氏璧"，后成为秦国玺。

㉖明月之珠：夜间发光犹如明月的宝珠。

㉗太阿：剑名，相传为春秋吴国欧冶子、干将所铸。

㉘纤离：骏马名。

㉙灵鼍(tuó)：即扬子鳄。

㉚说：同"悦"。

㉛犀象之器：用犀牛角、象牙制成的器物。

㉜郑、卫之女：郑国、卫国的女子。相传郑国、卫国多美女。

㉝駃騠(juétí)：良马名。

㉞丹青：颜料。

㉟宛珠之簪：用宛珠装饰的头簪。傅玑之珥，缀有珠玑的耳饰。阿缟，山东东阿(今山东阳谷)产的白绢。

㊱随俗雅化：随着时尚打扮得高雅漂亮。佳冶窈窕：佳丽美好，娴静优雅。

㊲击瓮叩缶：秦地的打击乐。瓮、缶是两种瓦器。

㊳搏髀：拍击大腿。髀(bì)，大腿。

㊴郑卫：郑国、卫国的音乐。桑间：卫国桑间(今河南境内)一带的音乐。韶、虞：相传舜时的音乐。武、象：周武王时的乐曲称武，乐舞称象。

㊵众庶：民众。

㊶五帝三王：指黄帝、颛顼、帝喾、尧、舜五位明君和夏启、商汤、周武王三位国君。

㊷黔首：战国、秦时对百姓的称呼。黔，黑色头巾。

㊸藉：借。赍(jī)：给予。

㊹损民以益仇：减少本国百姓，增强敌国力量。

李斯(？—前208)，楚国上蔡(今河南上蔡西南方)人，秦著名政治家、文学家和书法家。青年时代的李斯在楚国做过小吏，后师从儒学大师荀卿学习"帝王之术"。前247年西行入秦，初为秦国丞相吕不韦舍人，后任廷尉等职，受到秦王赏识,拜为客卿,他继承了商鞅、荀卿等人思想,是战国时期法家代表人物。协助秦统一六国,为秦国强大作出了巨大贡献,官拜丞相。秦始皇死后,赵高另立胡亥,李斯被迫屈从,最后仍为赵高所杀。李斯在秦统一中国的过程中起了重大作用,在制定统一各国的战略时,他提出了各个击破的建议,得到秦始皇赞赏。秦统一中国后,他提出了废除分封制的主张,在全国推行郡县制,被秦始皇采纳,巩固了秦的政权。而后他又参与了统一各国文字、统一货币、统一度量衡等工作。李斯是秦代散文的代表作家,他的散文,构思严密,说理透辟,论证充分,文质互生。

导读

《谏逐客书》是李斯写的一篇奏章。谏,为古时下对上的劝谏,书,即上书,是臣子向君王陈述意见的一种文体。公元前 237 年,秦王嬴政受"水工事件"的刺激,在宗室大臣的怂恿下,下逐客令,即将从六国来秦服务的各类人才驱逐出境。在这种情况下,李斯上书劝谏秦王嬴政。

这篇奏章开门见山提出了中心观点——驱逐客卿是错误的。文章紧扣中心,采用铺陈事实,正反对比,利害对比,正面论说等方法加以论证。作者首先援古论今,列举了秦四位先王礼遇客卿、信任客卿、利用客卿的才智使秦富国强兵、成就帝业的历史事实作为论据,与秦王嬴政驱逐客卿的做法两相对比,明确指出逐客之非;其次,文章铺陈排列了秦王日常生活喜好的器物、珠玉、音乐、美女等大量事实材料,与其驱逐客卿的行为构成鲜明对比,揭示了他重物轻人之非;再次,作者从理论上进行概括性阐发。仍采用对比手法,将五帝三王海纳百川的胸襟和功业与秦王嬴政驱逐客卿的狭隘做法映衬比照,说明这种做法无异于"藉寇兵而赍盗粮"。作者论证过程中,始终抓住秦欲富国强兵,统一天下的心理,每一部分的最后都以精练警策的语句总结陈词,归纳逐客之害,"使国无富利之实,而秦无强大之名也","此非所以跨海内、制诸侯之术也","此所谓'藉寇兵而赍盗粮'者也","求国无危,不可得也",取得了毋庸置疑、不可辩驳的效果。文章选材精当,材料运用典型集中,从秦几百年的二十余君王中,精选出最有作为、最有成就的四位国君,列举他们任用客卿以使秦国繁荣的史实,高度凝练概括。从谋篇布局角度说,立足点选择十分恰当,通篇不为客卿说话,而是站在维护秦的立场上,痛陈逐客之非,观点自然易于为对方接受。

文章大量铺陈,多用排比和对偶,设喻精当,论辩有力,气势充沛,文采飞扬,通篇洋溢着雄浑的格调,力道十足。

感 悟 讨 论

1. 本文主要运用了什么论证方法? 采用了哪些论据?

2. 李斯本在被逐之列,但文章通篇不为客卿说话,处处为秦谋,文章这样处理有什么效果?

3. 找出课文中的排比句和对偶句,体会其作用。

链接

《史记》,司马迁著,中华书局 1982 年版。

韩非子的文章说理精密，文锋犀利，议论透辟，切中要害，气势逼人，堪称当时的大手笔。

第六节

说 难

◎ 韩 非

凡说之难①，非吾知之有以说之之难也②，又非吾辩之能明吾意之难也③，又非吾敢横失而能尽之之难也④。凡说之难，在知所说之心⑤，可以吾说当之⑥。所说出于为名高者也，而说之以厚利，则见下节而遇卑贱⑦，必弃远矣。所说出于厚利者也，而说之以名高，则见无心而远事情⑧，必不收矣。所说阴⑨为厚利而显为名高者也⑩，而说之以名高，则阳收其身，而实疏；说之以厚利，则阴用其言，显弃其身矣。此不可不察也。

夫事以密成，语以泄败。未必其身泄之也⑪，而语及所匿之事⑫，如此者身危。彼显有所出事⑬，而乃以成他故，说者不徒知所出而已矣，又知其所以为，如此者身危。规异事而当⑭，知者揣之外而得之，事泄于外，必以为己也，如此者身危。周泽未渥也⑮，而语极知⑯，说行而有功⑰，则德忘；说不行而有败，则见疑，如此者身危。贵人有过端⑱，而说者明言礼义以挑其恶，如此者身危。贵人或得计，而欲自以为功，说者与知焉，如此者身危。强以其所不能为⑲，止以其所不能已，如此者身危。故与之论大人，则以为间己矣；与之论细人⑳，则以为卖重㉑。论其所爱，则以为藉资㉒；论其所憎，则以为尝己矣。径省其说㉓，则以为不智而拙之；米盐博辩㉔，则以为多而史之㉕；略事陈意，则曰怯懦而不尽；虑事广肆㉖，则曰草野而倨侮㉗。此说之难，不可不知也。

凡说之务㉘，在知饰所说之所矜，而灭其所耻㉙。彼有私急也，必以公义示而强之㉚。其意有下也，然而不能已，说者因为之饰其美，而少其不为也㉛。其心有高也，而实不能及，说者为之举其过而见其恶，而多其不行也㉜。有欲矜以智能，则为之举异事之同类者多为之地㉝，使之资说于我㉞，而佯不知也，以资其智。欲内相存之言㉟，则必以美名明之，而微见其合于私利也。欲陈危害之事，则显其毁诽，而微见其合于私患也。誉异人与同行者，规异事与同计者。

有与同污者，则必以大饰其无伤也；有与同败者，则必以明饰其无失也。彼自多其力，则毋以其难概之也㊱；自勇其断，则无以其谪怒之；自智其计，则毋以其败穷之。大意无所拂悟，辞言无所系縻㊲，然后极骋智辩焉。此道所得：亲近不疑而得尽辞也。

伊尹为宰，百里奚为虏㊳，皆所以干其上也㊴。此二人者，皆圣人也，然犹不能无役身以进，如此其污也。今以吾言为宰虏，而可以听用而振世，此非能仕之所耻也㊵。夫旷日弥久，而周泽既渥，深计而不疑，引争而不罪，则明割利害以致其功㊶，直指是非以饰其身，以此相持，此说之成也。

昔者郑武公欲伐胡㊷，故先以其女妻胡君，以娱其意。因问于群臣："吾欲用兵，谁可伐者？"大夫关其思对曰："胡可伐。"武公怒而戮之，曰："胡，兄弟之国也。子言伐之，何也？"胡君闻之，以郑为亲己，遂不备郑。郑人袭胡，取之。宋有富人，天雨，墙坏。其子曰："不筑，必将有盗。"其邻人之父亦云。暮而果大亡其财。其家甚智其子，而疑邻人之父。此二人说者皆当矣，厚者为戮，薄者见疑㊸，则非知之难也，处知则难也。故绕朝之言当矣㊹，其为圣人于晋，而为戮于秦也，此不可不察。

昔者弥子瑕有宠于卫君㊺。卫国之法：窃驾君车者罪刖。弥子瑕母病，人间往夜告弥子，弥子矫驾君车以出。君闻而贤之，曰："孝哉，为母之故，忘其犯刖罪。"异日，与君游于果园，食桃而甘，不尽，以其半啖君。君曰："爱我哉！亡其口味，以啖寡人。"及弥子色衰爱弛，得罪于君，君曰："是固尝矫驾吾车，又尝啖我以余桃。"故弥子之行未变于初也，而以前之所以见贤而后获罪者，爱憎之变也。故有爱于主，则智当而加亲；有憎于主，则智不当见罪而加疏。故谏说谈论之士，不可不察爱憎之主而后说焉。

夫龙之为虫也，柔可狎而骑也㊻；然其喉下有逆鳞径尺，若人有婴之者㊼，则必杀人。人主亦有逆鳞，说者能无婴人主之逆鳞，则几矣。

（选自《韩非子直解》，俞志慧著，浙江文艺出版社 2000 年版）

注释

①说（shuì）：游说，谏说。

②知：通"智"，才智。

③辩：口辩，口才。

④横失：失通"佚"，横佚通"横逸"，纵横捭阖，无所顾忌。

⑤所说:所说,游说的对象,指国君。

⑥当:适应,迎合。

⑦见下节而遇卑贱:被看作品德低下,因而得到卑下的待遇。

⑧见无心而远事情:被看作没头脑,脱离实际。

⑨阴:暗中。

⑩显:表面上。

⑪其身:指游说者自己。

⑫所匿之事:君王心中秘而不宣之事。

⑬彼:代君王。

⑭异事:不寻常的事。

⑮周泽未渥:交情不深。周:亲密。泽:恩泽,恩惠。渥:浓厚、深厚。

⑯语极知:说尽所知,掏出心里话。

⑰说行:建议被采纳。

⑱贵人:指君王。

⑲强(qiǎng):勉强。

⑳细人:小臣,与大人相对。

㉑卖重:卖权,出卖君王的权势。

㉒藉资:凭借,依靠。指借别人的力量,以为己助。

㉓径省:直截了当。径:直。省:略。

㉔米盐博辩:辩辞广博,言辞琐碎。米盐:指日常琐碎之事。

㉕史:言辞华丽,虚浮。

㉖广肆:放言无忌。

㉗倨侮:傲慢。

㉘务:要旨。

㉙"在知饰所说之所矜"句:在于懂得美化君王所推崇的事情,而掩盖他认为丑陋的事情。饰,粉饰,美化,与"灭"相对。矜,注重,崇尚。

㉚"彼有私急也"句:君王有私人的迫切要求,进言者一定要以公义的名义而鼓励他做。强,劝,鼓励。

㉛少:不满。

㉜多:赞美。

㉝"有欲矜以智能"句:被进言者倘若想自夸他的才智,进言者就为他举出同类中的另外一些事情,让他从中得到引证的依据。地:根据。

㉞资:借。

㉟内:通"纳",采纳。

㊱概:古代量谷物时,用以刮平斗斛的器具。《管子·枢言篇》"釜鼓满,则人概之",这里用作动词,为平抑之意。

㊲系縻:应为击摩,抵触、摩擦之意。

㊳伊尹为宰,百里奚为虏:伊尹,夏末商初人,曾辅佐商汤王建立商朝,是历史上佐天子治理国家的杰出庖人,被后人尊之为中国历史上的贤相,他创立的"五味调和说"与"火候论",至今仍影响中国烹饪。百里奚,春秋时楚国宛人,曾任虞国大夫,后为晋所俘,并作为晋献公女儿陪嫁奴仆入秦,后又逃回宛地,秦穆公以五张羊皮将其赎回,任用为相,号五羖大夫。

㊴干:求。

㊵仕:通"士"。

㊶明割:明白地剖析。

㊷郑武公:春秋时郑国国君。

㊸厚者为戮,薄者见疑:言重则被杀,言轻则见疑。

㊹绕朝:春秋时秦大夫。晋大夫士会逃亡在秦,晋人用计诱使归国,绕朝劝秦王不要把士会遣送回国,秦王不听,士会遂归晋。后来士会畏惧绕朝的才能,又用反间计借秦王之手杀了绕朝。

㊺昔者弥子瑕句:卫君,春秋时卫国国君王卫灵公。弥子瑕,卫灵公宠幸的臣子。

㊻柔:驯服。

㊼婴:通"撄",触。

　　韩非(约前280—前233),战国末期韩国人(今河南省新郑),中国古代著名的哲学家、思想家、政论家和散文家,后世称"韩子"或"韩非子",中国古代著名法家思想的代表人物。韩非出身于韩国贵族,师从荀子,见韩国国势削弱,屡谏韩王改革政治,不被见用,于是,发愤著书。秦王见其书,急于得到韩非,起兵攻韩,韩王遣非使秦,秦王留而不用,遭陷害,死于狱中。《韩非子》一书是他逝世后,后人辑集而成。韩非的文章构思精巧,描写大胆,语言幽默,于平实中见奇妙,具有耐人寻味、警策世人的艺术效果。韩非还善于用大量浅显的寓言故事和丰富的历史知识作为论证资料,说明抽象的道理,形象化地体现他的法家思想和他对社会人生的深刻认识。他文章中出现的很多寓言故事,因其丰富的内涵,生动的故事,成为脍炙人口的成语典故。

导读

　　《说难》是《韩非子》五十五篇中最重要的作品之一。通过对游说对象——君王心理细致入微的洞察刻画,历数游说的艰难与险恶,笔锋犀利地剖析了君王的内心世界,揭示出当时社会的人情世故,警示世人,以有所戒。

　　文章前半部分细言说难。游说难,难在何处?作者首先明确指出,"凡说之难,在知所说之心",进而分析游说的对象的几种心理状况,有好高名的,有图厚利的,还有表面好高名,暗地谋私利的,这几种心理游说者不可不察。接着,作者列举了游说君王的种种困难和游说过程中可能遇到的种种危险。一连排举了七条"如此者身危",即因游说失当而招致身首异处的危险;随后道出了"八难",警示游说者对这些苦难凶险应该了然于胸。通过分析,作者告诫游说者,进说之难不在游说者一方,而"在知所说之心",而所说者之心理又深不可测,说者"不可不察"、"不可不知"。解决之道,那就是"可以吾说当之"。后半部分在揣摩君王心理后提出了一系列的应对之术,并举出了历史上的经验教训作为自己观点的佐证。其中揣摩迎合、纵横捭阖、辩才无碍、巧舌如簧、装聋作哑、粉饰赞美、虚与委蛇、顺水推舟等,就游说之术而言,无疑集战国游说技巧之大成,同时也为我们展示了当时社会的复杂多变的人情世故。随后举了郑武公伐胡、宋人亡其财、弥子瑕失宠于卫灵公等典型事例,进一步有力地佐证了自己所阐明的观点。

全文主旨可归结为三:一要研究人主对于游说的种种逆反心理,二要注意审时度势仰承君王的爱憎厚薄,三是断不可撄君王的"逆鳞"。文章论证细致缜密,论据典型有力,其中谈到"七危"、"八难"整段全用排比句式,条分缕析而切中肌理。《说难》一文体现了韩非子文章的分析透彻、解剖不留情而又峭拔挺峻、气势逼人的风格。

感 悟 思 考

1. 对于《说难》的中心大旨历来有不同的见解,有人认为这是一篇教人如何拍马逢迎之作,有人认为这是一篇讽刺揭露之作,也有人认为这是一篇教人如何审时度势施展自己抱负的理性文章,你怎么看呢?

2. 概括本文的写作特点。

链接

《韩非子直解》,俞志慧著,浙江文艺出版社2000年版。

接受了西洋美学思想洗礼，以崭新的眼光审视中国古典文学，精义迭出。《人间词话》是著名国学大师王国维所著的一部文学批评著作。

第七节

人间词话·三种之境界

◎ 王国维

古今之成大事业、大学问者，必经过三种之境界："昨夜西风凋碧树。独上高楼，望尽天涯路。"① 此第一境界也。"衣带渐宽终不悔，为伊消得人憔悴。"② 此第二境界也。"众里寻她千百度，蓦然回首，那人却在，灯火阑珊处。"③ 此第三境界也。此等语皆非大词人不能道。然遽以此意解释诸词④，恐为晏欧诸公所不许也⑤。

选自《人间词话》，王国维著，徐调孚校注，中华书局 2009 年版

注 释

①晏殊《蝶恋花》："槛菊愁烟兰泣露。罗幕轻寒，燕子双飞去。明月不谙离别苦，斜光到晓穿朱户。昨夜西风凋碧树。独上高楼，望尽天涯路。欲寄彩笺无尺素，山长水阔知何处！"

②柳永《凤栖梧》："伫倚危楼风细细，望极春愁，黯黯生天际。草色烟光残照里，无言谁会凭栏意。拟把疏狂图一醉，对酒当歌，强乐无味。衣带渐宽终不悔，为伊消得人憔悴。"

③辛弃疾《青玉案》："东风夜放花千树，更吹落、星如雨。宝马雕车香满路。凤箫声动，玉壶光转，一夜鱼龙舞。蛾儿雪柳黄金缕，笑语盈盈暗香去。众里寻他千百度。蓦然回首，那人却在，灯火阑珊处。"

④遽(jù)：遂，就。

⑤晏欧：指宋代词人晏殊、欧阳修。词风皆清丽娴雅，故并称。

王国维(1877—1927)，字静安，号观堂，浙江海宁人。近代中国著名学者，杰出的国学大师。王国维出身于一个清寒的书香家庭，幼年为中秀才苦读。

22 岁到上海《时务报》馆任书记校对。1901 年赴日本留学。归国后执教于南通、江苏等地。1906 年,任清政府学部总务司行走、图书馆编译等职,晚年任清华大学教授。1927 年 6 月,在颐和园昆明湖自沉。王国维是近代在国内外享有极高声誉的学者,学贯中西,著述宏富,在哲学、史学、文学、考古等领域建树卓绝。《人间词话》是其诗学代表作,是中国古典文学批评里程碑式的著作,集中体现了王国维的文学、美学思想,精义迭出。

导读

作者运用联想的方式借用晏殊、柳永、辛弃疾的词句,阐释了古今成大事业者、大学问家必经的三种境界,给宋人词句以全新的诠释,体现了作者的胆识与睿智。

第一境界引自晏殊的《蝶恋花》,原词写秋之惆怅,王国维借题发挥,解成做学问成大事业者,首先要有执著的追求,登高望远,明确目标与方向,了解事物的概貌。第二境界引自柳永的《凤栖梧》,原意是抒发爱的艰辛和无悔之情,王国维则别有用心,以此两句来喻治学态度和治学手段,必须坚定执著,废寝忘食,孜孜以求,直至人瘦衣宽也无怨无悔。辛弃疾的《青玉案》最后四句是写历经千辛万苦寻找后突然相见的惊喜,而王国维引来作为第三境界——最高的境界,要达到最高的境界,必须有专注的精神,反复追寻、研究,下足工夫,功到自然会豁然贯通,有所发现,有所发明。作者把本不相干的这三句名言连缀成"三种境界",匠心独具,别具一格,对原词进行创造性解读,以文学话语构建人文理论,既是对学术研究历程的总结,也是对人生奋斗过程的综述与总括。

感 悟 讨 论

1. 阅读晏殊的《蝶恋花》、柳永的《凤栖梧》、辛弃疾的《青玉案》,谈谈你对王国维"三种境界"说借用原词的看法。

2. 这三种境界对求学之人有普遍意义吗? 为什么?

链接

《人间词话》,王国维著,徐调孚校注,中华书局 2009 年版。

"两脚踏中西文化，一心评宇宙文章"，幽默诙谐的自我评价，道出了林语堂的那种善待生命，仁和宽慈的人生态度，幽默中有睿智，洒脱中显凝重。

第八节

论东西文化的幽默

◎ 林语堂

各位女士和各位先生，我得以《论东西文化的幽默》这个题目向本届会议所特出的主题发表演说，深感欣幸。记得伯格森说过[①]，"幽默可使紧张的情绪疏散，神经松弛。"我希望我们在讨论这一主题之后，大家不至于再犯上过分紧张的错误。

幽默是人类心灵开放的花朵

一般认为哭是一切动物所共有的本能，笑却只是猿猴的特性；这种特性只有我们和我们的祖先人猿才有。我不妨补充一句，思想是人的本能，但对一个人的错误，以微微一笑置之却是神了。

我不否认海豚很会嬉戏作乐。至于象和马会不会笑，我却不知道了。即使他们会的话，似乎也不能很明显的表现出来。我认为幽默的发展是和心灵发展并进的。因此幽默是人类心灵舒展的花朵，它是心灵的放纵或者是放纵的心灵。惟有放纵的心灵，才能客观地静观万事万物而不为环境所围。

维多利亚女王的遗言

这可以算得是文明的一项特殊赐予，每当文明发展到了相当的程度，人便可以看到他自己的错误和他的同人的错误，于是便出现了幽默。每当人的智力能够察觉统治人们的愚行；政客们的伪善面孔与陈腔滥调，以及人类的弱点与缺失；徒劳无益的努力与矫揉造作的情态，我们自己的梦想与现实之脱节，幽默便必然表现于文学。

故幽默也是人类领悟力的一项特殊赐予。我特别欣赏维多利亚女王临终前的最后遗言②。当她知道她的死期已到，这位大英帝国统治者的最后一句话："我已尽力而为了。"她知道她不是完人，只不过是已尽了她一生最大的努力。我喜欢那种谦虚，那种健全的热情的和具有人情味的智慧。这就是最好的一种幽默。

搔痒是人生一大乐趣

有时我们把幽默和机智混为一谈，或者甚至把它混淆为对别人的嘲笑和轻蔑。实际发自这种恶意的态度，应称之谓嘲谑或讥讽。嘲谑与讥讽是伤害人的，它像严冬刮面的冷风。幽默则如从天而降的温润细雨，将将我们孕育在一种人与人之间友情的愉快与安适的气氛中。它犹如潺潺溪流或者照映在碧绿如茵的草地上的阳光。嘲谑与讥讽损伤感情，辄使对方感到尴尬不快而使旁观者觉得可笑，幽默是轻轻地挑逗人的情绪，像搔痒一样。搔痒是人生一大乐趣，搔痒会感觉到说不出的舒服，有时真是爽快极了，爽快得使你不自觉的搔个不休。那犹如最好的幽默之特性。它像是星星火花般的闪耀，然而却又遍处弥漫着舒爽的气息，使你无法将你的指头按在某一行文字上指出那是它的所在。你只觉得舒爽，但却不知道舒爽在哪里以及为什么舒服，而只希望作者一直继续下去。

朋友之间会心的微笑

因此，我们必须把幽默的真谛与各种作用混淆不清的语意加以区分，正如我们要将哄笑与冷笑，捧腹大笑和淡淡的微笑，或者嗤嗤讥笑加以区分一样。我喜欢一个作家含有淡淡带哀悯的微笑，那会给我们一点甜蜜的忧郁，就像葛瑞那首《墓园的哀歌》③。绝妙的一种微笑是两个朋友相对"会心的微笑"，即一般所谓"相视莫逆"、"心照不宣"的浅笑。当爱默生和卡莱尔初次见面时，他们未发一语，而只是像"心心相印"般的发出微笑。这便是中国人所最欣赏的"会心的微笑"。

佛祖与基督的爱与恕

各位女士和各位先生，我认为最精微纯粹的幽默便是能逗引人发出一种含有思想并发人深省的笑要。如果我们是天使，便不需要幽默，我们将整天翱翔在空际吟唱赞美诗。不幸我们生存在这人间世,居于天使与魔鬼之间的境界。人生充满了悲哀与忧愁,愚行与困顿。那就需要幽默以促使人发挥潜力,复苏精神的一个重要启示。

它表现在一种广大无垠的哀怜中,——以一种悲恸且富有同情的态度来洞察人生。这惟有人类中最伟大的人物始克臻此,正如佛祖和耶稣。我想,佛祖的教训可用五个字总括,即"怜天下万物"。而耶稣对那个被捉住的淫妇正受犹太村民包围投石时说:"慢着! 且让那些没有犯过罪的人投击第一块石头。"这就是表现出一种宽宏的哀怜并教众人反省的警惕。也就是崇高的洞察力,对全人类的一种包含着慈悲与仁恕的谅解。

且让我再举几个胸襟伟大的人所流露出来的一种幽默实例——一种由于承受这人间世所不可避免的事情,或者克复一种缺憾,藉以表现内在潜力的幽默。

苏格拉底泼辣的妻子

诸位都知道苏格拉底有一位泼辣的悍妻④。苏格拉底每当受到太太一连串的责骂后,他就走出屋子去找宁静的地方。他正跨出门外一步,他的悍妻便把一桶冷水从窗口倒在他的头上,淋得苏格拉底浑身精湿。他却毫无愠色,而自言自语地说:"雷声过后必然雨下来了。"这样,便泰然自若地走向雅典市场去了。

他尝把结婚比拟为骑马。如果你想练习骑马,应当选择一匹野马,要是你想驾御一匹驯良的马以策安全,那就根本不需练习了。

很少人明了希腊哲学中逍遥学派的兴起系由于苏格拉底太太的功劳。倘苏格拉底沉醉在一个疼爱他的妻子的温柔怀抱里,恩爱缠绵,他决不会游荡街头,拉住路人问一些令人困窘的问题了。

林肯太太好吹毛求疵

另一个伟人,林肯⑤,大概也是由于他那个唠叨而又容易激动的妻子促使他做了美国总统。林肯经常坐在酒吧里跟别人开玩笑。据替他作传记的人说:每当周末的夜晚来临,大家都想回家,独有林肯是最不愿意回家的人。他宁愿在酒吧和人厮混,藉以增强他的机智。因而使他获得那种纯朴自然的幽默感,并成为一个精通英语的人。

有一天,一个年轻的报童送报纸给林太太,因为迟到一刻,林太太就痛骂他一顿。吓得那报童抱头鼠窜而逃,奔向他的老板哭诉去了。那是一个小市镇,人人都彼此互相认识。日后报馆经理遇到林肯便说起这件事,而林肯回答他说:"请你告诉那小伙计不要介意。他每天只看见她一分钟,而我却已忍受12 年了。"

从苏格拉底与林肯这两个例子,我们也可以看出表现在他们幽默中的一种精神慰藉,任何一个能容忍他的妻子一桶水淋头的人便必能成为伟大。

老庄是我国大幽默家

在中国,有好多大哲学家都是富有幽默的机智。与孔子同时代的老子便常向孔子开玩笑着讲,因为孔子的主张要人经常修养不断地求进步;老子则主张返璞归真。在老子看来,像孔子那样忙着到处乱跑,满口仁义道德的人,不免显得有点滑稽可笑。老子说:"失道而后德,失德而后仁,失仁而后义,失义而后礼……"⑥因此,他说:"知者不言,言者不知。"⑦又说:"圣人不死,大盗不止。"⑧

老子对孔子的批评虽很尖刻,但他的语调还是很婉转柔和,是从他的胡须里面发出米的。跟亚里斯多德同一时代,且为老子杰出门徒的庄子,他那种粗壮豪放的笑声,却使历代均深受其影响。

庄子看到当时政治混乱的局面,曾经说道:"窃钩者诛,窃国者侯。"⑨

庄子有一则关于寡妇的故事。使我联想起皮特罗尼斯(西历纪元 1 世纪罗马讽刺家)所著那本《艾菲萨斯的寡妇》。

一天庄子从山林中散步归来,神情显得非常悲伤。他的门徒问道:"先生为何显得这么悲伤呢?"于是他便说:"我在散步的路旁,看到一个服丧的妇人跪在墓地上,手里拿着一把扇子用力扇一座新坟,而坟上的泥土还没有干呢。我就问他:'你为何要这样做呢?'那寡妇回答说:'我曾应允我亲爱的丈夫,我要等到他的坟土干了以后才会改嫁。现在你看,这可恶的天气!'"

我很快慰,我们有老子和庄子那样的圣人,如果没有他们,则中华民族早已为一个神经衰弱的民族了。

孔子对挫折付之一笑

现在来谈谈孔子。孔子曾经被人描绘成一个道貌岸然,规行矩步的学究。

其实他根本不是那种人。他能笑他自己所以失败和挫折的遭遇。孔子表面上虽像是个失败的人,他离乡背井,出国远行,周游列国 14 年,想找寻一位乐意将他的主张付诸实施的统治者。他从一个城市走到另一个城市,他的门徒跟随着他,却一路上老是受到妒忌他的小政客痛恨;有好几次他被敌人在路上加以拦截,甚至有一次被围困在郊外一家小客栈中绝粮七日。当他的门徒开始发生怨声时,孔子却在雨下唱起歌来。孔子到郑国,有一天他和门徒走散了,孔子独自个站在城东门。郑人或谓子贡曰:"东门有人,其颡似尧,其项类皋陶,其肩类子产,然自腰以下不及禹三寸,累累若丧家之狗。"孔子欣然笑曰:"形状未也,而似丧家之狗,然哉然哉。"⑩你们看他泰然自若的态度多有趣。

新儒家特别缺乏幽默

我想在结束这篇演说时再说明一点,每当人的精神颓废而退化,伪善而夸大的陈腔滥调,甚至残酷,便会再度抬起头来。孔子的容忍,幽默,和富于人情味的热情便被忘却了,于是一些新儒家便把他的教训纳入一套严厉的道德法典中,诸如女人缠足,寡妇守节,一个女子在其未婚夫于婚前夭折,即不得改嫁他人等等,竟成为一种崇尚的妇德,非常受到新儒家的鼓励和钦佩。在这些学者论道德的文章中,就找不出一点人情味和幽默感。而在一些匿名作家或者不敢将其姓名签署于文学作品的作家所写的小说中,我们才再度找到幽默和一种比较能真实反映人生,符合一般人思想、知觉与情绪的东西。

（选自《林语堂散文》,林语堂著,人民文学出版社 2005 年版）

注 释

①亨利·柏格森(1859—1941):法国哲学家。

②维多利亚女王(1819—1901):英国历史上在位时间最长的君主,在位时间长达 64 年。

③葛瑞:又译作格雷,托马斯·格雷(1716—1771),英国新古典主义后期的重要诗人,"墓畔派"的代表人物。

④苏格拉底:古希腊哲学家。

⑤林肯(1809—1865):第 16 任美国总统。

⑥失道而后德句:出自《老子》三十八章。

⑦知者不言句:出自《老子》五十六章。

⑧圣人不死句:出自《庄子·胠箧》。

⑨窃钩者诛,窃国者侯:出自《庄子·胠箧》。

⑩郑人或谓子贡曰句:出自《史记·孔子世家》,颡(sǎng),额头。皋陶(gāoyáo),上古传说中的人物,掌司法,后常为狱官或狱神的代称。子产,春秋时期郑国国相。

　　林语堂(1895—1976),原名玉堂,1895年出生于福建一个基督教家庭,父亲为教会牧师。毕业于上海圣约翰大学,毕业后在清华大学任教。1919年秋赴美哈佛大学文学系,1922年获文学硕士学位。同年,转赴德国入莱比锡大学,专攻语言学,获博士学位后回国,任北京大学英文教授。1932年主编《论语》半月刊,1934年创办《人间世》,1935年创办《宇宙风》,提倡"以自我为中心,以闲适为格调"的小品文,成为论语派主要人物。抗战开始后,赴美任教并从事写作活动。代表作小说《京华烟云》,散文《吾国吾民》、《人生不过如此》等,林语堂的散文构思精巧,文笔精巧,语言幽默,内涵深厚,风格恬淡,在现代散文中别具风格。

导读

　　这是林语堂在国际笔会第三十七届大会韩国汉城会议上的演讲。

　　《论东西文化的幽默》集中体现了林语堂成熟的幽默风格。在这篇演讲中,林语堂打破了幽默的民族界限,突出幽默是全人类共同的精神财富这一中心观点,"幽默是人类心灵开放的花朵"。作者分析了幽默产生的条件,总结了幽默的特点,进而剖析幽默与嘲讽的不同,阐释幽默的作用。为了让听众进一步领会幽默的真谛,他还以佛祖、基督、苏格拉底、林肯、老子、庄子、孔子等为例,具体阐释了什么是真正的幽默,让读者在会心的微笑中,领悟到幽默的不可或缺。林语堂是中国现代文化史上一位学贯中西,又颇具个性的学者和作家,被公认为"幽默大师"。在其长达60多年的创作生涯中,他为世界留下了十分丰厚的文化遗产。他一生致力于东西方文化交流和融通,自称其"最长处是对外国人讲中国文化,而对中国人讲外国文化"。这篇演讲也体现了这一特点,从某种意义上可以说是东西方文化交流、彼此融合的结晶。林语堂把幽默看作是一种文化心理,并从兼容东西方文化的角度,把幽默分为两个层面,一种是日常生活中的幽默,另一种便是对人生态度的认同,是一种凝聚着高级智慧与人生自觉意识之上的幽默。林语堂认为最上乘的幽默是"会心的微笑"。

　　可以说,林语堂毕生全力倡导幽默正是有感于"没有幽默滋润的国民,其文化必日趋虚伪,生活必日趋欺诈,思想必日趋迂腐,文学必日趋干枯,而人的心灵必日趋顽固"。由此可见,林语堂的幽默不但是他的文学观,更是他的人生观和世界观。幽默机智的语言,蕴涵深刻的思想智慧,妙趣横生的内容,使演讲变得生动有趣,这篇引人入胜的演讲词就是作者幽默风格的集中展现。

感　悟　讨　论

　　1."幽默可使紧张的情绪疏散,神经松弛。"你如何看待东西方人的幽默观?

　　2.你喜欢林语堂这种演讲风格吗? 为什么?

链接

《林语堂散文》,林语堂著,人民文学出版社 2005 年版。

胡适一生演讲无数，在给毕业生做的演讲中，反复提到"问题丹"、"兴趣散"、"信心汤"，可以说这是作为社会名人的胡适，对人生的深刻感悟和透彻理解。

第九节

赠与今年的大学毕业生

◎ 胡　适

这一两个星期里，各地的大学都有毕业的班次，都有很多的毕业生离开学校去开始他们的成人事业。学生的生活是一种享有特殊优待的生活，不妨幼稚一点，不妨吵吵闹闹，社会都能纵容他们，不肯严格地要他们负行为的责任。现在他们要撑起自己的肩膀来挑他们自己的担子了。在这个国难最紧急的年头，他们的担子真不轻！我们祝他们的成功，同时也不忍不依据我们自己的经验，赠与他们几句送行的赠言——虽未必是救命毫毛，也许作个防身的锦囊罢！

你们毕业之后，可走的路不出这几条：绝少数的人还可以在国内或国外的研究院继续作学术研究，少数的人可以寻着相当的职业；此外还有做官，办党，革命三条路；此外就是在家享福或者失业闲居了。第一条继续求学之路，我们可以不讨论。走其余几条路的人，都不能没有堕落的危险。堕落的方式很多，总括起来，约有这两大类：

第一是容易抛弃学生时代的求知识的欲望。你们到了实际社会里，往往所用非所学，往往所学全无用处，往往可以完全用不着学问，而一样可以胡乱混饭吃，混官做。在这种环境里，即使向来抱有求知识学问的决心的人，也不免心灰意懒，把求知的欲望渐渐冷淡下去。况且学问是要有相当的设备的，书籍，试验室，师友的切磋指导，闲暇的工夫，都不是一个平常要糊口养家的人所能容易办到的。没有做学问的环境，又谁能怪我们抛弃学问呢？

第二是容易抛弃学生时代的理想的人生的追求。少年人初次与冷酷的社会接触，容易感觉理想与事实相去太远，容易发生悲观和失望。多年怀抱的人生理想，改造的热诚，奋斗的勇气，到此时候，好像全不是那么一回事，渺小的个人在那强烈的社会炉火里，往往经不起长期的烤炼就熔化了，一点高尚的理想不久就幻灭了。抱着改造社会的梦想而来，往往是弃甲曳兵而走①，或者做了恶势力的俘虏。你在那俘虏牢狱里，回想那少年气壮时代的种种理想主义，好像都成了自误误人的迷梦！从此以后，你就甘心放弃理想人生的追求，甘心做现成社会的顺民了。

要防御这两方面的堕落，一面要保持我们求知识的欲望，一面要保持我们对于理想人生的追求。有什么好法子呢？依我的观察和经验，有三种防身的药方是值得一试的。

第一个方子只有一句话："总得时时寻一两个值得研究的问题！"问题是知识学问的老祖宗；古今来一切知识的产生与积聚，都是因为要解答问题，——要解答实用上的困难或理论上的疑难。所谓"为知识而求知识"，其实也只是一种好奇心追求某种问题的解答，不过因为那种问题的性质不必是直接应用的，人们就觉得这是"无所为"的求知了。我们出学校之后，离开了做学问的环境，如果没有一个两个值得解答的疑难问题在脑子里盘旋，就很难继续保持追求学问的热心。可是，如果你有了一个真有趣的问题天天逼你去想他，天天引诱你去解决他，天天对你挑衅笑你无可奈何他，——这时候，你就会同恋爱一个女子发了疯一样，坐也坐不下，睡也睡不安，没工夫也得偷出工夫去陪她，没钱也得撙衣节食去巴结她。没有书，你自会变卖家私去买书；没有仪器，你自会典押衣服去置办仪器；没有师友，你自会不远千里去寻师访友。你只要能时时有疑难问题来逼你用脑子，你自然会保持发展你对学问的兴趣，即使在最贫乏的智识环境中，你也会慢慢的聚起一个小图书馆来，或者设置起一所小试验室来。所以我说：第一要寻问题。脑子里没有问题之日，就是你的智识生活寿终正寝之时！古人说："待文王而兴者，凡民也。若夫豪杰之士，虽无文王犹兴。"试想葛理略（Galileo）和牛敦（Newton）有多少藏书②？有多少仪器？他们不过是有问题而已。有了问题而后，他们自会造出仪器来解答他们的问题。没有问题的人们，关在图书馆里也不会用书，锁在试验室里也不会有什么发现。

第二个方子也只有一句话："总得多发展一点非职业的兴趣。"离开学校之后，大家总得寻个吃饭的职业。可是你寻得的职业未必就是你所学的，或者未必是你所心喜的，或者是你所学而实在和你的性情不相近的。在这种状况之下，工作就往往成了苦工，就不感觉兴趣了。为糊口而作那种非"性之所近而力之所能勉"的工作，就很难保持求知的兴趣和生活的理想主义。最好的救济方法只有多多发展职业以外的正当兴趣与活动。一个人应该有他的职业，又应该有他的非职业的玩艺儿，可以叫做业余活动。凡一个人用他的闲暇来做的事业，都是他的业余活动。往往他的业余活动比他的职业还更重要，因为一个人的前程往往全靠他怎样用他的闲暇时间。他用他的闲暇来打麻将，他就成个赌徒；你用你的闲暇来做社会服务，你也许成个社会改革者；或者你用你的闲暇去研究历史，你也许成个史学家。你的闲暇往往定你的终身。英国十九世纪的两个哲人，弥儿(J. S. Mill)终身做东印度公司的秘书③，然而他的业余工作使他在哲学上，经济学上，政治思想史上都占一个很高的位置；斯宾塞(Spencer)是一个测量工程师④，然而他的业余工作使他成为前世纪晚期世界思想界的一个重镇。古来成大学问的人，几乎没有一个不是善用他的闲暇时间的。特别在这个组织不健全的中国社会，职业不容易适合我们性情，我们要想生活不苦痛或不堕落，只有多方发展业余的兴趣，使我们的精神有所寄托，使我们的剩余精力有所施展。有了这种心爱的玩艺儿，你就做六个钟头的抹桌子工夫也不会感觉烦闷了，因为你知道，抹了六点钟的桌子之后，你可以回家去做你的化学研究，或画完你的大幅山水，或写你的小说戏曲，或继续你的历史考据，或做你的社会改革事业。你有了这种称心如意的活动，生活就不枯寂了，精神也就不会烦闷了。

第三个方子也只有一句话："你总得有一点信心。"我们生当这个不幸的时代，眼中所见，耳中所闻，无非是叫我们悲观失望的。特别是在这个年头毕业的你们，眼见自己的国家民族沉沦到这步田地，眼看世界只是强权的世界，望极天边好像看不见一线的光明，——在这个年头不发狂自杀，已算是万幸了，怎么还能够希望保持一点内心的镇定和理想的信任呢？我要对你们说：这时候正是我们要培养我们的信心的时候！只要我们有信心，我们还有救。古人说："信心(Faith)可以移山。"又说："只要工夫深，生铁磨成绣花针。"你不信吗？当拿破仑的军队征服普鲁士占据柏林的时候，有一位穷教授叫做菲希特(Fichte)的，天天在讲堂上劝他的国人要有信心，要信仰他们的民族是有世界的特殊使命的，是必定要复兴的。菲希特死的时候(1814 年)，谁也不能预料德意志统一帝国何时可以实现。然而不满五十年，新的统一的德意志帝国居然实现了。

一个国家的强弱盛衰，都不是偶然的，都不能逃出因果的铁律的。我们今日所受的苦痛和耻辱，都只是过去种种恶因种下的恶果。我们要收将来的善果，必须努力种现在的新因。

一粒一粒的种，必有满仓满屋的收成，这是我们今日应有的信心。

我们要深信：今日的失败，都由于过去的不努力。

我们要深信：今日的努力，必定有将来的大收成。

佛典里有一句话:"福不唐捐。"唐捐就是白白地丢了。我们也应该说:"功不唐捐!"没有一点努力是会白白地丢了的。在我们看不见想不到的时候,在我们看不见想不到的方向,你瞧! 你下的种子早已生根发叶开花结果了!

你不信吗? 法国被普鲁士打败之后,割了两省地,赔了五十万万法郎的赔款。这时候有一位刻苦的科学家巴斯德(Pasteur)终日埋头在他的试验室里做他的化学试验和微菌学研究⑤。他是一个最爱国的人,然而他深信只有科学可以救国。他用一生的精力证明了三个科学问题:(1)每一种发酵作用都是由于一种微菌的发展;(2)每一种传染病都是由于一种微菌在生物体中的发展;(3)传染病的微菌,在特殊的培养之下,可以减轻毒力,使他们从病菌变成防病的药苗。——这三个问题,在表面上似乎都和救国大事业没有多大关系。然而从第一个问题的证明,巴斯德定出做醋酿酒的新法,使全国的酒醋业每年减除极大的损失。从第二个问题的证明,巴斯德教全国的蚕丝业怎样选种防病,教全国的畜牧农家怎样防止牛羊瘟疫,又教全世界的医学界怎样注重消毒以减除外科手术的死亡率。从第三个问题的证明,巴斯德发明了牲畜的脾热瘟的疗治药苗,每年替法国农家灭除了 2000 万法郎的大损失;又发明了疯狗咬毒的治疗法,救济了无数的生命。所以英国的科学家赫胥黎(Huxley)在皇家学会里称颂巴斯德的功绩道:"法国给了德国五十万万法郎的赔款,巴斯德先生一个人研究科学的成绩足够还清这一笔赔款了。"

巴斯德对于科学有绝大的信心,所以他在国家蒙奇辱大难的时候,终不肯抛弃他的显微镜与试验室。他绝不想他的显微镜底下能偿还五十万万法郎的赔款,然而在他看不见想不到的时候,他已收获了科学救国的奇迹了。

朋友们,在你最悲观最失望的时候,那正是你必须鼓起坚强的信心的时候。你要深信:天下没有白费的努力。成功不必在我,而功力必不唐捐。

(1932 年 6 月 27 日)

(选自《胡适文集》第四卷,胡适著,安徽教育出版社 2004 年版)

注释

①弃甲曳兵:丢掉盔甲,拖着武器。形容打败仗狼狈逃跑的样子。

②葛理略:即伽利略(1564—1642),意大利天文学家、物理学家。牛敦:即牛顿(1643—1727),英国科学家。

③弥儿:即英国哲学家密尔(1806—1873)。一译穆勒。

④斯宾塞(1820—1903):英国社会学家。

⑤巴斯德(1822—1895):法国微生物学家、化学家。开创了微生物生理学,被后人誉为"微生物学之父"。

　　胡适(1891—1962),原名嗣穈,学名洪骍,字适之,安徽绩溪人,著名学者、诗人、教育家。生于上海,早年受到私塾教育。1910 年留学美国,入康奈尔大学学习农学,后改习文科。1915 年 9 月入哥伦比亚大学哲学系,师从著名的实验主义哲学家杜威。1917 年回国后,任北京大学教授,宣扬民主、科学,倡导新文化运动。在《新青年》发表《文学改良刍议》,提出文学"八不主义",要求以接近口语的白话作诗作文,以白话文学为正宗。1920 年 3 月出版诗集《尝试集》,这是第一部白话诗歌总集。1923 年与徐志摩等人组织新月社。1938 年至 1942 年出任国民党政府驻美国大使。抗战胜利后任北京大学校长。1949 年后曾在美国加州大学等校任教。1958 年 4 月回台湾,任"中央研究院"院长。胡适的研究领域主要是文学和哲学,主要论著有《胡适文存》、《中国哲学史大纲》等。胡适的思想不仅体现在他的著作中,还体现在他的演讲中。在他的演讲里,留下他清晰的思想脉络和精神轨迹。

导读

　　本文是胡适于 1932 年 6 月所做的一次演讲,是给即将毕业学生的临行赠言。文章针对大学毕业生走上社会将会面临的具体问题展开,就如何解决这些问题提出了自己的看法。胡适鼓励学生终身学习,承担社会责任,为社会贡献自己的力量。推心置腹、语重心长的话语,体现了一位教育家对一代青年学子的良苦用心。

　　演讲首先分析了毕业生可走的几条路,接着归纳了学生容易走向堕落的两类表现:一是容易抛弃学生时代的求知识的欲望;二是容易抛弃学生时代的理想的人生追求。为了防御这样的趋势,胡适给即将毕业的学生们开出了三个药方:第一个方子是"总得时时寻一两个值得研究的问题",鼓励学生时常寻求值得研究的问题;第二个方子是"总得多发展一点非职业的兴趣",希望学生充分利用闲暇时间发展个人兴趣;第三个方子是"你总得有一点信心",勉励每个学生都树立信心,相信自己,把握自己。这三味药方也就是胡适在后来演讲中反复提到的"问题丹"、"兴趣散"、"信心汤"。一个人能否事业有成,不仅取决于智商,而且取决于他的情商,情商的作用不容忽视。胡适提到的三个药方无疑是从情商方面为学生开出的,重视磨炼自己的意志,涵养自己的进取精神,增强成功的信心,养成终身学习的良好习惯。与其说这是演讲,莫若说是老师对学生的谆谆教导和诚挚规劝。

　　本文旁征博引,广泛求证,使用了多方面的论据材料,列举事例,援引名言,巧设比喻。语言平易自然、形象生动,态度平和,语重心长,闪耀着理性的智慧光芒。

感 悟 讨 论

　　1. 胡适常常使用"问题是知识学问的老祖宗"这个比喻,你同意这个比喻吗? 为什么?

　　2. 结合当前的学习,谈谈你对"问题丹"、"兴趣散"、"信心汤"的理解。

链接

《胡适文集》,胡适著,安徽教育出版社 2004 年版。

郁达夫曾用"一粒沙里见世界,半瓣花上说人情"道出了现代散文的玄妙,丰子恺也曾说过,最喜小中能见大,还求弦外有余音。

第十节

吃瓜子

◎ 丰子恺

从前听人说,中国人人人具有三种博士的资格:拿筷子博士、吹煤头纸博士、吃瓜子博士。

拿筷子,吹煤头纸,吃瓜子,的确是中国人独得的技术。其纯熟深造,想起了可以使人吃惊。这里精通拿筷子法的人,有了一双筷,可抵刀锯叉瓢一切器具之用,爬罗剔抉,无所不精。这两根毛竹仿佛是身体上的一部分,手指的延长,或者一对取食的触手。用时好像变戏法者的一种演技,熟能生巧,巧极通神。不必说西洋了,就是我们自己看了,也可惊叹。至于精通吹煤头纸法的人,首推几位一天到晚捧水烟筒的老先生和老太太。他们的"要有火"比上帝还容易,只消向煤头纸上轻轻一吹,火便来了。他们不必出数元乃至数十元的代价去买打火机,只要有一张纸,便可临时在膝上卷起煤头纸来,向铜火炉盖的小孔内一插,拔出来一吹,火便来了。我小时候看见我们染坊店里的管帐先生,有种种吹煤头纸的特技。我把煤头纸高举在他的额旁边了,他会把下唇伸出来,使风向上吹;我把煤头纸放在他的胸前了,他会把上唇伸出来,使风向下吹;我把煤头纸放在他的耳旁了,他会把嘴歪转来,使风向左右吹;我用手按住了他的嘴,他会用鼻孔吹,都是吹一两下就着火的。中国人对于吹煤头纸技术造诣之深,于此可以窥见。所可惜者,自从卷烟和火柴输入中国而盛行之后,水烟这种"国烟"竟被冷落,吹煤头纸这种"国技"也很不发达了。生长在都会里的小孩子,有的竟不会吹,或者连煤头纸这东西也不曾见过。在努力保存国粹的人看来,这也是一种可虑的现象。近来国内有不少人努力于国粹保存。国医、国药、国术、国乐,都有人在那里提倡。也许水烟和煤头纸这种国粹,将来也有人起来提倡,使之复兴。

但我以为这三种技术中最进步最发达的,要算吃瓜子。近来瓜子大王的畅销，便是其老大的证据。据关心此事的人说，瓜子大王一类的装纸袋的瓜子，最近市上流行的有许多牌子。

最初是某大药房"用科学方法"创制的，后来有什么"好吃来公司"、"顶好吃公司"……等种种出品陆续产出。到现在差不多无论哪个穷乡僻处的糖食摊上，都有纸袋装的瓜子陈列而倾销着了。现代中国人的精通吃瓜子术，由此盖可想见。我对于此道，一向非常短拙，说出来有伤于中国人的体面，但对自家人不妨谈谈。我从来不曾自动地找求或买瓜子来吃。但到人家作客，受人劝诱时；或者在酒席上、杭州的茶楼上，看见桌上现成放着瓜子盆时，也便拿起来咬。我必须注意选择，选那较大、较厚，而形状平整的瓜子，放进口里，用白齿"格"地一咬，再吐出来，用手指去剥。幸而咬得恰好，两瓣瓜子壳各向两旁扩张而破裂，瓜仁没有咬碎，剥起来就较为省力。若用力不得其法，两瓣瓜子壳和瓜仁叠在一起而折断了，吐出来的时候我就担忧。那瓜子已纵断为两半，两半瓣的瓜仁紧紧地装塞在两半瓣的瓜子壳中，好像日本版的洋装书，套在很紧的厚纸函中，不容易取它出来。这种洋装书的取出法，现在都已从日本人那里学得，不要把指头塞进厚纸函中去力挖，只要使函口向下，两手扶着函，上下振动数次，洋装书自会脱壳而出。然而半瓣瓜子的形状太小了，不能应用这个方法，我只得用指爪细细地剥取。有时因为练习弹琴，两手的指爪都剪平，和尚头一般的手指对它简直毫无办法。我只得乘人不见把它抛弃了。在痛感困难的时候，我本拟不再吃瓜子了。但抛弃了之后，觉得口中有一种非甜非咸的香味，会引逗我再吃。我便不由地伸起手来，另选一粒，再送交白齿去咬。不幸而这瓜子太燥，我的用力又太猛，"格"地一响，玉石不分，咬成了无数的碎块，事体就更糟了。我只得把粘着唾液的碎块尽行吐出在手心里，用心挑选，别去壳的碎块，然后用舌尖舐食瓜仁的碎块。然而这挑选颇不容易，因为壳的碎块的一面也是白色的，与瓜仁无异，我误认为全是瓜仁而舐进口中去嚼，其味虽非嚼蜡，却等于嚼砂。壳的碎片紧紧地嵌进牙齿缝里，找不到牙签就无法取出。碰到这种钉子的时候，我就下个决心，从此戒绝瓜子。戒绝之法，大抵是喝一口茶来漱一漱口，点起一支香烟，或者把瓜子盆推开些，把身体换个方向坐了，以示不再对它发生关系。然而过了几分钟，与别人谈了几句话，不知不觉之间，会跟了别人而伸手向盆中摸瓜子来咬。等到自己觉察破戒的时候，往往是已经咬过好几粒了。这样，吃了非戒不可，戒了非吃不可；吃而复戒，戒而复吃，我为它受尽苦痛。这使我现在想起了瓜子觉得害怕。

但我看别人，精通此技的很多。我以为中国人的三种博士才能中，咬瓜子的才能最可叹佩。常见闲散的少爷们，一只手指间夹着一支香烟，一只手握着一把瓜子,且吸且咬,且咬且吃,且吃且谈,且谈且笑。从容自由,真是"交关写意"! 他们不须拣选瓜子,也不须用手指去剥。一粒瓜子塞进了口里,只消"格"地一咬,"呸"地一吐,早已把所有的壳吐出,而在那里嚼食瓜子的肉了。那嘴巴真像一具精巧灵敏的机器,不绝地塞进瓜子去,不绝地"格","呸","格","呸"……全不费力,可以永无罢休。女人们、小姐们的咬瓜子,态度尤加来得美妙:她们用兰花似的手指摘住瓜子的圆端,把瓜子垂直地塞在门牙中间,而用门牙去咬它的尖端。"的,的"两响,两瓣壳的尖头便向左右绽裂。然后那手敏捷地转个方向,同时头也帮着了微微地一侧,使瓜子水平地放在门牙口,用上下两门牙把两瓣壳分别拨开,咬住了瓜子肉的尖端而抽它出来吃。这吃法不但"的,的"的声音清脆可听,那手和头的转侧的姿势窈窕得很,有些儿妩媚动人,连丢去的瓜子壳也模样姣好,有如朵朵兰花。由此看来,咬瓜子是中国少爷们的专长,而尤其是中国小姐、太太们的拿手戏。

在酒席上、茶楼上,我看见过无数咬瓜子的圣手。近来瓜子大王畅销,我国的小孩子们也都学会了咬瓜子的绝技。我的技术,在国内不如小孩子们远甚,只能在外国人面前占胜。

记得从前我在赴横滨的轮船中,与一个日本人同舱。偶检行箧①,发现亲友所赠的一罐瓜子。旅途寂寥,我就打开来和日本人共吃。这是他平生没有吃过的东西,他觉得非常珍奇。在这时候,我便老实不客气地装出内行的模样,把吃法教导他,并且示范地吃给他看。托祖国的福,这示范没有失败。但看那日本人的练习,真是可怜得很! 他如法将瓜子塞进口中,"格"地一咬,然而咬时不得其法,将唾液把瓜子的外壳全部浸湿,拿在手里剥的时候,滑来滑去,无从下手,终于滑落在地上,无处寻找了。他空咽一口唾液,再选一粒来咬。这回他剥时非常小心,把咬碎了的瓜子陈列在舱中的食桌上,俯伏了头,细细地剥,好像修理钟表的样子。约莫一二分钟之后,好容易剥得些瓜仁的碎片,郑重地塞进口里去吃。我问他滋味如何,他点点头连称 umai, umai!(好吃,好吃!)我不禁笑了出来。我看他那阔大的嘴里放进一些瓜仁的碎屑,犹如沧海中投以一粟,亏他辨出 umai 的滋味来。但我的笑不仅为这点滑稽,半由于骄矜自夸的心理。我想,这毕竟是中国人独得的技术,像我这样对于此道最拙劣的人,也能在外国人面前占胜,何况国内无数精通此道的少爷、小姐们呢?

发明吃瓜子的人,真是一个了不起的天才! 这是一种最有效的"消闲"法。要"消磨岁月",除了抽鸦片以外,没有比吃瓜子更好的方法了。其所以最有效者,为了它具备三个条件:一、吃不厌;二、吃不饱;三、要剥壳。

俗语形容瓜子吃不厌，叫做"勿完勿歇"。为了它有一种非甜非咸的香味，能引逗人不断地要吃。想再吃一粒不吃了，但是嚼完吞下之后，口中余香不绝，不由你不再伸手向盆中或纸包里去摸。我们吃东西，凡一味甜的，或一味咸的，往往易于吃厌。只有非甜非咸的，可以久吃不厌。瓜子的百吃不厌，便是为此。有一位老于应酬的朋友告诉我一段吃瓜子的趣话：说他已养成了见瓜子就吃的习惯。有一次同了朋友到戏馆里看戏，坐定之后，看见茶壶的旁边放着一包打开的瓜子，便随手向包里掬取几粒，一面咬着，一面看戏。咬完了再取，取了再咬。如是数次，发见邻席的不相识的观剧者也来掬取，方才想起了这包瓜子的所有权。低声问他的朋友："这包瓜子是你买来的呀？"那朋友说"不"，他才知道刚才是擅吃了人家的东西，便向邻座的人道歉。邻座的人很漂亮，付之一笑，索性正式地把瓜子请客了。由此可知瓜子这样东西，对中国人有非常的吸引力，不管三七二十一，见了瓜子就吃。

俗语形容瓜子吃不饱，叫做"吃三日三夜，长个屎尖头。"因为这东西分量微小，无论如何也吃不饱，连吃三日三夜，也不过多排泄一粒屎尖头。为消闲计，这是很重要的一个条件。倘分量大了，一吃就饱，时间就无法消磨。这与赈饥的粮食目的完全相反。赈饥的粮食求其吃得饱，消闲的粮食求其吃不饱。最好只尝滋味而不吞物质。最好越吃越饿，像罗马亡国之前所流行的"吐剂"一样，则开筵大嚼，醉饱之后，咬一下瓜子可以再来开筵大嚼，一直把时间消磨下去。

要剥壳也是消闲食品的一个必要条件。倘没有壳，吃起来太便当，容易饱，时间就不能多多消磨了。一定要剥，而且剥的技术要有声有色，使它不像一种苦工，而像一种游戏，方才适合于有闲阶级的生活，可让他们愉快地把时间消磨下去。

具足以上三个利于消磨时间的条件的，在世间一切食物之中，想来想去，只有瓜子。所以我说发明吃瓜子的人是了不起的天才。而能尽量地享用瓜子的中国人，在消闲一道上，真是了不起的积极的实行家！试看糖食店、南货店里的瓜子的畅销，试看茶楼、酒店、家庭中满地的瓜子壳，便可想见中国人在"格，哑"、"的，的"的声音中消磨去的时间，每年统计起来为数一定可惊。将来此道发展起来，恐怕是全中国也可消灭在"格，哑"、"的，的"的声音中呢。

我本来见瓜子害怕，写到这里，觉得更加害怕了。

（选自《丰子恺经典作品选》，丰子恺著，当代世界出版社 2002 年版）

注 释

①行箧(qiè):旅行用的箱子。

丰子恺(1898—1975),曾用名丰润、丰仁,后改子恺,并以此行世,浙江崇德人。我国现代画家、散文家、教育家和翻译家,是一位卓有成就的文学艺术大师。1921 年赴日学画,次年回上海教书,1927 年出版第一本漫画集《子恺漫画》,新中国成立后历任上海文联主席、中国美术家协会常务理事等职。他的漫画多以儿童作为题材,幽默风趣,反映社会现象。散文集有《缘缘堂随笔》、《缘缘堂再笔》、《子恺近代散文集》等,他的散文风格雍容恬静,幽默风趣,朴实平淡,妙在自然,是其恬淡的生活情趣、丰富的生活阅历以及充满爱的真诚心灵使然。

导读

这篇散文以"吃瓜子"为话题,描写了中国人日常生活中司空见惯的一个小事情,其实作者并非单纯论述"吃瓜子"的好与坏,而是以"吃瓜子"作为一个意象,发出深刻的思索,悟出一个消闲亡国的道理。文章的意义早已超出了"吃瓜子"本身,留给读者的是咀嚼、回味和深思的空间。

文章分三个部分,作者先从中国人都具有三种博士的资格谈起,简略描写了拿筷子博士和吹煤头纸博士,并将吹煤头纸冠以"国粹",要"使之振兴",平淡中透出委婉的讥刺;随后作者以较大篇幅特写吃瓜子博士,细致入微地介绍了吃瓜子的技巧,吃瓜子人的身份、神态、动作、心理等,描写生动传神,笔触细腻,跃然纸上,呼之欲出,看似赞美中国男女这一"技能",实则从侧面揭露了当时的社会风气,充满了辛辣的嘲讽;接着作者以反语的形式发出惊叹:"发明吃瓜子的人,真是一个了不起的天才!"进而给出自己的评价:"这是一种最有效的'消闲法'。要'消磨岁月',除了抽鸦片以外,没有比吃瓜子更好的方法了。"随之发出了"消闲亡国"的担忧:"将来此道发展起来,恐怕是全中国也可消灭在'格、呸'、'的、的'的声音中呢。"最后甩出了一个巨大的惊叹号,"中国人"要都成了"吃瓜子"的能手,国家将会是个什么样子,岂能不让人害怕!

文章的艺术魅力在于选材上善从小处着手,以小窥大,琐事细物一经他的描写,便风韵独现;平淡的风俗民情一由他记述,也情趣盎然。记写凡人琐事与人情世态的散文,这种题材本身是平凡的,意蕴并不高深,容易落俗套,造成内涵浅薄的缺陷。但丰子恺善于在这种题材上进行深入的开掘,对日常生活琐事和人情世态做深层的感触与把握,思辨色彩浓厚,拓深了题材的意蕴,朴中有奇,警策深刻,令人回味无穷。

感 悟 讨 论

1. 找出课文中吃瓜子人的身份、动作、神态、心理描写的句子,说说你的看法。

2. 你还读过丰子恺的哪些散文? 是不是有"小中窥大"的特点?

链接

《缘缘堂随笔》,丰子恺著,人民文学出版社 2000 年版。

> 《谈文学》是一部指导青年写作的书，朱光潜在序言中说："这些短文就是随时看和随时想所得到的一点收获，在写它们的时候，我一不敢凭空乱构，二不敢道听途说，我想努力做到'切实'二字。"

第十一节

精进的程序

◎ 朱光潜

　　文学是一种很艰难的艺术，从初学到成家，中间须经过若干步骤，学者必须循序渐进，不可一蹴而就①。拿一个比较浅而易见的比喻来讲，作文有如写字。在初学时，笔拿不稳，手腕运用不能自如，所以结体不能端正匀称，用笔不能平实道劲，字常是歪的，笔锋常是笨拙扭曲的。这可以说是"疵境"②。特色是驳杂不稳，纵然一幅之内间或有一两个字写得好，一个字之内间或有一两笔写得好，但就全体看去，毛病很多。每个人写字都不免要经过这个阶段。如果他略有天资，用力勤，多看碑帖笔迹，多临摹，多向书家请教，他对于结体用笔，分行布白，可以学得一些规模法度，手腕运用也比较灵活了，就可以写出无大毛病、看得过去的字。这可以说是"稳境"③，特色是平正工稳，合于法度，却没有什么精彩，没有什么独创。多数人不把书法当作一种艺术去研究，只把它当作日常应用的工具，就可以到此为止。如果想再进一步，就必须再揣摩，真草隶篆，各体都须尝试一下，各时代的碑版帖札须多读多临，然后荟萃各家各体的长处，造成自家所特有的风格，写成的字可以算得艺术作品，或奇或正，或瘦或肥，都可以说得上"美"。这可以说是"醇境"④，特色是凝练典雅，极人工之能事，包世臣⑤和康有为⑥所称的"能品"、"佳品"都属于这一境。但是这仍不是极境，因为它还不能完全脱离"匠"的范围，任何人只要一下功夫，到功夫成熟了，都可以达到。最高的是"化境"⑦，不但字的艺术成熟了，而且胸襟学问的修养也成熟了，成熟的艺术修养和成熟的胸襟学问的修养融成一片，于是字不但可以见出驯熟的手腕，还可以表现高超的人格；悲欢离合的情调，山川风云的姿态，哲学宗教的蕴藉⑧，都可以在无形中流露于字里行间，增加字的韵味。这是包世臣和康有为所称的"神品"、"妙品"，这种极境只有少数幸运者才能达到。

作文正如写字。用字像用笔，造句像结体，布局像分行布白。习作就是临摹，读前人的作品有如看碑帖墨迹，进益的程序也可以分"疵"、"稳"、"醇"、"化"四境。这中间有天资和人力两个要素，有不能纯藉天资达到的，也有不能纯藉人力达到的。人力不可少，否则始终不能达到"稳境"和"醇境"；天资更不可少，否则达到"稳境"和"醇境"有缓有速，"化境"却永远无法望尘。在"稳境"和"醇境"，我们可以纯粹就艺术而言艺术，可以藉规模法度作前进的导引；在"化境"，我们就要超出艺术范围而推广到整个人的人格以至整个的宇宙，规模法度有时失其约束的作用，自然和艺术的对峙也不存在。如果举例来说，在中国文字中，言情文如屈原的《离骚》、陶渊明和杜工部的诗，说理文如庄子的《逍遥游》、《齐物论》和《楞严经》⑨，记事文如太史公的《项羽本纪》、《货殖传》和《红楼梦》之类的作品都可以说是到了"化境"，其余许多名家大半止于"醇境"或介于"化境"和"醇境"之间，至于"稳境"和"疵境"都无用举例，你我大概都在这两个境界中徘徊。

一个人到了艺术较高的境界，关于艺术的原理法则无用说也无可说；有可说而且需要说的是在"疵境"与"稳境"。从前古文家有奉"义法"为金科玉律的，也有攻击"义法"论调的。在我个人看，拿"义法"来绳"化境"的文字，固近于痴人说梦；如果以为学文艺可以始终不讲"义法"，就未免更误事。记得我有一次和沈尹默先生⑩谈写字，他说："书家和善书者有分别，世间尽管有人不讲规模法度而仍善书，但是没有规模法度就不能成为真正的书家。"沈先生自己是"书家"，站在书家的立场他拥护规模法度，可是仍为"善书者"留余地。这是他的礼貌。我很怀疑"善书者"可以不经过揣摩规模法度的阶段。我个人有一个苦痛的经验。我虽然没有正式下功夫写过字，可是二三十年来没有一天不在执笔乱写，我原来也相信此事可以全凭自己的心裁，苏东坡所谓"我书意造本无法"，但是于今我正式留意书法，才觉得自己的字太恶劣，写过几十年的字，一横还拖不平，一竖还拉不直，还是未脱"疵境"。我的病根就在从头就没有讲一点规模法度，努力把一个字写得四平八稳。我误在忽视基本功夫，只求耍一点聪明，卖弄一点笔姿，流露一点风趣。我现在才觉悟"稳境"虽平淡无奇，却极不易做到，而且不经过"稳境"，较高的境界便无从达到。文章的道理也是如此。韩昌黎所谓"醇而后肆"是作文必循的程序⑪。由"疵境"到"稳境"那一个阶段最需要下功夫学规模法度，小心谨慎地把字用得恰当，把句造得通顺，把层次安排得妥帖。我作文比写字所受的训练较结实，至今我还在基本功夫上着意，除非精力不济，注意力松懈时，我必尽力求稳。

稳不能离规模法度。这可分两层说，一是抽象的，一是具体的。抽象的是文法、逻辑以及古文家所谓"义法"，西方人所谓文学理论和文学批评。在这上面再加一点心理学和修辞学常识，就可以对付了。抽象的原则和理论本身没有多大功用，它的唯一的功用在帮助我们分析和了解作品。具体的规模法度须在模范作品中去找。文法、逻辑、义法等等在具体实例中揣摩，也比较更彰明较著。从前人说，"熟读唐诗三百首，不会写诗也会吟"，语调虽卑，却是经验之谈。为初学说法，模范作品在精不在多，精选熟读透懂，短文数十篇，长著三数种，便已可以作为达到"稳境"的基础。读每篇文字须在命意、用字、造句和布局各方面揣摩；字、句、局三项都有声义两方面。义固重要，声音节奏更不可忽略。既叫做模范，自己下笔时就要如写字临帖一样，亦步亦趋地模仿它。我们不必唱高调轻视模仿，古今大艺术家，据我所知，没有不经过一个模仿阶段的。第一步模仿，可得规模法度，第二步才能集合诸家的长处，加以变化，造成自家所特有的风格。

练习作文，一要不怕模仿，二要不怕修改。多修改，思致愈深入，下笔愈稳妥。自己能看出自己的毛病才算有进步。严格地说，自己要说的话是否从心所欲地说出，只有自己知道，如果有毛病，也只有自己知道最清楚，所以文章请旁人修改不是一件很合理的事。丁敬礼向曹子建说："文之佳恶，吾自得之，后世谁相知定吾文者耶？"[12]杜工部也说："文章千古事，得失寸心知。"[13]大约文章要做得好，必须经过一番只有自己知道的辛苦，同时必有极谨严的艺术良心，肯严厉地批评自己，虽微疵小失，不肯轻易放过，须把它修到无疵可指，才能安心。不过这番话对于未脱"疵境"的作者恐未免是高调。据我观察，写作训练欠缺者通常有两种毛病：第一是对于命意用字造句布局没有经验，规模法度不清楚，自己的毛病自己看不出，明明是不通不妥，自己却以为通妥；其次是容易受虚荣心和兴奋热烈时的幻觉支配，对自己不能作客观冷静的批评，仿佛以为在写的时候既很兴高采烈，那作品就一定是杰作，足以自豪。只有良师益友，才可以医治这两种毛病。所以初学作文的人最好能虚心接受别人的批评，多请比自己高明的人修改。如果修改的人肯仔细指出毛病，说出应修改的理由，那就可以产生更大的益处。作文如写字，养成纯正的手法不易，丢开恶劣的手法更难。孤陋寡闻的人往往辛苦半生，没有摸上正路，到发现自己所走的路不对时，已悔之太晚，想把"先入为主"的恶习丢开，比走回头路还更难更冤枉。良师益友可及早指点迷途，引上最平正的路，免得浪费精力。

自己须经过一番揣摩，同时又须有师友指导，一个作者才可以逐渐由"疵境"达到"稳境"。"稳境"是不易达到的境界，却也是平庸的境界。我认识许多前一辈子的人,幼年经过科举的训练,后来藉文字"混差事",对于诗文字画,件件都会,件件都很平稳,可是老是那样四平八稳,没有一点精彩,不是"庸",就是"俗",虽是天天在弄那些玩意,却到老没有进步。他们的毛病在成立了一种定型,便老守着那种定型,不求变化。一稳就定,一定就一成不变,由熟至于滥,至于滑。要想免去这些毛病,必须由稳境从新尝试另一风格,如果太熟,无妨学生硬;如果太平易,无妨学艰深;如果太偏阴柔,无妨学阳刚。在这样变化已成风格时,我们很可能回到另一种"疵境",再由这种"疵境"达到"熟境",如此辗转下去,境界才能逐渐扩大,技巧才能逐渐成熟,所谓"醇境"大半都须经过这种"精钢百炼"的功夫才能达到。比如写字,入手习帖的人易达到"稳境",可是不易达到很高的境界。稳之后改习唐碑可以更稳,再陆续揣摩六朝碑版和汉隶秦篆以至于金文甲骨文,如果天资人才都没有欠缺,就必定有"大成"⑭的一日。

这一切都是"匠"的范围以内的事,西文所谓"手艺"(craftsman-ship)。要达到只有大艺术家所能达到的"化境",那就还要在人品学问各方面另下一套更重要的功夫。我已经说过,这是不能谈而且也无用谈的。本文只为初学说法,所以陈义不高,只劝人从基本功夫下手,脚踏实地地循序渐进地做下去。

（选自《谈文学》,朱光潜著,广西师范大学出版社 2004 年版）

注释

①一蹴(cù)而就:踏一步就成功,比喻事情轻易就能成功。

②疵境:仍有毛病的境界。

③稳境:平稳、妥当的境界。

④醇境:纯美、丰厚的境界。

⑤包世臣(1775—1855):清代学者、书法理论家,著《艺舟双楫》。

⑥康有为(1858—1927):广东望族,近代维新思想家、书法家。

⑦化境:出神入化,变化自如,无所不可的境界。

⑧蕴藉:内涵。

⑨庄子(约前369—前286):战国时期的哲学家,著有《庄子》,亦称《南华经》,道家经典之一,《逍遥游》《齐物论》是其中代表作。《楞严经》,大乘佛教经典,全名《大佛顶如来密因修证了义诸菩萨万行首楞严经》。

⑩沈尹默(1883—1971):现代书法家、诗人、北京大学教授。以行书著名。

⑪韩昌黎:唐代散文家韩愈(768—824)意谓作文应该先求内容充实,打好基础,再求

思路写法的拓展、变化,避免言之无物和虚浮。

⑫丁敬礼句:曹子建即曹植,他在《与杨德祖书》中讲丁敬礼曾请他修改文章,曹植觉得自己并不比丁敬礼高明,便推辞。丁说,文章的好坏,我自己知道负责,后世谁会知道我同你商量过。

⑬文章千古事句:出自杜甫《偶题》,意谓作文写诗是很严肃的事情,花费的心血和其中的得失作者内心是清楚的。

⑭大成:出自《孟子·万章下》:"孔子之谓集大成,集大成也者,金声而玉振也。"孟子称赞孔子,才德兼备,学识渊博,正如奏乐,以钟发声,以磬收乐,集众音之大成。后世皆以"大成至圣先师"尊称孔子,孔庙主殿称"大成殿"。现常用来形容在某领域积累深厚,能力和成就非凡的人。

朱光潜(1897—1986),中国美学家、文艺理论家、教育家、翻译家。笔名孟实、盟石。安徽桐城人,是我国现代美学的奠基人和开拓者之一。1925年出国留学,先后赴英国和法国,攻读心理学和艺术史,博士学位。1933年回国,历任四川大学、武汉大学、北京大学教授。主要著作有《文艺心理学》、《悲剧心理学》、《谈美》、《西方美学史》、《谈美书简》、《美学拾穗集》等,并翻译了《歌德谈话录》、柏拉图的《文艺对话集》、莱辛的《拉奥孔》、黑格尔的《美学》、克罗齐的《美学》、维柯的《新科学》等。朱光潜不仅著述甚丰,他本人更具有崇高的治学精神和高尚的学术品格。《谈文学》一书所述皆为朱光潜先生多年"学习文艺的甘苦之言",作者以文艺家和文学家的亲身体会,从文学趣味到布局安排,从内容风格到翻译技巧,将文学层层展开,平易自然,深入浅出,引领读者走进文学的殿堂。

导读

《谈文学》是一部阐释文学原理的经典之作,全书视角独特,说理深入浅出,见解独到精辟,文笔凝练精练,充分显示了朱光潜对文学研究的深挚功底,平淡中透出大家风范。书中论及了文学作为语言艺术的特征、作家创造力的培养、文学评价的审美规范、文学思维和表现的特点、创作与接受的关系、文学与科学研究的区别、情感传达与文字表现、想象与写实等诸多牵涉文学发展中的基本规律需要解答的问题,成一家之言。朱光潜在序言中说:"这些短文就是随时看和随时想所得到的一点收获,在写它们的时候,我一不敢凭空乱构,二不敢道听途说,我想努力做到'切实'二字。"

本文选自朱光潜先生所著《谈文学》一书。这篇文章中,作者结合自身的求学经验，运用类比的方法，指出作文之道与习字之道相同，同样需要经过"疵"、"稳"、"醇"、"化"四境，并重点谈了从"疵境"步入"稳境"应下的基本功夫，融汇了古今中外学者的经验之谈，鼓励青年从基本功夫下手，脚踏实地循序渐进地做下去。作者把求学过程经历的四种境界做了非常精当的概括，指出每一个不同境界的特点，求学之人应该下哪些功夫。"稳境"虽是平淡无奇的境界，但也必须经过极大的努力，坚持不懈，才能脱离毛病较多的"疵境"，达到"稳境"；再运用天资和人力，下一番苦功，才能接近"醇境"；而"化境"则要穷毕生精力全力以赴，才有希望。类比的论证方法的运用，使得文章通俗生动；古今中外大量求学之人的典型事例列举，又使得文章论据丰厚，文采斐然。

文章条分缕析，重点突出，对求学之人是不可多得的好文章，教益重大。

感 悟 讨 论

1. 作者要讲述的是作文进益的程序，为什么开头以较大的篇幅谈习字？有什么作用？

2. 概括文章在论述从"疵境"到"稳境"过程中应下的基本功夫有哪些。

3. 这篇文章对你的专业学习和专业进步有何启示意义？

链接

《谈文学》，朱光潜著，广西师范大学出版社 2004 年版。

　　四首旧体诗构筑了这篇讲话稿的框架，洋洋洒洒的文字中，蕴含了作者的人生智慧和人生品格，诠释了对学术精神的坚守与探求，字字珠玑。

第十二节

聊将短句祝长春
——在庆祝杨振宁70华诞报告会上的发言

◎ 叶嘉莹

尊敬的杨振宁教授、母校长①、诸位嘉宾：

　　我是一个学古典文学的人，今天能够附诸位科学家之骥尾在这里讲几句话②，感到非常荣幸。其实我本是不敢来讲话的，但昨天杨振宁教授指定要我讲③，而且他还亲自给我送来了一些胶片，要我把这几首诗写在胶片上。所以我现在真的是义不容辞，非讲不可了。这胶片上写的是我送给杨振宁教授的四首中国旧体诗，我的诗虽然写得不好，但我的感情是非常真诚的。我现在就这四首诗朗读一遍。第一首诗是：

　　卅五年前仰大名，共称华胄出豪英。过人智慧通天宇，妙理推知不守恒。（掌声）

　　第二首诗是：

　　记得嘉宾过我来，年时相晤在南开。曾无茗酒供谈兴，唯敬山楂果一杯。（笑声，掌声）

　　第三首诗是：

　　谁言文理殊途异，才悟能明此意通。惠我佳编时展读，博闻卓识见高风。

　　第四首诗是：

　　初度欣逢七十辰，华堂多士寿斯人。我愧当筵无可奉，聊将短句祝长春。（掌声）

　　我现在简单地说一说这四首诗。第一首诗的开头说"卅五年前仰大名"，这是纪实。35年前就是1957年，当时我正在台湾大学教诗选和文选。杨振宁、李政道两位博士得到诺贝尔奖金的消息传来④，所有的华人都为之骄傲。于是，物理马上就成了学生们踊跃报考的一个热门学科（笑声）。那时候台湾的大学是联合招生,考入物理系的学生都是考生里分数最高的。那一年,我教了理学院一个班的大一国文,这个班是大专联考时国文成绩最高的一个班,里面果然有很多高材生。我就对他们说:"杨振宁和李政道两位博士现在固然是得到了诺贝尔奖金,可是你们要知道,学物理的人并不一定都能够得到诺贝尔奖金啊!"记得当时我曾给他们引了一首晚唐五代词人韦庄的爱情小词《思帝乡》:"春日游,杏花吹满头。陌上谁家年少足风流?妾拟将身嫁与一生休。纵被无情弃,不能羞!"这首词说的是一个女孩子出去游春,春风吹了她满头杏花,因而引动了她的春心。于是她就说,这一路上哪一家的少年是最风流最多情的?我愿意把我的终身许嫁他。而且她还说,嫁给他之后,哪怕是"纵被无情弃"也绝不后悔。我认为,我们做学问,也要抱定这样的一种精神(笑声,热烈掌声)。而且我相信,杨教授当年也绝不是为了得到诺贝尔奖金而从事物理研究的。正如刚才那位熊先生所说,杨振宁教授在他的文章里常常提到物理学的美妙。我也注意到了这一点,现在我要给大家读他的演讲集里边的一段话,这是他在香港中文大学校庆演讲时说的:

一般念文史的人,可能没有了解科学研究也有"风格"。大家知道每一个画家、音乐家、作家都有自己独特的风格。也许会有人以为科学与文艺不同。科学是研究事实的,事实就是事实。什么叫作风格?要讨论这一点,让我们拿物理学来讲吧。物理学的原理有它的结构,这个结构有它的美和妙的地方。而各个物理学工作者,对于这个结构的不同美和妙的地方,有不同的感受。因为大家有不同的感受。所以每位工作者就会发展他自己的研究方向和研究方法。也就是说会形成他自己的风格。

从这里我就知道,杨教授果然是对他所学的物理学科有一种发自内心的热爱!而且还不止于此。从那时候起,我就经常注意报刊上对这位杰出人物的报道。于是,我又在香港报刊上读到了他的两首诗歌的大作。刚才大家已经介绍了很多杨教授在物理学方面的成就。现在我要介绍杨教授在诗歌这一方面的成就(掌声)。下面敬请大家看杨教授在 1974 年发表的《赴拉萨途中飞跃那木卓巴尔瓦山观奇景有感》:

玲珑晶莹态万千,雪铸峻岭冰刻川。皑皑逼目无边际,深邃宁静亿万年。尘寰动荡二百代,云水风雷变幻急。若问那山未来事,物竞天存争朝夕。

我以为,这两首诗的境界就正如杨教授在诗中所说的,如冰雪般玲珑晶莹。他的思想开阔而深邃,他的感发结合了时间与空间。诗中不仅表现出一种通观宇宙的思考,而且寄托了他对祖国的期待。还有一首诗是《赞陈氏级》:

天衣岂无缝,匠心剪接成。浑然归一体,广邈妙绝伦。造化爱几何,四力纤维能⑤。千古寸心事，欧、高、黎、嘉、陈⑥。

这首五言诗也写得很好，写出了宇宙造化的神奇和科学家对宇宙奥秘的求索。后四句看起来有些不符合诗的一般美学标准，然而作者以诗的形式来写科学的精神理论，是文学与科学的融会结合。应该说，这是一种开新的尝试和探索。以杨教授这样一位杰出的物理学家，在诗歌中也表现出这样的修养，写出这样的境界，真是很难得。所以我说他"过人智慧通天宇"。因此才能"妙理推知不守恒"。

科学与文学发展到今天，已不再像过去那样泾渭分明了。我是学文学的，但我却对杨振宁教授推出的宇称不守恒特别感兴趣（笑声）。为什么我对这个妙理有兴趣呢？因为，中国的古典文学非常重视文字的平仄和对偶。这就是一种对称的现象。而且我认为，在世界各国各民族的文化中，只有我们中国文字具有独体单音的特色，因此才能够形成对称的特美。我们的格律诗，我们的对联，都讲求对偶，讲究平仄要相反，词性要相同。这就是宇称守恒的定律（笑声，掌声）。可是杨教授却推出了一个宇称不守恒的定律，这就使我产生了联想。我这个人在南开也教过多年的课了，听过我讲课的人都知道我喜欢跑野马。所谓跑野马，就是从这首诗联想到那首诗，从这个诗人联想到那个诗人。但过去我跑马总是在文学范围之内，而现在我却要从我们文学的领域跑到物理学的领域来了（笑声）。

旧体律诗的平仄是要对称的，但对称也有遭到破坏的时候，那就是诗学中所说的"拗句"了。"拗"，是拗折的意思。就是说，它不是顺的，忽然之间发生了变化。然而，律诗中只要有一处有了拗折的变化，则在另一处就一定有一个挽救的办法。也就是说：有"拗"，就一定有"救"。所以那天我就特别对杨先生提出了一个问题。我说，你的这个宇称不守恒理论，在这守恒的"拗"之中有没有一种"救"呢（笑声）？我本来很想借今天的机会向杨教授请教这个"拗"与"救"的问题，但我想还是不要占大家太多的时间。因为再谈起中国律诗的拗救，那恐怕就跑得太遥远了（笑声）。

其实，这个跑野马，我在西方文学理论中也曾找到一个根据，那就是"Intertextuality"这个术语的意思是"互为文本"。"text"这个词，有人译为"本文"，有人译为"文本"。我以为译为"文本"更好一些。因为，诗人写的一首诗可以是 text，画家画的一幅画可以是 text，音乐家演奏的一首乐曲可以是 text，物理学家的理论及研究成果，也可以是一个 text。既然这个诗人和那个诗人可以互为文本，这首诗和那首诗可以互为文本，诗和乐曲可以互为文本，诗和图画也可以互为文本；那么，物理学的理论及研究成果与文学的理论及研究成果也同样可以互为文本。这就是我从文学的 text 跑到物理学的 text 的一个理论的根据。不过,这个问题还是留待以后和杨教授个别讨论好了(笑声)。

　　好,现在我已经说完了我写的第一首诗,现在再来说第二首。这第二首诗也是纪实的。那是在去年冬天杨教授来访问南开的时候,有一天晚上,南开外事处的逄处长给我打了一个电话,说杨教授今天晚上要来看你。我感到非常荣幸,但却什么准备也没有。恰好那天我刚做了一锅山楂果汁,山楂果是我们北方的特产,所以我就用这果汁款待了杨先生(笑声)。

　　第三首诗也是纪实的。因为第一次我把我的两本书送给杨先生,一本是我对于词的评论讲解,叫做《唐宋词十七讲》,一本是我的诗词曲创作。而杨教授回到香港以后,不久就寄来了他的一本大作《读书教学四十年》。当年披阅杨先生这本大作的时候,真的是非常感动。因为我从书中确实看到了他有一种通观的智慧,一种综合贯穿的能力。所以我说"谁言文理殊途异,才悟能明此意通"。看过这本书之后,我意犹有所不足,又向外事处借了更厚的一本《杨振宁演讲集》来读。而在读那本书的时候,我正在写一篇论文,于是就在论文中大胆地引用了杨教授的一些说法。关于我那篇论文的内容,说起来大家可能会认为是落伍的、古板的、迂腐的。它的题目是《谈中国诗歌的感发作用与吟诵的传统》。我在其中引用了杨教授在一次题为《谈谈我的读书经验》的演讲中所说的一段话。

　　要重视运用渗透性的学习方法,渗透性学习方法,就是在学习的时候,对学习的内容还不太清楚,但就在这不太清楚的过程中,已经一点一滴地学到了许多东西。这种在还不完全懂的情况下,以体会的方法进行学习,是非常重要的学习方法。

　　刚才,很多位贵宾在讲话时都提到,杨教授之所以在物理学方面有这么高的成就,在品格上有这么好的修养,都是因为受到了中国民族文化传统影响的缘故。这当然是不错的,我也从杨先生的大作里深切地感受到了这一点,可是,怎样才能够使我们如此宝贵的民族文化传统保存下去,持久不断呢?我认为,其中很重要的一点就是从小的背诵。因为人的记忆能力和理解能力不是齐头并进的。小时候记忆力强,理解能力可能不够。但如果我们好好地利用小时候的记忆能力,记诵一些民族文化传统的宝贵典籍,那么等到年龄大起来的时候,自然就对这些宝贵的东西有深刻理解了。有些人认为,让小孩子背诵他不懂的东西是不对的。我女儿在台湾上小学时,每天背的是什么?是"来来来,来上学;去去去,去游戏。见了老师问声早,见了同学问声好"。这当然很好懂,可是背下这些长大后有什么用处? 我们中国传统的教育,是在幼年时就进行背诵的训练。日本人对小孩子也进行这样的训练。而且我还可以证之于杨教授,他之所以有今天这样的成熟,也得益于幼年时背诵的训练。据我所知,杨先生最早通本都能够背下来的是《龙文鞭影》⑦。是不是,杨教授? 而且,我在和杨先生的谈话之中感到,他随口就能背诵出很多东西。前天吃午饭时,他背诵了李商隐的"锦瑟无端五十弦"、"云母屏风烛影深",还有刘禹锡的"朱雀桥边野草花,乌衣巷口夕阳斜。旧时王谢堂前燕,飞入寻常百姓家",全都是脱口而出的。对刘禹锡的这首诗,杨教授还有与众不同的讲解。他认为,诗中的燕子并非现实的燕子,可能含有某种历史的沧桑,也许是指当年王谢家里的人如今也流落到民间了。我以为,杨教授的感发是很深刻、很有意思的。

现在,一般人对儿童的教学往往偏重于智性的知识教育,而忽视感性的直觉教育,再加上现代的急功近利的观念,当然就更认为以感性的直觉来训练儿童吟诵并不十分理解的旧诗乃是全然无用的了。殊不知,透过诗歌吟诵所可能训练出来的直感和联想的能力,不仅对于学文学的人是一种可贵的能力和资质,即使对学科学的人而言,也同样是一种可贵的能力和资质。早在1987年,我在沈阳化工学院对一些科学家的一次讲话中就曾经谈起过,第一流的、具有创造性的科学家往往都是具有一种直感和联想能力的人物。而自童幼年学习诗歌吟诵,无疑乃是养成此种直感与联想能力的最好的方式。不过,我们学古典文学的人人微言轻,虽然我看到了这一点,但却不能够在我们中国教育方针政策上产生任何的影响(笑声)。杨教授你既然自己深受背诵之益,那么是否应该倡导一下,从而使更多的人也能够身受其益呢(笑声,掌声)? 这是我对杨教授提出来的建议,我将把我的那篇文稿复印出来,请求杨教授指教。

第四首就是今天的事情了。"初度",出于楚辞的"皇览揆余初度兮",就是诞辰的意思。我能够有幸参加杨教授的70华诞庆祝会那就是"初度欣逢七十春";而在座的有这么多贵宾,那就是"华堂多士寿斯人"。我自己很惭愧,既不是物理学家,也没有什么杰出的成就,又没有什么好的礼物为杨教授祝寿。我只是一个学旧诗的人,所以只能够"聊将短句祝长春"了。杨教授虽已届古稀之年,但在前几天授予吴大猷教授名誉博士学位的那个典礼上,我看到杨教授一个箭步就跨上了讲台,其身手还是非常矫健的(笑声,掌声)。所以,我相信杨教授一定能健康长寿。

最后我还要说几句。我们中国很重视同乡、同学、同事等各种"同"的关系。在座诸位都是科学家,是杨教授的同行。我虽然不是杨教授的同行,但今天我要在这里与他认一个"半同"的关系(笑声)。这"半同"的关系其实是有根据的,因为杨教授是 1933 年到 1937 年在北京崇德中学读的书,对不对? 那么我是 1934 年到 1935 年在北京笃志中学读的书,那时候,崇德和笃志是同一个教会所办的男校和女校,可以算是"兄妹"校了(笑声)。所以,我想我是可以藉此与杨教授认一个"半同"关系的。现在,我就以这"半同"的关系向杨教授祝寿,祝他健康长寿,永葆青春(掌声)。

(选自《汉语言文化研究》第四辑,南开大学汉语言文化学院编,天津人民出版社 1994 年版)

注 释

①母国光:著名光学家,1986 年至 1995 年任南开大学校长。
②骥尾:出自《史记·伯夷列传》:"颜渊虽笃学,附骥尾而行益显。"比喻追随先辈、名人之后。
③杨振宁:著名美籍华裔物理学家,1957 年获诺贝尔物理学奖。
④李政道:著名美籍华裔物理学家,1957 年和杨振宁一同获诺贝尔物理学奖。
⑤四力:指核力、电磁力、弱力、引力。
⑥欧、高、黎、嘉、陈:指欧几里得、高斯、黎曼、嘉当、陈省身。陈省身(1911—2004):著名美籍华裔数学家,被杨振宁誉为继欧几里得、高斯、黎曼、嘉当之后又一里程碑式的大师。
⑦《龙文鞭影》:中国古代儿童启蒙读物,明萧良有撰。

叶嘉莹,号迦陵,南开大学中华古典文化研究所所长,中国古典文学专家。1924 年 7 月出身于北京的一个书香世家,50 年代任台湾大学教授,1969 年定居加拿大,任加拿大不列颠哥伦比亚大学终身教授。1979 年开始回国讲学,现任南开大学中华古典文化研究所所长,博士生导师,并受聘于国内多所大学客座教授及中国社会科学院文学所名誉研究员。叶嘉莹从事古典诗词的教学与研究工作近六十载,她的足迹跨越世界亚欧美三大洲,遍布祖国大江南北,将西方文艺理论引入中国古典诗词研究是叶嘉莹先生对中国古典诗词研究的重要贡献。代表作《迦陵论词丛稿》、《叶嘉莹说中晚唐诗》等。

▶ 导读

这是叶嘉莹先生在南开大学举办的庆祝杨振宁教授 70 寿辰报告会上的

讲话稿。

讲话围绕作者送给杨振宁的四首七言诗展开,回忆了和杨振宁交往的几个片段。标题即是送给杨振宁第四首诗的最后一句"聊将短句祝长春",韵味悠长,其中"短句"暗合了作者古典诗词研究学者的身份,而与之相对应的"长春",则表达了作者对杨振宁的美好祝愿。对这四首旧体诗进行的逐一解释,构成了这篇讲话稿的内容框架。

作者的四首诗展示了和杨振宁交往的四个画面,第一首颂扬杨振宁获得诺贝尔物理奖的伟大成就,第二首记述了相晤南开以山楂汁敬客的风趣场面,第三首描写了互赠著作的场景,第四首则是庆祝生日报告会上的美好祝福。这四首诗跨越时空,看似不相关,实则明断暗续,正是这四首诗的前后勾连,使得这篇讲话稿浑然一体,自然洒脱中显示了作者独具匠心的安排。

作者在讲解这四首的同时,穿插了大量的议论,作者就做学问应该抱定的精神,科学与文学的关系,渗透性的学习方法,感性的直觉教育与智性的知识教育等问题谈了自己的见解,体现了对中西教育敏锐的洞察力和对学术精神的坚守与探求,字里行间洋溢着睿智机敏,风趣幽默,为我们展示了一个独特的精神世界。这篇讲话稿集诗文一于体,具有极强的现场感染力,情与理并重,妙语连珠,堪称典范。

感 悟 讨 论

1. 读了这篇讲话稿,内容上给你印象最深的是什么? 你认为作为讲话稿,它的成功之处是什么?

2. "科学与文学发展到今天,已不再像过去那样泾渭分明了"是中提到的观点,文理相通历来为诸多学者肯定,你还知道哪些名家的说法,你是如何理解的?

3. 演讲的开头引了一首韦庄的小词《思帝乡》,有什么作用?

链接

《迦陵论词丛稿》,叶嘉莹著,河北教育出版社 2000 年版。

　　作者在掌握大量艺术史料的基础上,用灵动流畅的笔为我们勾勒出了汉代那充满力量、运动、气势感的艺术品貌和古拙的美学风格。

第十三节

汉代艺术的美学风貌

◎ 李泽厚

　　人对世界的征服和琳琅满目的对象,表现在具体形象、图景和意境上,则是力量、运动和速度,它们构成汉代艺术的气势与古拙的基本美学风貌①。

　　你看那弯弓射鸟的画像石②,你看那长袖善舞的陶俑③,你看那奔驰的马,你看那说书的人,你看那刺秦王的图景,你看那车马战斗的情节,你看那卜千秋墓壁画中的人神动物的行进行列④……这里统统没有细节,没有修饰,没有个性表达,也没有主观抒情。相反,突出的是高度夸张的形体姿态,是手舞足蹈的大动作,是异常单纯简洁的整体形象。这是一种粗线条粗轮廓的图景形象,然而整个汉代艺术生命也就在这里。就在这不事细节修饰的夸张姿态和大型动作中,就在这种粗轮廓的整体形象的飞扬流动中,表现出力量、运动、速度以及由之而形成的"气势"的美。在汉代艺术中,运动、力量、"气势"就是它的本质。这种"气势"甚至经常表现为速度感。而所谓速度感,不正是以动荡而流逝的瞬间状态集中表现着运动加力量吗?你看那著名的"马踏飞燕",不就是速度吗?你看那"荆轲刺秦王",匕首插入柱中的一瞬间,那不也是速度吗?激烈紧张的各种战斗,戏剧性的场面、故事,都是在一种快速运动和力量中以展现出磅礴的"气势"。所以,在这里,动物具有更多的野性。它们狂奔乱跑,活泼跳跃,远不是那么安静驯良。它们根本不像唐代那样尽管威武雄壮却静态伫立。同样,在这里,不管是神话幻想、历史故事或人物形象,虽然有时表面上也是静止形态,却仍然包含着内在的运动、力量的气势感。在这里,人物不是以其精神、心灵、个性或内在状态,而是以其事迹、行动,亦即其对世界的直接的外在关系(不管是历史情节或现实活动),来表现他的存在价值的。这不也是一种运动吗?正因为如此,行为、事迹、动态和戏剧性的情节才成为这里的主要题材和形象图景。一往无前不可阻挡的气势、运动和力量,构成了汉代艺术的美学风格。它与六朝以后的安详凝练的静态姿式和内在精神是何等鲜明的对照。

也正因为是靠行动、动作、情节而不是靠细微的精神面容、声音笑貌来表现对世界的征服，于是粗轮廓的写实，缺乏也不需要任何细部的忠实描绘，便构成汉代艺术的"古拙"外貌。汉代艺术形象看来是那样笨拙古老，姿态不符常情，长短不合比例，直线、棱角、方形又是那样突出、缺乏柔和……但这一切都不但没有减弱反而增强了上述运动、力量、气势的美，"古拙"反而构成这种气势美的不可分割的必要因素。就是说，如果没有这种种"拙笨"，也就很难展示出那种种外在动作姿态的运动、力量、气势感了。过分弯的腰，过分长的袖，过分显示的动作姿态……"笨拙"得不合现实比例，却非常合乎展示出运动、力量的夸张需要。包括直线直角也是如此，它一点也不柔和，却恰恰增添了力量。"气势"与"古拙"在这里是浑然一体的。

如果拿汉代画像石与唐宋画像石相比较，如果拿汉俑与唐俑相比较，如果拿汉代雕刻与唐代雕刻相比较，汉代艺术尽管由于处在草创阶段，显得幼稚、粗糙、简单和拙笨，但是上述那种运动、速度的韵律感，那种生动活跃的气势力量，就反而由之而愈显其优越和高明。尽管唐俑也有动作姿态，却总缺少那种狂放的运动、速度和气势；尽管汉俑也有静立静坐形象，却仍然充满了雄浑厚重的运动力量。同样，唐的三彩马俑尽管何等鲜艳夺目，比起汉代古拙的马，那造型的气势、力量和运动感就相差很远。天龙山的唐雕尽管如何肌肉凸出相貌吓人，比起汉代"笨拙"的石雕，也仍然逊色。宋画像砖尽管如何细微工整，面容姣好，秀色纤纤，比起汉代来，那生命感和艺术价值也距离很大。汉代艺术那种蓬勃旺盛的生命，那种整体性的力量和气势，是后代艺术所难以企及的。

形象如此，构图亦然。汉代艺术还不懂后代讲求的以虚当实、计白当黑之类的规律⑤，它铺天盖地，满幅而来，画面塞得满满的，几乎不留空白。这也似乎"笨拙"。然而，它却给予人们以后代空灵精致的艺术所不能替代的丰满朴实的意境。它比后代空灵的美更使人感到饱满和实在。与后代的巧、细、轻相比，它确乎显得分外的拙、粗、重。然而，它不华丽却单纯，它无细部而洗练。它由于不以自身形象为自足目的，就反而显得开放而不封闭。它由于以简化的轮廓为形象，就使粗犷的气势不受束缚而更带有非写实的浪漫风味。但它又根本不同于后世文人浪漫艺术的"写意"。它是因为气势与古拙的结合，充满了整体性的运动、力量感而具有浪漫风貌的，并不同于后世艺术中个人情感的浪漫抒发（如盛唐草书的气势美）。当时民间艺术与文人艺术尚未分化，从画像石到汉乐府,从壁画到工艺,从陶俑到隶书,汉代艺术呈现出来的毋宁更多是整体性的民族精神。如果说,唐代艺术更多表现了中外艺术的交融,从而颇有"胡气"的话;那么,汉代艺术却更突出地呈现着中华本土的音调传统:那由楚文化而来的天真狂放的浪漫主义,那在满目琳琅的人对世界的行动征服之中的古拙气势的美。

(选自《美的历程》,李泽厚著,文物出版社 1982 年版)

注　释

①古拙:古朴而不华丽。

②画像石:古代门楣、石窟、祠堂、墓室、棺椁等的石刻装饰画,盛行于汉、魏、六朝以及唐代。内容有历史人物、神仙故事、社会生活、生产等题材,表现形式分阳刻和阴刻两大类。

③陶俑:古代殉葬的陶制偶像。

④卜千秋墓壁画:河南洛阳保存的较为完整的西汉墓壁画,内容新奇,绘画技艺高超,为罕见的国宝珍品。

⑤以虚当实、计白当黑:中国书画艺术术语。落笔处要精心结撰,空白处要措置得宜,疏密错落有致,虚实相映生辉。清人笪重光在《书筏》中言"黑之度量为分,白之虚净为布",所以"计白当黑"又简称"布白"、"分布"。

李泽厚,著名哲学家,湖南长沙人,生于 1930 年,1954 年毕业于北京大学哲学系,现为中国社会科学院哲学研究所研究员、巴黎国际哲学院院士、美国科罗拉多学院荣誉人文学博士。李泽厚成名于 50 年代,以重实践、尚"人化"的"客观性与社会性相统一"的美学观自成一家。80 年代,李泽厚不断拓展其学术论域,促引思想界在启蒙的路径上艰辛前行。90 年代,李泽厚客居美国,出版了《论语今读》、《世纪新梦》等著作,对中国未来的社会建构给予深切的关注。代表作有《中国古代思想史论》、《美学论集》、《美的历程》、《华夏美学》等。

导读

本文选自《美的历程》。这部书是由中国现代著名的哲学家、美学家李泽厚先生撰写的一本美学著作。从宏观鸟瞰的角度对中国古典文艺数千年历史进行了一次巡礼,全书共分为十个章节,从远古图腾时代一直写到明清文艺思潮,本书不仅是一次文化艺术的旅行,更是给予我们精神心灵的洗礼。

作者开门见山道出了本文的中心:"力量、运动和速度,它们构成汉代艺术的气势与古拙的基本美学风貌。"接着作者铺陈大量的艺术史料证明自己的观点,"你看那弯弓射鸟的画像石,你看那长袖善舞的陶俑,你看那奔驰的马,你看那说书的人,你看那刺秦王的图景,你看那车马战斗的情节,你看那卜千秋墓壁画中的人神动物的行进行列",这些都是"异常单纯简洁的整体形象",在汉代艺术中,运动、力量、气势构成了它的本质。汉代艺术的特征是强调人对客观世界的征服,人物不是以其精神、个性或内在状态,而是以其事迹、行动的外在关系来表现存在价值。内容决定了艺术表现形式,一往无前不可阻挡的气势、运动和力量,构成了汉代艺术的美学风格。作者在介绍汉代艺术美学风貌时,采用了比较的方法,将汉代艺术与唐代、魏晋六朝艺术的美学风貌进行了比较,更加清晰地展示了汉代艺术独特的美学风貌,反映了汉代人天真狂放的浪漫气质。文章感情丰沛,气势如虹,文笔流畅,认知深邃。

感 悟 讨 论

1. 汉代艺术的美学风貌是什么? 反映了汉代人的哪些气质?

2. 文章品味汉代艺术特点,并和其他朝代的艺术特点进行了比较,把这些比较之处找出来,分析一下这样做的好处。

链接

《美的历程》,李泽厚著,文物出版社 1982 年版。

谢冕在《永远的校园》中说："这圣地绵延着不会熄灭的火种。它不同于父母的繁衍后代，但却较那种繁衍更为神妙，且不朽。它不是一种物质的遗传，而是灵魂的塑造和远播。"

第十四节

富有的是精神

——在北京大学中文系 1997 级迎新会上的演讲

◎ 谢　冕

热烈祝贺你们来到北大。你们将在这里度过 20 世纪仅剩的最后几年。在这几年中，你们无疑将接受本世纪全部伟大的精神财富，以及这一世纪无边无际的民族忧患的洗礼。你们将以此为营养，充实并塑造自己，并以你们的聪明才智在这里迎接 21 世纪的第一线曙光。你们是名副其实的跨世纪的一代人。你们要珍惜这百年不遇的机会。

发生在距今 99 年前的戊戌变法是失败了，但京师大学堂却奇迹般地被保留了下来①，成为那次失败的变法仅存的成果。你们正是在这个流产的变法失败 100 年，也是京师大学堂成立 100 年的前夕来到这里的。当你们来到这到处都在建筑和整修的学校时，百年的沧桑，百年的奋斗，百年的期待，一下子也都拥到了你们的面前，我设想此时此刻的你们，一定是在巨大的欢欣之中感到了某种沉重。

你们是未来世纪中国的建设者。你们将在未来的岁月中做出平凡或是杰出的贡献，你们中有的人可能还会成为未来世纪非常出色的人物。但不论如何，1997 年 9 月的今天，对于你们中的每一个人，都是决定自己一生命运的、不可替代的、非常重要的日子。那就是因为你们的名字和这所伟大的学校产生了联系。中国有 12 亿人，你们的同龄人也应该以千万为单位来计算，但只有极少数的人有幸能把自己的名字与这所学校联系起来。同学们，请以负重感来代替你们高考胜利的欢欣吧！

你们从各地来到北大，从现在开始，你们已结束了中学学习的阶段，开始了大学学习的阶段。在人的一生中，这是非常重要的时刻。虽然都是学习，中学只是普通教育，大学则是专业教育，这才是真正打基础的阶段，你们将来为社会服务的许多本事,是在这个阶段学到的。

去年也是这个时候,我在欢迎本系博士生和硕士生的迎新会上,也发表过一个讲话。那时我讲北大是做学问的地方,但是就重要性讲,还是做人第一、做学问第二。做人的问题很复杂,但也很简单,就是在人的质量和品德方面有高的标准和要求。只有人做好了,学问才能有好的发挥。

北大这所学校出过许多学者,也出过许多革命者。这些学者中的出色的人物,往往是人的品行高洁,而学问也是前瞻和开创的。如李大钊,他最早把马克思主义引到中国来,他呼唤并参与了中国青春的创造;又如鲁迅——北大校徽的设计者,他在这里的身份只是讲师,但却是中国文化的伟人。不论是李大钊,还是鲁迅,他们都是伟大的爱国者。所以,在这里,我想强调的是,做人和做学问的统一,爱国精神和敬业精神的统一。

一个人成就有大小,水平有高低,决定这一切的因素很多,但最根本的,是学习。学习是不能偷巧的,一靠积累,二靠思考,综合起来,才有了创造。但是第一步是积累。积累说白了,就是抓紧时间读书,一边读书,一边思考,让自己的大脑活跃起来。用前人的经验来充实自己,先学习前人,而后发展前人,而后才有自己的发现和创造。

但无论怎么说,首先是学习,抓紧一切时间学习。我的经验是,不要抱怨,更不要拒绝老师提供的那一串长长的书单,那里边有的道理,你们现在并不理解,但是要接受它,按照那个参考书目或必读书目,一本一本地读,古今中外都读,分门别类地读。有的书要反复读,细读;有的书可以走马观花,快读;但是一定要读。这叫机不可失,时不再来。

我想告诉大家,我现在从事的工作,应付着方方面面工作的,不论是写文章、说话、论证、做判断,靠的就是北大本科几年的读书的积累。那时还有很多的政治运动,用到学习上的时间并不多,但也就是那些有限的时间里读到的那些中国文学、外国文学、历史、哲学、语言学等方面的积累,支撑着我现时的繁重的工作。虽然时感知识不足,所知者少,但使我有能力去应付那千头万绪的局面的,还是在北大当学生那几年打下的基础。

事实上,人一旦走上了工作岗位,现在这样专注的、系统的、全力以赴的学习机会也就随之失去了。等到工作临头,你发现罗曼·罗兰没有读过[2],高尔基没有读过[3],《离骚》没有读过,《故事新编》没有读过[4],但丁[5]和普希金[6]也没有读过,那时工作逼着你发言,你只好手忙脚乱地临时乱翻。那是应急,不是学习。匆忙中谁能把《约翰·克利斯朵夫》一口吞了下来[7]?即使吞了下来,你又能发表出什么意见呢?离开了大学,可以说,你基本上失去了大学学习的条件，那时想起那一串长长的书单，你真是悔之莫及了。

所以，你们到北大来，我第一要劝你们的，是做书呆子。只有先做呆子，然后才能做聪明人。一开始就想做聪明人，什么都没有，而要装天才，做神童，那才是真正的呆子。聪明绝顶，目空一切，这是北大学生容易犯的毛病。我们要杜绝这种小聪明，争取将来的大智慧。

此外，要学好语言。不仅本国语言要学好，外国语也要学好。那种认为中文系学生不必学好外语的观念，是一种短见，是很浅薄的。现在国门开放，不是闭关锁国的时代了，中国要了解世界，世界也要了解中国，要靠语言这座桥梁。

除了外国语，还有本国语。现代汉语要掌握好，写文章要用语法，不要写错别字，文字要漂亮。更重要的，是要掌握好古代汉语，中文系学生不会直接阅读古文，是耻辱。不要读白话《史记》或《论语》今译之类的书，不是那些书不好，而是中文系学生应当掌握好古汉语，直接和庄子、李白用他们当年的语言对话。还有，也许已超出了教学大纲的范围了，但是我还要讲，那就是中文系学生应当学毛笔字，还要识别繁体字。以上所说，对别人可能是苛求，而对中文系学生而言，则是必要的和起码的。

因为文学是你们的专业，所以我还要谈谈文学，在我的心目中，文学是非常神圣的。我们讲敬业，就是要对文学怀有敬畏之心。文学，有人说起源于劳动，有人说起源于游戏。在文学的功能中，是有游戏的成分，有让人愉快让人轻松的作用。但文学从根本上说不能等同于游戏，因此，我们不能游戏文学。

文学中的优秀部分，最有价值的部分，是人类崇高精神的诗化。文学是一种让人变得高雅、变得充实、变得聪明、变得有情趣的精神劳作。我们学习文学，是要把文学当做事业去创造、去发展、去发扬光大，而不是把它当做手中的玩物。我讲这些话不是无的放矢，而是有感于当前文学的某种缺陷和某种失落。

号称全国最高学府的北大，物质条件很差，有的方面如学生宿舍则是超乎寻常的差。物质的贫乏并不等于精神的贫乏。在精神方面，北大是富有的，是强者，北大的这种富有，足以抵抗那物质的贫乏而引以自豪。走在我们前面的，有我们一代又一代的老师，他们一介布衣，终生清贫，但却是我们永远敬重的精神的强者。

（选自《演讲词分类评析》，李嗣水主编，专利文献出版社 1998 年版）

注 释

①京师大学堂:北京大学的前身,1898 年创建,我国近代第一所国立综合性大学,1912年更名为北京大学。

②罗曼·罗兰(1866—1944):法国思想家、作家、社会活动家,代表作人物传记《贝多芬传》、《米开朗琪罗传》、《托尔斯泰传》,长篇小说《约翰·克利斯朵夫》。1915 年获诺贝尔文学奖。

③高尔基(1868—1936):苏联作家,无产阶级文学的奠基人。代表作自传体小说《童年》、《在人间》、《我的大学》,散文《海燕》。

④《故事新编》:鲁迅第一部短篇小说集。

⑤但丁(1265—1321):意大利诗人,欧洲文艺复兴运动的先驱,被恩格斯誉为"中世纪的最后一位诗人,同时也是新时代的最初一位诗人",代表作《神曲》。

⑥普希金(1799—1837):俄国文学奠基人,著名诗人、作家,代表作《叶普盖尼·奥涅金》、《上尉的女儿》。

⑦《约翰·克利斯朵夫》:法国作家罗曼·罗兰 1912 年完成的长篇小说,描写一个青年音乐家个人奋斗的悲剧。

谢冕,1932 年生,福建福州人,北京大学教授,博士研究生导师,曾任北京大学中国语言文学研究所所长,中国作家协会全国委员会名誉委员,北京作家协会名誉副主席,中国当代文学研究会副会长。1955 年考入北京大学中文系,1960 年毕业,留校任教至今。谢冕参与了北京大学中国当代文学的学科建设,在他的影响下,建立了北京大学中国当代文学的第一个博士点。1980年《光明日报》发表谢冕的文章《在新的崛起面前》,引发了关于新诗潮的广泛讨论,对推动中国新诗的发展,产生了积极的影响。1980 年他筹办并主持了全国唯一的诗歌理论刊物《诗探索》,并担任该刊主编。谢冕的理论批评建立在深厚的人文关怀基础之上,他坚持社会历史批评的视点,倡导建设性的理论批评立场。谢冕先后出版了《文学的绿色革命》、《中国现代诗人论》、《新世纪的太阳》、《论二十世纪中国文学》、《1898:百年忧患》等专著十余种,另有散文随笔《世纪留言》、《流向远方的水》、《永远的校园》。

导读

这是北京大学教授谢冕在 1997 年中文系迎新大会上的演讲。演讲传递的核心是在精神方面北大是富有的，是强者。召唤莘莘学子传承北大精神，培养高尚人格，"在人的质量和品德方面有高的标准和要求"，抓紧时间学习，"先做书呆子，然后才能做聪明人"，对学生寄托殷切期望，勉励他们做精神上的强者。

1997年是北大建校100周年的前夕，面对这些满怀激情的天之骄子，在简单表示祝贺之后，作者话题一转，谆谆告诫新同学要"以负重感来代替你们高考胜利的欢欣"，可谓语重心长。那么，如何将这种"负重感"化为今后的行动呢？作者从"做人"和"做学问"两个方面谈了自己的看法。所谓"做人"，就是"在人的质量和品德方面有高的标准和要求"，"只有人做好了，学问才能有好的发挥"，而爱国和敬业就是北大在做人方面提出的要求。如何做学问，作者结合自己的治学经验，推心置腹地劝诫学生，从最基本做起，"抓紧一切时间学习"；要做书呆子，"只有先做书呆子，然后才能做聪明人"。针对中文系的学生，作者列举了具有典型意义的作家和书目，从文学到语言，从中国到外国，甚至提到了教学大纲之外的练习毛笔字的问题，可见用心良苦。话语直接纯粹，简单实用，却又富含智慧。最后，在谈到物质与精神的关系时，作者点出了演讲的主旨，"走在我们前面的，有我们一代又一代的老师，他们一介布衣，终生清贫，但却是我们永远敬重的精神的强者"，用一种类似白描的手法勾勒出北大学人的形象，令人肃然起敬。

好的演讲应该与听众没有距离。这篇演讲语言朴实无华却不失文采，行云流水般娓娓道出了肺腑之言，情感深挚，令听众和读者经受了一次北大精神的文化洗礼，耐人寻味，发人深省。

感 悟 讨 论

1. 读了这篇演讲，北大精神和北大学人对你有何启示？
2. 你同意"先做书呆子，再做聪明人"的观点吗？谈谈你的理解。

链接

《永远的校园》，谢冕著，北京大学出版社1997年版。

　　由于历史的、地缘的原因，中、日、韩三国同处汉字文化圈，三国文化既有相似之处，也存在很多的不同，金文学观察细腻，叙说风趣，娓娓道来，言人所未言，道人所未道。

第十五节

品味东亚三国文化

◎ 金文学

三国人的耐性

　　日本人的急躁、没耐性在国际上亦有定论。住在日本，每当我切身感到时间观念属第一的日本节奏时，就不由得想起中国人的悠然自得。只看走路的姿势，我们就会发现，日本人特别快。由于走得急匆匆的，脑袋总是伸出去，所以我们经常看到乌龟状的身姿。在日本人里，大阪人走路的速度最快。根据统计，大阪人每秒走 1.6 米，在日本绝对全国第一，与每秒走 1.33 米最慢的鹿儿岛人相比，一分钟竟有 16 米的差距。

　　在街上我们经常可以看见，大阪人由于性子急，很难一动不动地等红灯，不要说年轻人，就连 60 岁的老年人过人行道时的速度也不比年轻人慢。

　　在喝酒上，与中国人和韩国人相比，日本人特别快。中国人、韩国人和西方人喝酒为了助兴，尽量慢慢喝，而日本人却快喝快走。尽管日本人喝酒次数居多，他们却似乎无视饮酒过程中的愉悦。

　　韩国人的缺乏忍耐力、性子急和日本人不相上下。

　　在首尔（汉城），经常听到的韩语是"叭利、叭利"（快快）。对韩国人来说，干什么都快是美德。睡觉"叭利"，起床"叭利"，吃饭也"叭利"，学习也"叭利"，如厕也要"叭利"。

　　但是韩国人的性子急和日本人的急躁却不尽相同。如果说，日本人对肮脏的环境和浪费时间容易急躁的话，那么韩国人则与其相反，对环境有一定的忍耐力，主要在人际关系上容易急躁。

日本人自古生活在山清水秀的岛国,在洁净的环境里生活过来,所以特别难耐污浊的环境,可在人际关系上却有忍耐力强的一面。因为日本文化自古就强调控制感情让人感到美,所以即使意见相左也能忍而受之以求维持圆满的人际关系。

韩国人生活在与大陆相连的不太优越的自然环境里,有对环境的忍耐力,但在人际关系上却缺乏容忍。由于感情奔放也具有美感,所以若与人意见不和,就忍无可忍地一吐为快。

与日本、韩国的急躁大相径庭的是中国人的"慢慢的"。这个"慢慢的"已经成了表现中国人悠然自得的国际通用语了。可以说,"慢慢的"所表现的中国人的忍耐力是世界第一。

日本汉学界首屈一指的诸桥辙次①惊叹中国人的忍耐力,称之为"不死之躯的国民",他曾说过:

> 汉口附近的酷热,是我们难以忍受的,可就在这里,有的中国人竟然头枕灼热的石头睡觉;一靠近内蒙就特别冷,冷得能把人冻僵,可是在那儿,竟能看见只裹一张报纸雀跃而行的人。他们健康体魄的强韧劲儿,实在是让人惊叹不已。

连同一地区的东亚人都这般吃惊,西方人大概会把这看成是超人的忍耐力吧。

在我上小学的20世纪70年代,不时会看见卖杂货和鸡雏的小商贩,他们是从浙江、河南和山东等关内地区走到东北来的。有个从浙江来卖鸡雏的老太太,她步行了几千里,鸡雏都长成大鸡了。

与日本人、韩国人的急躁相比,这种让人惧怕的忍耐力,坚忍不拔的"慢慢主义"更加引人注目。中国大城市的人口密度,和东京、首尔(汉城)没有什么区别。北京、上海与东京、首尔(汉城)的相似程度,竟能让人产生这是不是在东京和首尔(汉城)的错觉。但是,也有不同之处,这就是中国人的走路姿势。几乎所有人都在散步似的慢慢走;过人行道时,也不像大阪人那样匆匆忙忙。

邓小平访问日本时,日本政府为了让中国最高领导人见识一下从东京到大阪只需跑3个小时的超特快,特意请他参观了堪称世界最高速的新干线,日本首相问邓小平的观后感时,或许期待的是赞不绝口的"真乃人间奇迹!",可是,邓小平却出人意外漫不经心地说了一句:我们广阔的大陆都没有这么快的电车,在日本这么小的国家,跑这么快,有什么必要?

这个小插曲是真是假另当别论,有趣的是表现了中国人"慢慢的"文化。

也许这是中国最高领导人的至理名言。

据说现在,日本和韩国的许多企业到中国投资,在与中国当地企业合资时,常为中国人的时间感苦恼不已。此时,日本和韩国的"急性子"发挥不了作用,他们必须适应中国人的"慢慢的"主义,很快地调节时间感的差距是至关重要的。

中国人的忍耐力、"慢慢的"节奏,是从古至今在严酷的自然环境和不断发生战乱的历史环境中养成的。土地辽阔,时局因天灾人祸而总是处于不安定的状态,所以人口流动大,人们在逃荒路上要花好多时间。于是,性子急是要不得的,"悠然"也就成了中国人在这种自然和社会环境中生存下去的智慧。如果不能理解这一特殊性,与中国人的交往就可能以失败而告终。

富于忍耐、喜欢"慢慢的"中国人,也有出人意外"快快的"时候。在急于赚钱上,中国人比谁都快。以精于商贸而闻名于世的华侨更以快而著称,为了赚钱不能浪费时间,抢先一步是经商秘诀。

韩国人"表现"、中国人"含蓄"、日本人"被动"

我喜欢首尔(汉城)古色古香的仁寺洞,每次去韩国我总是住在那附近的宾馆或旅馆。走在充满浓郁的韩国风情,古董、乐器和文具店鳞次栉比的大街上,对我来说,无异于民族文化的巡礼。

徜徉在仁寺洞的店铺里,我有一个有趣的发现,不,与其说是发现,莫如说是注意到一个共同的现象:在店铺的陈列窗里,肯定摆着华丽的、高级的、大的货物,也就是尽摆好东西。在顾客出入的地方放着好东西,里边放普通的小东西。我喜欢脸谱,经常去的那家店,也是前面摆着最大最贵的,越往里去东西就越小。

在中国,情况恰恰相反。去古玩店,最外面象征性地摆一些小东西,不值钱的;店家听客人说想要什么样的货之后,才从最里面拿出藏好的宝贝给你看。

从这个现象里,我发现了潜藏其中的民族性差异。就是说,韩国人有重表现的性格。而中国人则有善于隐蔽、不溢于言表的性格。

接触韩国人总让人感到他们确实是善于表现的天才。据说,不管走到世界的哪个地方,也不管在什么样的环境里生存,自我表现最突出的是韩国人。

韩国的招牌美得无与伦比,服装和物品的原色系列设计能够让人一下子过目难忘;日本的设计稳重清洁,让人感到"寂静";中国的设计,既不华丽也不简洁,让人感到有悠裕、留有空白的有待完成的沉重。

　　一位做导游的朋友说,在中国,大多认为韩国的旅游者是最热闹的外国人。日本人,总是跟在中国旅行社的导游身后,一边静静地记笔记一边配合导游工作;可是韩国人,也许是由于个性强,什么事总是个人意志优先,不守规矩,所以带他们真是不光身子累,心也很疲劳。

　　韩国人表现激情最典型的是一句口头禅"唉沟"。韩国人张口不离的"唉沟",既是悲痛的时候发出的咏叹,也是感激时发出的感叹。让我们看一下飞机遇难者家属的行为,韩国人是捶打地面,放声大哭;而日本人则默默地哭泣。

　　前几年韩国出了一本书:《会表现的人最美》。书名本身就是这种国民性的最好表达。要是日本的话,恐怕书名就会变成"表现慎重的人最美"。

　　比起不论在何时何地都不能不表现的韩国人,中国人当然具有大陆化的强烈表现力,但却不像韩国人那样为表现而表现。就像吝啬的人总是把花钱控制在最小的限度一样,中国人控制表现,更注重强烈的隐蔽意识。

　　中国成语"喜怒哀乐不形于色"就是这一隐蔽意识的最好说明。日本人的表情也难以让人揣摩,但中国人的表情,即使是极自然的,想要读出其中的真正心情也不是件容易的事。

　　在著名的《菜根谭》里②,有这样的教诲:

　　　　觉人之诈不形于言,受人之侮不动于色,此中有无穷意味,亦有无穷受用。

　　这就是极具中国特色的想法:出头的橡子先烂,退一步海阔天空,爱叫的狗不咬人。但是,这决不意味着消极地对待人生和缺乏上进心。这正是中国人在表现与隐蔽之间找到最佳的平衡点,更好地生活下去的智慧之一。

　　据说在中国的一个大城市,有一个韩国人的社长,在酒吧里拿出 100 美元,趾高气扬地对女招待说:"你们没看过这种钱吧。我们韩国人都是大款。"话音未落,就让旁边喝酒的另一位朝鲜族大款给揍了一顿,在医院里躺了一个多月。表现欲太旺盛,就有飞来横祸的可能。

　　在我的故乡沈阳,两年前发生了这样一件事:有一位独身老人,每天靠卖"十三香"(十三种调料)维持生活。他穿着破烂的黑上衣、破破烂烂的裤子,腰上系着破布条当裤带,这打扮和叫花子没什么两样。可是,老人死后,在他家的床底下竟发现了 130 万元巨额人民币。这位百万富翁每天都睡在如此多的人民币上,并通过他的死告诉了我们中国人不溢于言表的隐蔽意识。

　　和韩国人的表现意识、中国人的隐蔽意识有所不同的是,日本人具有一种"被动"意识。日本人没有韩国人那么旺盛的表现力,也没有中国人那种控制表现的能力。但是,不善于自我表现的日本人,在善于接受对方这一点上确实很优秀。

在世界上,大概极少见到像日语这般"被动"表达方式极发达的语言吧。"れる・られる"这一表现,对外国人来说,是最难的表达方式。我一直使用表达自己立场的韩语和汉语,所以很难习惯这种"被动表现"。

在自我介绍时,韩国人总是在如何幽默地给对方留下好印象上下工夫;中国人也极善于推销自己。而日本人却总是为了不显示自己而表现慎重,并以此为美德。

有一个小笑话:

中国企业为招聘日本雇员而进行面试,一个前来应聘的日本青年话说得极为谦逊:"我,也没有什么特殊的才能,可是……"

"我,没有……"

"我,没……"

因为从一开始就只有"没、没有",所以谙熟中国式诙谐的主考官突然问道:

"那么,你也没有下边的物件吗?"

"是的,没有……不,有。"

据说,考官给他下了个"连自己是谁都不能充分表现的人,肯定干不好工作"的结论,没有录用。表现过于慎重、过于被动的日本人,在中国人和韩国人看来,也许让人感到有些软弱。

我刚来日本时,接触到的尽是些彬彬有礼的日本人。那时我就想,这般优雅柔弱的民族当真统治过韩国36年,侵略中国犯下了那么多滔天罪行吗?从而受到了难以置信的冲击。然而归根到底还是民族性的差异,所以与其过分强调"是有差异",不如首先加强相互间的理解。

"忍"、"恨"、"劈"的文化人类学

假如用一个字来概括中国、日本、韩国的文化,我的选择如下:

中国——"忍"的文化

韩国——"恨"的文化

日本——"劈"的文化

韩国有支民谣《恨500年》,同样想来,中国应该有《忍5000年》,日本则是《劈一瞬间》。

"恨"的文化,作为韩国文化的典型,在日本广为人知。但是,大多认识肤

浅，认为就是指韩国人对日本人恨之入骨。这是很大的误解，"恨"的文化与韩国对日本的怨恨，是不同层次的问题。

我的恩师，韩国的文化人类学家崔吉城教授最先写出研究《恨500年》的大作《恨的人类学》，是理解恨文化最好的学术著作。

崔教授认为，恨，决不是怨恨。"恨"，是沉淀在自己本身内心里的情感，没有具体怨恨谁那样的复仇的对象。恨，是对未能实现的梦想的憧憬。

韩国具有代表性的民谣《阿里郎》，堪称表现恨文化的极致：

> 阿里郎、阿里郎、阿拉里哟，
>
> 阿里郎，过了山冈
>
> 抛弃了我的人儿啊
>
> 走不到十里，让你脚痛……

作为一个阿里郎民族的后裔，每当我听到这首歌，就会感受到一种说不出的痛心。这是一个伴随着泪水，表达着无论如何难以接受弃我而去这一事实的强烈情感的艺术世界；是对自己未能实现的理想的悲伤。并且，它像冰冷的雪一样积聚在心中。这有弃无悔的恨，是韩国文化的精华。

与韩国文化的"恨"相对的是日本文化的"劈"志向。李御宁先生提出了"缩小志向的日本人"的主张③，我在此想要指出的是在"缩小志向"之前，一定有了"劈的志向"。因为"缩小"是应该起始于用刀把大的东西劈开的。

日本人在漫长的历史中，常常是挎刀而生的。刀堪称日本文化精髓，武士的命根子。用刀劈，这一劈的动作，使日本文化"劈的志向"得以完成。

举个和阿里郎相对应的例子：

> 开放的花儿，终将落哟
>
> 喝醉的酒啊，总会醒呀
>
> 相见的人儿，要分手啊
>
> 花儿你开哟，终将落啊

这就是拿着刀作出来的诗的情感。劈，理所当然；劈时，是劈的人生。就像有开有落的樱花一样，这首诗，充分反映了日本人"劈的志向"。

说日本文化是劈出来的，这也不为过。把外来文化"劈"而取之，剖腹文化，剖筷子文化，盆栽和庭院，插花，都是大同小异。所以，"劈"是理解日本文化的最关键的钥匙。

中国的文化，是"忍"。"忍"意味着"心字头上一把刀"，让你感受到剜心绞肺般疼痛，你一定要顶住。中国人的忍耐力，恐怕是世界第一。

《愚公移山》的故事说的是忍耐；韩信受胯下之辱说的还是忍耐……在中国，有很多关于这方面的故事广为流传。

让我们先看看"唾面自干"这句成语：

唐代武则天执政期间，有个名叫娄师德的宰相。他弟弟被任命为代州知事，赴任之际，来到娄师德居所道别。他忠告说："一'忍'字须常记心里。"

弟弟说："好的，我知道了。就是有人向我脸上吐唾沫，我也不作声地自己擦干。"

而娄师德说："不，擦脸上的唾沫，就是对对方不满，所以，要一直等到唾沫自己干。"

这可以说是"忍"的极致了。这是中国人的"忍耐处世术"。

中国人超人的忍耐力由来已久，它是在贫困的环境和连年不断的战乱中培养起来的"人生哲学"。中国人慢慢的感觉，成年人的风格，君子风度，都是"忍文化"的产物。

"忍"的文化，现在依然作为一种崇高的人生哲学活在中国人的心中。可以说，理解了"忍"的文化，对中国人也就有一定的理解了。

三国人面面观（写在封底的话）

——中、日、韩三国人坐地铁，日本人一声不吭，只盯着一个地方目不转睛；中国人眼睛乱转，一刻也闲不住地东张西望；韩国人则吵吵闹闹，喋喋不休。

——关于吵架，韩国人光吵不动手，是儒教式的；日本人只动手不吵，是武士式的；中国人又吵又动手，是充满谋略的立体战。

——对于性，日本人闭口不说，文字大胆，身体开放；韩国人满嘴荤话，却不敢形诸文字，思想保守；中国人是中庸之道，介于二者之间。

——韩国的妻子们重感情，对丈夫强势而热情；日本的妻子们对丈夫百依百顺，温柔体贴，但很难了解其内心；中国的妻子们既重感情，又有城府，将丈夫们训练得服服帖帖。

——中国人到处是墙，心中有墙，因此历史上闭关锁国；日本人地上无墙，心中无墙，因此能大量吸收外来文化；韩国人大多是半截墙，因此半遮半掩，对外来文化欲拒还迎，心态复杂。

——中国是大陆德行，圆滑世故，雍容大度；日本是岛国德行，心胸狭窄，细致认真；韩国是半岛德行，自尊心强，心怀"怨恨"。

——中国人喜欢牡丹，国色天香，象征荣华富贵；日本人喜欢樱花，刹那盛开，瞬间凋零，象征残酷之美；韩国人喜欢木槿，质朴无华，小家碧玉，却不屈不挠，顽强生存。

——中国人喜欢看《三国演义》，讲国家大事，规模宏大，像百科全书，将文治武功熔于一炉；日本人喜欢《忠臣藏》④，讲武士搏杀，刀光剑影，残忍冷酷；韩国人喜欢《春香传》⑤，讲才子佳人，对诗传情，和美优雅。

（节选自《东亚三国志——中、日、韩文化比较体验记》，金文学著，中信出版社2006年版，本文题目是编者所加）

注 释

①诸桥辙次(1883—1982)：日本著名汉学家，《大汉和辞典》编纂者。

②《菜根谭》：明洪应明编处世格言小品集。

③李御宁：1933年生，韩国首任文化部长官，著有《日本人的缩小意识》、《这就是韩国》。

④《忠臣藏》：颂扬忠臣义士的日本传统剧目。

⑤《春香传》：歌颂忠贞爱情的韩国古典传说。

金文学，比较文化学者、作家。1962年生于辽宁沈阳。1985年毕业于东北师范大学外文系日本文化专业。1991年以亚洲第一名的成绩获日本"新岛奖学金"，赴日本同志社大学留学。1994年获文学硕士学位，后任同志社大学文学系客座研究员，同时攻读京都大学博士课程。2001年博士课程后期毕业以后，任教于日本吴大学社会情报学系。并任日本放送大学客座教授，专攻比较文学、比较文化及文化人类学。金文学在东亚三国以中日韩三种语言写作和演讲，曾获大小文学奖多次，被誉为"国际派鬼才"。其作品以辛辣、幽默、精练的文风风靡三国，十分畅销，在海内外拥有众多读者，代表作《中国人 日本人 韩国人》、《丑陋的韩国人》、《东亚三国志》。

◤ 导读

由于地缘的关系，历史上中日韩三国同属汉字文化圈，在漫长的岁月里，三国文化互相交流，相互影响，这种影响从文字到建筑，从服饰到法律，从文学艺术到天文历法，可以说是全方位的。三国文化既有相似之处，同时也有很大区别。把东西方文化进行比较,依据的是"异色比较"原理,把同一文化圈内的各种文化放在一起进行比较,依据的是"近色比较"原理。无论是异色比较,还是近色比较,异文化之间的比较总会有许多令人兴趣盎然的结果。即使不牵涉到文化的发展或是存留之类的学术问题,至少不同的生活经验的交流也往往带有极大的趣味性。金文学的这本《东亚三国志——中、日、韩文化比较体验记》就是这样一本带有随笔性质文化比较著作。尽管本身是一本比较文化的学术论著,然而那一个个叙说不同国度文化之间的故事比起常规的说教文字更加吸引人,文笔清新,文字精练,可读性强。

这本书在日本出版时的书名叫做"裸体三国志","裸体三国志"的说法很典型地揭示了这本书的特点。从字面上来讲,"裸体"意味着把这三个国家的文化特性毫无掩饰地描绘出来,宣告了作者在主观上愿意保持客观而纯洁的研究态度。本书在对三个国家各自本真的陈述之外,更带给我们摒弃民族偏见的深层思索。中、日、韩三国是一衣带水的邻邦,不论是中国人、韩国人、日本人,都可以从另外两个东亚国家的人身上看到自己的影子。21世纪是东方文化的世纪,作为全球经济最活跃地区的东亚三国应该互相了解,互相体谅,精诚团结,携手并进。作者独一无二的经历和学术背景使他能够深刻地理解中、日、韩三国的不同之处,敏锐地发现常人不易觉察到的细节。在书中,作者对东亚三国的文化、历史、传统、习俗、观念、社会、生活等方面进行了有趣的对比分析,观察细腻,叙说风趣,娓娓道来,言人所未言,道人所未道。作者的诸多发现,读后给人以很大的触动和启发。

感 悟 讨 论

1. 你以前读过有关中、日、韩文化比较的著作吗?比较东亚三国文化的意义何在?

2. 课文介绍了三国文化的一些区别,三国文化有哪些相同之处呢?

3. 谈谈你对"中国是大陆德行,圆滑世故,雍容大度;日本是岛国德行,心胸狭窄,细致认真;韩国是半岛德行,自尊心强,心怀'怨恨'"的看法。

链接

《东亚三国志——中、日、韩文化比较体验记》,金文学著,中信出版社2006年版。

作家举重若轻,睿智幽默地运用了大量事例,触及文学语言和社会语言学的前沿问题。引发思考,与听众互动,共同领悟语言的的价值,分享语言的魅力。

第十六节

语言的功能与陷阱

◎ 王 蒙

谢谢大家给我这么一个荣誉。南开大学是我闻名已久、仰慕已久的大学,我今天是第一次进入南开的校园,所以第一个感觉就是我来得太晚了,对不起南开(掌声)。不过正如校长先生刚才说的,虽然踏进校园晚了一步,但是我在精神上和南开一直保持着神交。刚才提到罗宗强先生①。罗先生我今天第一次见,当年看他的著作《玄学与魏晋士人心态》,我受到感动。我写这本书的评论《名士风流之后》的时候,并没跟罗先生直接联系,我今天见到罗先生,他比我想象的还要雍容,还要那么南开(掌声)。当然还有张学正先生②,感谢他编了我的一本书,而且被教育部的全国高等学校中文学科教学指导委员会确定为必读书。他还那么认真、全面地写了前言,我非常的感谢。当然还要提到南开的校友赵玫女士③。昨天我还接到一个电话,是谁我一时记不清了。由于我已经过了 69 周岁,马上就满 70 岁了,所以谁来的电话我一下子忘了,但是他说的事我记着。他说他看了赵玫的文章,非常地感动。哦,我想起来了,是云南的诗人晓雪。所以我虽然老了吧,但还处在开始阶段。我是在老年痴呆症初期,来到南开的。我相信我和南开师生的接触,能有助于推迟我的老年痴呆症的症状(掌声)。我希望不只是挂一个名,既然聘我当兼职教授,那么我要想讲什么就随时会来的(掌声)。

今天我讲的题目是:语言的功能与陷阱。

文学是语言的艺术,所以人们研究文学时对语言的问题会有很多的兴趣。我在这儿讲一点个人的体会,这些体会可能都非常粗浅,碰到真正的教授,特别是在座的还有语言学专业的老师和学生,可能让你们见笑。我只是谈一点个人的体会。

我先说语言的功能。语言的功能实在是太大了。马克思主义认为人和动物的根本区别是劳动,劳动创造了人。我相信马克思主义经典,他们提出这样的命题当然有它非常科学的根据,我就不仔细说了。1949年8月我到中央团校学习,第一章就是猴子变人,而猴子变人就是劳动所起的作用,恩格斯专门写过这方面的论述。但是我总是琢磨,语言在使人成为人上起的作用,好像不应该比劳动小。马克思主义还有一个理论,说是因为劳动的需要促进了人的语言的发展,这是无疑的。反过来说语言对人的社会生活,包括对劳动,它所起的作用也是不能低估的。这种作用实在是太大,使你觉得有没有比较充分的语言,是人和动物的一个很鲜明的界限,也是一种文明发达不发达的一个很鲜明的界限。我从理论上解决不了这个问题,但这是我始终心里憋着的一句话,就是劳动创造了人的同时,我们敢不敢在这儿说,语言也创造了人?我们能不能设想一个没有语言的人类?我们能不能设想一个没有文字的发达的文化?以上讲的这些,算是绪论。

语言的最基本功能可能不需要我细讲,就是它的表意和交流的作用。当然,据说其他的动物也有类似语言的东西。欧洲还有马语家,能够和马对话。最近我在电视里看到国外一个地方,出现一个马的杀手,一个精神变态者专门杀马,为了破案,请了马语专家和当时在作案现场的马来交谈,询问杀手的长相是什么样。我觉得这是一个很惊人的故事。中国古代也有类似的故事,例如公冶长的故事等。但是起码马语没有人语那么发达。如果马语比人语还发达的话,那么今天在这个讲台上的,可能就是一匹公马(笑声,掌声)。

我还常常想到语言的记录与记忆的功能。各种的事情都是一瞬间,所谓"俯仰之间已成陈迹"。成了陈迹以后,当然会留下许多东西。很多的成了遗物,但是更充分的记载靠的是文字,而文字记录的当然就是语言。有时候我觉得这世界上什么东西都在迅速地消逝着,那么我们看到的,能够存留下来的呢?除了遗物以外,就是文字,就是文字的记录。

我曾经写过一篇小说,叫做《要字8679号》。这个小说是写一个弄不清楚的事实,这个事实的真相由不同的人提出来不同的版本,每一个人都提出一个"真相",而且每一个人都没有有意撒谎,但是你听完了以后,仍然不知道这件事情的真相到底是怎么回事。我很感谢福建的评论家南帆先生,他写过一篇评论,说事件对于人来说本身是不可重复接触的,那么人所接触的是什么呢,是文本,是各种的语言。比如第二次世界大战,现在已经无法再经历第二次世界大战了,尽管还有奥斯威辛集中营的遗址,还有德国的容克式战斗机等残留的一些东西,但是我们更多接触的是一些文字。如果没有语言,就没有记录,就没有记忆。一个活人失去了记忆,也就没有身份,也就没有自我,也就没有性格。人类没有记忆也就没有文化积累,也就没有进步。这些都是不需要我讲的,这里只是提一下。

我觉得语言还有一种帮助思想、推动思想的功能,不但变成思想的符号,变成思想的载体,而且变成思想的一个驱动力,成为激活思想的一个因素。我曾经很喜欢一篇文章,一个英国人写的,文章的题目叫作"作家是用笔思想的"。他讲的就是作家思想过程和写作过程是分不开的,并不是作家想好了一切才能写作的,恰恰是只有在写作的过程中,他才使自己的思想慢慢地变得明晰,使他的形象慢慢地变得鲜明,使他的故事开始找到了由头,从这个由头发展到那个由头,从那个由头又和另外一条线发生了联系。我觉得他说得非常对。

小时候我老想一件事,怎么那个巴尔扎克能写那么多东西啊④,巴尔扎克的脑袋得多大啊,否则他怎么能装那么多的故事、那么多的人物呢?后来我才明白,并不是那些故事都现成地装在巴尔扎克的脑袋里的,脑袋里装着四百多部故事,不可能,会累死的。巴尔扎克不停地生活、感受,头脑中不停地生发着各种各样的语言,这些语言编织起来,串起来,他从这一串又会引起那一串,这中间有联想、有判断、有分析、有追忆、有比喻。比喻甚至于也不是事先就想好的,事先想好,这一般不大可能。当然我不能够绝对地这么说,因为作家里有各种的例外。我听过一次老舍先生的讲演,他说茅盾先生是最有计划最仔细的一个人,他的任何一部长的作品,在写作之前都写了很仔细的提纲,然后他基本上按提纲写下来。我知道的作家能够这样有计划的只有茅盾先生一个人。其他的大部分作家(我不知道赵玫你是不是这样)在写作过程中,他的思想是慢慢地获得一种形式,慢慢地变得有一点明晰,又慢慢地产生新的困惑。在写作的过程中,一个故事的开端,就像种棵树一样,初始的想法就像是一颗种子。刚开始写的那几章,就好像在那儿松土,拱动,然后开始发芽,长出一枝枝子来了,又长出别一枝来了,然后它的主干也长得粗一点儿了,这个时候它又受到了风霜雨雪,或者是正面的,或者是反面的影响,它又发生了一些变化,等等。相反,如果你不用语言来梳理你的思想,不用语言来生发你的思想,不用语言去演绎你的思想,那么你的思想是不可能成熟起来的。

即使是纯粹的文字上的掂量,也会使人产生思想,以推进、改变思路。我举一个例子,比如说"失败是成功之母",推敲起来思想就会延展。第一,失败是成功之母,说明失败之后人会总结经验教训。第二,失败会不会是失败之母?应该说这也是可能的。就是说一个失败会引起一连串的失败,因为一失败以后就处于劣势,失败以后也影响了你的信心,因此失败成了失败之母。那么反过来再说,成功是不是也可能成为失败之母? 周谷城老先生就给我讲过⑤,解放初期,他和毛泽东主席谈话,毛泽东讲:斗争,失败,再斗争,再失败,直至最后胜利。周谷城听了就说:主席,不但失败是成功之母,成功也是失败之母。毛泽东略略皱了一下眉头,问他什么意思? 周谷城说:"有很多农民起义成功者,成功以后骄傲了,腐败了,争权夺利,最后成功导致失败。"毛泽东听了脸上有不悦之色,周谷城就赶紧说:主席例外,主席例外。现在再回过头来说,成功可以说是失败之母,那么成功会不会是成功之母呢? 当然的,乘胜前进,不是常常讲乘胜前进吗,一个成功连着一个成功。那么,成功和失败互不为母,这可能不可能呢? 我想这个也很可能,赛球,我跟这儿赛,成功了,赢了,跟那儿赛,输了,这各有各的情况,中间没有什么必然的关系。成功、失败互相作用,无法预知,这是不是可能呢? 这也是可能的。就借着一个"失败是成功之母",我们哪怕是做文字游戏,我们都可以运用自己的思想使它得到扩展,使它得到放射,使它得到升华。所以说语言和文字的作用看来有多么大,它对思想、对我们认识能起多么大的作用!

语言要讲语法,语法方面不是我的长项,所以我不仔细说,说深了容易露怯。我想语法的许多东西和逻辑是分不开的,语法的发达和逻辑的严密有非常密切的关系。所以语言的发展和逻辑学的发展、思辨的发展有非常密切的关系,可以说语言推动了思想和逻辑的发展。

语言不仅仅有推动思想的作用,它还有很强烈的煽情的作用,它有形成、推动和发育人的感情的作用,以至于有些时候,我现在想不清楚,究竟是语言形成了感情,还是感情形成了语言。比如说"神圣"这个词。我很小的时候,父母带我到寺庙或者教堂里去,我体会不到任何神圣的感觉;甚至于上初中了,我上一个教会学校,唱赞美诗,也是一点神圣的感觉都没有。但是后来我知道一个词,叫作"神圣",神圣这个词开始在我的头脑当中起作用,在头脑中生发,使我慢慢就有了神圣感,唱起《国际歌》,"起来,饥寒交迫的奴隶;起来,全世界的罪人!"(现在译成全世界受苦的人,我老觉得全世界的罪人特别地有感情,特别地带劲)就产生了神圣感。再比如说思乡、乡情,我现在也弄糊涂了,是我先有乡情,后认识"乡"和"情"这两个字呢,还是我先认识了"乡"和"情"两个字,以及乡情浓于什么什么等各种关于乡情的说法? 还有"露从今夜白,月是故乡明"、"独在异乡为异客,每逢佳节倍思亲",是这些东西哺育了、孕育了、形成了、塑造了我的乡情? 要是没有这些诗,我还会有那种乡情的感觉吗? 至于英语里的乡情,如果你要是出国,到美国去、到英国去,如果你不知道 homesick,和你知道这个词,你对它的留恋、对它的怀念、对它的想念是不一样的。你有了 homesick 这个词，那么你对你去的一个地方，如果你在那儿有机会多住一段时期的话，你想念起它来，你马上感觉就不一样。还有很多类似的情况，甚至说不限于感情，而说是一种感觉吧，也和词语的影响有关。我讲一个我现在绝对不用的一个词，因为这个词被用得太多了。那是小时候学写作文，当时最爱读的一本书叫《小学生模范作文选》，印象最深的是"皎洁的月儿出现在天上"。原来这月光，我看着它挺白乎乎的，有一种特殊的感觉，跟别的都不一样，跟馒头不一样，跟瓷碗也不一样，这叫什么我不知道，哦，这下知道了，原来这个叫"皎洁"。所以我现在一看到月亮，我就觉得"皎洁"，我就有了一个皎洁的感受。但是因为人家用得太多了，我在写作中就不用了。甚至于"美丽"、"幸福"，都是如此。解放前没有"幸福"这个词，几乎没有人用这个词。苏联人爱用这个词，苏联人整天讲幸福、幸福。这是幸福，朋友们，这是幸福！连卓娅在牺牲的时候也说："为了祖国和人民而牺牲，这是幸福。"英语一般用 happy、happiness，我老觉得跟中国的"幸福"那个感觉不一样。卓娅说"为了祖国和人民而牺牲，这是幸福"，我觉得很庄严，如果她说"为了祖国和人民而牺牲，这是 happiness"，我觉得 something wrong（笑声，掌声）。是的，词语在感情、感觉的形成上就能起这么大的作用！

我最近喜欢钻牛角尖，老琢磨语言文字的修辞作用。我觉得人类文化的一个基本的功能，就是修辞，当然这是把修辞的意义从更宽泛的角度上来考虑。比如说求爱，或者说求偶，那么不同的词，代表着不同的文化含义，差别实在太大了。比如《阿 Q 正传》，阿 Q 向吴妈求爱，阿 Q 脑袋里想的是孤孀吴妈，他的语言是什么呢，突然他跪下了："我和你困觉，我和你困觉！"这是阿 Q 的语言，他缺少修辞（笑声），他太缺少修辞了。如果是徐志摩呢（笑声，掌声），如果是徐志摩，他说"我是天空里的一片云，偶尔投影在你的波心，你不必讶异，更无须欢喜……"，就完全不一样了，其实他们想的是 the same job，干的是一样的活。如果要是薛蟠呢，薛蟠我就不能引用了，不堪引用了。贾宝玉就不一样，贾宝玉住在大观园里，他写的那些诗和薛蟠的当然不一样，林黛玉也不一样。所以修辞对于人的作用实在是太大了。修辞不仅仅影响了人的语言，而且影响人的生活的一切。

如果你在商店里买东西，和售货员发生了冲突，这个时候你考虑一下修辞的问题，你的表现就会得体得多，文明得多。如果你对待自己的孩子，对一件事非常震怒的时候，你考虑一下修辞的问题，我觉得你的表现会更与南开大学师生的身份更加契合。

所以说，修辞的功能，是一种文化的功能。这是不可缺少的，有修辞和没有修辞是不一样的。所以我到各个大学都讲，特别是对大学的男生们讲，你们一定要关心文学，爱文学，一定要会修辞，否则将来你们怎么写情书呀，而如果你们情书写得不好，爱情上是不可能成功的（掌声）。同时我也要忠告所有女生，如果你们接到一封情书，文理不通，语言无味，错字连篇，对如此之徒的求爱根本不予置理（笑声）。

语言有很多的心理功能，它本身就是一种释放，就是一种宣泄，就是一种追求心理平衡的手段。因为人有语言，他有一种倾诉的要求，他愿意把自己的感受使别人也知道一点。契诃夫不是有一个小说嘛，马车夫太难过了，他的痛苦是没有人愿意听他的诉苦，所以他就把他的所有的苦恼都讲给了那匹马。我还看过我很喜欢的美国小说家约翰·契弗的女儿苏珊·契弗写的回忆，爸爸死后她写的文章。她一上来就写，在我小的时候，我爸爸告诉我，有什么特别不高兴的话，就到一个房间里去跪下来，祈祷一会儿。后来我大一点儿了，光祈祷解决不了问题了，父亲就告诉我，你心里有什么特别强烈的难过的事，你把它写出来，写出来以后，你就会好一点，感觉就会好受一点。精神分析治疗很重要的一条，很重要的一个方面，就是引导病人，引导被精神分析的对象，把自己最不愿意讲的、把自己内心的隐痛、把自己包藏的东西讲出来，讲出来以后，他就好过多了。所以语言倾诉是人在精神上对自己进行安慰、进行抚慰、进行保护的一个手段。我们可以设想一下，如果一个社会不允许大家说出自己的心声，不能够让人们把自己心里的那些没有实现的东西，那些渴望、那些追求、那些梦、那些挫折吐露出来，那么这个社会想维持它的一种平衡的、健康的心理会有多么困难。

当然文学本身还有一种艺术的功能，一种审美的功能。语言本身，语言和文字，尤其中国的文字它本身就非常的漂亮，本身它就有一种形式的美感。这个事情我也觉得非常的奇怪，这个审美的过程，有时候我常常觉得这是一个进行无害处理的过程，它好像有一种化学的作用。大家知道，我个人对中国的古典文学也非常有兴趣，也是愿意读这方面书的一个学生，所以我才有机会很感动地读了罗先生的书。还有一个我喜欢读的是李商隐的诗，李商隐的诗相当地消极、相当地颓唐。一次科举考试没有成功，他居然在诗里说"忍剪凌云一寸心"，这话说得太重了，那时候他还很年轻啊！很多人由于喜爱李商隐的诗，非常同情李商隐，认为李商隐仕途的挫折就是由于当时的牛李党争，由于唐朝政治的黑暗和腐败造成的。我丝毫不怀疑这个，但是我同时觉得李商隐这个人的心理承受力是相当差的。所以我老设想，如果从组织人事部门的角度考察李商隐，你当然可以把他封为诗歌大王、诗歌天霸，这都可以，但是你很难任命他当干部,哪怕是做南开大学中文系的系主任。但是他把这些悲哀的东西、消极的东西、颓废的东西变成了非常美丽的艺术品。比如说:"红楼隔雨相望冷,珠箔飘灯独自归",这本身悲哀极了,但是他又是珠箔、又是红楼、又是雨、又是归,他变成了一个美的艺术品。比如写爱情的压抑,人和人相通或者交往上的困难,特别是爱情交往上的困难,他说:"身无彩凤双飞翼,心有灵犀一点通。"甚至于他说得非常颓废:"春心莫共花争发,一寸相思一寸灰。"真是消极到极点了。然而这种情绪一旦变成文字,变成艺术品以后,很整齐,有对仗,有音韵,又有非常美好的形象。李商隐还善于用蝴蝶、花呀、玉呀等各种美丽、富贵的形象来描写他自己颓唐的心情,我觉得这就是李商隐对他的颓唐心情的无害化处理。你看他诗的时候,不担心他会自杀,不会有那种紧张感。相反,你除了觉得他很悲哀以外,又会觉得他的这种遣词造句、他的这种精致、他的这种匠心、他的这种营造一个精神园地、一个精神产品的能力太强了。

我每次看到《红楼梦》晴雯之死的时候就感慨颇多。晴雯冤枉地死了,这是令人非常难过的事情。宝玉悼晴雯,写了《芙蓉女儿诔》。这《芙蓉女儿诔》里面,有的地方很愤激,有的地方很悲哀,然后宝玉自己朗诵来送别晴雯。这时黛玉来了,就提出来他哪几个字用得不妥,建议这个地方应该这么改一下,那个地方应该那么改一下。这样就把一个对晴雯的悲悼适当地间离了,它进入了一个讨论语言讨论文字的境况,等于是黛玉和宝玉共同做一个语文练习题了。这也是一种无害化的处理。当然这个无害化的处理也有它另一面,有时候让你感觉非常残酷。晴雯死了,贾宝玉事实上也做不了什么,他无法抗议,也无法改变自己这个家庭,他能做的就是写一篇文章。这段描写至少告诉我们,语言和文字能够使我们的一种经验、一种遭遇、一种情感审美化,审美以后也就使不能承受的东西变得比较能够承受。

那么我还要说,语言和文字还有一种功能,有一种信仰的功能,有一种神学的功能,就是对于很多人来说,语言文字可以神圣到变成一种信仰,它可以变成神。各个民族都在寻找一种奇怪的、独特的、秘密的,甚至是诡秘的语言和文字,认为找到了这种语言和文字以后就可以获得超自然的力量,可以获得超自然的坚强。比如我们都知道"芝麻开门",你如果掌握了它,就可以使密室的石门洞开,而所有的金银财宝、各种财富就会属于你。我们知道起码有一些佛教教派,他们认为有一个词叫做:唵嘛呢叭咪吽。它来自梵语,就是南无阿弥陀佛。但是你念到这些字的时候,就和弥勒佛相连,会感到一种平安,而且感到佛的力量会帮助你战胜魔的力量。当然也有反动会道门,如解放初期的一贯道,张口闭口就是"无太佛弥勒"。人们使某一些语言、某一些概念、某一些词语凌驾于人的生活,使你对它有所崇拜、有所敬仰,而这些东西除了在语言中存在以外,你很难在现实中、实际生活中把它抓住。比如说"神圣",比如说"终极",谁看得见"终极"?看不见,也听不见。但是几乎所有民族的语言里,都有类似于"终极"这样的词。总会有一些非常神圣、非常伟大、非常崇高的一些词,这些词不但表了意,不但审了美,不但做了记录,而且它本身可以膨胀起来,可以升高起来,本身成为一种价值,成为一种标准,成为一种理想,甚至于成为上帝,成为神。

所以,语言和文字所起的作用,你要是琢磨起来实在是琢磨不完。它还有一些跟上面说的相比较似乎是很细微的作用,比如说形式的作用,比如说游戏的作用等。语言游戏、文字游戏太多了,而且这个游戏是天生的,不需要别人来教授的。上世纪60年代初期,那时候小孩子中流传着一个童谣,这个童谣没有任何人教授背诵,但是几乎所有的小孩都会,我呆会儿一说你们也都会,而那些被教授、被推广的童谣,却都忘了。那首童谣就是:"一个小孩写大字,写、写、写不了,了、了、了不起,起、起、起不来,来、来、来上学,学、学、学文化,画、画、画图画,图、图、图书馆,管、管、管不着,着、着、着火了,火、火、火车头,头、头、打你的大背儿头。"这童谣既不像记录,也不像交流,交流什么呢?但是它传播开来了。我只能把它解释成文字的游戏。是不是里面有更深奥的内容?我现在看赵玫的表情,她好像对这个有更深的研究。

我们知道侯宝林说相声,他说的绕口令很逗。我认为侯宝林最好的绕口令是:"吃葡萄不吐葡萄皮,不吃葡萄倒吐葡萄皮。"这个绕口令的形成是有一个过程的。我在波恩看到过20年代末一个德国汉学家编写的北京俗话词典,其中有一个绕口令,说"你吃葡萄就吐葡萄皮,你不吃葡萄就不吐葡萄皮",这很合乎逻辑。吃葡萄就吐葡萄皮,这是中国文化,和欧洲习惯不一样。欧洲人大部分人吃葡萄都连葡萄皮一块咽,而且连葡萄籽都吃下去,他们认为嚼葡萄籽、嚼葡萄皮不容易倒牙,还有些营养。中国人的习惯是吐葡萄皮。你不吃葡萄就不吐葡萄皮,这也合乎逻辑。我不知道是从什么时候,从何年何月,吃葡萄和吐葡萄皮的这个绕口令变得荒谬化、变得形式化、变得游戏化了,变成"不吃葡萄倒吐葡萄皮"了。这一变就绝了,没有讲了。"吃葡萄不吐葡萄皮",这个有讲,无非跟欧洲一样,说明你早就"全盘西化"了。但伟大的是"不吃葡萄倒吐葡萄皮",这个葡萄皮是从哪儿来的呢?我也是喜欢找死理儿的一个人,一看到"不吃葡萄倒吐葡萄皮",我就脑门子出汗。我慢慢地悟到了,这是语言的另一种功能,这是一种形式的功能,这是一种游戏的功能,你不要为它出汗,你不要在那儿着急,你不要钻牛角尖,你不要自寻苦恼,你已经活得够苦恼,你再为一个不存在的葡萄皮而苦恼，那你累死了活该。

还可以说很多，我刚才已经说得很多了。但是大致上我说了语言的三方面的功能。一个功能是现实有用的功能，包括交流，包括表意，包括记录，包括传之久远，这是现实的和有用的功能。第二个功能是生发和促进的功能，它推进思想、推进感情、推进文化、创造文化。第三个功能是一个浪漫的功能，是语言和文字离开了现实或者超出了现实的功能。

下面我想讲一下语言的另一面，就是：语言是一个陷阱。语言为什么又可能是一个陷阱呢？因为语言发达以后，就会产生麻烦，第一个麻烦，最简单的一个麻烦就是语言和现实、和你的思想感情脱节，这是完全可能的。

今年10月份的《读书》杂志上有一篇文章，是通过轮扁斫轮的故事⑥，来讲言能不能表达意的问题。大家都知道，《庄子》上有这么一个故事，轮扁就是一个会砍车轮的木匠。齐桓公在那儿看书，轮扁路过，说道：桓公，您在看什么？桓公说：我在看圣人的书。轮扁就说：无非是糟粕而已。桓公就有些不高兴了，说：我看的是圣人的书，你居然敢说是糟粕，你给我讲讲，为什么是糟粕？讲不出道理来，我就要惩罚你。轮扁就说：我是做车毂辘的，我全靠自己的经验，靠我的摸索，研究出一套砍轮子的方法，特别是把握砍削力度的关键时刻，动作慢了轮子则甘而不固，动作快了轮子则苦而不入，这种精微的力度把握，能够用语言用书来教吗？如果语言连教会人砍轮子都做不到，它还能教会你治国平天下吗？因此，能够写出来的都是糟粕，真正的好东西是写不出来的。这个砍轮子的木匠，确实厉害呀。如果这个木匠在这儿，我决不敢应聘当南开大学的兼职教授，我们要请他做学术领头人哪。

我们中国常常讲的言不尽意，言有尽而意无穷，就是你那些最微妙最重要的体会，恰恰是语言所表达不出来的。砍轮子你表达不出来，教游泳你也教不出来呀。如果你就靠一本又一本书，哪怕你买一千本关于游泳的书，也学不会游泳。记得我小时候看武侠小说，看得入迷了，我曾经积攒多少天的买早点的钱，买了一本太极拳图解，最后我发现按照书练太极拳太困难了，那真是比推翻三座大山还困难。你要学会太极拳，就得请一个师傅，面对面地教给你，把你的肩膀"叭"一砸，这儿太高了，腿抬起点儿来，这儿慢一点，那儿远一点，就行了，否则你学不会。

言不尽意而外，还有一个文不尽言。有很多语言的内涵是文字所无法表达的，语言除了有相应的字以外，还有语调，还有语速，还有语境，还有说话者的表情，还有说话者的身份等等。比如今天我不在这儿讲，而是把我的话当录音整理稿让大家读，能使大家满意吗？

言不尽意，文不尽言，而且意常常不能代表这个对象，不能充分地说明这个对象。每个人的意常常是很主观的，它受很多东西的限制。比如说，描绘一下南开大学，让在座的每人写一篇关于南开大学的东西，我相信各有特色，谁也不能说他把南开大学写尽了，已经写充分了，不需要再写了。不可能的！

言可能不尽意，言不能够完全把现实的对象说清楚，甚至有时候言还超过了现实，叫做言过其实。我最喜欢举的例子，已经举得有点臭的例子，就是诸葛亮失街亭斩马谡。把马谡斩了以后，诸葛亮流泪，别人问他为什么流泪，诸葛亮掩饰说：因为我想起先帝托孤的时候曾经讲过，说马谡这个人，言过其实，终无大用。所谓"言过其实，终无大用"，就是说马谡的言呀文字呀这些东西太花哨了、太漂亮了、太精彩了，超过了现实，超过了那个对象。

言过其实的现象也很多呀，甚至于变成了一种夸张，变成了一种歪曲，变成了一种爆炸，变成了一种狂妄。最明显的例子就是"文化大革命"中歌颂红太阳，啊，真是什么词都想出来了。我那时候在新疆，新疆最有名的歌，那歌是很好听的，我到现在还唱，那个里面用的据说是一首大跃进的民歌，大意是说：把天下的树木都变成笔，把天下的土地都变成纸，把大海和大洋都变成墨水，也写不尽伟大的领袖毛主席呀，您的恩情。一个女农民跟说我："唉哟，现在的人哪，怎么这么会说话呀，把天下的树都变成笔了，把蓝天和大地都变成了纸了，把大海和大洋变成墨水了，都写不尽毛主席的恩情啊，唉哟，怎么这么会说话呀？"我现在也是考证不出来，这是民歌呢，还是某类知识分子做的。

言不尽意，或者说言过其意；文不尽言，或者说文过其言，这些东西都会误导人，都会使人们对世界、对现实产生不切实际的想法。更严重的呢，它不光是不尽意的问题，或者言过其意的问题，而是干脆脱节。当语言以及文字脱离了生活、脱离了真实、脱离了真情以后，就变成了一个反面的东西，变成了对语言和文字的伤害。到最后天下的墨你也都用干了，天下的笔你也用完了，天下的纸你也用尽了，就剩下最红最红最红最红最红的红太阳了。这已经变成了对文字的戕害了。最红就是比别的都红才叫最红，那么最红最红还要再加最红，到底应该加多少个，你用五个最，我要用一百个最怎么办呢。你翻出一本书来，前三页全是最红最红最红……你看两天一直看着最红，就变成笑话了，变成戕害了，变成对语言文字的歪曲了，这种语言文字变成了我们生活的敌人，变成了人的对立面。正常的人说话，能够接受这种方式吗？

即使是好的、成功的语言表达和文字表达，也还面临着可能异化的命运，变成了俗套。本来很好的一句话，被变成了俗套，就变成了虚伪，变成了教条，变成了机械重复。这样的例子也是不计其数，我就不一一举了。就是说，它已经丧失了它原本的、原生的力量,那种鲜活,那种魅力。这是一种情况。

还有一种情况呢,本来很好的一句话,太普及了,就把它降低了,过于通俗化了。我把它称之为"狗屎化效应"。本来两个人之间学术争论,很有趣味。可是,两边的仗义的老哥们、小哥们都出来了,然后就开始互相揭发隐私,最后就变成一种争吵。比如说,仁孝忠信,礼义廉耻,那都是多么好的词啊,但是这些词最后变成了什么? 变成了人们最厌恶的、最没有新意的、最拿不出精神成果的人所重复的话。再比如说中庸之道,中庸之道现在是很吃不开的,你一讲中庸马上让人感觉到你是一个含含糊糊、两面讨好、模棱两可、不男不女、不阴不阳这样的人。所以说不管多么好的命题,不管多么好的语言都是有懈可击的。只要你把这个话说出来了,就能被驳倒。毛泽东说:马克思主义的道理千条万绪,归根结底就是一句话,就是造反有理。这个可是太容易驳倒了,要就这一句话的话,那么马克思主义出那么多书都没用了吗,当然不是。其实毛泽东很精彩,只有毛泽东敢这么说,谁敢这么总结马克思呀? 算了,有些例子不要举了,因为我再举例子,我举的每个例子都会被你们及时地驳倒。

所以我觉得对语言文字的东西,在发挥其奇效的同时又要看到它薄弱的一面,对我们来说是非常必要的。语言文字还有一个陷阱,就是语言文字它可以反过来主宰我们,反过来扼杀我们的创造性,扼杀我们活泼的生机。

中国的历史最具明证了,毛主席也是痛感这一点的。他在延安的时候曾经非常愤激地说:教条主义不如狗屎,狗屎还可以肥田,但是教条主义,连肥田的作用都没有。毛主席为什么这么愤激? 因为他看到了这一点,就是你如果把共产主义当作教条、把马克思主义当作教条、把联共(布)党史读本当作教条,其结果,这些东西就会主宰你,就会造成危害,甚至是灭顶之灾啊! 正如我前面所说的,这既是语言的功效,也是语言的陷阱。

我们的思想和感情往往是被语言所塑造的,比如说"举头望明月,低头思故乡",这就造成了我们中国人的心理模式,我们一看到明月就会想到了家乡。我们从小话还说不全,就已经会背诵"举头望明月,低头思故乡"。但是这样就会产生一个问题,就是你有没有真实的对于明月的感受。你一看到明月,一会儿就想到"皎洁"了,一会儿就想到"玉盘"了,一会儿想到"低头思故乡",一会儿想到"海上生明月,天涯共此时",你想来想去,这都是别人已经有的经典的语言,那些判断、那些描写、那些感受,你脱离开这些感受以后,你已经没有你自己的思想和感情啦。甚至于你登记结婚举行婚礼了,你想到"洞房花烛夜,金榜题名时",你是真高兴,还是假高兴呀? 所以国外也有一些人非常偏激地抨击语言对人的统治。再比如说，中国自古对妇女的歧视，实际上在一系列的语言、一系列的概念、一系列的名词里都有意无意地包含着歧视之意。对于那些名词你造反你闹，你闹了半天你也翻不过来，你改不过来。我也不一一举那些个例子，因为那些例子太不雅了。那些例子里就反映了一种轻视妇女、歧视妇女，不拿妇女当人的野蛮，而很多女性她本身也受这个语言的控制，她很多事不敢做，很多思想不敢想，很多感情不敢有。那些语言都摆在那儿了嘛。所以我觉得语言从另一方面来说它又成为人生中的陷阱，它会误导我们，它会让我们误以为掌握了语言就掌握了人生，它让我们误以为听从已有的语言和文字的驱遣就可以得到人生的真谛，它甚至于会使我们变得丧失了对于人生最本初、最纯洁、最属于自己的个性的那种感受。所以语言这个东西也是一柄双面剑。

《伊索寓言》里有这样一个故事。伊索是个会说话的奴隶，奴隶主说：伊索，你给我做一道菜，把世界上最好的东西做成菜。然后伊索就端上来了，全部是舌头，就是口条。奴隶主又说：伊索，你把世界上最坏的东西做成菜拿上来。然后伊索又端上来了，还是舌头，还是口条！口条是最好的，也是最坏的。但是也不能把它们平分秋色，我觉得好的还是为主的。我希望我们南开大学的同学们在语言和文学的学习上取得更大的成就，并希望大家及时把我说的话驳倒，免得我误导大家。谢谢。（掌声）

（选自《王蒙演讲录》，王蒙著，三联书店 2011 年版）

注 释

①罗宗强：南开大学教授，1932 年生。致力于研究中国文学批评史和中国古代士人心态史。

②张学正：南开大学教授，1936 年生。从事中国当代文学的研究和教学。

③赵玫：1982 年毕业于南开大学中文系，现任《文学自由谈》杂志编辑部主任，中国作家协会会员，天津市作家协会理事。

④巴尔扎克（1799—1850）：法国 19 世纪伟大的批判现实主义作家，欧洲批判现实主义文学的奠基人和杰出代表。

⑤周谷城（1898—1996）：中国历史学家、社会活动家。

⑥斫（zhuó）：用刀、斧等砍劈。

王蒙，河北南皮人，1934 年生于北京。1953 年创作长篇小说《青春万岁》。

1956 年 9 月 7 日发表短篇小说《组织部新来的青年人》，由此被错划为"右派"。1958 年后在京郊劳动改造，后调北京师范学院任教。1963 年起赴新疆生活、工作十多年。1979 年调北京市作协。后任《人民文学》主编、中国作协副主席、文化部长、国际笔会中心中国分会副会长，全国政协委员、常委，全国政协文史和学习委员会主任等职。 王蒙创作了近百部小说，诗集有《旋转的秋千》，散文集有《轻松与感伤》、《一笑集》，文艺论集有《当你拿起笔……》、《文学的诱惑》、《风格散记》，专著有《红楼启示录》、《老子十八讲》等。作品被译成英、俄、日等多种文字在国外出版。王蒙的作品反映了中国人民在前进道路上的坎坷历程，他乐观向上、激情充沛，成为当代文坛上创作最为丰硕、始终保持创作活力的作家之一。

导读

这是作家王蒙 2003 年 10 月受聘南开大学兼职教授时所作的演讲。作家梳理了语言的三大功能，同时指出了语言存在的陷阱，对语言在文学和社会现实中的功用深入阐述，强调了语言在沟通中所起的重要作用，并分析了当语言脱离现实生活时的误导作用，启示意义深刻，字里行间透着睿智的光芒。

演讲充分体现了作者持续深入的理性思考和独到的学术观念。演讲缘起受聘南开大学兼职教授，简短客套了之后，以"南开大学是我闻名已久、仰慕已久的大学，我今天是第一次进入南开的校园，所以第一个感觉就是我来得太晚了，对不起南开"作为开场白，一下子拉近了和听众之间的情感，为下面的沟通开了一个好头。演讲分成两大部分，第一部分归纳了语言的三大功能，"一个功能是现实有用的功能，包括交流，包括表意，包括记录，包括传之久远，这是现实的和有用的功能。第二个功能是生发和促进的功能，它推进思想、推进感情、推进文化、创造文化。第三个功能是一个浪漫的功能，是语言和文字离开了现实或者超出了现实的功能"。条分缕析，概括全面，排列有序。第二部分讲了语言的三大陷阱，即言不尽意或言过其实，文不尽言或文过其言；好的语言，也面临可能异化的命运，变成了俗套；语言文字成为教条的时候，会主宰人们，反过来扼杀人们的创造性，造成危害。作者对语言使用的误区进行了精辟的概括，启示人们，语言好比一把双刃剑，如何用好是关键。演讲引用了大量的诗文和现实生活中的典型事例，古典诗词随口而出，体现了作者对传统文化的稔熟；而大量鲜活生动事例的穿插，则体现了作者社会语言现实问题的深切关注。

演讲思路开阔,正反对举,既有宏观的把握,也有微观的雕镂。语言生动平易,亦庄亦谐,睿智幽默,尤其是以《伊索寓言》中的故事收束,犹如"豹尾",振起全篇。全文处处透出作者的深厚修养和丰富的人生智慧。

感 悟 讨 论

1. 这篇演讲概括了语言的哪些功能和使用存在的误区?对我们的学习有什么启示意义?

2. 演讲虽然很长,通读之后仍感意犹未尽,你的感觉如何?谈谈你的看法。

链接

《王蒙演讲录》,王蒙著,三联书店 2011 年版。

第三篇
纪事记游

《战国策》是汇编而成的历史著作，包括策士的著作和史臣的记载，汉刘向考订整理，定名为《战国策》。全书以策士的游说活动为中心，反映出战国时期各国政治、外交的情状。

第一节

冯谖客孟尝君

◎《战国策·齐策》

齐人有冯谖者①，贫乏不能自存②，使人属孟尝君③，愿寄食门下④。孟尝君曰："客何好？"曰："客无好也。"曰："客何能？"曰："客无能也。"孟尝君笑而受之，曰："诺。"

左右以君贱之也⑤，食以草具⑥。居有顷，倚柱弹其剑，歌曰："长铗归来乎⑦！食无鱼！"左右以告。孟尝君曰："食之比门下之客⑧。"居有顷，复弹其铗，歌曰："长铗归来乎！出无车！"左右皆笑之，以告。孟尝君曰："为之驾，比门下之车客。"于是，乘其车，揭其剑，过其友，曰："孟尝君客我⑨！"后有顷，复弹其剑铗，歌曰："长铗归来乎！无以为家⑩！"左右皆恶之，以为贪而不知足。孟尝君问："冯公有亲乎？"对曰："有老母。"孟尝君使人给其食用，无使乏。于是冯谖不复歌。

后孟尝君出记⑪，问门下诸客："谁习计会⑫，能为文收责于薛者乎⑬？"冯谖署曰："能。"孟尝君怪之曰："此谁也？"左右曰："乃歌夫长铗归来者也。"孟尝君笑曰："客果有能也。吾负之⑭，未尝见也。"请而见之，谢曰⑮："文倦于事⑯，愦于忧⑰，而性懧愚⑱，沉于国家之事，开罪于先生。先生不羞，乃有意欲为收责于薛乎？"冯谖曰："愿之。"于是，约车治装⑲，载券契而行⑳，辞曰："责毕收，

163

以何市而反④?"孟尝君曰:"视吾家所寡有者。"

驱而之薛。使吏召诸民当偿者,悉来合券②。券遍合,起,矫命以责赐诸民③,因烧其券,民称万岁。

长驱到齐,晨而求见。孟尝君怪其疾也④,衣冠而见之,曰:"责毕收乎?来何疾也?"曰:"收毕矣。""以何市而反?"冯谖曰:"君云'视吾家所寡有者',臣窃计君宫中积珍宝,狗马实外厩,美人充下陈。君家所寡有者以义耳⑤。窃以为君市义。"孟尝君曰:"市义奈何?"曰:"今君有区区之薛,不拊爱子其民⑥,因而贾利之⑦。臣窃矫君命,以责赐诸民,因烧其券,民称万岁,乃臣所以为君市义也。"孟尝君不说,曰:"诺,先生休矣!"

后期年⑧,齐王谓孟尝君曰⑨:"寡人不敢以先王之臣为臣⑩!"孟尝君就国于薛⑪,未至百里,民扶老携幼,迎君道中。孟尝君顾谓冯谖曰:"先生所为文市义者,乃今日见之。"

冯谖曰:"狡兔有三窟,仅得免其死耳。今君有一窟,未得高枕而卧也,请为君复凿二窟。"孟尝君予车五十乘,金五百斤,西游于梁⑫,谓惠王曰:"齐放其大臣孟尝君于诸侯⑬,诸侯先迎之者富而兵强。"于是,梁王虚上位⑭,以故相⑮为上将军,遣使者黄金千斤,车百乘,往聘孟尝君。冯谖先驱,诫孟尝君曰:"千金,重币也;百乘,显使也⑯,齐其闻之矣!"梁使三反⑰,孟尝君固辞不往也。

齐王闻之,君臣恐惧,遣太傅赍黄金千斤⑱,文车二驷⑲,服剑一⑳,封书谢孟尝君曰㉑:"寡人不祥,被于宗庙之祟㉒,沉于谄谀之臣,开罪于君,寡人不足为也㉓。愿君顾先王之宗庙,姑反国,统万人乎㉔?"冯谖诫孟尝君曰:"愿请先王之祭器,立宗庙于薛㉕。"庙成,还报孟尝君曰:"三窟已就,君姑高枕为乐矣㉖!"

孟尝君为相数十年,无纤介之祸者㉗,冯谖之计也。

(选自《战国策注释》,何建章注释,中华书局 1990 年版)

注释

①冯谖:(xuān):齐国孟尝君的门客。孟尝君:姓田,名文,齐国贵族,封于薛地,孟尝君是他的封号。战国时期,孟尝君与魏信陵君、楚春申君、赵平原君并称为"四君",以好养士闻名。

②自存:养活自己。

③属(zhǔ):嘱托,请求。

④寄食门下:在孟尝君门下做食客。寄食:依附别人而生活。

⑤左右:孟尝君身边的人。贱之:以之为贱,看不起他。

⑥食(sì)以草具:给他粗劣的饭菜吃。草具:粗劣的事物。具:馔具,指吃的东西。

⑦长铗:(jiá):长剑。铗:剑柄。

⑧比门下之客:按门下中等客人那样对待。孟尝君的门客分为三种:草具之客,食无鱼;门下之客,食有鱼;车客,出有车。

⑨客我:把我当作客人看待。客,用作动词。

⑩无以为家:没有用来养家的东西,意思是没有力量养家。

⑪出记:出了一个文告。记:古代一种公文文种。

⑫计会:会计。

⑬文:孟尝君自称其名。责,同"债",债务。薛:齐国地名,孟尝君的封地,今山东藤县东南。

⑭负之:对不起他。

⑮谢:道歉。

⑯倦于事:疲于琐事。

⑰愦(kuì)于忧:被忧愁弄得心烦意乱。愦,昏乱。

⑱柠(nuò)愚:懦弱无能。柠,同"懦"。

⑲约车治装:预备马车,整理行装。

⑳券契:借契。

㉑以何市而反:用收回来的贷款买些什么东西带回来。市,买。反,同"返"。

㉒合券:合验借契。

㉓矫命:假托(孟尝君的)命令。矫,假托。

㉔疾:快,急速。

㉕以义耳:只有义罢了。以,有"只有"、"只是"的意义,用法较特殊。

㉖拊(fǔ)爱:抚爱。子其民:视民为子。子,意动用法。

㉗贾利之:用做买卖的方法从他们那里得利。

㉘期(jī)年:满一年。

㉙齐王:指齐闵王。齐宣王之子,田齐政权第六任国君,公元前301年即位。

㉚寡人句:我不敢以先王的臣子做我的臣子。先王,指齐宣王。

㉛就国:回到自己的封邑。

㉜西游于梁:游,游说。梁,即魏国。因魏国迁都于大梁,故魏亦称大梁。大梁:今河南开封。

㉝放:放逐。

㉞虚上位:让出上位。上位,指国相位置。

㉟故相:原来的国相。

㊱显使：地位显贵的使者。

㊲三反：往返三次。反，同"返"。

㊳赍：(jī)：赠送。

㊴文车二驷(sì)：文车，有彩绘纹饰的车。二驷，两辆四匹马拉的车。驷：四匹马拉的车。

㊵服剑一：佩剑一把。

㊶封书：封好书信。

㊷被于宗庙之祟：受到宗庙神灵的惩罚。祟，灾祸。

㊸不足为：不值得辅佐。为，帮助，辅佐。

㊹统：治理。

㊺愿请先王两句：希望向齐王请求先王祭器，在薛地建立先王的宗庙。这是冯谖为孟尝君出的安身之计，薛地有了先王宗庙，齐王必加以保护，这样孟尝君的地位更加稳固。

㊻姑：姑且。

㊼纤介：细小，细微，一点点。介，同"芥"。

导读

《战国策》是一部国别体史书。主要记述了战国时代谋臣策士纵横捭阖的斗争以及相关的谋议或辞说，展示了战国时代的历史特点和社会风貌，是研究战国历史的重要典籍。西汉末刘向编定为三十三篇，书名亦为刘向所拟定。本文选自《战国策·齐策》，记叙了冯谖为巩固孟尝君的政治地位而进行的种种政治外交活动，通过焚券市义，谋复相位，在薛地建立宗庙几个情节，表现了冯谖的政治识见和多方面的才能，塑造了一个足智多谋、大智若愚的策士形象，也展现了孟尝君宽容大度、宅心仁厚、礼贤下士的品德。

冯谖是战国时期"士"中比较杰出的一位。他有政治上的远见卓识，知道民心的重要，善于利用统治者的内部矛盾，见机行事提出正确的谋略，为孟尝君赢得了民心，使他安于相位。本文刻画人物性格，采取了先抑后扬、欲露先隐的表现手法。初到孟尝君门下做食客，冯谖受到"食以草具"的待遇，他三次弹铗而歌，反映他怀才不遇的愤懑，这时的冯谖是所谓"才美不外见"。冯谖主动为孟尝君去薛地收债，孟尝君对他的态度有所转变。冯谖在薛地以特殊方式为孟尝君收债和回齐复命，他有胆有识、处事果敢迅速的性格特点得以展现，也表明他认识到民心对于统治者重要性的深谋远虑。一年后，孟尝君"就国于薛"时，才认识到冯谖为他"市义"的意义，因而由衷称赞冯谖。在孟尝君陶醉于"市义"所取得的成就时，冯谖却提醒他"未能高枕而卧"，主动提出"为君复凿二窟"的任务,利用齐与魏的矛盾解决了齐王与孟尝君的矛盾,为巩固孟尝君的政治地位创造了足够的条件。随着事态的发展,冯谖的智慧和才能逐一展现在读者面前,使得冯谖的形象丰满有层次,给人以深刻印象。

文章还通过细节描写刻画人物性格,如语言描写、神态描写、侧面映衬烘托等手法,将一个善于审时度势、顺应潮流、处事果敢、大智若愚的策士形象生动传神地勾勒出来。

感 悟 讨 论

1. 冯谖是一个怎样的人? 怎样理解他为孟尝君"焚券市义"?

2. 课文描写了几个主要情节? 作者采用什么方法刻画冯谖这个人物形象的?

3. 文中对孟尝君着墨不多,找出来仔细体会。概括孟尝君的性格特征。

链接

《战国策注释》,何建章注释,中华书局1990年版。

这是一首末路英雄的悲歌,情节急徐有致,节奏疏密相间,重彩浓墨,展现了一代英豪最后时刻的风采。

第二节

垓下之围

◎ 司马迁

项王军壁垓下①,兵少食尽,汉军及诸侯兵围之数重。夜闻汉军四面皆楚歌②,项王乃大惊曰:"汉皆已得楚乎? 是何楚人之多也!"项王则夜起,饮帐中。有美人名虞,常幸从③;骏马名骓④,常骑之。于是项王乃悲歌忼慨⑤,自为诗曰:"力拔山兮气盖世,时不利兮骓不逝⑥。骓不逝兮可奈何,虞兮虞兮奈若何⑦!"歌数阕,美人和之。项王泣数行下,左右皆泣,莫能仰视。

于是项王乃上马骑⑧,麾下壮士骑从者八百余人,直夜⑨溃围南出,驰走。平明⑩,汉军乃觉之,令骑将灌婴以五千骑追之。项王渡淮,骑能属者⑪,百余人耳。项王至阴陵⑫,迷失道,问一田父,田父绐曰⑬:"左。"左,乃陷大泽中。以故汉追及之。项王乃复引兵而东,至东城⑭,乃有二十八骑。汉骑追者数千人。项王自度不得脱,谓其骑曰:"吾起兵至今,八岁矣,身七十余战⑮,所当者破⑯,所击者服,未尝败北,遂霸有天下。然今卒困于此,此天之亡我,非战之罪也。今日固决死⑰,愿为诸君快战⑱,必三胜之,为诸君溃围,斩将,刈旗⑲,令诸君知天亡我,非战之罪也。"乃分其骑以为四队,四向⑳。汉军围之数重。项王谓其骑曰:"吾为公取彼一将。"令四面骑驰下,期山东为三处㉑。于是项王大呼,驰下,汉军皆披靡,遂斩汉一将。是时,赤泉侯为骑将㉒,追项王,项王瞋目而叱之㉓,赤泉侯人马俱惊,辟易数里㉔。与其骑会为三处。汉军不知项王所在,乃分军为三,复围之。项王乃驰,复斩汉一都尉,杀数十百人,复聚其骑,亡其两骑耳。乃谓其骑曰:"何如?"骑皆伏曰:"如大王言!"

于是项王乃欲东渡乌江㉕。乌江亭长舣船待㉖,谓项王曰:"江东虽小,地方千里,众数十万人,亦足王也。愿大王急渡。今独臣有船,汉军至,无以渡。"项王笑曰:"天之亡我,我何渡为! 且籍与江东子弟八千人渡江而西,今无一人还,纵江东父兄怜而王我,我何面目见之? 纵彼不言,籍独不愧于心乎?"乃谓亭长曰："吾知公长者。吾骑此马五岁,所当无敌,尝一日行千里,不忍杀之,以赐公。"乃令骑皆下马步行,持短兵接战。独籍所杀汉军数百人。项王身亦被十余创⑳,顾见汉骑司马吕马童㉑,曰:"若非吾故人乎㉒?"马童面之㉓,指王翳曰㉔:"此项王也。"项王乃曰:"吾闻汉购我头千金,邑万户,吾为若德㉕。"乃自刎而死。王翳取其头,余骑相蹂践争项王,相杀者数十人。最其后,郎中骑杨喜,骑司马吕马童,郎中吕胜、杨武各得其一体。五人共会其体,皆是。故分其地为五:封吕马童为中水侯,封王翳为杜衍侯,封杨喜为赤泉侯,封杨武为吴防侯,封吕胜为涅阳侯。

……

太史公曰:吾闻之周生曰㉝,舜目盖重瞳子㉞,又闻项羽亦重瞳子,羽岂其苗裔邪㉟?何兴之暴也㊱!夫秦失其政,陈涉首难,豪杰蜂起,相与并争,不可胜数。然羽非有尺寸㊲,乘势起陇亩之中㊳,三年,遂将五诸侯灭秦,分裂天下,而封王侯,政由羽出㊴,号为"霸王",位虽不终㊵,近古以来未尝有也。及羽背关怀楚,放逐义帝而自立㊶,怨王侯叛己,难矣。自矜功伐㊷,奋其私智而不师古㊸,谓霸王之业,欲以力征经营天下㊹,五年卒亡其国,身死东城,尚不觉悟,而不自责,过矣㊺。乃引"天亡我,非用兵之罪也㊻",岂不谬哉!

（选自《史记故事选译》,中华书局上海编辑所编,中华书局1959年版）

注释

①壁:此处用作动词,驻扎。垓下:地名,在今安徽亳县。
②四面皆楚歌:四面八方都响起了用楚方言唱的歌。暗指楚人多已降汉。
③幸从:得到宠爱,跟随在项羽身边。
④骓(zhuī):毛色黑白相间的马。
⑤忼慨:同"慷慨",悲愤激昂。
⑥逝:奔驰。
⑦奈若何:将你怎么办。
⑧骑(jì):名词,一人乘一马为一骑。
⑨直夜:当夜。
⑩平明:天亮。
⑪骑能属(zhǔ)者:能跟从而来的骑兵。属:随从,跟从。
⑫阴陵:地名,在今安徽定远西北。
⑬田父(fǔ):老农。绐(dài):欺骗。

⑭东城:地名,在今安徽定远东南。

⑮身:亲身参加。

⑯所当者:所遇到的敌人。

⑰固:必定。

⑱快战:痛痛快快地打一仗。

⑲刈(yì):割,砍。

⑳四向:面朝四个方向。

㉑期山东为三处:约定在山的东面分三处集合。

㉒赤泉:地名,在今河南淅川县西。赤泉侯:汉将杨喜,后封赤泉侯。

㉓瞋目而叱之:瞪大眼睛,大声呵斥。

㉔辟易:倒退。

㉕乌江:即今安徽和县东北的乌江浦。

㉖亭长:乡官。秦汉时期十里一亭,设亭长一人。舣(yì),移船靠岸。

㉗创:创伤。

㉘顾:回头。

㉙故人:旧相识。

㉚面之:面向项羽。

㉛指王翳:把项羽指给王翳看。

㉜吾为若德:我就给你个好处吧。

㉝周生:汉代儒者,周姓,名不详。

㉞重瞳子:一只眼睛里有两个眸子。

㉟苗裔:后代。

㊱暴:骤然,突然。

㊲尺寸:指极少的封地、权势。

㊳陇亩:田间。

㊴政:政令。

㊵不终:没有较为长远的好结果。

㊶放逐义帝而自立:义帝:战国时期楚怀王熊槐之孙,名熊心。公元前208年,项羽之叔项梁起兵,拥立熊心为王,灭秦后,项羽尊其为义帝。后项羽自立为西楚霸王,逼义帝徙往长沙郴县,暗中令人途中将其杀之。

㊷自矜功伐:自夸武力征伐之功。

㊸私智:一己之能。师古:以古代功成业立的帝王为师。

㊹经营:治理。

㊺过矣:实在是大错了。

㊻引:援引。

司马迁(约前145—?),字子长,西汉夏阳(今陕西韩城)人,我国古代伟大的历史学家和杰出的文学家。早年曾师从董仲舒、孔安国,受到良好的经学和史学教育,研读了大量历史文献。后漫游大江南北,探访古迹,采集传说,考察民俗。汉武帝元丰三年(前108年),承父职,为太史令。司马迁继承父亲遗志,博览群书,收集整理史料,开始编纂史书。汉武帝天汉二年(前99年),因李陵事件触怒汉武帝下狱,受宫刑。出狱后任中书令,他强忍愤懑,发愤著书,终于在汉武帝征和初年(约前92年)撰写完成我国第一部纪传体通史,时称《太史公书》,三国后通称为《史记》。不久即去世。

　　《史记》是我国第一部纪传体通史,上起传说中的黄帝,下至汉武帝太初年间,记载了3000多年的历史。司马迁参酌古今,创造出史书撰写的新体例。全书包括十二本纪、十表、八书、三十世家、七十列传,总计一百三十篇。全书反映了汉武帝太初以前社会政治、经济、文化发展演变的概貌。举凡治乱兴衰、典章制度,均分门别类,条分缕析。分量之大,卷帙之多,内容之富,结构之严,体制之备,均可谓空前。班固说《史记》"其文直,其事核,不虚美,不隐善,故谓之实录"。《史记》不仅是历史著作,而且也是一部文学著作。它向我们展示了广阔的社会生活画面,人物形象栩栩如生,性格鲜明,语言生动,具有强烈的感染力,对后世文学影响巨大而深远。故鲁迅先生誉之为"史家之绝唱,无韵之离骚"(《汉文学史纲要》)。

导读

　　《垓下之围》节选自《史记·项羽本纪》,是《史记》中最为精彩的篇章之一。它通过叙写项羽一生中最后的经历,刻画了这位盖世英雄骁勇善战而又富于人情味的形象,展示了其复杂的内心世界。全文笼罩着一种悲怆伤感的情调,极具打动人心的力量,是一首末路英雄的悲歌。

　　本篇由垓下之围、东城快战、乌江自刎三个场面组成,其中包含了夜闻楚歌、虞兮悲唱、阴陵失道、东城快战、拒渡赠马、赐头故人等系列情节和细节。作者运用史实、传说和想象,塑造了一个个性十分鲜明的悲剧英雄形象。四面楚歌中霸王别姬,悲歌慷慨,苍凉寂寥,表现了英雄末路多情而又无可奈何的悲哀;东城快战,则着意于进一步展开他拔山盖世的意气和个人英雄主义的性格,他丝毫不存侥幸突围之心,只图痛快打一仗给追随他的残部看,确证他的失败是"天之亡我",展现了项羽骁勇善战、勇猛无比的英姿;乌江自刎这一场面写了拒渡、赠马、赐头三个细节,表现出他淳朴直爽、真挚豪迈、重情重义的性格,揭示了他宁死不屈、知耻重义的内心世界。多角度个性描写刻画,使项羽的形象丰满立体,光彩照人。

本篇构思巧妙,善于将复杂的事件安排得井然有序,张弛有度,在激烈的军事冲突中,插入情意缠绵的悲歌别姬一段,使情节发展急徐有致,节奏疏密相间成趣。突围快战,高潮迭起,情节连接紧密,过渡自然,结构浑成,气势磅礴。一系列血肉丰满的对话、行动细节描写,使得人物性格鲜活灵动。篇末的点评,既肯定了项羽在灭秦过程中建立的丰功伟绩,同时也批评了他自矜武力以经营天下的错误,扼要而中肯。

感 悟 讨 论

1. 这篇课文描写了哪三个场面?展现了项羽什么样的性格特征?

2. 本篇张弛有度,急徐有致,三个场面中包含了哪些具体情节和细节?这些情节和细节描写对刻画人物有何作用?

3. 你认为项羽是一个什么样的人?你同意司马迁的评价吗?为什么?

链接

《史记故事选译》,中华书局上海编辑所编,中华书局1959年版。

　　"文起八代之衰"，这是苏东坡对韩愈文章的赞誉。这篇《张中丞传后叙》融叙事、说理、抒情于一体，或踔厉奋发，或舒缓纡徐，气盛词壮，颇有《史记》风采。

第三节

张中丞传后叙

◎ 韩　愈

　　元和二年四月十三日夜[①]，愈与吴郡张籍阅家中旧书[②]，得李翰所为《张巡传》[③]。翰以文章自名[④]，为此传颇详密。然尚恨有阙者：不为许远立传[⑤]，又不载雷万春事首尾[⑥]。

　　远虽材若不及巡者，开门纳巡[⑦]，位本在巡上。授之柄而处其下[⑧]，无所疑忌，竟与巡俱守死，成功名，城陷而虏，与巡死先后异耳[⑨]。两家子弟材智下[⑩]，不能通知二父志[⑪]，以为巡死而远就虏，疑畏死而辞服于贼[⑫]。远诚畏死，何苦守尺寸之地，食其所爱之肉[⑬]，以与贼抗而不降乎？当其围守时，外无蚍蜉蚁子之援[⑭]，所欲忠者，国与主耳，而贼语以国亡主灭[⑮]。远见救援不至，而贼来益众，必以其言为信；外无待而犹死守，人相食且尽，虽愚人亦能数日而知死所矣。远之不畏死亦明矣！乌有城坏其徒俱死，独蒙愧耻求活？虽至愚者不忍为，呜呼！而谓远之贤而为之邪？

　　说者又谓远与巡分城而守，城之陷，自远所分始[⑯]。以此诟远，此又与儿童之见无异。人之将死，其藏腑必有先受其病者；引绳而绝之，其绝必有处。观者见其然，从而尤之[⑰]，其亦不达于理矣！小人之好议论，不乐成人之美，如是哉！如巡、远之所成就，如此卓卓，犹不得免，其他则又何说！

　　当二公之初守也，宁能知人之卒不救，弃城而逆遁[⑱]？苟此不能守，虽避之他处何益？及其无救而且穷也，将其创残饿羸之余[⑲]，虽欲去，必不达。二公之贤，其讲之精矣[⑳]！守一城，捍天下，以千百就尽之卒，战百万日滋之师，蔽遮江淮，沮遏其势[㉑]，天下之不亡，其谁之功也！当是时，弃城而图存者，不可一二数；擅强兵坐而观者，相环也。不追议此，而责二公以死守，亦见其自比于逆乱，设淫辞而助之攻也[㉒]。

　　愈尝从事于汴徐二府[㉓]，屡道于两府间，亲祭于其所谓双庙者[㉔]。其老人往往说巡、远时事云：南霁云之乞救于贺兰也⑥，贺兰嫉巡、远之声威功绩出己上，不肯出师救；爱霁云之勇且壮，不听其语，强留之，具食与乐，延霁云坐。霁云慷慨语曰："云来时，睢阳之人，不食月余日矣！云虽欲独食，义不忍；虽食，且不下咽！"因拔所佩刀，断一指，血淋漓，以示贺兰。一座大惊，皆感激为云泣下。云知贺兰终无为云出师意，即驰去；将出城，抽矢射佛寺浮图，矢著其上砖半箭，曰："吾归破贼，必灭贺兰！此矢所以志也。"愈贞元中过泗州⑥，船上人犹指以相语。城陷，贼以刃胁降巡，巡不屈，即牵去，将斩之；又降霁云，云未应。巡呼云曰："南八⑦，男儿死耳，不可为不义屈！"云笑曰："欲将以有为也；公有言，云敢不死！"即不屈。

张籍曰："有于嵩者，少依于巡；及巡起事，嵩常在围中⑧。籍大历中于和州乌江县见嵩⑨，嵩时年六十余矣。以巡初尝得临涣县尉⑩，好学无所不读。籍时尚小，粗问巡、远事，不能细也。云：巡长七尺余，须髯若神。尝见嵩读《汉书》，谓嵩曰：'何为久读此？'嵩曰：'未熟也。'巡曰：'吾于书读不过三遍，终身不忘也。'因诵嵩所读书，尽卷不错一字。嵩惊，以为巡偶熟此卷，因乱抽他帙以试⑪，无不尽然。嵩又取架上诸书试以问巡，巡应口诵无疑。嵩从巡久，亦不见巡常读书也。为文章，操纸笔立书，未尝起草。初守睢阳时，士卒仅万人，城中居人户，亦且数万，巡因一见问姓名，其后无不识者。巡怒，须髯辄张。及城陷，贼缚巡等数十人坐，且将戮。巡起旋⑫，其众见巡起，或起或泣。巡曰：'汝勿怖！死，命也。'众泣不能仰视。巡就戮时，颜色不乱，阳阳如平常。远宽厚长者，貌如其心；与巡同年生，月日后于巡，呼巡为兄，死时年四十九。"嵩贞元初死于亳宋间⑬。或传嵩有田在亳宋间，武人夺而有之，嵩将诣州讼理，为所杀。嵩无子。张籍云。

（选自《韩愈全集校注》，屈守元、常思春主编，四川大学出版社1996年版）

注 释

①元和二年：公元807年。元和，唐宪宗李纯的年号（806—820）。

②张籍（约767—约830）：字文昌，吴郡人，唐代著名诗人，韩愈学生。

③李翰：字子羽，赵州赞皇（今河北省元氏县）人，官至翰林学士。与张巡友善，客居睢阳时，曾亲见张巡战守事迹。张巡死后，有人诬其降贼，因撰《张巡传》上肃宗，并有《进张中丞传表》，为张巡辩诬。

④自名：自许。

⑤许远(709—757):字令威,杭州盐官(今浙江省海宁县)人。安史之乱时,任睢阳太守,后与张巡合守孤城,城陷被掳往洛阳囚禁,后被害。

⑥雷万春:张巡部下勇将。此当是"南霁云"之误,如此方与后文相应。

⑦开门纳巡:757年(唐肃宗至德二年)正月,叛军安庆绪部将尹子奇带兵十三万围睢阳,许远向张巡告急,张巡自宁陵率军入睢阳城守卫。

⑧柄:权柄。

⑨与巡死句:许远和张巡只是牺牲时间有先后不同罢了。

⑩两家句:安史之乱平定后,大历年间(766—779),张巡之子张去疾轻信小人挑拨,上书唐代宗,说城破后张巡等被害,唯许远独存,是屈降叛军,请追夺许远官爵。诏令张去疾与许远之子许岘及百官议此事。两家子弟即指张去疾、许岘。材智下,才智低下。

⑪通知:通晓。

⑫辞服:请降。

⑬食其句:尹子奇围睢阳时,城中粮尽,军民以雀鼠为食,最后只得以妇女与老弱男子充饥。当时,张巡曾杀爱妾、许远曾杀奴仆以充军粮。

⑭蚍蜉(pífú):黑色大蚁。蚁子:幼蚁。

⑮而贼句:叛军以"国亡主灭"为借口招降张巡、许远。安史之乱时,长安、洛阳陷落,玄宗逃往西蜀,国势危殆。

⑯说者句:张巡和许远分兵守城,张巡守东北,许远守西南。城破时叛军先从西南处攻入,故有此说。

⑰尤之:埋怨责怪(先受侵害的内脏和绳子先断裂的地方)。

⑱逆遁:预先撤退。

⑲嬴(léi):瘦弱。

⑳二公二句:指两人的功绩前人已有精当的评价。

㉑沮(jǔ)遏:阻止。

㉒设淫辞:编造荒谬的言论。

㉓愈尝句:韩愈曾先后在汴州、徐州任职。唐代称幕僚为从事。

㉔双庙:张巡、许远死后,后人在睢阳立庙祭祀,称为双庙。

㉕南霁云:魏州顿丘人。出身贫寒,安禄山反时,参加平叛,被遣至睢阳与张巡议事,为张巡所感,遂留为部将。贺兰,指贺兰进明,时为御史大夫、河南节度使,驻军临淮一带。

㉖贞元:唐德宗李适年号(785—805)。泗州:唐时属河南道,当时贺兰进明屯兵于此。

㉗南八:南霁云排行第八,故称。

㉘常:通"尝",曾经。

㉙大历:唐代宗李豫年号(766—779)。和州乌江县:在今安徽省和县东北。

㉚以巡句:张巡死后,朝廷封赏他的亲戚、部下,于嵩因此得官。临涣:故城在今安徽省宿县西南。

㉛帙(zhì):书套,也指书本。

㉜起旋:起身环行,一说起身小便。

㉝亳(bó):亳州,今安徽省亳县。宋:宋州,即睢阳,今河南商丘。

韩愈(768—824),字退之,河内河阳(今河南孟县)人,唐代文学家。祖籍河北昌黎,世称韩昌黎,晚年任吏部侍郎,又称韩吏部,谥号"文",又称韩文公。韩愈为人耿直,敢于直陈时弊,德宗贞元十九年(803),关中天旱人饥,时任监察御史,上书请免灾民赋役,被贬为阴山令。宪宗元和十二年(817),随裴度平定淮西藩镇之乱,立下谋划之功。他与柳宗元同为唐代古文运动的倡导者,主张"文以载道"、"惟陈言之务去"、"辞必己出",倡导学习先秦两汉的散文语言,破骈为散,扩大文言文的表达功能。宋代苏轼称他"文起八代之衰",明人推他为唐宋八大家之首,与柳宗元并称"韩柳"。在思想上是中国"道统"观念的确立者,以恢复儒家道统为己任,力排佛老,崇尚秦汉散文,反对六朝以来骈俪浮艳的文风。他的文章结构严谨、笔力遒劲,刚健雄肆,气势磅礴,历来备受推崇。有《昌黎先生集》。

导读

这篇后叙是对李翰《张巡传》的补记,并不是专门立传。文中涉及的人物有张巡、许远、南霁云等,从事迹而言也没有写生平大节,多由琐屑小事组成。材料来源更是多渠道,有作者耳闻目睹的,有推理判断的,有采写自张籍、"老人"、于嵩等的,但全文紧紧围绕睢阳城守卫战这一中心事件,颂扬了英雄忠贞为国、宁死不屈的高尚气节,表达了对英雄的敬仰之情,同时义正词严地批驳了强加在他们头上的诬蔑不实之词,对朝廷小人以猛烈抨击。

这篇文章熔叙事、说理、抒情为一炉,前后照应,疏密相间。文章可分为两部分,前半部分以议论为主,为张巡和许远辩诬。针对当时流传的谬论,逐一批驳,针锋相对,说理透辟,力破种种谬说,力破许远畏死说和张、许不该死守说,宣扬了两人守睢阳的功绩,树立起了忠勇双全的英雄形象。同时挥戈直击那些"擅强兵坐观者"的罪责,揭露那些对张、许的诽谤实为逆贼张目的实质。纵横捭阖,曲折多变,说理环环紧扣,层层深入,具有很强的说服力。作者运用强烈的对比,贴切的比喻,以及反诘、设问等手法,使论辩效果更为生动深刻。下半部分转入叙事,详略得当,重点突出,刻画南霁云的"勇且壮",选取了断指明志、抽矢射佛寺浮屠和就义前与张巡一段慷慨激昂的对话,详中有度,略而不疏,一个忠贞刚烈、义勇双全的英雄形象呼之欲出。文章写张巡就义时的情状,惜墨如金,仅用"颜色不乱"、"阳阳如平常"两句,就把英雄视死如归的神态,跃然纸上。作者善于选择典型细节刻画人物,张巡才气横溢,过目不忘,为文援笔立成,以及接近关心士卒和百姓等,闲处落笔,展示了一个文武双全的英雄形象。对许远的描述,虽较简略,却处处能照应前文,说他"宽厚长者"、"貌如其心",与前半部分的"授之柄而处其下"前后呼应,一个胸怀宽广,为国让贤,不计个人权位的宽厚长者形象更觉鲜明。英雄形象一经映衬,愈发光彩。

全文气盛词壮,感情充沛,首尾连贯,浑然一体,具有摄人心魄的震撼力量。

感 悟 思 考

1. 分析张巡、许远、南霁云三个人物的性格特征。

2. 这篇文章材料来源广泛且庞杂,作者为什么能将这些看似散乱的材料有机组合在一起?

3. 这篇文章结构上有什么特点?

链接

《韩愈全集校注》,屈守元、常思春主编,四川大学出版社 1996 年版。

　　痛于山水，癖于园林，这是晚明文人名士标榜清高，避世脱俗的一种方式。无论山水，还是园林，张岱都崇尚清幽、淡远、自然、真朴的审美意趣。

第四节

西湖七月半

◎ 张　岱

　　西湖七月半，一无可看，止可看看七月半之人①。

　　看七月半之人，以五类看之：其一，楼船箫鼓②，峨冠盛筵③，灯火优傒④，声光相乱，名为看月而实不见月者，看之。其一，亦船亦楼，名娃闺秀⑤，携及童娈⑥，笑啼杂之，环坐露台⑦，左右盼望，身在月下而实不看月者，看之。其一，亦船亦声歌，名妓闲僧，浅斟低唱⑧，弱管轻丝，竹肉相发⑨，亦在月下，亦看月，而欲人看其看月者，看之。其一，不舟不车，不衫不帻⑩，酒醉饭饱，呼群三五，跻入人丛⑪，昭庆、断桥⑫，嘄呼⑬嘈杂，装假醉，唱无腔曲⑭，月亦看，看月者亦看，不看月者亦看，而实无一看者，看之。其一，小船轻幌⑮，净几暖炉，茶铛旋煮⑯，素瓷静递⑰，好友佳人，邀月同坐，或匿影树下，或逃嚣里湖⑱，看月而人不见其看月之态，亦不作意看月者，看之。

　　杭人游湖，巳出酉归⑲，避月如仇。是夕好名，逐队争出，多犒门军酒钱⑳。轿夫擎燎㉑，列俟岸上。一入舟，速舟子急放断桥㉒，赶入胜会。以故二鼓以前㉓，人声鼓吹㉔，如沸如撼㉕，如魇如呓㉖，如聋如哑㉗。大船小船，一齐凑岸，一无所见，止见篙击篙，舟触舟，肩摩肩，面看面而已。少刻兴尽，官府席散，皂隶喝道去㉘。轿夫叫船上人，怖以关门㉙，灯笼火把如列星，一一簇拥而去。岸上人亦逐队赶门，渐稀渐薄，顷刻散尽矣。

　　吾辈始舣舟近岸㉚，断桥石磴始凉，席其上，呼客纵饮。此时月如镜新磨，山复整妆，湖复颒面㉛，向之浅斟低唱者出㉜，匿影树下者亦出。吾辈往通声气㉝，拉与同坐。韵友来㉞，名妓至，杯箸安㉟，竹肉发。月色苍凉，东方将白，客方散去。吾辈纵舟，酣睡于十里荷花之中㊱，香气拍人㊲，清梦甚惬。

（选自《陶庵梦忆》评注本，张岱著，淮茗评注，中华书局 2008 年版）

注 释

①七月半：农历七月十五，又称中元节。止，同"只"。

②楼船：有阁楼的大船。箫鼓：指音乐。

③峨冠：头戴高冠，指士大夫。

④优傒(xī)：优伶和仆役。

⑤名娃：著名的美女。闺秀：有才德的女子。

⑥童娈(luán)：容貌美好的家僮。

⑦露台：船上露天的平台。

⑧浅斟低唱：慢慢地喝酒，轻声地吟哦。

⑨竹肉：指管乐和歌喉。

⑩"不舟"二句：不坐船，不乘车；不穿长衫，不戴头巾，指放荡随便。帻(zé)，头巾。

⑪跻(jī)：通"挤"。

⑫昭庆：寺名。断桥：西湖白堤的桥名。

⑬噪呼：大呼大叫。

⑭无腔曲：没有腔调的歌曲，形容唱得乱七八糟。

⑮轻幌：轻薄的帷幔。

⑯铛(chēng)：温茶、酒的器具。旋：立刻。

⑰素瓷：洁白的瓷杯。

⑱逃嚣：躲避喧闹。里湖：西湖的白堤以北部分。

⑲巳：巳时，约为上午九时至十一时。酉：酉时，约为下午五时至七时。

⑳犒：用酒食或财物慰劳。门军：守城门的士兵。

㉑擎燎：举着火把。

㉒速舟子：催促船夫。

㉓二鼓：二更，约为夜里十一点左右。

㉔鼓吹：乐声。

㉕如沸如撼：像水沸腾，像物体震撼，形容喧嚷。

㉖魇(yǎn)：梦中惊叫。呓：说梦话。

㉗如聋如哑：指喧闹中震耳欲聋，听不见别人说话。

㉘皂隶喝道：衙门的差役在前边吆喝开道。

㉙怖以关门：用关城门恐吓。

㉚舣(yǐ)：使船停靠岸。

㉛颒(huì)面：洗脸。

㉜向之：方才，先前。

㉝往通声气：过去打招呼。

㉞韵友：风雅的朋友，诗友。

㉟箸：筷子。

㊱纵舟：听任船自行飘荡。

㊲拘：包围，拥裹。

　　张岱（1597—1679），又名维城，字宗子，又字石公，号陶庵，晚号六休居士，山阴（今浙江绍兴）人，寓居杭州，晚明散文大家。出身仕宦世家，少为富贵公子，精于茶艺鉴赏，明亡后不仕，入山著书以终。张岱生活的明末之际，宦官擅权，奸臣当道，内忧外患，愈演愈烈，思想界涌现了一股反理学、叛礼教的思潮，挑战程朱"存天理，灭人欲"的理学，文人士子在对社会黑暗绝望之余，纷纷追求个性解放，纵欲于声色，纵情于山水，最大限度地追求物质和精神的满足。这样的社会思潮、人文氛围，影响造就了张岱的性格和名士风度，决定了他的代表作《陶庵梦忆》、《西湖梦寻》和《琅嬛文集》的主要内容。张岱的散文题材较广，山水名胜、风俗世情、戏曲技艺乃至古董玩具等无不可入文，文字清新峭拔，形象生动，广览简取，刻画有力，余韵悠长。

导读

　　这是一篇简洁优美的游记小品。它追忆了明代杭州人七月半倾城游湖的盛况。文章主要描写的，不是自然风光的美丽，而是侧重刻画赏景之人，作者把他们的情态刻画得生动逼真，展现了当地的风俗民情，可以感受到作者清雅脱俗的志趣。

　　在作者看来，七月半看月之人有五类：一是"名为看月而实不见月"的达官贵人，二是"身在月下而实不看月"的名娃闺秀，三是"亦在月下，亦看月而欲人看其看月"的名妓闲僧，四是"月亦看，看月者亦看，不看月者亦看，而实无一看"的市井之徒，五是"看月而人不见其看月之态，亦不作意看月"的文人雅士。这五类人都成了作者眼中的风景，作者观察细致，描写传神，惟妙惟肖，生动地勾勒出五类游客的性格特征。一般杭人游西湖，都是"巳出酉归，避月如仇"，七月半的西湖是"篙击篙，舟触舟，肩摩肩，面看面"，拥挤不堪；耳畔则"如沸如撼，如魇如呓，如聋如哑"，喧闹难耐。俗人看月只是"好名"，其实全然不解其中雅趣的旨意。作者描写了这一喧嚣的场面之后，由动入静，描写了文人雅士在俗人散去后，邀约三五好友同坐月下赏景的清幽场面。月色、青山、湖水、荷花，一切宁静而美好，在这样的环境中品茗赏月，才是风雅之士的追求。庸俗和高雅，喧哗与清寂，前后构成了鲜明的对照，褒贬不言自明。

文章语言雅俗结合,寓谐于庄,略带调侃意味。行文如流水涓涓,不着痕迹,颇见功力。

感 悟 讨 论

1. 文章写了哪几类游客? 都有什么特点?
2. 比较前后两个场面的描写,体会作者情感的变化。

链接

《陶庵梦忆》评注本,张岱著,淮茗评注,中华书局 2008 年版。

山水长卷与淳朴民风映衬，沉重的历史感与空灵的文笔交织，明净澄澈，情意盎然，寄托了作者深挚的乡情和独特的美学追求。

第五节

鸭窠围的夜

◎ 沈从文

天快黄昏时落了一阵雪子，不久就停了。天气真冷，在寒气中一切都仿佛结了冰。便是空气，也像快要冻结的样子。我包定的那一只小船，在天空大把撒着雪子时已泊了岸，从桃源县沿河而上这已是第五个夜晚。看情形晚上还会有风有雪，故船泊岸边时便从各处挑选好地方。沿岸除了某一处有片沙岨宜于泊船以外①，其余地方全是黛色如屋的大岩石。石头既然那么大，船又那么小，我们都希望寻觅得到一个能作小船风雪屏障，同时要上岸又还方便的处所。凡是可以泊船的地方早已被当地渔船占去了。小船上的水手，把船上下各处撑去，钢钻头敲打着沿岸大石头，发出好听的声音，结果这只小船，还是不能不同许多大小船只一样，在正当泊船处插了篙子，把当作锚头用的石碇抛到沙上去，尽那行将来到的风雪，摊派到这只船上。

这地方是个长潭的转折处，两岸是高大壁立千丈的山，山头上长着小小竹子，长年翠色逼人。这时节两山只剩余一抹深黑，赖天空微明为画出一个轮廓。但在黄昏里看来如一种奇迹的，却是两岸高处去水已三十丈上下的吊脚楼。这些房子莫不俨然悬挂在半空中，借着黄昏的余光，还可以把这些希奇的楼房形体，看得出个大略。这些房子同沿河一切房子有个共通相似处，便是从结构上说来，处处显出对于木材的浪费。房屋既在半山上，不用那么多木料，便不能成为房子吗？半山上也用吊脚楼形式，这形式是必须的吗？然而这条河水的大宗出口是木料，木材比石块还不值价。因此，即或是河水永远长不到处，吊脚楼房子依然存在，似乎也不应当有何惹眼惊奇了。但沿河因为有了这些楼房，长年与流水斗争的水手，寄身船中枯闷成疾的旅行者，以及其他过路人，却有了落脚处了。这些人的疲劳与寂寞是从这些房子中可以一律解除的。地方既好看，也好玩。

河面大小船只泊定后,莫不点了小小的油灯,拉了篷。各个船上皆在后舱烧了火,用铁鼎罐煮红米饭。饭焖熟后,又换锅子熬油,哗的把菜蔬倒进热锅里去。一切齐全了,各人蹲在舱板上三碗五碗把腹中填满后,天已夜了。水手们怕冷怕动的,收拾碗盏后,就莫不在舱板上摊开了被盖,把身体钻进那个预先卷成一筒又冷又湿的硬棉被里去休息。至于那些想喝一杯的,发了烟瘾得靠靠灯,船上烟灰又翻尽了的,或一无所为,只是不甘寂寞,好事好玩想到岸上去烤烤火谈谈天的,便莫不提了桅灯,或燃一段废缆子,摇晃着从船头跳上了岸,从一堆石头间的小路径,爬到半山上吊脚楼房子那边去,找寻自己的熟人,找寻自己的熟地。陌生人自然也有来到这条河中来到这种吊脚楼房子里的时节,但一到地,在火堆旁小板凳上一坐,便是陌生人,即刻也就可以称为熟人乡亲了。

这河边两岸除了停泊有上下行的大小船只三十左右以外,还有无数在日前趁融雪涨水放下形体大小不一的木筏。较小的木筏,上面供给人住宿过夜的棚子也不见,一到了码头,便各自上岸找住处去了。大一些的木筏呢,则有房屋,有船只,有小小菜园与养猪养鸡栅栏,还有女眷和小孩子。

黑夜占领了全个河面时,还可以看到木筏上的火光,吊脚楼窗口的灯光,以及上岸下船在河岸大石间飘忽动人的火炬红光。这时节岸上船上都有人说话,吊脚楼上且有妇人在黯淡灯光下唱小曲的声音,每次唱完一支小曲时,就有人笑嚷。什么人家吊脚楼下有匹小羊叫,固执而且柔和的声音,使人听来觉得忧郁。我心中想着,"这一定是从别一处牵来的,另外一个地方,那小畜生的母亲,一定也那么固执的鸣着吧。"算算日子,再过十一天便过年了。"小畜生明不明白只能在这个世界上活过十天八天?"明白也罢,不明白也罢,这小畜生是为了过年而赶来,应在这个地方死去的。此后固执而又柔和的声音,将在我耳边永远不会消失。我觉得忧郁起来了。我仿佛触着了这世界上一点东西,看明白了这世界上一点东西,心里软和得很。

但我不能这样子打发这个长夜。我把我的想象,追随了一个唱曲时清中夹沙的妇女声音,到她的身边去了。于是仿佛看到了一个床铺,下面是草荐②,上面摊了一床用旧帆布或别的旧货做成脏而又硬的棉被,搁在床正中被单上面的是一个长方木托盘,盘中有一把小茶盏,一个小烟匣,一支烟枪,一块小石头,一盏灯。盘边躺着一个人在烧烟。唱曲子的妇人,或是袖了手捏着自己的膀子站在吃烟者的面前,或是靠在男子对面的床头,为客人烧烟。房子分两进,前面临街,地是土地,后面临河,便是所谓吊脚楼了。这些人房子窗口既一面临河,可以凭了窗口呼喊河下船中人,当船上人过了瘾,胡闹已够,下船时，或者尚有些事情嘱托，或有其他原因，一个晃着火炬停顿在大石间，一个便凭立在窗口，"大老你记着，船下行时又来。""好，我来的，我记着的。""你见了顺顺就说：会呢，完了；孩子大牛呢，脚膝骨好了。细粉带三斤，冰糖或片糖带三斤。""记得到，记得到，大娘你放心，我见了顺顺大爷就说：会呢，完了。大牛呢，好了。细粉来三斤，冰糖来三斤。""杨氏，杨氏，一些四吊七，莫错账！""是的，放心呵，你说四吊七就四吊七，年三十夜莫会要你多的！你自己记着就是了！"这样那样的说着，我一一都可听到，而且一面还可以听着在黑暗中某一处咩咩的羊鸣。我明白这些回船的人是上岸吃过"荤烟"了的。

我还估计得出，这些人不吃"荤烟"，上岸时只去烤烤火的，到了那些屋子里时，便多数只在临街那一面铺子里。这时节天气太冷，大门必已上好了，屋里一隅或点了小小油灯，屋中必就地掘了个浅凹火炉膛，烧了些树根柴块。火光煜煜，且时时刻刻爆炸着一种难于形容的声音。火旁矮板凳上坐有船上人，木筏上人，有对河住家的熟人。且有虽为天所厌弃还不自弃年过七十的老妇人，闭着眼睛蜷成一团蹲在火边，悄悄的从大袖筒里取出一片薯干或一枚红枣，塞到嘴里去咀嚼。有穿着肮脏身体瘦弱的孩子，手擦着眼睛傍着火旁的母亲打盹。屋主人有为退伍的老军人，有翻船背运的老水手，有单身寡妇。借着火光灯光，可以看得出这屋中的大略情形，三堵木板壁上，一面必有个供奉祖宗的神龛，神龛下空处或另一面，必贴了一些大小不一的红白名片。这些名片倘若有那些好事者加以注意，用小油灯照着，去仔细检查检查，便可以发现许多动人的名衔，军队上的连副，上士，一等兵，商号中的管事，当地的团总，保正，催租吏，以及照例姓滕的船主，洪江的木簰商人③，与其他各行各业人物，无所不有。这是近一二十年来经过此地若干人中一小部分的题名录。这些人各用一种不同的生活，来到这个地方，且同样的来到这些屋子里，坐在火边或靠近床边，逗留过若干时间。这些人离开了此地后，在另一世界里还是继续活下去，但除了同自己的生活圈子中人发生关系以外，与一同在这个世界上其他的人，却仿佛便毫无关系可言了。他们如今也许早已死掉了；水淹死的，枪打死的，被外妻用砒霜谋杀的，然而这些名片却依然将好好的保留下去。也许有些人已成了富人名人，成了当地的小军阀，这些名片却仍然写着催租人，上士等等的衔头。……除了这些名片，那屋子里是不是还有比它更引人注意的东西呢？锯子，小捞兜，香烟大画片，装干栗子的口袋……

提起这些问题时使人心中很激动。我到船头上去眺望了一阵。河面静静的，木筏上火光小了，船上的灯光已很少了，远近一切只能借着水面微光看出个大略情形。另外一处的吊脚楼上，又有了妇人唱小曲的声音，灯光摇摇不定,且有猜拳声音。我估计那些灯光同声音所在处,不是木筏上的艄头在取乐,就是水手们小商人在喝酒。妇人手指上说不定还戴了水手特别为从常德府捎带来的镀金戒指,一面唱曲一面把那只手理着鬓角,多动人的一幅画图!我认识他们的哀乐,这一切我也有份。看他们在那里把每个日子打发下去,也是眼泪也是笑,离我虽那么远,同时又与我那么相近。这正同读一篇描写西伯利亚的农人生活动人作品一样,使人掩卷引起无言的哀戚。我如今只用想象去领味这些人生活的表面姿态,却用过去一分经验,接触着了这种人的灵魂。

羊还固执的鸣着。远处不知什么地方有锣鼓声音,那一定是某个人家禳土酬神还愿巫师的锣鼓④。声音所在处必有火燎与九品蜡照耀争辉。眩目火光下必有头包红布的老巫师独立作旋风舞,门上架上有黄钱,平地有装满了谷米的平斗。有新宰的猪羊伏在木架上,头上插着小小五色纸旗。有行将为巫师用口把头咬下的活生公鸡,缚了双脚与翼翅,在土坛边无可奈何的躺卧。主人锅灶边则热了满锅猪血稀粥,灶中正火光熊熊。

邻近一只大船上,水手们已静静的睡下了,只剩余一个人吸着烟,且时时刻刻把烟管敲着船舷。也像听着吊脚楼的声音,为那点声音所激动,引起种种联想,忽然按捺自己不住了,只听到他轻轻的骂着野话,擦支自来火,点上一段废缆,跳上岸往吊脚楼那里去了。他在岸上大石间走动时,火光便从船篷空处漏进我的船中。也是同样的情形吧,在一只装载棉军服向上行驶的船上,泊到同样的岸边,躺在成束成捆的军服上面,夜既太长,水手们爱玩牌的各蹲坐在舱板上小油灯光下玩天九,睡既不成,便胡乱穿了两套棉军服,空手上岸,借着石块间还未融尽残雪返照的微光,一直向高岸上有灯光处走去。到了街上,除了从人家门罅里露出的灯光成一条长线横卧着⑤,此外一无所有。在计算中以为应可见到的小摊上成堆的花生,用哈德门长烟盒装着干瘪瘪的小橘子,切成小方块的片糖,以及在灯光下看守摊子把眉毛扯得极细的妇人(这些妇人无事可作时还会在灯光下做点针线的),如今什么也没有。既不敢冒昧闯进一个人家里面去,便只好又回转河边船上了。但上山时向灯光凝聚处走去,方向不会错误。下河时可糟了。糊糊涂涂在大石小石间走了许久,且大声喊着,才走近自己所坐的一只船。上船时,两脚全是泥,刚攀上船舷还不及脱鞋落舱,就有人在棉被中大喊:“伙计哥子们,脱鞋呀!”把鞋脱了还不即睡,便镶到水手身旁去看牌,一直看到半夜——十五年前自己的事,在这样地方温习起来,使人对于命运感到十分惊异。我懂得那个忽然独自跑上岸去的人,为什么上去的理由!

等了一会，邻船上那人还不回到他自己的船上来，我明白他所得的必比我多了一些。我想听听他回来时，是不是也像别的船上人，有一个妇人在吊脚楼窗口喊叫他。许多人都陆续回到船上了，这人却没有下船。我记起"柏子"。但是，同样是水上人，一个那么快乐的赶到岸上去，一个却是那么寂寞的跟着别人后面走上岸去，到了那些地方，情形不会同柏子一样，也是很显然的事了。

为了我想听听那个人上船时那点推篷声音，我打算着，在一切声音全已安静时，我仍然不能睡觉。我等待那点声音。大约到午夜十二点，水面上却起了另外一种声音。仿佛鼓声，也仿佛汽油船马达转动声，声音慢慢的近了，可是慢慢的又远了。像是一个有魔力的歌唱，单纯到不可比方，也便是那种固执的单调，以及单调的延长，使一个身临其境的人，想用一组文字去捕捉那点声音，以及捕捉在那长潭深夜一个人为那声音所迷惑时节的心情，实近于一种徒劳无功的努力。那点声音使我不得不再从那个业已用被单塞好空罅的舱门，到船头去搜索它的来源。河面一片红光，古怪声音也就从红光一面掠水而来。原来日里隐藏在大岩下的一些小渔船，在半夜前早已静悄悄的下了拦江网。到了半夜，把一个从船头伸在水面的铁兜，盛上燃着熊熊烈火的油柴，一面用木棒槌有节奏的敲着船舷各处漂去。身在水中见了火光而来与受了析声吃惊四窜的鱼类⑥，便在这种情形中触了网，成为渔人的俘虏。当地人把这种捕鱼方法叫"赶白"。

一切光，一切声音，到这时节已为黑夜所抚慰而安静了，只有水面上那一分红光与那一派声音。那种声音与光明，正为着水中的鱼和水面的渔人生存的搏战，已在这河面上存在了若干年，且将在接连而来的每个夜晚依然继续存在。我弄明白了，回到舱中以后，依然默听着那个单调的声音。我所看到的仿佛是一种原始人与自然战争的情景。那声音，那火光，都近于原始人类的战争，把我带回到四五千年那个"过去"时间里去。

不知在什么时候开始落了很大的雪，听船上人细语着，我心想，第二天我一定可以看到邻船上那个人上船时节，在岸边雪地上留下那一行足迹。那寂寞的足迹，事实上我却不曾见到，因为第二天到我醒来时，小船已离开那个泊船处很远了。

（1934 年）

（选自《沈从文散文精编》，沈从文著，浙江文艺出版社 1996 年版）

注 释

①岨(jū)：带土的石山。

②草荐：用干枯的谷秆编织成的床垫，铺在床板与草席之间，冬暖夏凉，不用时可卷成圆筒状收起。

③木簰(pái)：用木编的水上交通工具。

④禳(ráng)：祈祷消除灾殃、去邪除恶。

⑤门罅(xià)：门缝。

⑥柝(tuò)：打更用的梆子。

沈从文(1902—1988)，现代作家、历史文物研究学家。原名沈岳焕，湖南凤凰人，苗族。1918年自家乡小学毕业后，随当地土著部队流徙于湘、川、黔边境与沅水流域一带，后正式参军，当过上士司书。1923年只身来到北京，开始文学创作，他的作品最早载于《晨报副刊》，接着又在《现代评论》、《小说月报》上发表。1930年，任国立青岛大学中文系教员，1934年，在天津、北平编《大公报文艺副刊》，中篇小说《边城》于同年问世，标志着他的小说的成熟。抗战爆发后，取道湘西去云南，途经沅陵时，写下了散文《湘西》、长篇小说《长河》(第1卷)，任教于西南联合大学。1945年后回京，在北京大学任教。1949年以后，长期从事文物工作。先后在中国历史博物馆、故宫博物院研究中国古代服饰和物质文化史。代表作《边城》、《湘行散记》以优美的笔触表现湘西的自然风光、淳朴的民风民情和人性之美，充满了牧歌情调和浓郁的地方特色。

导读

《鸭窠围的夜》是沈从文20世纪30年代散文代表作《湘行散记》中的第三篇，与全书有着一致的感情基调。它是一篇游记散文，通过作者旅途中夜宿鸭窠围时的见闻和思绪，描写了湘西地区特有的自然景色和独特的民风民情，寄托了作者对人生和生命深沉而深刻的感悟。

本文可以分为四个部分：第一部分写阴历年前一个夜晚，航行在沅水上的渡船泊于鸭窠围岸边，介绍了水手歇夜以及湘西特有的吊脚楼景观；第二部分透过作者的想象，叙写水手们到岸上吊脚楼吃"荤烟"或烤火歇息的情景；第三部分由邻船一位水手的举动引起回忆，"温习"了十五年前自己经历的同样的情形；第四部分写午夜时分水面上渔人"赶白"的古怪声音及由此引发的对湘西人历史命运的思考。作者夜宿鸭窠围，所见所闻引起无限遐思，以饱含深情的笔墨描写了湘西地区特有的自然景观和独异的人生形态，文中写到的吊脚楼，是湘西特有的建筑奇观，"水上人"（水手及随船旅行者）和"妇人"（妓女）们的关系，也是一种带有湘西地方特色和时代色彩的独异的生活。作者通过对湘西下层民众生活情状具体细微、极富实感的描写，表现了他们艰难处境中顽强与执著的人生，重压之下生命力的坚韧与强悍，欢笑与泪水交织的生活的真实与庄严。在作者看来，他们的生活，近乎一种"优美、健康、自然，而又不悖乎人性的人生形式"，蕴藏着"正直素朴人情美"。值得注意的是，文中描写了一只"为了过年而赶来应在这个地方死去的"小羊，小羊"固执而柔和"的叫声在文中出现了三次，是鸭窠围夜曲中一个挥之不去的音符，这只无法主宰自身命运的小羊，一如"水上人"、"妇女"以及湘西下层的广大民众，化成了全篇的象征意义，为这首乡村牧歌笼上了一层淡淡的悲悯，表达了对故乡风土人情深挚眷恋的情感，也寄托了作者的审美标准和人生理想。

本文以叙述为主，将描写、抒情、议论自然融入。其中对自然景物的描写，极见功力，寥寥数笔，境界全出，体现了作者独到的艺术表现手段和美学追求。

感 悟 讨 论

1. 作者在本文中寄寓了哪些人生感喟？其意义何在？

2. 如何理解本文所写的旧时湘西水手的生活情状？你同意他们的生活蕴藏着"正直素朴人情美"的观点吗？为什么？

3. 课文中描写了一只"为了过年而赶来应在这个地方死去的"小羊，分析一下描写小羊的三次叫声在文中的象征意义和作用。

链接

《沈从文散文精编》，沈从文著，浙江文艺出版社1996年版。

朱自清与好友俞平伯到南京度假，曾同游秦淮河，俞平伯在北京追忆当时的情景，写了一篇《桨声灯影里的秦淮河》，朱自清在温州也以同一题目写下了自己的所见所闻，相互唱和，传为佳话。

第六节

桨声灯影里的秦淮河

◎ 朱自清

一九二三年八月的一晚，我和平伯同游秦淮河①；平伯是初泛，我是重来了。我们雇了一只"七板子"，在夕阳已去，皎月方来的时候，便下了船。于是桨声汩——汩，我们开始领略那晃荡着蔷薇色的历史的秦淮河的滋味了。

秦淮河里的船，比北京万生园，颐和园的船好②，比西湖的船好，比扬州瘦西湖的船也好。这几处的船不是觉着笨，就是觉着简陋、局促；都不能引起乘客们的情韵，如秦淮河的船一样。秦淮河的船约略可分为两种：一是大船；一是小船，就是所谓"七板子"。大船舱口阔大，可容二三十人。里面陈设着字画和光洁的红木家具，桌上一律嵌着冰凉的大理石面。窗格雕镂颇细，使人起柔腻之感。窗格里映着红色蓝色的玻璃；玻璃上有精致的花纹，也颇悦人目。"七板子"规模虽不及大船，但那淡蓝色的栏干，空敞的舱，也足系人情思。而最出色处却在它的舱前。舱前是甲板上的一部。上面有弧形的顶，两边用疏疏的栏干支着。里面通常放着两张藤的躺椅。躺下，可以谈天，可以望远，可以顾盼两岸的河房。大船上也有这个，便在小船上更觉清隽罢了。舱前的顶下，一律悬着灯彩；灯的多少，明暗，彩苏的精粗，艳晦，是不一的。但好歹总还你一个灯彩。这灯彩实在是最能钩人的东西。夜幕垂垂地下来时，大小船上都点起灯火。从两重玻璃里映出那辐射着的黄黄的散光，反晕出一片朦胧的烟霭；透过这烟霭，在黯黯的水波里，又逗起缕缕的明漪。在这薄霭和微漪里，听着那悠然的间歇的桨声，谁能不被引入他的美梦去呢？只愁梦太多了，这些大小船儿如何载得起呀？我们这时模模糊糊的谈着明末的秦淮河的艳迹，如《桃花扇》及《板桥杂记》里所载的③。我们真神往了。我们仿佛亲见那时华灯映水，画舫凌波的光景了。于是我们的船便成了历史的重载了。我们终于恍然秦淮河的船所以雅丽过于他处，而又有奇异的吸引力的，实在是许多历史的影象使然了。

秦淮河的水是碧阴阴的；看起来厚而不腻，或者是六朝金粉所凝么④？我们初上船的时候，天色还未断黑，那漾漾的柔波是这样的恬静，委婉，使我们一面有水阔天空之想，一面又憧憬着纸醉金迷之境了。等到灯火明时，阴阴的变为沉沉了：黯淡的水光，像梦一般；那偶然闪烁着的光芒，就是梦的眼睛了。我们坐在舱前，因了那隆起的顶棚，仿佛总是昂着首向前走着似的；于是飘飘然如御风而行的我们，看着那些自在的湾泊着的船，船里走马灯般的人物，便像是下界一般，迢迢的远了，又像在雾里看花，尽朦朦胧胧的。这时我们已过了利涉桥，望见东关头了。沿路听见断续的歌声：有从沿河的妓楼飘来的，有从河上船里度来的。我们明知那些歌声，只是些因袭的言词，从生涩的歌喉里机械的发出来的；但它们经了夏夜的微风的吹漾和水波的摇拂，袅娜着到我们耳边的时候，已经不单是她们的歌声，而混着微风和河水的密语了。于是我们不得不被牵惹着，震撼着，相与浮沉于这歌声里了。从东关头转湾，不久就到大中桥。大中桥共有三个桥拱，都很阔大，俨然是三座门儿；使我们觉得我们的船和船里的我们，在桥下过去时，真是太无颜色了。桥砖是深褐色，表明它的历史的长久；但都完好无缺，令人太息于古昔工程的坚美。桥上两旁都是木壁的房子，中间应该有街路？这些房子都破旧了，多年烟熏的迹，遮没了当年的美丽。我想象秦淮河的极盛时，在这样宏阔的桥上，特地盖了房子，必然是髹漆得富富丽丽的⑤；晚间必然是灯火通明的。现在却只剩下一片黑沉沉！但是桥上造着房子，毕竟使我们多少可以想见往日的繁华；这也慰情聊胜无了。过了大中桥，便到了灯月交辉，笙歌彻夜的秦淮河；这才是秦淮河的真面目哩。

大中桥外，顿然空阔，和桥内两岸排着密密的人家的大异了。一眼望去，疏疏的林，淡淡的月，衬着蓝蔚的天，颇像荒江野渡光景；那边呢，郁丛丛的，阴森森的，又似乎藏着无边的黑暗：令人几乎不信那是繁华的秦淮河了。但是河中眩晕着的灯光，纵横着的画舫，悠扬着的笛韵，夹着那哎哎的胡琴声，终于使我们认识绿如茵陈酒的秦淮水了⑥。此地天裸露着的多些，故觉夜来的独迟些；从清清的水影里，我们感到的只是薄薄的夜——这正是秦淮河的夜。大中桥外，本来还有一座复成桥，是船夫口中的我们的游踪尽处，或也是秦淮河繁华的尽处了。我的脚曾踏过复成桥的脊，在十三四岁的时候。但是两次游秦淮河，却都不曾见着复成桥的面；明知总在前途的，却常觉得有些虚无缥缈似的。我想，不见倒也好。这时正是盛夏。我们下船后，借着新生的晚凉和河上的微风，暑气已渐渐销散；到了此地，豁然开朗，身子顿然轻了——习习的清风茌苒在面上，手上，衣上，这便又感到了一缕新凉了。南京的日光，大概没有杭州猛烈；西湖的夏夜老是热蓬蓬的，水像沸着一般，秦淮河的水却尽是这样冷冷地绿着。任你人影的憧憧，歌声的扰扰，总像隔着一层薄薄的绿纱面幂似的；它尽是这样静静的，冷冷的绿着。我们出了大中桥，走不上半里路，船夫便将船划到一旁，停了桨由它宕着。他以为那里正是繁华的极点，再过去就是荒凉了；所以让我们多多赏鉴一会儿。他自己却静静的蹲着。他是看惯这光景的了，大约只是一个无可无不可。这无可无不可，无论是升的沉的，总之，都比我们高了。

那时河里闹热极了；船大半泊着，小半在水上穿梭似的来往。停泊着的都在近市的那一边，我们的船自然也夹在其中。因为这边略略的挤，便觉得那边十分的疏了。在每一只船从那边过去时，我们能画出它的轻轻的影和曲曲的波，在我们的心上；这显着是空，且显着是静了。那时处处都是歌声和凄厉的胡琴声，圆润的喉咙，确乎是很少的。但那生涩的，尖脆的调子能使人有少年的，粗率不拘的感觉，也正可快我们的意。况且多少隔些儿听着，因为想象与渴慕的做美，总觉更有滋味；而竞发的喧嚣，抑扬的不齐，远近的杂沓，和乐器的嘈嘈切切，合成另一意味的谐音，也使我们无所适从，如随着大风而走。这实在因为我们的心枯涩久了，变为脆弱；故偶然润泽一下，便疯狂似的不能自主了。但秦淮河确也腻人。即如船里的人面，无论是和我们一堆儿泊着的，无论是从我们眼前过去的，总是模模糊糊的，甚至渺渺茫茫的；任你张圆了眼睛，揩净了眦垢，也是枉然。这真够人想呢。在我们停泊的地方，灯光原是纷然的；不过这些灯光都是黄而有晕的。黄已经不能明了，再加上了晕，便更不成了。灯愈多，晕就愈甚；在繁星般的黄的交错里，秦淮河仿佛笼上了一团光雾。光芒与雾气腾腾的晕，什么都只剩了轮廓了；所以人面的详细的曲线，便消失于我们的眼底了。但灯光究竟夺不了那边的月色；灯光是浑的，月色是清的，在浑沌的灯光里，渗入了一派清辉，却真是奇迹！那晚月儿已瘦削了两三分。她晚妆才罢，盈盈的上了柳梢头。天是蓝得可爱，仿佛一汪水似的；月儿便更出落得精神了。岸上原有三株两株的垂杨树，淡淡的影子，在水里摇曳着。它们那柔细的枝条浴着月光，就像一支支美人的臂膊，交互的缠着，挽着；又像是月儿披着的发。而月儿偶然也从它们的交叉处偷偷窥看我们，大有小姑娘怕羞的样子。岸上另有几株不知名的老树，光光的立着；在月光里照起来。却又俨然是精神矍铄的老人。远处——快到天际线了，才有一两片白云，亮得现出异彩，像美丽的贝壳一般。白云下便是黑黑的一带轮廓；是一条随意画的不规则的曲线。这一段光景，和河中的风味大异了。但灯与月竟能并存着,交融着,使月成了缠绵的月,灯射着渺渺的灵辉;这正是天之所以厚秦淮河,也正是天之所以厚我们了。

这时却遇着了难解的纠纷。秦淮河上原有一种歌妓,是以歌为业的。从前都在茶舫上,唱些大曲之类。每日午后一时起;什么时候止,却忘记了。晚上照样也有一回。也在黄晕的灯光里。我从前过南京时,曾随着朋友去听过两次。因为茶舫里的人脸太多了,觉得不大适意,终于听不出所以然。前年听说歌妓被取缔了,不知怎的,颇涉想⑦了几次——却想不出什么。这次到南京,先到茶舫上去看看,觉得颇是寂寥,令我无端的怅怅了。不料她们却仍在秦淮河里挣扎着,不料她们竟会纠缠到我们,我于是很张皇了。她们也乘着"七板子",她们总是坐在舱前的。舱前点着石油汽灯,光亮眩人眼目:坐在下面的,自然是纤毫毕见了——引诱客人们的力量,也便在此了。舱里躲着乐工等人,映着汽灯的余辉蠕动着;他们是永远不被注意的。每船的歌妓大约都是二人;天色一黑。她们的船就在大中桥外往来不息的兜生意。无论行着的船,泊着的船,都要来兜揽的。这都是我后来推想出来的。那晚不知怎样,忽然轮着我们的船了。我们的船好好的停着,一只歌舫划向我们来的;渐渐和我们的船并着了。铄铄的灯光逼得我们敛起了眉头;我们的风尘色全给它托出来了,这使我踧踖不安了⑧。那时一个伙计跨过船来,拿着摊开的歌折,就近塞向我的手里,说,"点几出吧"! 他跨过来的时候,我们船上似乎有许多眼光跟着。同时相近的别的船上也似乎有许多眼睛炯炯的向我们船上看着。我真窘了!我也装出大方的样子,向歌妓们瞥了一眼,但究竟是不成的! 我勉强将那歌折翻了一番,却不曾看清了几个字;便赶紧递还那伙计,一面不好意思地说,"不要,我们……不要。"他便塞给平伯。平伯掉转头去,摇手说,"不要!"那人还腻着不走。平伯又回过脸来,摇着头道,"不要!"于是那人重到我处。我窘着再拒绝了他。他这才有所不屑似的走了。我的心立刻放下,如释了重负一般。我们就开始自白了。

我说我受了道德律的压迫,拒绝了她们;心里似乎很抱歉的。这所谓抱歉,一面对于她们,一面对于我自己。她们于我们虽然没有很奢的希望;但总有些希望的。我们拒绝了她们,无论理由如何充足,却使她们的希望受了伤;这总有几分不做美了。这是我觉得很怅怅的。至于我自己,更有一种不足之感。我这时被四面的歌声诱惑了,降服了;但是远远的,远远的歌声总仿佛隔着重衣搔痒似的,越搔越搔不着痒处。我于是憧憬着贴耳的妙音了。在歌舫划来时,我的憧憬,变为盼望;我固执的盼望着,有如饥渴。虽然从浅薄的经验里,也能够推知,那贴耳的歌声,将剥去了一切的美妙;但一个平常的人像我的，谁愿凭了理性之力去丑化未来呢？我宁愿自己骗着了。不过我的社会感性是很敏锐的；我的思力能拆穿道德律的西洋镜，而我的感情却终于被它压服着，我于是有所顾忌了，尤其是在众目昭彰的时候。道德律的力，本来是民众赋予的；在民众的面前，自然更显出它的威严了。我这时一面盼望，一面却感到了两重的禁制：一，在通俗的意义上，接近妓者总算一种不正当的行为；二，妓是一种不健全的职业，我们对于她们，应有哀矜勿喜之心，不应赏玩的去听她们的歌。在众目睽睽之下，这两种思想在我心里最为旺盛。她们暂时压倒了我的听歌的盼望，这便成就了我的灰色的拒绝⑨。那时的心实在异常状态中，觉得颇是昏乱。歌舫去了，暂时宁静之后，我的思绪又如潮涌了。两个相反的意思在我心头往复：卖歌和卖淫不同，听歌和狎妓不同，又干道德甚事？——但是，但是，她们既被逼的以歌为业，她们的歌必无艺术味的；况她们的身世，我们究竟该同情的。所以拒绝倒也是正办。但这些意思终于不曾撒开我的听歌的盼望。它力量异常坚强；它总想将别的思绪踏在脚下。从这重重的争斗里，我感到了浓厚的不足之感。这不足之感使我的心盘旋不安，起坐都不安宁了。唉！我承认我是一个自私的人！平伯呢，却与我不同。他引周启明先生的诗，"因为我有妻子，所以我爱一切的女人，因为我有子女，所以我爱一切的孩子⑩。"他的意思可以见了。他因为推及的同情，爱着那些歌妓，并且尊重着她们，所以拒绝了她们。在这种情形下，他自然以为听歌是对于她们的一种侮辱。但他也是想听歌的，虽然不和我一样，所以在他的心中，当然也有一番小小的争斗；争斗的结果，是同情胜了。至于道德律，在他是没有什么的；因为他很有蔑视一切的倾向，民众的力量在他是不大觉着的。这时他的心意的活动比较简单，又比较松弱，故事后还怡然自若；我却不能了。这里平伯又比我高了。

在我们谈话中间，又来了两只歌舫。伙计照前一样的请我们点戏，我们照前一样的拒绝了。我受了三次窘，心里的不安更甚了。清艳的夜景也为之减色。船夫大约因为要赶第二趟生意，催着我们回去；我们无可无不可的答应了。我们渐渐和那些晕黄的灯光远了，只有些月色冷清清的随着我们的归舟。我们的船竟没个伴儿，秦淮河的夜正长哩！到大中桥近处，才遇着一只来船。这是一只载妓的板船，黑漆漆的没有一点光。船头上坐着一个妓女；暗里看出，白地小花的衫子，黑的下衣。她手里拉着胡琴，口里唱着青衫的调子。她唱得响亮而圆转；当她的船箭一般驶过去时，余音还袅袅的在我们耳际，使我们倾听而向往。想不到在弩末的游踪里⑪，还能领略到这样的清歌！这时船过大中桥了，森森的水影，如黑暗张着巨口，要将我们的船吞了下去，我们回顾那渺渺的黄光,不胜依恋之情;我们感到了寂寞了！这一段地方夜色甚浓,又有两头的灯火招邀着;桥外的灯火不用说了,过了桥另有东关头疏疏的灯火。我们忽然仰头看见依人的素月,不觉深悔归来之早了！走过东关头,有一两只大船湾泊着,又有几只船向我们来着。嚣嚣的一阵歌声人语,仿佛笑我们无伴的孤舟哩。东关头转湾,河上的夜色更浓了;临水的妓楼上,时时从帘缝里射出一线一线的灯光;仿佛黑暗从酣睡里眨了一眨眼。我们默然的对着,静听那汨——汨的桨声,几乎要入睡了;朦胧里却温寻着适才的繁华的余味。我那不安的心在静里愈显活跃了！这时我们都有了不足之感,而我的更其浓厚。我们却只不愿回去,于是只能由懊悔而怅惘了。船里便满载着怅惘了。直到利涉桥下,微微嘈杂的人声,才使我豁然一惊;那光景却又不同。右岸的河房里,都大开了窗户,里面亮着晃晃的电灯,电灯的光射到水上,蜿蜒曲折,闪闪不息,正如跳舞着的仙女的臂膊。我们的船已在她的臂膊里了;如睡在摇篮里一样,倦了的我们便又入梦了。那电灯下的人物,只觉像蚂蚁一般,更不去萦念。这是最后的梦;可惜是最短的梦！黑暗重复落在我们面前,我们看见傍岸的空船上一星两星的,枯燥无力又摇摇不定的灯光。我们的梦醒了,我们知道就要上岸了;我们心里充满了幻灭的情思。

1923 年 10 月 11 日作完,于温州。

(选自《朱自清散文》,朱自清著,人民文学出版社 2005 年版)

注 释

①俞平伯(1900—1990):原名俞铭衡,字平伯。现代诗人、作家、红学家。

②万生园:今北京动物园所在地。原名万牲园,为清朝皇族花园旧址。

③《桃花扇》:传奇剧本,清孔尚任作。讲述明末才子侯方域和秦淮名妓李香君的爱情故事。《板桥杂记》,清余怀作,记叙了明末十里秦淮旧院诸名妓以及有关方面的见闻。

④六朝金粉:三国的吴,东晋和南朝的宋、齐、梁、陈,都以建康(南京)为都,史称六朝。金粉:脂粉。

⑤髹(xiū):用漆涂在器物上。

⑥茵陈酒:以茵陈酿制的酒。茵陈:菊科植物。

⑦涉想:念及、想到。

⑧踧踖(cùjí):局促不安的样子。

⑨灰色:这里是态度暧昧、犹疑不定的意思。

⑩周启明(1885—1967):即鲁迅之弟周作人,现代作家。这里所引的诗原为:"我为了

自己的儿女才爱小孩子,为了自己的妻才爱女人。"(原注)

⑪弩末:成语"强弩之末"的缩用。强弩射出的箭,到最后力量也弱了。这里是游兴衰竭,游程将尽之意。

朱自清(1898—1948),字佩弦,原籍浙江绍兴,生于江苏东海,现代著名学者、散文家。幼年在私塾读书,深受中国传统文化的影响。1920年毕业于北京大学哲学系,后在江苏、浙江中学任教。大学时代开始诗歌创作,1921年,参加文学研究会。1925年任清华大学国文教授,转而从事散文创作和文学研究。1931年赴英讲学,次年回国,仍执教于清华大学,抗战期间,在西南联大任教。朱自清是位品格高尚的爱国知识分子,始终严肃地直面人生,毛泽东赞扬他"表现了我们民族的英雄气概"。作为一位散文学家,朱自清以他独特的美文艺术风格,为中国现代散文增添了瑰丽的色彩,建立了中国现代散文全新的审美特征。朱自清的散文继承了中国古典文学传统,清秀隽永、质朴腴厚、激进深邃、结构严谨缜密、笔触委婉细致,具有诗画的情韵。主要作品有散文集《背影》、《欧游杂记》,诗文集《踪迹》,文艺论著《论雅俗共赏》等。

导读

1923年8月,朱自清和好友俞平伯到南京度假,同游秦淮河,当月俞平伯写下《桨声灯影里的秦淮河》,追忆当时畅游的情景。同年10月,朱自清在温州也以同一题目写下了自己的所见所感。共同的题目,不同的风格,两篇散文各有千秋,传于后世,成为现代文学史上的一段佳话。朱自清《桨声灯影里的秦淮河》这篇散文,通过对月光下的秦淮河旖旎风光的详尽描写,展现了一幅令人缅怀的桨声灯影里的秦淮河画卷,委婉含蓄地表现了五四退潮后身处黑暗现实下的复杂心境。

课文可分为四个部分:第一部分交代了夜游的时间、同行者,并对秦淮河冠以"历史的",为下文的说古道今、描绘它的衰落打下伏笔;第二部分描写了秦淮河的水、船、彩灯、歌声,眼前所见与历史画面交织,如梦似幻的境界令人神往;第三部分是叙写景物的高潮部分,薄薄的秦淮夜色,静静的、冷冷的秦淮水,以工笔画般的细腻细致入微地描绘出灯光与月色交融下的秦淮风光;第四部分写出于精神上的渴求,想温寻六朝金粉的余味,但心欲近而身拒之,乘兴而来,怅惘而归。作者从现实走进历史回忆,又从历史向往的陶醉中回到现实,虚实相生,意境朦胧,美不胜收,畅游美景的同时,也进行了一次心灵的旅行。"舱前的顶下，一律悬着灯彩；灯的多少，明暗，彩苏的精粗，艳晦，是不一的。但好歹总还你一个灯彩。""在这薄霭和微漪里，听着那悠然的间歇的桨声，谁能不被引入他的美梦去呢？只愁梦太多了，这些大小船儿如何载得起呀？我们这时模模糊糊的谈着明末的秦淮河的艳迹，如《桃花扇》及《板桥杂记》里所载的。我们真神往了。我们仿佛亲见那时华灯映水，画舫凌波的光景了。于是我们的船便成了历史的重载。"对历史的陶醉，以歌妓的出现而幻灭，从梦中重又回到现实。作者将碍于道德律的束缚，一心想超越现实，但又不能忘却现实的矛盾心情展示得淋漓尽致，意蕴深厚自然。

这篇作品体现了朱自清散文构思缜密、描写细致的特点。作者将自然景色、历史影像、真实感情融会起来，洋溢着一股细腻而又真挚的情感，文笔精美婉丽，节奏跌宕有致，饱含诗意和生活情趣。

感 悟 讨 论

1. 这篇游记描写细腻，格调清新，文笔清丽，仔细阅读第三部分，体会这一特点。
2. 你同意作者"畅游秦淮美景的同时，也进行了一次心灵的旅行"的评价吗？为什么？
3. 分析课文中运用比喻、比拟修辞手法的地方。

链接

《朱自清散文》，朱自清著，人民文学出版社 2005 年版。

陶然亭为清代名亭，"陶然"二字源自大诗人白居易的诗"更待菊黄家酝熟，共君一醉一陶然"。俞平伯以淡然传神之笔回忆了雪中游陶然亭的经历，发祥理之思。

第七节

陶然亭的雪

◎ 俞平伯

悄然的北风，黯然的同云，炉火不温了，灯还没有上呢。这又是一年的冬天。在海滨草草营巢，暂止飘零的我，似乎不必再学黄叶们故意沙沙的作成那繁响了。老实说，近来时序的迁流，无非逼我换了几回衣裳；把夹衣叠起，把棉衣抖开，这就是秋尽冬来的惟一大事。至于秋之为秋，冬之为冬，我之为我，一切之为一切，固依然自若，并非可叹可悲可怜可喜的意味，而且连那些意味的残痕也觉无从觅哩。千条万派活跃的流泉似全然消释于无何有之乡土，剩下"漠然"这么一味来相伴了。看看窗外酿雪的同云，倒活画出我那潦倒的影儿一个。像这样喑哑无声的蠢然一物，除血脉呼吸的轻颤以外，安息在冬天的晚上，真真再好没有了。有人说，这不是静止——静止是没有的——是均衡的动，如两匹马以同速同向去跑着，即不异于比肩站着的石马。但这些问题虽另有人耐烦去想，而我则岂其人呢。所以于我顶顶合式，莫如学那晚的停云。（你听见它说过话吗？）无如编辑《星海》的朋友们逼我饶舌。我将怎样呢？——有了！在"悄然的北风，黯然的同云，炉火不温了，灯还没有上呢"这个光景下，令我追忆昔年北京陶然亭之雪。

我虽生长于江南，而自曾北去以后，对于第二故乡的北京也真不能无所恋恋了。尤其是在那样一个冬晚，有银花纸糊裱的顶棚和新衣裳一样綷縩①的纸窗，一半还已烬一半红着，可以照人须眉的泥炉火，还有墙外边三两声的担子吆喝。因房这样矮而洁，窗这样低而明，越显出天上的同云格外的沉凝欲堕，酿雪的意思格外浓鲜而成熟了。我房中照例上灯独迟些，对面或侧面的火光常浅浅耀在我的窗纸上，似比月色还多了些静穆，还多了些凄清。当我听见廓落的院子里有脚步声，一会儿必要跟着"砰"关风门了，或者"�^砳搭"下帘子了。我便料到必有寒紧的风在走道的人颈傍拂着，所以他要那样匆匆的走。

如此，类乎此的黯淡的寒姿，在我忆中至少可以匹敌江南春与秋的姝丽了，至少也可以使惯住江南的朋友们了解一点名说苦寒的北方，也有足以系人思念的冬之黄昏啊。有人说，"这岂不将钩惹我们的迟暮之感？"真的！——可是，咱们谁又是专喝蜜水的人呢。

总是冬天罢，(谁要你说？)年月日是忘怀了。读者们想决不屑介意于此琐琐的，所以忘怀倒也没要紧。那天是雪后的下午。我其时住在东华门侧一条曲折的小胡同里，而 G 君所居更偏东些。我们雇了两辆"胶皮"②，向着陶然亭去，但车只雇到前门外大外郎营，(从东城至陶然亭路很远，冒雪雇车很不便。)车轮咯咯吱吱的切碾着白雪，留下凹纹的平行线，我们遂由南池子而天安门东，渐逼近车马纷填，兀然在目的前门了。街衢上已是一半儿泥泞，一半儿雪了。幸而北风还时时吹下一阵雪珠，蒙络那一切，正如疏朗冥蒙的银雾③。亦幸而雪在北京，似乎是白面捏的，又似乎是白泥塑的。(往往到初春时，人家庭院里还堆着与土同色的雪，结果是成筐的挑了出去完事。)若移在江南，檐漏的滴嗒，不终朝而消尽了。

言归正传。我们下了车，踏着雪，穿粉房琉璃街而南，炫眼的雪光愈白，栉比的人家渐寥落了。不久就远远望见清旷莹明的原野，这正是在城圈里耽腻了的我们所期待的。累累的荒冢，白着头的，地名叫做窑台。我不禁连想那"会向瑶台月下逢"的所谓瑶台④。这本是比拟不伦，但我总不住的那么想。

那时江亭之北似尚未有通衢。我们蹀躞于白氅衣广覆着的田野之间，望望这里，望望那里，都很像江亭似的。商量着，偏西南方较高大的屋，或者就是了。但为什么不见一个亭子呢？藏在里边罢？

到拾级而登时，已确信所测不误了。然踏穿了内外竟不见有什么亭子。幸而上面挂着的一方匾；否则那天到的是不是陶然亭，若至今还是疑问，岂非是个笑话。江亭无亭，这样的名实乖违，总使我们怅然若失。我来时是这样预期的，一座四望极目的危亭，无碍无遮，在雪海中沐浴而嬉，宛如回旋的灯塔在银涛万沸之中，浅礁之上，亭亭矗立一般。而今竟只见拙钝的几间老屋，为城圈之中所习见而不一见的，则已往的名流觞咏⑤，想起来真不免黯然寡色了。

然其时雪又纷纷扬扬而下来，跳舞在灰空里的雪羽，任意地飞集到我们的粗呢氅衣上。趁它们未及融为明珠的时候，我即用手那么一拍，大半掉在地上，小半已渗进衣襟去。"下马先寻题壁字⑥"，来来回回的循墙而走，咱们也大有古人之风呢。看看咱们能拾得什么？至少也当有如"白丁香折玉亭亭"一样的句子被传诵着罢⑦。然而竟终于不见！可证"一蟹不如一蟹"这句老话真是有一点意思的。后来幸而觅得略可解嘲的断句，所谓"卅年戎马尽秋尘"者，从此就在咱们嘴里咕噜着了。

在曲折廓落的游廊间，当北风卷雪渺无片响的时分，忽近处递来琅琅的书声。谛听，分明得很，是小孩子的。它对于我们十分亲密，因为和从前我们在书房里所唱出的正是一个样子。这尽可以使我重温热久未曾尝的儿时的甜酒，使我俯拾眠歌声里的温馨梦痕；并可以减轻北风的尖冷，抚慰素雪的飘零。换一句干脆点的话，就是在清冷双绝的况味中，它恰好给喝了一点热热酽酽的东西⑧，使一切已凝的，一切凝着的，一切将凝的，都软洋洋鞸着腰肢不自支持了⑨。

书声还正琅琅然呢。我们寻诗的闲趣被窥人的热念给岔开了。从回廊下趋过去，两明一暗的三间屋，玻璃窗上帷子亦未下。天色其时尚未近黄昏；惟云天密吻，酿雪意的浓酣，阡陌明胸，积雪痕的寒皎，似乎全与迟暮合缘，催着黄昏快些来罢。至屋内的陈设，人物的须眉，已尽随年月日时的迁移，送进茫茫昧昧的乡土，在此也只好从缺。几个较鲜明的印象，尚可片片掇拾以告诸君的，是厚的棉门帘一个；肥短的旱烟袋一支；老黄色的《孟子》一册，上有银硃圈点，正翻到《离娄》篇首；照例还有白灰泥炉一个，高高的火苗窜着；以外……
"算了罢，你不要在这儿写帐哟！"

游览必终之以大嚼，是我们的惯例，这里边好像有鬼催着似的。我曾和我姊姊说过，"咱们以后不用说逛什么地方，老实说吃什么地方好了。"她虽付之一笑，却不斥我为胡闹，可见中非无故了。我且曾以之问过吾师。吾师说得尤妙，"好吃是文人的天性，"这更令我不便追问下去。因为既曰天性，已是第一因了。还要求它的因，似乎不很知趣。如理化学家说到电子，心理学家说到本能，生机哲学者说到什么"隐得而希"……

闲言少表。天性既不许有例外，谈到白雪，自然会归到一条条的白面上去。不过这种说法是很辱没胜地的，且有点文不对题。所以在江亭中吃的素面，只好割爱不谈。我只记得青汪汪的一炉火，温煦最先散在人的双颊上。那户外的尖风鸣鸣的独自去响。倚着北窗，恰好鸟瞰那南郊的旷莽积雪。玻璃上偶沾了几片鹅毛碎雪，更显得它的莹明不滓。雪固白得可爱，但它干净得尤好。酿雪的云，融雪的泥，各有各的意思；但总不如一半留着的雪痕，一半飘着的雪华，上上下下，迷眩难分的尤为美满。脚步声听不到，门帘也不动，屋里没有第三个人。我们手都插在衣袋里，悄对着那排向北的窗。窗外有几方妙绝的素雪装成的册页。累累的坟，弯弯的路，枝枝桠桠的树，高高低低的屋顶，都秃着白头，耸着白肩膀，危立在卷雪的北风之中。上边不见一只鸟儿展着翅，下边不见一条虫儿蠢然的动(或者要归功于我的近视眼),不用提路上的行人,更不用提马足车尘了。惟有背后已热的瓶笙吱吱的响,是为静之独一异品;然依昔人所谓"蝉噪林逾静"的静这种诠释,它虽努力思与岑寂绝缘终久是失败的哟。死样的寂每每促生胎动的潜能,惟万寂之中留下一分两分的喧哗,使就烬的赤灰不致以内炎而重生烟焰;故未全枯寂的外缘正能孕育着止水一泓似的心境。这也无烦高谈妙谛,只当咱们清眠不熟的时光便可以稍稍体验这番悬谈了。闲闲的意想,乍生乍灭,如行云流水一般的不关痛痒,比强制吾心,一念不着的滋味如何? 这想必有人能辨别的。

炉火使我们的频热,素面使我们的胃饱,飘零的暮雪使我们的心越过越黯淡。我们到底不得不出去一走,到底不得不面迎着雪,脚踹着雪,齐向北快快的走。离亭数十步外有一土坡,上开着一家油厂;厂右有小小的断坟并立。从坟头的小碣,知道一个葬的是鹦鹉;一个名为香冢,想又是美人黄土那类把戏了。只是一件,油厂有狗,喜拦门乱吠。G 君是怕狗的;因怕它咬,并怕那未必就咬的吠,并怕那未必就吠的狗。而我又是怯登土坡的,雪覆着的坡子滑滑的难走,更有点望之生畏。故我们商量商量,还是别去为妙。

我们绕坡北去时,G 君抬头而望(我记得其时狗没有吠)对我说,来年春归时,种些红杜鹃花在上面。我点点头。路上还商量着买杜鹃花的价钱。……现在呢,然而现在呢? 我惆怅着凤愿的虚设。区区的愿原不妨孤负;然区区的愿亦未免孤负,则以外的岂不又可知了。——北京冬间早又见了三两寸的雪,而上海至今只是黯然的同云,说是酿雪,说是酿雪,而终于不来。这令我由不得追忆那年江亭玩雪的故事。

(选自《俞平伯散文》,俞平伯著,浙江文艺出版社 2000 年版)

注 释

①缕缞(cuìcài):衣服相擦声。
②胶皮:指人力车。
③冥蒙:幽暗不明。
④会向瑶台月下逢:出自唐代诗人李白《清平调》。
⑤觞咏:出自王羲之《兰亭集序》:"一觞一咏,亦足以畅叙幽情。"后人以"觞咏"谓饮酒赋诗。
⑥下马先寻题壁字:出自北宋词人周邦彦的《浣溪沙》。
⑦白丁香折玉亭亭:俞平伯的父亲从前在陶然亭见的雪珊女史的题壁诗:"柳色随山

上鬓青,白丁香折玉亭亭,天涯写遍题墙字,只怕流莺不解听。"

⑧酽酽(yànyàn):表示程度深。

⑨軃(duǒ):下垂。

俞平伯(1900—1990),原名俞铭衡,字平伯。现代诗人、作家、红学家。清代朴学大师俞樾曾孙。与胡适并称"新红学派"的创始人。他出身名门,早年以新诗人、散文家享誉文坛。1919年毕业于北京大学,曾为燕京大学、清华大学、北京大学教授。加入"文学研究会"、"语丝社"等文学社团,是新文学运动初期的重要诗人,与朱自清、郑振铎等创办"五四"以来最早出版的诗刊《诗》。新中国成立后,历任北京大学教授、中国社科院研究员、中国作家协会理事。俞平伯后来的散文创作成就超过了早期的诗歌创作,创造出虚实相生的朦胧境界,追求不离不着的况外之味,表现出他对人生的思索和推动人生向上的真诚愿望。俞平伯积极参加五四新文化运动,精研中国古典文学,执教于著名学府,是一位热忱的爱国者和具有高尚情操的知识分子。

◤ 导读

这篇文章是作者对一次观雪经历的回忆,蕴涵着作者对自然之美的向往和怀念之意,表达出与自然亲和、相依恋的感情。

文章下笔淡然,以"悄然的北风,黯然的同云,炉火不温了,灯还没有上呢"为背景,引起雪游陶然亭的回忆。接着记述了具体的游历过程,在恬淡自然中体现出细细的玩索,其中有游历中的小见闻和小感触,也有对陶然亭雪景的精细描述。洋洋洒洒中透露出惆怅,但更多的是流露出作者不以物喜、不以己悲的随缘即应的淡然之心。结尾又回到现实中,在怀念往事的怅惘中再次深化怀念自然、亲近自然的主题。作者受传统思想的浸染较深,禅宗那种"我心是佛——我心清静——依心行动——适意自然"的哲学,不经意间流露笔端,自成一片满蕴着人间气息的洒脱自如之境。当时身处国家多事之秋的俞平伯,努力以平常心对待人生种种变故,"近来时序的迁流,无非逼我换了几回衣裳;把夹衣叠起,把棉衣抖开,这就是秋尽冬来的惟一大事。至于秋之为秋,冬之为冬,我之为我,一切之为一切,固依然自若,并非可叹可悲可怜可喜的意味,而且连那些意味的残痕也觉无从觅哩。千条万派活跃的流泉似全然消释在无何有之乡土,剩下'漠然'"这么一味来相伴了"。仔细品嚼,其间不乏苦涩,但更多的是超脱和淡然。

文章笔触自然轻松,饶有趣味,娓娓而谈,描写生动传神,韵味雅致。语言庄谐参差,充满清高而不绝俗的静雅闲适之趣,体现出亲切自然、平和冲淡的风格。

感 悟 讨 论

1. 体会作品所传达的人与自然相亲和、相依恋的感情。

2. 这篇文章结构散漫,你认为这是文章的缺陷吗?为什么?

3. 仔细品味"近来时序的迁流,无非逼我换了几回衣裳;把夹衣叠起,把棉衣抖开,这就是秋尽冬来的惟一大事。至于秋之为秋,冬之为冬,我之为我,一切之为一切,固依然自若,并非可叹可悲可怜可喜的意味,而且连那些意味的残痕也觉无从觅哩。千条万派活跃的流泉似全然消释在无何有之乡土,剩下'漠然'这么一味来相伴了"这段话的意味。

链接

选自《俞平伯散文》,俞平伯著,浙江文艺出版社 2000 年版。

巴金的散文多描写自然风光和人生世态，洋溢着渴望自由、追求光明的热情。他希望"每个人都得着春天，每颗心都得着光明，每个人的生活都得着幸福，每个人的发展都得着自由"。

第八节

爱尔克的灯光

◎ 巴 金

傍晚，我靠着逐渐暗淡的最后的阳光的指引，走过十八年前的故居。这条街、这个建筑物开始在我的眼前隐藏起来，像在躲避一个久别的旧友。但是它们的改变了的面貌于我还是十分亲切。我认识它们，就像认识我自己。还是那样宽的街，宽的房屋。巍峨的门墙代替了太平缸和石狮子，那一对常常做我们坐骑的背脊光滑的雄狮也不知逃进了哪座荒山。然而大门开着，照壁上"长宜子孙"四个字却是原样地嵌在那里，似乎连颜色也不曾被风雨剥蚀。我望着那同样的照壁，我被一种奇异的感情抓住了，我仿佛要在这里看出过去的十九个年头，不，我仿佛要在这里寻找十八年以前的遥远的旧梦。

守门的卫兵用怀疑的眼光看我。他不了解我的心情。他不会认识十八年前的年轻人。他却用眼光驱逐一个人的许多亲密的回忆。

黑暗来了。我的眼睛失掉了一切。于是大门内亮起了灯光。灯光并不曾照亮什么，反而增加了我心上的黑暗。我只得失望地走了。我向着来时的路回去。已经走了四五步，我忽然掉转头，再看那个建筑物。依旧是阴暗中的一线微光。我好像看见一个盛满希望的水碗一下子就落在地上打碎了一般，我痛苦地在心里叫起来。在这条被夜幕覆盖着的近代城市的静寂的街中，我仿佛看见了哈立希岛上的灯光。那应该是姐姐爱尔克点的灯罢。她用这灯光来给她航海的兄弟照路，每夜每夜灯光亮在她的窗前，她一直到死都在等待那个出远门的兄弟回来。最后她带着失望进入坟墓。

街道仍然是清静的。忽然一个熟悉的声音在我耳边轻轻地唱起了这个欧洲的古传说。在这里不会有人歌咏这样的故事。应该是书本在我心上留下的影响。但是这个时候我想起了自己的事情。

十八年前在一个春天的早晨，我离开这个城市、这条街的时候，我也曾有一个姐姐，也曾答应过有一天回来看她，跟她谈一些外面的事情。我相信自己的诺言。那时我的姐姐还是一个出阁才只一个多月的新嫁娘，都说她有一个性情温良的丈夫，因此也会有长久的幸福的岁月。

然而人的安排终于被"偶然"破坏了。这应该是一个"意外"。但是这"意外"却毫无怜悯地打击了年轻的心。我离家不过一年半光景，就接到了姐姐的死讯。我的哥哥用了颤抖的哭诉的笔叙说一个善良女性的悲惨的结局，还说起她死后受到的冷落的待遇。从此那个做过她丈夫的所谓温良的人改变了，他往一条丧失人性的路走去。他想往上爬，结果却不停地向下面落，终于到了用鸦片烟延续生命的地步。对于姐姐，她生前我没有好好地爱过她，死后也不曾做过一样纪念她的事。她寂寞地活着，寂寞地死去。死带走了她的一切，这就是在我们那个地方的旧式女子的命运。

我在外面一直跑了十八年。我从没有向人谈过我的姐姐。只有偶尔在梦里我看见了爱尔克的灯光。一年前在上海我常常睁起睛睛做梦。我望着远远的在窗前发亮的灯，我面前横着一片大海，灯光在呼唤我，我恨不得腋下生出翅膀，即刻飞到那边去。沉重的梦压住我的心灵，我好像在跟许多无形的魔手挣扎。我望着那灯光，路是那么远，我又没有翅膀。我只有一个渴望：飞！飞！那些熬煎着心的日子！那些可怕的梦魇！

但是我终于出来了。我越过那堆积着像山一样的十八年的长岁月，回到了生我养我而且让我刻印了无数儿时回忆的地方。我走了很多的路。

十九年，似乎一切全变了，又似乎都没有改变。死了许多人，毁了许多家。许多可爱的生命葬入黄土。接着又有许多新的人继续扮演不必要的悲剧。浪费，浪费，还是那许多不必要的浪费——生命，精力，感情，财富，甚至欢笑和眼泪。我去的时候是这样，回来时看见的还是一样的情形。关在这个小圈子里，我禁不住几次问我自己：难道这十八年全是白费？难道在这许多年中间所改变的就只是装束和名词？我痛苦地搓自己的手，不敢给一个回答。

在这个我永不能忘记的城市里，我度过了五十个傍晚。我花费了自己不少的眼泪和欢笑，也消耗了别人不少的眼泪和欢笑。我匆匆地来，也将匆匆地去。用留恋的眼光看我出生的房屋，这应该是最后的一次了。我的心似乎想在那里寻觅什么。但是我所要的东西绝不会在那里找到。我不会像我的一个姑母或者嫂嫂，设法进到那所已经易了几个主人的公馆，对着园中的花树垂泪，慨叹着一个家族的盛衰。摘吃自己栽种的树上的苦果，这是一个人的本分。我没有跟着那些人走一条路，我当然在这里找不到自己的脚迹。几次走过这个地方,我所看见的还只是那四个字:"长宜子孙"。

"长宜子孙"这四个字的年龄比我的不知大了多少。这也该是我祖父留下的东西罢。最近在家里我还读到他的遗嘱。他用空空两手造就了一份家业。到临死还周到地为儿孙安排了舒适的生活。他叮嘱后人保留着他修建的房屋和他辛苦地搜集起来的书画。但是儿孙们回答他的还是同样的字:分和卖。我很奇怪,为什么这样聪明的老人还不明白一个浅显的道理:财富并不"长宜子孙",倘使不给他们一个生活技能,不向他们指示一条生活道路;"家"这个小圈子只能摧毁年轻心灵的发育成长,倘使不同时让他们睁起眼睛去看广大世界;财富只能毁灭崇高的理想和善良的气质,要是它只消耗在个人的利益上面。

"长宜子孙",我恨不能削去这四个字①!许多可爱的年轻生命被摧践了,许多有为的年轻心灵被囚禁了。许多人在这个小圈子里面憔悴地捱着日子。这就是"家"!"甜蜜的家"!这不是我应该来的地方。爱尔克的灯光不会把我引到这里来的。

于是在一个春天的早晨,依旧是十八年前的那些人把我送到门口,这里面少了几个,也多了几个。还是和那次一样,看不见我姐姐的影子,那次是我没有等待她,这次是我找不到她的坟墓。一个叔父和一个堂兄弟到车站送我,十八年前他们也送过我一段路程。

我高兴地来,痛苦地去。汽车离站时我心里的确充满了留恋。但是清晨的微风,路上的尘土,马达的叫吼,车轮的滚动,和广大田野里一片盛开的菜子花,这一切驱散了我的离愁。我不顾同行者的劝告,把头伸到车窗外面,去呼吸广大天幕下的新鲜空气。我很高兴,自己又一次离开了狭小的家,走向广大的世界中去!

忽然在前面田野里一片绿的蚕豆和黄的菜花中间,我仿佛又看见了一线光,一个亮,这还是我常常看见的灯光。这不会是爱尔克的灯里照出来的,我那个可怜的姐姐已经死去了。这一定是我的心灵的灯,它永远给我指示我应该走的路。

1941 年 3 月重庆

(选自《巴金散文》,巴金著,人民文学出版社 2007 年版)

注　释

① 作者 1959 年注:1956 年 12 月我终于走进了这个"公馆"。"长宜子孙"四个字果然

跟着"照壁"一起消灭了。

　　巴金(1904—2005),原名李尧棠,字芾甘,四川成都人,现代著名作家。巴金的原名和字源于《诗经·国风》中《召南·甘棠》的首句"蔽芾甘棠"。1923年巴金到上海、南京求学,1927年至1928年留学法国,开始从事译著工作和文学创作,出版了处女作《灭亡》。回国后陆续出版了《家》、《春》、《秋》(《激流三部曲》)、《雾》、《雨》、《电》(《爱情三部曲》)、《寒夜》、《憩园》、《随想录》等作品。代表作《家》描写一个封建大家庭的家族生活,揭露了封建末世的黑暗与腐朽,控诉了旧礼教、旧势力的罪恶,歌颂了"五四"时期一代知识青年的觉醒。此外,还出版了《旅途随笔》、《静夜的悲剧》等散文集。巴金的散文,大多描写自然风光和人生世态,洋溢着渴望自由、追求光明的热情。巴金曾长期主持过著名文学刊物《收获》,以及《文学丛刊》、《译文丛书》、文化生活出版社等编辑工作。曾任中国作家协会主席、全国文联副主席等职。1982年获意大利国际但丁奖,1999年8315号小行星以巴金的名字命名。

导读

　　本文通过"灯光"这一线索,表达了对姐姐的缅怀之情以及深沉的人道主义思索;照壁上"长宜子孙"这四个字在文中反复出现,表达了作者对封建思想和封建专制制度的彻底否定。两条线索交替出现,表达出作者较为复杂的思想情感。

　　课文可分为三部分:第一部分写作者回到了18年前的故居,看到了"长宜子孙"感慨万千;第二部分追忆姐姐,引发对旧制度摧残生命的抨击;第三部分写再次离开狭小的"家",投身广大的世界。作为缅怀善良姐姐的"灯光",寓意深刻而复杂,"爱尔克的灯光"是作者用欧洲古老的传说故事来烘托姐姐善良心灵的象征描写。"她用这灯光来给她航海的兄弟照路"而自己却陷入黑暗痛苦的"家"的深渊,"她寂寞地活着,寂寞地死去"。这充分展示了一个生活在封建囚笼中的女性所付出的爱和承担巨大痛苦的"崇高的理想和善良的气质",正是这种伟大的女性的毁灭,激发了作者对封建专制的无比痛恨,文中反复写"灯光",不仅使文章充盈诗情,也具有统领全文的作用。文中提到的三种灯光,都包含着深邃的象征意义:故居大门内亮起的昏暗的灯光,是旧家庭、旧礼教走向没落、崩溃的象征。爱尔克的灯光,象征着旧生活的悲剧和希望的破灭。"我的心灵的灯"则象征着作者对新生活的信念和对理想的追求。"长宜子孙"作为一种封建专制传承的象征,维护着旧秩序,囚禁着年轻的心灵,摧残着年轻的生命,作者诅咒黑暗的封建礼教,向往光明,引发了对于人生道路与生活方式的思考:囚笼般的生活会毁灭了年轻人进取的热情和斗志,羁绊着年轻人走向更广大、更美好生活的脚步。作者结合自己的人生经历,提出了一条新的生活道路,那就是冲破旧家庭的束缚,到广大的世界中去,对新的生活充满了信心和期待。

本文叙述、抒情和议论相结合,情感真挚,意境深邃。

感 悟 思 考

1. 试分析"爱尔克的灯光"的象征意义,并比较它与"大门内亮起的一线光"和"我心灵的灯"的不同寓意。

2. 谈谈你对"长宜子孙"这一封建人生观的理解。

3. 文章后面谈到"走向广大的世界中去"表达了什么样思想?

链接

《巴金散文》,巴金著,人民文学出版社 2007 年版。

托物言志，咏物抒怀，袒露心迹，字里行间充满了哲理和禅机——"天行有常，不为尧存，不为桀亡"，凡事顺其自然，遇事不为它动，处之泰然。

第九节

二 月 兰

◎ 季羡林

转眼，不知怎样一来，整个燕园成了二月兰的天下。

二月兰是一种常见的野花。花朵不大，紫白相间。花形和颜色都没有什么特异之处。如果只有一两棵，在百花丛中，决不会引起任何人的注意。但是它却以多制胜，每到春天，和风一吹拂，便绽开了小花；最初只有一朵，两朵，几朵。但是一转眼，在一夜间，就能变成百朵，千朵，万朵。大有凌驾百花之势了。

我在燕园里已经住了四十多年。最初我并没有特别注意到这种小花。直到前年，也许正是二月兰开花的大年，我蓦地发现，从我住的楼旁小土山开始，走遍了全园，眼光所到之处，无不有二月兰在。宅旁，篱下，林中，山头，土坡，湖边，只要有空隙的地方，都是一团紫气，间以白雾，小花开得淋漓尽致，气势非凡，紫气直冲云霄，连宇宙都仿佛变成紫色的了。

我在迷离恍惚中，忽然发现二月兰爬上了树，有的已经爬上了树顶，有的正在努力攀登，连喘气的声音似乎都能听到。我这一惊可真不小：莫非二月兰真成了精了吗？再定睛一看，原来是兰丛中一些藤萝，也正在开着花，花的颜色同二月兰一模一样，所差的就仅仅只缺少那一团白雾。我实在觉得我这个幻觉非常有趣。带着清醒的意识，我仔细观察起来：除了花形之外，颜色真是一般无二。反正我知道了这是两种植物，心里有了底，然而再一转眼，我仍然看到二月兰往枝头爬。这是真的呢？还是幻觉？——由它去吧。

自从意识到二月兰存在以后，一些同二月兰有联系的回忆立即涌上心头。原来很少想到的或根本没有想到的事情，现在想到了；原来认为十分平常的琐事，现在显得十分不平常了。我一下子清晰地意识到，原来这种十分平凡的野花竟在我的生命中占有这样重要的地位。我自己也有点吃惊了。

我回忆的丝缕是从楼旁的小土山开始的。这一座小土山，最初毫无惊人之处，只不过二三米高，上面长满了野草。当年歪风狂吹时，每次"打扫卫生"，全楼住的人都被召唤出来拔草，不是"绿化"，而是"黄化"。我每次都在心中暗恨这小山野草之多。后来不知由于什么原因，把山堆高了一两米。这样一来，山就颇有一点山势了。东头的苍松，西头的翠柏，都仿佛恢复了青春，一年四季，郁郁葱葱，中间一棵榆树，从树龄来看，只能算是松柏的曾孙，然而也枝干繁茂，高枝直刺入蔚蓝的晴空。

我不记得从什么时候起我注意到小山上的二月兰。这种野花开花大概也有大年小年之别的。碰到小年，只在小山前后稀疏地开上那么几片。遇到大年，则山前山后开成大片。二月兰仿佛发了狂。我们常讲什么什么花"怒放"，这个"怒"字用得真是无比地奇妙。二月兰一"怒"，仿佛从土地深处吸来一股原始力量，一定要把花开遍大千世界，紫气直冲云霄，连宇宙都仿佛变成紫色的了。

东坡的词说："月有阴晴圆缺，人有悲欢离合，此事古难全。"但是花们好像是没有什么悲欢离合。应该开时，它们就开；该消失时，它们就消失。它们是"纵浪大化中"，一切顺其自然，自己无所谓什么悲与喜。我的二月兰就是这个样子。

然而，人这个万物之灵却偏偏有了感情，有了感情就有了悲欢。这真是多此一举，然而没有法子。人自己多情，又把情移到花，"泪眼向花花不语"，花当然"不语"了。如果花真"语"起来，岂不吓坏人！这些道理我十分明白。然而我仍然把自己的悲欢挂到二月兰上。

当年老祖还活着的时候[1]，每到春天二月兰开花的时候，她往往拿一把小铲，带一个黑书包，到成片的二月兰旁青草丛里去搜挖荠菜。只要看到她的身影在二月兰的紫雾里晃动，我就知道在午餐或晚餐的餐桌上必然弥漫着荠菜馄饨的清香。当婉如还活着的时候，她每次回家，只要二月兰正在开花，她离开时，她总穿过左手是二月兰的紫雾，右手是湖畔垂柳的绿烟，匆匆忙忙走去，把我的目光一直带到湖对岸的拐弯处。当小保姆杨莹还在我家时，她也同小山和二月兰结上了缘。我曾套宋词写过三句话："午静携侣寻野菜，黄昏抱猫向夕阳，当时只道是寻常。"我的小猫虎子和咪咪还在世的时候，我也往往在二月兰丛里看到她们：一黑一白，在紫色中格外显眼。

所有这些琐事都是寻常到不能再寻常了。然而，曾几何时，到了今天，老祖和婉如已经永远永远地离开了我们[2]。小莹也回了山东老家。至于虎子和咪咪也各自遵循猫的规律，不知钻到了燕园中哪一个幽暗的角落里，等待死亡的到来。老祖和婉如的走，把我的心都带走了。虎子和咪咪我也忆念难忘。如今，天地虽宽，阳光虽照样普照，我却感到无边的寂寥与凄凉。回忆这些往事，如云如烟，原来是近在眼前，如今却如蓬莱灵山，可望而不可即了。

对于我这样的心情和我的一切遭遇，我的二月兰一点也无动于衷，照样自己开花。今年又是二月兰开花的大年。在校园里，眼光所至之处，无不有二月兰在。宅旁，篱下，林中，山头，土坡，湖边，只要有空隙的地方，都是一团紫气，间以白雾，小花开得淋漓尽致，气势非凡。紫气直冲霄汉，连宇宙都仿佛变成紫色的了。

这一切都告诉我。二月兰是不会变的，世事沧桑，于它如浮云。然而我却是在变的。月月变，年年变，我想以不变应万变，然而办不到。我想学习二月兰，然而办不到。不但如此，它还硬把我的记忆牵回到我一生最倒霉的时候。在十年浩劫中，我自己跳出来反对北大那一位"老佛爷"，被抄家，被打成了"反革命"。正是在二月兰开花的时候，我被管制劳动改造。有很长一段时间，我每天到一个地方去捡破砖碎瓦，还随时准备着被红卫兵押解到什么地方去"批斗"，坐喷气式，还要挨上一顿揍，打得鼻青脸肿。可是在砖瓦缝里二月兰依然开放，怡然自得，笑对春风，好像是在嘲笑我。

我当时日子实在非常难过。我知道正义是在自己手中，可是是非颠倒，人妖难分，我呼天天不应，叫地地不答，一腔义愤，满腹委屈，毫无人生之趣。在很长一段时间内，我成了"不可接触者"，几年没接到过一封信，很少有人敢同我打个招呼。我虽处人世，实为异类。

然而我一回到家里，老祖、德华她们，在每人每月只能得到恩赐十几元钱生活费的情况下，殚思竭虑，弄一点好吃的东西，希望能给我增加点营养；更重要的恐怕还是，希望能给我境添点生趣。婉如和延宗也尽可能地多回家来。我的小猫憨态可掬，偎依在我的身旁。她们不懂哲学，分不清两类不同性质的矛盾。人视我为异类，她们视我为好友，从来没有表态，要同我划清界限。所有这一些极其平常的琐事，都给我带来了无量的安慰。窗外尽管千里冰封，室内却是暖气融融。我觉得，在世态炎凉中，还有不炎凉者在。这一点暖气支撑着我，走过了人生最艰难的一段路，没有堕入深涧，一直到今天。

我感觉到悲，又感觉到欢。

到了今天，天运转动，否极泰来，不知怎么一来，我一下子成为"极可接触者"，到处听到的是美好的言词，到处见到的是和悦的笑容。我从内心里感激我这些新老朋友，他们绝对是真诚的。他们鼓励了我，他们启发了我。然而，一回到家里，虽然德华还在，延宗还在，可我的老祖到哪里去了呢？我的婉如到哪里去了呢？还有我的虎子和咪咪一世到哪里去了呢？世界虽照样朗朗，阳光虽照样明媚，我却感觉异样的寂寞与凄凉。

我感觉到欢，不感觉到悲。

我年届耄耋③，前面的路有限了。几年前，我写过一篇短文，叫《老猫》，意思很简明，我一生有个特点：不愿意麻烦人。了解我的人都承认。难道到了人生最后一段路上我就要改变这个特点吗？不，不，不想改变。我真想学一学老猫，到了大限来临时，钻到一个幽暗的角落里，一个人悄悄地离开人世。

这话又扯远了。我并不认为眼前就有制定行动计划的必要。我还有很多事情要做，而且我的健康情况也允许我去做。有一位青年朋友说我忘记了自己的年龄。这话极有道理。可我并没有全忘。有一个问题我还想弄弄清楚哩。按说我早已到了"悲欢离合总无情"的年龄，应该超脱一点了。然而在离开这个世界以前，我还有一件心事：我想弄清楚，什么叫"悲"？什么又叫"欢"？是我成为"不可接触者"时悲呢？还是成为"极可接触者"时欢？如果没有老祖和婉如的逝世，这问题本来是一清二白的，现在却是悲欢难以分辨了。我想得到答复。我走上了每天必登临几次的小山，我问苍松，苍松不语；我问翠柏，翠柏不答。我问三十多年来亲眼目睹我这些悲欢离合的二月兰，它也沉默不语，兀自万朵怒放，笑对春风，紫气直冲霄汉。

（选自《二月兰》，季羡林著，作家出版社 2010 年版）

注　释

①老祖：季羡林的婶母，含辛茹苦支撑季家，供养季羡林子女读书，全家尊她为老祖。

②婉如：季羡林的女儿季婉如，生前是一名高级建筑工程师。

③耄耋（màodié）：古指七八十岁的年纪，现泛指老年。

季羡林(1911—2009)，中国著名文学家、语言学家、教育家和社会活动家，翻译家，散文家。1911 年出生于山东临清，1930 年考入清华大学西洋文学系，1935 年考取清华大学与德国的交换研究生，赴德国学习梵文，1941 年获哲学博士学位。1946 年回国，被聘为北京大学教授，创建东方语言文学系，任北京大学教授兼东方语言文学系主任。1956 年当选为中国科学院哲学社会科学部委员。1978 年任北京大学副校长、中国社会科学院与北京大学合办的南亚研究所所长。季先生长年任教北大，在语言学、文化学、历史学、佛教学、印度学和比较文学等方面都有很深的造诣，研究翻译了梵文著作和德、英等国的多部经典,著述颇丰。季羡林先生为世人所敬仰,不仅因为他的学识,还因为他的品格。他说:即使在最困难的时候,也没有丢掉自己的良知。季羡林先生创作了大量的散文作品,他的散文有着浓厚的底蕴。"真"与"朴"是季先生散文的两大特点,也是其散文的独特风格。正如季先生所追求的那样:"淳朴恬淡,本色天然,外表平易,秀色内含,形式似散,经营惨淡,有节奏性,有韵律感,似谱乐曲,往复回还⋯⋯"他的散文如一面心灵的镜子,真实地映照出近九十年坎坷、曲折、追求、奋斗的人生历程。

导读

《二月兰》是季羡林先生的咏物抒怀之作。作者以他豁达澄明的心胸、恬淡淳朴的文笔,给读者讲述了一个洋溢着淡淡二月兰花香的人生历程故事。二月兰冲天紫气的描写,是季羡林坎坷人生的映象,是他不畏权势,自信坚强,无私无畏人格魅力的写照。

古人说:"情动于中而形于言",这"形于言"是真情能否传递于人的关键,而"情景相触"构成意境是最能打动读者的。二月兰是一种常见的野花,每到春天,和风一吹拂,校园内,眼光所到处就无处不有二月兰在。这时,"只要有孔隙的地方,都是一团紫气,间以白雾,小花开得淋漓尽致,气势非凡,紫气直冲云霄,连宇宙都仿佛变成紫色的了"。这种平凡却又不平凡的野花儿,随着春风的召唤,淋漓尽致地怒放,紫气直冲云霄;任凭世事多变,依旧在春天里怒放着她的生命,笑对世事浮沉。在《二月兰》中,作者以巧妙自然之笔将自己的每段人生经历和二月兰结合,使悲者愈悲,让欢者更欢,同时又借二月兰的不经意的"笑"表明了自己面对世事变迁的态度。融情于物,给《二月兰》营造了一种飘逸悠远的氛围。回忆昔日亲人团聚的欢乐,作者将对亲人的浓浓依恋之情化在缥缈的二月兰花雾中,显得自然而优美、缠绵。"十年浩劫"给作者带来巨大的身心折磨,对此作者寥寥数笔,洒脱超然。"二月兰依然开放,怡然自得,笑对春风,好像是在嘲笑我",这段二月兰的描写,为我们展示了一个豁达澄明的精神世界,作者在二月兰身上找到了坚持。斗转星移,当作者面对声名重来,亲人离散的孤寂时,"我问三十多年来亲眼目睹我这些悲欢离合的二月兰,它也沉默不语,兀自万朵怒放,笑对春风,紫气直冲霄汉"。作者又从二月兰身上汲取了精神力量,向读者展示了一个独立、自信、坚强的伟大人格。

作者善于从生活中捕捉细节,然后缓缓道出,从容平静。文章结构匠心独具,语言淳朴恬淡,用词自然天成,极富色彩之美。

感 悟 讨 论

1. 找出课文中关于二月兰描写的句子,体会作者赋予二月兰的人文精神。

2. 作者是以怎样一种态度讲述他经历的人生坎坷磨难的? 你有何感悟?

链接

《二月兰》,季羡林著,作家出版社 2010 年版。

依仗着渊博的文学和史学功底，余秋雨的散文以丰厚的文化感悟力和艺术表现力，探索中国文化的历史命运和中国文人的人格构成，揭示了中国文化的深刻内涵。

第十节

阳 关 雪

◎ 余秋雨

中国古代，一为文人，便无足观。文官之显赫，在官而不在文，他们作为文人的一面，在官场也是无足观的。但是事情又很怪异，当峨冠博带早已零落成泥之后，一杆竹管笔偶尔涂划的诗文，竟能镌刻山河，雕镂人心，永不漫漶①。

我曾有缘，在黄昏的江船上仰望过白帝城，顶着浓冽的秋霜登临过黄鹤楼，还在一个冬夜摸到了寒山寺。我的周围，人头济济，差不多绝大多数人的心头，都回荡着那几首不必引述的诗。人们来寻景，更来寻诗。这些诗，他们在孩提时代就能背诵。孩子们的想象，诚恳而逼真。因此，这些城，这些楼，这些寺，早在心头自行搭建。待到年长，当他们刚刚意识到有足够脚力的时候，也就给自己负上了一笔沉重的宿债，焦渴地企盼着对诗境实地的踏访。为童年，为历史，为许多无法言传的原因。有时候，这种焦渴，简直就像对失落的故乡的寻找，对离散的亲人的查访。

文人的魔力，竟能把偌大一个世界的生僻角落，变成人人心中的故乡。他们褪色的青衫里，究竟藏着什么法术呢？

今天，我冲着王维的那首《渭城曲》，去寻阳关了。出发前曾在下榻的县城向老者打听，回答是："路又远，也没什么好看的，倒是有一些文人辛辛苦苦找去。"老者抬头看天，又说："这雪一时下不停，别去受这个苦了。"我向他鞠了一躬，转身钻进雪里。

一走出小小的县城，便是沙漠。除了茫茫一片雪白，什么也没有，连一个皱折也找不到。在别地赶路，总要每一段为自己找一个目标，盯着一棵树，赶过去，然后再盯着一块石头，赶过去。在这里，睁疼了眼也看不见一个目标，哪怕是一片枯叶，一个黑点。于是，只好抬起头来看天。从未见过这样完整的天，一点儿也没有被吞食，边沿全是挺展展的，紧扎扎地把大地罩了个严实。

有这样的地,天才叫天。有这样的天,地才叫地。在这样的天地中独个儿行走,侏儒也变成了巨人。在这样的天地中独个儿行走,巨人也变成了侏儒。

天竟晴了,风也停了,阳光很好。没想到沙漠中的雪化得这样快,才片刻,地上已见斑斑沙底,却不见湿痕。天边渐渐飘出几缕烟迹,并不动,却在加深,疑惑半晌,才发现,那是刚刚化雪的山脊。

地上的凹凸已成了一种令人惊骇的铺陈,只可能有一种理解:那全是远年的坟堆。

这里离县城已经很远,不大会成为城里人的丧葬之地。这些坟堆被风雪所蚀,因年岁而坍,枯瘦萧条,显然从未有人祭扫。它们为什么会有那么多,排列得又是那么密呢? 只可能有一种理解:这里是古战场。

我在望不到边际的坟堆中茫然前行,心中浮现出艾略特的《荒原》②。这里正是中华历史的荒原:如雨的马蹄,如雷的呐喊,如注的热血。中原慈母的白发,江南春闺的遥望,湖湘稚儿的夜哭。故乡柳荫下的诀别,将军圆睁的怒目,猎猎于朔风中的军旗。随着一阵烟尘,又一阵烟尘,都飘散远去。我相信,死者临亡时都是面向朔北敌阵的;我相信,他们又很想在最后一刻回过头来,给熟悉的土地投注一个目光。于是,他们扭曲地倒下了,化作沙堆一座。

这繁星般的沙堆,不知有没有换来史官们的半行墨迹? 史官们把卷帙一片片翻过,于是,这块土地也有了一层层的沉埋。堆积如山的二十五史,写在这个荒原上的篇页还算是比较光彩的,因为这儿毕竟是历代王国的边远地带,长久担负着保卫华夏疆域的使命。所以,这些沙堆还站立得较为自在,这些篇页也还能哗哗作响。就像干寒单调的土地一样,出现在西北边陲的历史命题也比较单纯。在中原内地就不同了,山重水复、花草掩荫,岁月的迷宫会让最清醒的头脑胀得发昏,晨钟暮鼓的音响总是那样的诡秘和乖戾。那儿,没有这么大大咧咧铺张开的沙堆,一切都在重重美景中发闷,无数不知为何而死的怨魂,只能悲愤懊丧地深潜地底。不像这儿,能够袒露出一帧风干的青史,让我用 20 世纪的脚步去匆匆抚摩。

远处已有树影。急步赶去,树下有水流,沙地也有了高低坡斜。登上一个坡,猛一抬头,看见不远的山峰上有荒落的土墩一座,我凭直觉确信,这便是阳关了。

树愈来愈多,开始有房舍出现。这是对的,重要关隘所在,屯扎兵马之地,不能没有这一些。转几个弯,再直上一道沙坡,爬到土墩底下,四处寻找,近旁正有一碑,上刻"阳关古址"四字。

这是一个俯瞰四野的制高点。西北风浩荡万里,直扑而来,踉跄几步,方才站住。脚是站住了,却分明听到自己牙齿打战的声音,鼻子一定是立即冻红了的。呵一口热气到手掌,捂住双耳用力蹦跳几下,才定下心来睁眼。这儿的雪没有化,当然不会化。所谓古址,已经没有什么故迹,只有近处的烽火台还在,这就是刚才在下面看到的土墩。土墩已坍了大半,可以看见一层层泥沙,一层层苇草,苇草飘扬出来,在千年之后的寒风中抖动。眼下是西北的群山,都积着雪,层层叠叠,直伸天际。任何站立在这儿的人,都会感觉到自己是站在大海边的礁石上,那些山,全是冰海冻浪。

王维实在是温厚到了极点。对于这么一个阳关,他的笔底仍然不露凌厉惊骇之色,而只是缠绵淡雅地写道:"劝君更尽一杯酒,西出阳关无故人。"他瞟了一眼渭城客舍窗外青青的柳色,看了看友人已打点好的行囊,微笑着举起了酒壶。再来一杯吧,阳关之外,就找不到可以这样对饮畅谈的老朋友了。这杯酒,友人一定是毫不推却,一饮而尽的。

这便是唐人风范。他们多半不会洒泪悲叹,执袂劝阻。他们的目光放得很远,他们的人生道路铺展得很广。告别是经常的,步履是放达的。这种风范,在李白、高适、岑参那里,焕发得越加豪迈。在南北各地的古代造像中,唐人造像一看便可识认,形体那么健美,目光那么平静,神采那么自信。在欧洲看蒙娜丽莎的微笑,你立即就能感受,这种恬然的自信只属于那些真正从中世纪的梦魇中苏醒、对前路有把握的艺术家们。唐人造像中的微笑,只会更沉着、更安详。在欧洲,这些艺术家们翻天覆地地闹腾了好一阵子,固执地要把微笑输送进历史的魂魄。谁都能计算,他们的事情发生在唐代之后多少年。而唐代,却没有把它的属于艺术家的自信延续久远。阳关的风雪,竟愈见凄迷。

王维诗画皆称一绝,莱辛等西方哲人反复讨论过的诗与画的界线,在他是可以随脚出入的。但是,长安的宫殿,只为艺术家们开了一个狭小的边门,允许他们以卑怯侍从的身份躬身而入,去制造一点娱乐。历史老人凛然肃然,扭过头去,颤巍巍地重又迈向三皇五帝的宗谱。这里,不需要艺术闹出太大的局面,不需要对美有太深的寄托。

于是,九州的画风随之黯然。阳关,再也难于享用温醇的诗句。西出阳关的文人还是有的,只是大多成了谪官逐臣。

即便是土墩、是石城,也受不住这么多叹息的吹拂,阳关坍弛了,坍弛在一个民族的精神疆域中。它终成废墟,终成荒原。身后,沙坟如潮,身前,寒峰如浪。谁不能想象,这儿,一千多年之前,曾经验证过人生的壮美,艺术情怀的弘广。

这儿应该有几声胡笳和羌笛的,音色极美,与自然浑和,夺人心魄。可惜它们后来都成了兵士们心头的哀音。既然一个民族都不忍听闻,它们也就消失在朔风之中。

回去罢,时间已经不早。怕还要下雪。

(选自《文化苦旅》,余秋雨著,东方出版中心1992年版)

注 释

①漫漶(huàn):模糊不清,不可辨识。

②艾略特(1888—1965):即托马斯·艾略特,英国诗人,代表作《荒原》被认为是西方现代文学中具有划时代意义的作品。1948年获诺贝尔文学奖。

余秋雨,1946年生,浙江余姚市桥头镇人,艺术理论家,中国文化史学者,散文作家。1968年毕业于上海戏剧学院戏剧文学系。历任上海戏剧学院院长、教授,上海剧协副主席。1962年开始发表作品。1991年加入中国作家协会。著有散文集《文化苦旅》、《山居笔记》等,长篇记忆文学《借我一生》、《我等不到了》等,学术专著《戏剧理论史稿》、《戏剧审美心理学》、《中国戏剧史》,曾被授予"国家级突出贡献专家"、"上海市十大高教精英"等荣誉称号。余秋雨的散文文学和史学交融,思想深刻,思辨色彩浓厚,极具震撼力,揭示了中国文化的丰厚内涵,具有丰厚的文化感悟力和高超的艺术表现力。

导读

这是一篇充满理性思辨色彩的散文。阳关,今甘肃省敦煌县西南,为古代通往西北边疆的要道,因其地处玉门关的南面而得名。作者写阳关,不是单纯的咏物抒怀、借景抒情,而是借助阳关这一历史遗迹来探求古代中国的人文精神,追寻中国文人曾经的心路历程,揭示出中国古代文人具有"把偌大一个世界的生僻角落,变成人人心中的故乡"的巨大魔力,为我们展示了具有历史厚重感和沧桑感的人文山水画卷。

作者在开篇便说起古代文人的"无足观",文官之显赫在官而不在文。可是,当他们卸掉了乌纱,随意涂划的诗文便可以千古流芳。这看似不经意的起笔,实际上正是本文所要表达的题旨,也为后面的论述埋下的伏笔。作者写了白帝城、黄鹤楼、寒山寺,进一步阐述历代文人"把偌大一个世界的生僻角落,变成人人心中的故乡"的魔力。第二部分,作者切入了所要展开的话题,引出了王维著名的《阳关三叠》,作者冒雪访阳关,在沙漠里行走,看见了古战场遗留下来的坟堆。面对此情此景,作者展开了想象翅膀,以深情而又锤炼的语言描述了昔日铁马金戈的杀敌场景以及战争带给人民的灾难,铺陈排列了大量的意象。在作者眼里,即使阳关的坟堆也具有夺人魂魄的魅力。第三部分写终于找到"阳关古址",其实,这里没有什么特别的风景,烽火台还在,已经坍了大半,苇草在寒风中抖动,再有就是西北的群山积着层层叠叠的皑皑白雪。作者借助于眼前的景观,发出对中国历史的思索,写王维,由王维想到了李白、高适、岑参以及唐人风范,并引发这一历史节点中西文化的比较,发出由衷感慨,"而唐代,却没有把它的属于艺术家的自信延续久远。阳关的风雪,竟愈见凄迷"。"阳关的风雪"具有双重含义,交织着作者复杂的情感,具有一咏三叹的效果。

这篇散文激情洋溢,意象博大,格调苍郁,作者善用比较,以丰富的想象力和敏锐的洞察力一路行吟,表达了对民族文化的炽热情感和深深的理性思索。

感 悟 讨 论

1. 为什么说余秋雨的作品为我们展示的是"人文山水画卷"?

2. 作者以较多的笔墨描写了找寻阳关途中的所见所感,读了这部分之后有何感想?

3. 你怎么看中国文人"竟能把偌大一个世界的生僻角落,变成人人心中的故乡"?

链接

《文化苦旅》,余秋雨著,东方出版中心 1992 年版。

作者认为鉴真和尚给日本带来唐代文化的意义是非常重大的，他是日本文化的恩人。这篇充盈着诗情画意的文章向我们展示了自然之美、古典文化之美和人类崇高精神之美。

第十一节

唐招提寺的魅力

◎〔日〕东山魁夷

首先映入眼帘的，是郁郁葱葱的森林。

奈良西边，从尼辻沿着秋篠川向通往群山的路步行不久，便可以望见那会被误认为是御陵森林的葱茏林木，这森林就是我对唐招提寺的第一印象①。

看不见一幢建筑物。在过路人的眼里，大概只映现出一片普普通通的森林吧。但是，对于造访唐招提寺的人来说，从这森林所获的印象是强烈的。

其中，有以规模宏伟而自豪的天平金堂②，有包括讲堂在内的布局精美的御寺院，还有唐高僧鉴真和尚御灵长眠之地的清净境③……那森林唤醒了这样的预感。

这种初次走访唐招提寺的感怀，至今仍然是很新鲜的。

一般去唐招提寺是从这条路往右拐，尔后出南大门。但是，我记得读过谁写的一篇文章却是这样说的：与其走这条路，不如通过立有路标的地方向右拐，出了联结药师寺和唐招提寺的路，再往南大门走更好。

这是一条令人喜欢的路。路上立着一些快要倒塌的瓦顶板心泥墙、成排朴素的民房，显得非常恬静。这一带保存着西京平和的风貌。沿路有稻田，庸俗和喧嚣没有涌到门前来，优美至极。在道路尽头，可以望见耸立在唐招提寺墙内外的亭亭如盖的松林。

再往前走，改变方向，绕到唐招提寺东门前，从架在秋篠川上的桥旁眺望，这里是一望无垠的田园风光，稻田的对面，散落着农舍的房顶，远处有嫩草山、春日山、高窗山，连绵蜿蜒。穿过稻田、掠过河面的风，清爽宜人。这里早先是平城京的左京和五条二坊，经常勾起人们的缅怀。

钻进南大门，踏入寺院之前，我饱览了周围的风景，我觉得这寺院的巨大魅力，这清雅的风趣和周围的自然环境不无关系。这寺院活生生地反映着四季的嬗变，受到酿造自然情绪的田园和森林的保护。

进入南大门，谁的眼帘里首先都会映入金堂，它给人一种压倒一切的印象。宽阔的庭院，两侧掩映着繁茂的树丛，铺满了细砂，金堂就矗立在这样一个洁净的地方。

那雄浑的房顶，那以壮丽形态相对而立的鸱尾④，以及那流线型飞檐的苍劲风格……

站在南大门的基坛上眺望，并排屹立着八根圆柱的雄伟的金堂，仿佛在尽力承受着房顶的强大压力似的。

据说，元禄年间修缮这房顶的时候⑤，由于提高了上梁，所以陡度变大，创建之初陡度是比较小的。诚然，这样更能保持平衡，也显得轻快。再说，昔日金堂和南大门之间有一中门，左右突出回廊，形成围绕金堂的空间。就是说，没有现今所见到的那样宽阔的前院。

但是，如今没有中门和回廊，从南大门可以直接窥见金堂的全貌，这样反倒更加突出这座建筑物的雄伟。这个大房顶也打破了均衡，反而生出了另一种意义的刚劲。我觉得如今的姿容，使我受到更加强烈的感动。

穿过铺垫白砂的前院，一步步走近金堂，房顶和正面部分渐渐成为逆反的比例。就是说，房顶的高度变矮了，陡度也变小了，与此相反，正面的成排柱子却越发显示了它们的刚劲。柱子不是等距间隔，中间柱高成正方形，随着左右走向，间隔变得狭窄起来。它给人一种完全受得住大房顶的坚实牢固的感觉。

> 大寺院的圆柱
> 将月影踩在地面上

当然，会津八一博士这首绝唱⑥，是站在柱下观察的一种感怀。

在冬日皎洁的月夜里，我用手触摸过圆柱，心中感到它表面的冷峻，以及内里传出的几许温馨。那种结构使我又联想起希腊神殿的建筑形式，这一排柱子分别给予许多人特别的关心。

我一直走到近处能仰望成排圆柱的地方，只见在完全敞开的高大的门内，主佛卢舍那佛居中⑦，千手观音菩萨和药师如来的丈余佛像立在左右⑧，具有一种堂皇而扣人心弦的力量，实是蔚为壮观。同金堂的威容相称的这些佛像，还有梵天、帝释天、四天王像等⑨，它们代表着天平后期厚重的造型艺术，展现了一派庄严的世界。

每年九月满月之夜，寺院境内灯火全灭。在深沉的夜色中，只有放置在这里那里的纸罩座灯的火影摇摇曳曳。金堂正面的三座门完全敞开，在一座座门扉内,三尊佛像的姿影都被映照出来。这种匠心,充满了另一个世界的净福,听说这是现任长老森本孝顺大师设想出来的。

沐浴着月光的金堂房顶,在夜空中静静地展示出其轮廓。檐下昏暗,惟有三座门里灯火明亮。残留在佛像上的金箔,反射出带有厚重感的光,诸佛像的表情也显得非常的美。比起白天来,梵天、帝释天像和四天王像的明暗对比更加明显,雕刻的立体感和动人的力量更加强烈了。

我踏着砂子徘徊。心想:这是现实吗?难道不是梦幻的世界吗?一片胡枝子的叶,悠然地贴在纸罩灯那洁白的日本纸上,显得格外的典雅……

食堂正后方的讲堂,是把平城宫的朝集殿移建过来的,后来虽然几经修缮,但它同金堂一起仍然是天平时代遗留下来的宝贵的建筑。

此外,唐招提寺还收藏着许多卓越的木雕佛像。寺院相传下来的失去双手的药师如来和狮子吼菩萨两尊立像也是很美的⑩,其中有名的如来像不仅没有手、双脚,连头部都失去了,但通过那丰满的质感和流动的衣纹,仍然显示出它那惊人的美,我为此深受感动。

每次造访唐招提寺,我总是走以金堂为中心向左右、南北开辟的路,再沿进深的本坊的土墙,静静漫步在联结东西的路上,这是我的乐趣。

金堂的左侧辟有一条笔直的羊肠小道,道路两旁樱树和高松林立,绵延引向深处、更深处。左侧早先是西室遗址,如今成了松林。再左侧是成排的壕沟,沿着壕沟筑有戒坛院和妙智院。石造的三层戒坛,以藏薮的竹林和松林为背景⑪,在深沉的安定感中带上了几许异国的风格,显得非常恬静。这里是神圣而重要的场所,它与将戒律带来日本的鉴真和尚是密不可分的。

这里,月夜拜访所获的印象,有的也是很强烈的。全无外部结构的露天石坛,这时反而显得庄严雄伟。皎洁的月光照着石坛的平面。与黑暗的侧面形成对比,是那样的寂静、神秘。

金堂右侧的路上筑有鼓楼,号称礼堂东室的建筑物的深处筑有开山堂。东边并排立着用三棱木造的藏经库和藏宝库。

金堂右侧的建筑物布局、样式和规模的变化引人入胜。不,当你眺望金堂、讲堂的侧面那竞相雄峙的宏伟建筑群时,仅用引人入胜这种稳妥的语言是不足以表现当时的感受的。它简直令人激奋。同时,又是意外的沉静、安闲。

可能是由于当天的气候或时辰的缘故,也可能是由于当时的我的心情变化的关系,这些建筑物本身所具有的两种相反的精致,原封不动地强烈地传染给了我。

在金堂、讲堂和礼堂、东堂的大建筑群中间,有一幢小巧玲珑的鼓楼,建筑布局有所变化。原来鉴真和尚带来的佛舍利是供奉在这里的。每年五月举行从鼓楼上撒团扇的仪式。这种活动早已闻名遐迩，团扇的形状也有所变化，是很有意思的。所谓团扇，是在长把上附着一个小小的心形的东西。这种扇形与其说给人送风，莫如说给人驱赶蚊蝇。相传这里还有一段镰仓时代觉盛的故事⑫。他诵经的时候，即使蚊子吸吮他的血，他也不驱赶。也许，这就是寺院极其纯净的缘故。其中似乎暗示这样一种精神，那就是这座寺院是一个学习戒律的严谨肃穆的道场。

可以说，唐招提寺早先是严格的左右对称的建筑结构，可是，随着时间的流逝，这种对称逐渐消失，如今已经变成日本式的景观了。

沿东室而行，尽头是开山堂。另外，我也喜欢那条沿着东室东侧敷设在填湖造成的新地上的路。来到这一带，是绿树成荫，鸟声不绝。纵是尚未见到立在开山堂前芭蕉的"采撷一片叶，揩拭尊师泪"的诗碑⑬，心情也禁不住肃然起敬，因为这时，离安置鉴真和尚像的御影堂已经很近了。

比地面高出一段，并排屹立着从旧一乘院宸殿移建过来的御影堂，以及地藏堂、惣仓⑭、本坊。秋天来临，土墙上的胡枝子争妍斗丽。秋阳照射在用练土和瓦片垒起的朴素的土墙上，胡枝子的影子摇曳着，充满了和谐的风情。一路上边走边看，土墙瓦片的千变万化，别有一番妙趣。讲堂后面的食堂遗址，如今成为松林，苔藓绿油油的，美极了。

通往东门的那条路最安静，林木亭亭如盖，郁郁葱葱，左侧有御庙所。松柏丛中夹杂着菩提树，夏季绽开宛如茶花的洁白花朵。过了林中的石桥，无时不闻水管里流动的水声和鸟儿的叫声。开山祖鉴真和尚就长眠在这个池子环绕的小小山冈上。

御影堂是一座高雅的、宫殿式格调的建筑，坐落在填湖造成的新地上的土墙内侧，庭院里铺着白砂子，松林里飘荡着清爽的气息。这里安置着鉴真和尚的寿像。天平年间，鉴真和尚应圣上的邀请到我国传授戒律，他不畏海难和障碍，东渡五次，历经十二年的岁月，终于在第六次渡海成功，来到了我国。关于鉴真和尚的这种信仰心之深沉和意志力之坚强，无人不为之感慨万千。鉴真和尚是日本文化的大恩人。

高僧微闭着失明的双目，在稳重中也显出毅然的神态，他的面影栩栩如生地表现了出来。据说这尊雕像是其弟子僧忍基体察到鉴真和尚临近圆寂时的心境而创作的。在日本的肖像雕刻中，它是最古老的、也是最有深度的优秀作品。他那双手交叠而坐的姿影十分安详，那身朱红色衣裳和远山花纹袈裟的褶皱也非常流丽。稍微敞开的胸部，给人一种瘦骨嶙峋的感觉，但是又隐现出一身壮实的骨骼,可以领略到他决不屈服于任何艰难险阻的气魄。而且,失明的双眼里、嘴唇上都蕴含着深切的慈悲和宽宏的气度。每次拜谒这尊像,我都感到一股端然的静寂笼罩着整个雕像,被一种难以接近的敬畏之念所打动,不由得涌起温暖和相通的感情。大概是造像的弟子对僧师的无限崇敬之心感染了我的缘故吧。

关于唐招提寺的魅力,知识贫乏的我所以草书这篇文章,是与森本长老托我为御影堂的隔扇壁画和御厨子挥毫这种机缘联系在一起的。我想这缘分非浅,也就不揣冒昧地将对这寺院的感受都写了出来。

唐招提寺,是鉴真和尚从千里迢迢的唐朝,经历难以言喻的苦难来到日本后传授佛学的主要道场。也就是说,它是佛教徒学习戒律的最高学府。这座寺院的独特风格,至今保持着。它所具有的洁净感,其由来也盖源于此。对我来说,最能牵动我的心的,首先就在这点上。寺院内的每个角落都会让人感受到这种精神。我觉得它可以净化人的心灵,使人保持着心绪的宁静。奈良、大和自不消说,就是在日本,拥有优秀建筑、佛像、绘画的历史悠久的寺院虽为数不少,但能像唐招提寺这样使人感受到一种清澄气氛的则是不多见吧。

尽管经历了一千两百余年,唐招提寺的魅力,同时也是鉴真和尚的魅力,至今犹存,其原因主要在于鉴真和尚其人的伟大。再有,天平金堂、讲堂等主要建筑和佛像没有遭受灾害而保存完好,并且鉴真和尚的雕像也是古今名作,这些都是重要的原因。

此外,鉴真和尚给日本带来唐代文化的意义也是非常重大的。唐朝时期的中国是具有世界性的国家,处于鼎盛时的中国文化,还有远方的希腊、波斯、或者像印度这样的古代文明的继承者诸国的文化精华,确是处在灿烂的黄金时代。大陆诸国具有开放吸收和传播外来文化的性格,日本是远东的岛国,也可以说是外来文化传播的终点。

日本人吸收外来文化是积极的。不过,将外来文化融合使之同化为本国民族所喜爱的东西,这种性格也是很突出的。正因为如此,接触优秀的外来文化,对日本文化来说是重大的事情。自飞鸟时代至今的历史事实⑮,就足以证明这一点。像鉴真和尚这样人品高尚的唐代高僧,亲自来到日本,对日本来说这是值得庆幸的。

鉴真和尚东渡,尽管船只数次遇难,但他给我国带来为数众多的贵重物品,实在令人惊讶。据说其中有收藏佛舍利的白琉璃舍利罐和包裹舍利罐的网织品,有王羲之的书法,许多佛教教典,还有做佛像的手艺人、工艺家等也随同前来。他们传播了唐代雕刻的新样式,成为号称唐招提寺派的起源。具有异邦特征的佛像诞生了，这是值得注目的。据说，鉴真和尚还精通药学。不消说，这一切给予当时的日本文化带来巨大的刺激和恩惠。据记载，假使鉴真和尚第一次东渡成功的话，那么他们带来的贵重物品，以及随从而来的各方面的工匠数目，一定会更丰富。

淡海三船撰写的记述鉴真和尚来日的《唐大和尚东征传》[16]，是在鉴真和尚圆寂十六周年书就的。后来随着时代的发展，镰仓时期莲行根据《东征传》所画的画卷凡五卷，也一直流传至今。

井上靖氏把焦距对准这位在日本国起了重要作用的留日僧的命运[17]，撰写了小说《天平之甍》，使广大的读者关心鉴真和尚和唐招提寺，其功绩是很大的。还有，安藤更生氏受到鉴真和尚的事迹和人品的深深吸引，倾注热情写了《鉴真大和尚传之研究》，这是一部宝贵的论著。

现任长老森本孝顺大师参与指导移建旧一乘院宸殿为御影堂、建筑南大门、修缮讲堂，举办中秋明月等项活动，使战后唐招提寺在历史上遗留下来的种种魅力的基础上，又增添了新的魅力，这是可喜的事。

许多学者都在研究鉴真和尚这种冲破国家禁令，多次花费巨款，不顾千辛万苦而一心要来日本的热情是从何而来的。尽管如此，可以说至今仍然没有完全解明这个问题。

鉴真和尚下决心东渡日本的时候，是五十五岁，可是他踏上日本国土的时候，已年近六十七岁，不用说他早有埋骨日本的思想准备，途中葬身鱼腹的危险也是很大的，而他却决然东渡，为什么他如此思慕日本呢？

从《东征传》鉴真和尚的话里，我们可以窥见，由于他看到了中唐佛教盛极而衰的世相，深感作为佛教新兴的国家日本，是完成自己使命和具有生存意义的更好的地方。再说，当时，鉴真和尚在唐朝已经享有很高地位，他也许怀有这样一种心情，自己已经达到了终生目标的大半，愿把余生投入一个新的环境，为新生而迈出一步。为什么鉴真和尚具备这种举世罕见的大家气质呢？在《东征传》一书中，我们处处可见，即使漂流到遥远的海南岛，他在那里也还修建佛殿，在长途跋涉中念念不忘授戒和讲授律学[18]，他确实是个精力充沛的人。

森本长老对我说过一句话：也许有千条万条理由，但"日本是个风景特别美的国家"这一点深深地印在鉴真和尚的心灵上，这句话，久久地在我心中回荡。如果说，鉴真和尚在自己的国家已经完成了自己的使命，那么，燃起一个高僧的热情，不能不说其理由之一就是他执着地爱上了这个"人世间美丽的岛国"。

鉴真和尚来日本时,已经双目失明,不可能看见美丽的日本风景吧。鉴真和尚抵达奈良的时候,日本这个国家的风景的确是人世间最美的。

现在,很遗憾,奈良、大和自不消说,就是日本也决不能说是个风景美丽之国了。但是,唐招提寺的美,现在依然活生生地保存着。而且,今后也将永远地存在。

附记

《唐招提寺的魅力》一文,是作为 1973 年出版的入江泰吉摄影的图片集《唐招提寺》的序文而撰写的。那时候,我正在创作该寺院御影堂上段厅和宸殿厅隔扇壁画。我画完了壁龛和隔扇的二十六面,分别取名《山云》、《涛声》,时值 1975 年 6 月鉴真和尚开山祖忌辰,也算是对唐招提寺的一点奉献吧。

御影堂只在每年开山祖忌辰 6 月 5 日前后三天,以及中秋月夜的晚上开放,这已成惯例了。

(1976 年 8 月记)

(选自《东山魁夷的世界——探索日本之美》,河北教育出版社、花山文艺出版社 2001年联合出版)

注 释

①唐招提寺:初建于天平宝字三年(759),是唐代鉴真和尚仿照唐建筑建成,位于日本古都奈良。

②天平(729—749):日本圣武天皇年号。

③鉴真(688—763):唐代高僧,日本律宗初祖,江苏扬州人。唐天宝元年开始先后五次东渡日本弘法均未成功,其间双目失明,日本天平胜宝六年(754)终于来到日本,被迎入日本奈良东大寺受戒传律,一生对古代中日文化交流作出了重要贡献。

④鸱尾:古代宫殿式建筑屋脊正脊两端装饰性构件,象征辟除火灾。

⑤元禄年间(1688—1704):江户中期德川五代将军纲吉统治时期。

⑥会津八一(1881—1956):日本诗人,美术史学家,书法家,日本早稻田大学名誉教授。

⑦卢舍那佛:即大日如来,释迦牟尼的报身佛。

⑧千手观音菩萨和药师如来:千手观音菩萨,佛教供奉的六观音之一,千首千眼千臂。药师如来,即药师琉璃光如来,是东方净琉璃世界的教主。

⑨梵天、帝释天、四天王(俗称四大金刚):均为佛教护法神。

⑩狮子吼菩萨：又名狮吼观音，是观音骑在一只怒吼的白狮子上的形象。

⑪葳蕤（wēiruí）：形容草木枝叶繁茂。

⑫镰仓时代：12世纪，源赖朝受封征夷大将军，在镰仓建立日本历史上第一个幕府政权。

⑬芭蕉：即松尾芭蕉（1644—1694），江户时代著名俳句诗人，将俳句的艺术形式带到了顶峰。

⑭惣（zǒng）仓：日本寺院中的一种建筑。

⑮飞鸟时代（552—646）：原为日本美术史上的时代划分，现在一般指佛教传入日本后至大化改新时期。

⑯淡海三船：日本奈良时代的作家，编纂有《唐大和尚东征传》。

⑰井上靖（1907—1991）：日本当代著名小说家，作品多以中国西域历史为题材，《天平之甍》是他的代表作。

⑱律学：佛教律宗的学问。

东山魁夷（1908—1999），日本当代风景画家、散文家。1931年毕业于东京美术学校。1934年留学德国，在柏林大学哲学系攻读美术史。其早年绘画作品《冬日三乐章》、《光昏》分别获得1939年第一回日本画院展一等奖和1956年日本艺术院奖。1969年获文化勋章和每日艺术大奖。其风景画以西方写实的眼光捕捉日本情调之美，善于表现未经现代文明污染的纯洁的大自然。他的作品在保持平面性的同时增强空间感，在装饰性中抒情寓意，格调高雅蕴藉，充满诗情哲理，透着淡淡的伤感。作为日本的一位著名画家，东山魁夷的散文和随笔，令人陶醉，在日本非常受欢迎。以画家的视角和审美情趣用文字表现出来的艺术品格，充满了诗情画意、色彩的灵动、飘逸潇洒的美感，真正有"诗为心声、画为心境"的审美境界。

◤导读

这是一篇随笔。作为当代日本画坛大师，东山魁夷自1971年开始为奈良唐招提寺御影堂绘制隔扇壁画，1975年完成了第一期《山云》、《涛声》，1980年完成第二期《黄山晓云》、《扬州熏风》等，前后历时11年。这篇文章写于第一期绘画完成之后，作者将自己感触的点点滴滴融于笔尖，涓涓道来，全篇充盈着诗情画意，表达了对鉴真大师的无限崇敬之情，颂扬了这位唐代高僧历经磨难而矢志弥坚的精神品格，也表达了作者对滋养日本文化的古老中国文化的崇敬。

　　课文可分为三个部分：第一部分描写唐招提寺外的自然风光，映衬出寺庙的庄严肃穆和清幽；第二部分细写唐招提寺的布局和建筑以及鉴真寿像，表现了无限崇敬之情；第三部分探究鉴真大师东渡日本的原因，颂扬大师对日本文化的贡献。文章开头描写了一片郁郁葱葱的森林，这是一个远离了喧嚣和庸俗的风景优美所在，作者以他的慧眼，观照着未经现代文明污染的纯洁自然，感悟着佛教文化的精髓，对自然、宗教和人生进行思考，弥散在文章中的是平和静寂的气息。唐招提寺的魅力自何而来？作者从三个层面交错写来，优美的自然风光、庄严肃穆的寺院、历史人物的悲壮行迹三者的描写自然和谐，相互交融，作者也道出了自己心灵深处的感触，"尽管经历了一千两百余年，唐招提寺的魅力，同时也是鉴真和尚的魅力，至今犹存，其主要原因在于鉴真和尚其人的伟大"。作者也发出深深的思考："为什么鉴真和尚具备这种举世罕见的大家气质呢？"文章将自然、人生、艺术三者巧妙地融合为一体，有对历史深沉的回忆，有对人生的感悟，有对美的热烈的呼唤。可以说，日本风景画是他的眼睛，他把最美的自然之躯完美地勾勒了出来；而散文则是他的心声，把最恬静、最诗情的心境传达了出来。因此，我们从这篇文章中看到了自然之美、古典文化之美和人类崇高精神之美。

感 悟 讨 论

　　1. 文章中写道："唐朝时期的中国是具有世界性的国家，处于鼎盛时的中国文化，还有远方的希腊、波斯、或者像印度这样的古代文明的继承者诸国的文化精华，确是处在灿烂的黄金时代。大陆诸国具有开放吸收和传播外来文化的性格，日本是远东的岛国，也可以说是外来文化传播的终点。"谈谈你对这段话的感受。

　　2. 你认为唐招提寺的魅力源自何处？文章蕴涵了什么样的感情？

链接

　　《东山魁夷的世界——探索日本之美》，河北教育出版社、花山文艺出版社2001 年联合出版。

第四篇
戏曲小说

这是一首青春的赞歌，大好春光唤起了杜丽娘的青春觉醒，由眼前的春光易逝而倍感韶华难留，心中充满了对爱情和自由的渴望。

第一节

游　园①

◎ 汤显祖

【绕池游】（旦②上）梦回莺啭③，乱煞年光遍④。人立小庭深院。（贴⑤）炷尽沉烟⑥，抛残绣线，恁今春关情⑦似去年？

【乌夜啼】（旦）晓来望断梅关⑧，宿妆残⑨。（贴）你侧着宜春髻子恰凭阑⑩。（旦）翦⑪不断，理还乱，闷无端。（贴）已分付催花莺燕借春看。（旦）春香，可曾叫人扫除花径？（贴）分付了。（旦）取镜台、衣服来。（贴取镜台衣服上）云髻罢梳还对镜，罗衣欲换更添香⑫。镜台、衣服在此。

【步步娇】（旦）袅晴丝⑬吹来闲庭院，摇漾春如线。停半晌整花钿。没揣菱花⑭，偷人半面，迤逗⑮的彩云偏。（行介⑯）步香闺怎便把全身现！

（贴）今日穿插的好。

【醉扶归】（旦）你道翠生生⑰出落的裙衫儿茜，艳晶晶花簪八宝填⑱，可知我常一生儿爱好是天然⑲。恰三春好处⑳无人见。不堤防沉鱼落雁鸟惊喧，则怕的羞花闭月花愁颤。

（贴）早茶时了，请行。（行介）你看：画廊金粉半零星，池馆苍苔一片青。踏草怕泥新绣袜，惜花疼煞小金铃㉑。（旦）不到园林，怎知春色如许！

【皂罗袍】原来姹紫嫣红开遍，似这般都付与断井颓垣㉒。良辰美景奈何天，赏心乐事谁家院㉓。恁般景致，我老爷和奶奶㉔再不提起。（合）朝飞暮卷㉕，云霞翠轩；雨丝风片，烟波画船。锦屏人㉖忒看的这韶光贱！

（贴）是花都放了，那牡丹还早。

【好姐姐】（旦）遍青山啼红了杜鹃，茶蘼外烟丝醉软。春香呵，牡丹虽好，他春归怎占的先？（贴）成对儿莺燕呵。（合）闲凝眄㉗，生生燕语明如翦，呖呖莺歌溜的圆。

（旦）去罢。（贴）这园子委是㉘观之不足也。（旦）提他怎的。（行介）

【隔尾】　观之不足由他缱㉙，便赏遍了十二亭台是枉然。到不如兴尽回家闲过遣㉚。

（作到介。贴）开我西阁门，展我东阁床。瓶插映山紫，炉添沉水香。小姐，你歇息片时，俺瞧老夫人去也。（下。旦叹介）默地游春转，小试宜春面。春呵，得和你两留连，春去如何遣！咳，恁般天气，好困人也。春香那里？（作左右瞧介，又低首沉吟介）天呵，春色恼人，信有之乎！常观诗词乐府，古之女子，因春感情，遇秋成恨，诚不谬矣。吾今年已二八，未逢折桂之夫；忽慕春情，怎得蟾宫之客？昔日韩夫人得遇于郎㉛，张生偶逢崔氏，曾有《题红记》、《崔徽传》㉜二书。此佳人才子，前以密约偷期，后皆得成秦晋㉝。（长叹介）吾生于宦族，长在名门，年已及笄㉞，不得早成佳配，诚为虚度青春。光阴如过隙耳，（泪介）可惜妾身颜色如花，岂料命如一叶乎！

（选自《中国古代戏曲经典丛书·牡丹亭》，周传家主编，华夏出版社 2000 年版）

注释

①本篇选自《牡丹亭》第十出《惊梦》。

②旦：戏曲行当之一，女性角色的统称。这里是正旦的略称，主要扮演举止端庄的中年或青年女性，多为正剧或悲剧人物。本出中指杜丽娘。

③啭：鸟婉转地鸣叫。

④乱煞年光遍：到处是撩乱人心的春光。

⑤贴：贴旦，旦中副角，意为旦之外再贴一旦。据李斗《扬州画舫录》载："贴旦谓之风月旦，又名作旦"，"工为侍婢"，"无态不呈"。这里指春香。

⑥炷尽沉烟：沉香烧尽。炷：烧，燃香。沉烟：指沉水香，一种熏香。

⑦恁（nèn）今春关情：恁，为什么。关情，牵动人的情怀。

⑧梅关：在江西省大庾岭上。梅关南北遍植梅树，每至寒冬，梅花盛开，香盈雪径。

⑨宿妆残：宿妆，隔夜的残妆。残：凌乱。表现无心梳妆。

⑩宜春髻子：古代立春日，妇女把彩色织物剪成燕形，并贴上"宜春"二字，戴在髻上。

阑:同"栏",栏杆。

⑪翦:同"剪"。

⑫云髻罢梳还对镜,罗衣欲换更添香:引用唐薛逢诗《宫词》中的两句。形容认真梳洗打扮。

⑬袅晴丝:袅,缭绕的、摇曳的。晴丝,虫类所吐的、在空中飘荡的游丝。

⑭没揣菱花:没揣,没想到。菱花,借指镜子,古代铜镜背面刻有菱花纹。

⑮迤(yǐ)逗:牵惹。这句是说,害得她羞答答地把发髻也弄歪了。表现少女含情脉脉的微妙心理。

⑯介:戏曲中用于表达人物动作、表情以及舞台效果的提示。

⑰翠生生:色彩鲜艳。

⑱花簪八宝填:簪子上嵌饰着各种珍宝。

⑲爱好(hào)是天然:喜爱美丽是天性。

⑳三春好处:原指春天的三个月,即孟春、仲春和季春。这里比喻自己的青春美貌。

㉑惜花疼煞小金铃:小金铃,为保护花朵驱赶鸟雀而设置的铃。这是拟人手法,因为惜花而常拉小金铃,把小金铃疼煞了。五代王仁裕《开元天宝遗事》:"至春时,于后花园中纫红丝为绳,密缀金铃,系于花梢之上。每有鸟雀翔集,则令园吏掣铃索以惊之。盖惜花之故也。"

㉒断井颓垣:形容破败冷寂的庭院。井,井栏。颓,倒塌。垣,短墙。

㉓良辰美景奈何天,赏心乐事谁家院:虚度美好的春光,赏心快意之事又在哪儿呢?南朝宋谢灵运《拟魏太子〈邺中集〉诗》序:"天下良辰、美景、赏心、乐事,四者难并。"

㉔奶奶:对已婚妇女的尊称,这里指杜丽娘的母亲。

㉕朝飞暮卷:形容楼阁壮美。唐王勃《滕王阁诗》:"画栋朝飞南浦云,珠帘暮卷西山雨。"

㉖锦屏人:住在华美屋舍中的富贵之人。

㉗凝眄(miǎn):目不转睛地看。

㉘委是:实在是。

㉙缱:缠绵,留恋。

㉚过遣:过活,打发日子。

㉛韩夫人得遇于郎:《青琐高议·流红传》记载,唐僖宗时,宫女韩氏在红叶上题诗,顺御沟水流出,被于佑捡到。于佑也在红叶上题诗,放入水沟上游传给韩氏,后来二人结为夫妻。

㉜《崔徽传》:疑是《莺莺传》的笔误。

㉝秦晋:原指春秋时秦、晋两国世通婚姻,后泛称任何两姓之联姻。

㉞及笄:女子成年。《礼记·内则》记载,女子15岁以簪束发,表示已成年,可以婚配。笄,簪。

汤显祖(1550—1616),字义仍,号海若,别署清远道人,临川(今江西抚州)

230

人。明末戏曲剧作家、文学家。汤显祖从小聪明好学,21 岁时中举。由于不肯依附权贵,虽博学多才、"名布天壤",到 34 岁才中进士。后历任太常博士、詹房事主簿、礼部祠祭司主事。明朝万历十九年(1591)他目睹当时官僚腐败愤而上《论辅臣科臣疏》,弹劾大学士申时行并抨击朝政,触怒了皇帝而被贬为徐闻典史,后调任浙江遂昌县知县,一任五年,政绩斐然,却因压制豪强,触怒权贵而招致上司的非议和地方势力的反对,终于万历二十六年(1598)愤而弃官归里,潜心于戏剧及诗词创作。在中国和世界文学史上有着重要的地位,被誉为"东方的莎士比亚"。代表作《紫钗记》、《南柯记》、《牡丹亭》和《邯郸记》合称"临川四梦"。

导读

　　《牡丹亭》全名《牡丹亭还魂记》。第十出《惊梦》的剧情是:杜丽娘受《诗经·关雎》的启发,在春香的鼓动下,来到后花园,大自然的美妙生机让丽娘陶醉,触景生情,不由撩起伤春情怀,于是在梦中与柳梦梅幽会。本篇是《惊梦》的前半出,文辞优美,历来为人们所喜爱。

　　杜丽娘游园本是因"春情难遣"。她从小爱美,为了游园精心装扮,"翠生生出落得裙衫儿茜,艳晶晶花簪八宝填,可知我常一生儿爱好是天然"。可惜芳华寂寞,又不禁发出"恰三春好处无人见"的喟叹。杜丽娘哀怜自己的好年华囿于闺阁之中,竟不知外面的世界是这样的精彩:"不到园林,怎知春色如许。"游园所见,是莺声啼遍,百花盛开,"遍青山啼红了杜鹃,荼蘼外烟丝醉软",满目春光,一派欢喜。春天如此姹紫嫣红,而人又是这样青春年少。怎奈流年似水,杜丽娘在这满目的春光里看到了衰败与凋零:"原来姹紫嫣红开遍,似这般都付与断井颓垣",这不仅是对春去何急的哀叹,更是对青春短暂、人生无常的觉悟。面对满园的春光,杜丽娘心里明白:她的青春美貌,终有一天也会"都付与断井颓垣"。"良辰美景"、"赏心乐事"本来都是好事,但在下面加了"奈何天"、"谁家院",就使好事落了空。她咏叹着园林美景,渴望爱情,哀悼着华年锦绣,是出于心灵深处对于青春落空的无奈。她唱出"便赏遍了十二亭台是枉然"。整个游园,都是为她梦中与柳梦梅幽会作铺垫。只有爱情可以配得上这青春,所以她后来才会那般生生死死,无怨无悔。

　　作者对杜丽娘微妙的心理活动、复杂的思想情感的描写,是通过主人公对周围事物和景物的主观感受细腻地体现出来的。通篇重在写景,情景交融,曲词、曲白相生,语带双关,委婉含蓄,情节完整而严谨。

感 悟 讨 论

1. 叶嘉莹曾说:"所谓'物色之动,心亦摇焉',而尤以春日之纤美温柔所显示着的生命之复苏的种种迹象,最足以唤起人内心中某种复苏着的若有所失的茫茫追寻的情意。"结合《游园》曲词,体会并分析杜丽娘内心中的这种"情意"。

2. 在中国传统戏曲中,诗化曲词表现出一种独特的美。你认为这种美与西方戏剧之美相比,有何独特之处?

3. 就文中的几支曲子,选一支或几支进行赏析或评论,可以是分析理解,也可以加入想象和联想。

链接

《闺塾》、《寻梦》,《中国古代戏曲经典丛书·牡丹亭》,周传家主编,华夏出版社 2000 年版。

被称作"经纶济世之士"的诸葛亮，通晓天文地理，用兵如神，在人们的心目中历来是智慧的化身，"舌战群儒"是他初出茅庐时惊人才能的体现。

第二节

诸葛亮舌战群儒

◎ 罗贯中

鲁肃、孔明在舟中共话①。肃猛省："孔明是个舌辩之士，去到江东，犹恐惹起刀兵。常胜则可，倘败则归罪于我！"寻思半晌，与孔明曰："先生如见吴侯，切不可实言曹操兵多将广。若问操欲下江东否，只言不知。"孔明曰："不须子敬叮咛，亮自有对答之语。"鲁肃连嘱数番。孔明冷笑。船已到岸，肃请孔明于驿中安歇已定。

肃来见孙权②。权正聚文武于堂上议事，听知鲁肃到，急召而问曰："子敬，荆州体探事情若何？"肃曰："未知虚实。"权曰："所干何事？"肃曰："别有商议。"权将曹操檄文以示肃曰：

操近承帝命，奉辞伐罪。旌麾南指，刘琮束手；荆、襄之民，望风归顺。今统大兵百万，上将千员，欲与将军猎于江夏③，共伐刘备，同分汉土，永结盟好。相见再期，早宜回报。

肃看毕，曰："主公尊意若何？"权曰："未有定论。"张昭曰④："曹操虎豹也。今拥百万之众，借天子之名以征四方，拒之不顺。且将军大势可以拒操者，长江也。今操得荆州水军，艨艟斗舰⑤，动以千数，浮以沿江，水陆俱下，此为长江之险已与我共之矣！其势如山岳，不敢迎之。以愚之计，不如降之，以为万安之策。"众谋士皆曰："子布之言，甚合天意。"孙权沉吟不语。张昭等又曰："主公不必多疑。如降操，则东吴民安，江南六郡可保矣。"权起更衣，肃随于宇下。权知肃意，乃执肃手而言曰："卿欲如何？"肃曰："却才众人之意，专误将军，不足以图大事。众皆可降曹耳，如将军必不可也。"权曰："何也？"肃曰："如肃等降操，当以肃还乡党，品其名位，犹不失下为操从事，乘犊车，从吏卒，交游士林，累官政不失州郡也。将军降曹操，欲安所归乎？官不过封侯而已，车不过一乘，骑不过一匹，从不过十人，岂得南面称孤哉？众人之意，各为自己，不可用也。将军详之，早定大事。"权叹曰："诸人议论，甚失孤望。子敬开说大计，正与吾同。此天以子敬赐我也！保全之计，其意须要已定。曹操新得袁绍⑥，近得荆州之兵，恐势大，难与以敌。"肃曰："肃渡江而到当阳，已闻刘豫州军败⑦；次至江夏相见，特问其虚实。有一人深知前故，特引到此，主公试问之。"权曰："是何人？"肃曰："诸葛瑾之弟，诸葛亮也。"权曰："莫非卧龙先生否？"肃曰："是也，见在馆驿中安歇。"权曰："今日天晚，来日聚文武于帐下，先教见俺江东英俊，然后升堂议事。"肃领命而去。

次日早，请孔明来见，肃又嘱曰："如见吴侯，切不可言曹操兵多。"孔明曰："亮自见机而变，不误于公。"鲁肃引孔明至幕下，视之，见张昭、顾雍等一般文武二十余人，峨冠博带⑧，整衣端坐。孔明料众谋士俱在，教肃引领，从头逐一相见，各问姓名。施礼已毕，坐于客席。张昭等见孔明飘飘然有出世之表，昂昂然有凌云之志。张昭等料孔明来下说东吴，昭先以言挑之曰："昭乃江东微末之士也。久闻先生归于隆中，躬耕陇亩，以乐天真，好为《梁父吟》，每自比管仲、乐毅⑨，此语果有之乎？"孔明暗思："这人言语挑我。"遂应答之："此亮平生小可之比也。"昭曰："近闻刘豫州三顾先生于草庐之中，而听高论，豫州'如鱼得水'，每欲席卷荆州、襄。今一旦以属曹公，未审是何主见？"孔明自思："张昭乃孙权手下一个谋士，若不先难倒他，如何说的孙权？"遂答昭曰："吾观取汉上之地，易如反掌。吾主刘豫州，躬行仁义，不忍夺同宗之基业，故力辞之。刘琮孺子，听信佞言，暗献国投降，致使曹操得其猖獗。今豫州兵屯江夏，别有良图，非等闲可知也。"昭曰："若此，先生言行相违也。圣人有云：'古者言之不出，耻躬之不逮也。'先生自比于管仲、乐毅，愚自幼酷视《春秋》，深慕二公之为人。管仲相桓公，霸诸侯，一匡天下，纠合诸侯不以兵车，管仲之力也。乐毅扶持微弱之燕，下齐七十余城。此二人者，可谓济世之才，古今之豪杰也。今曹操横行于中国，擅行征伐，动无不克，有顺其欲者，从而慰之；不顺其欲者，从而伐之。宣言曰：'吾奉天子明诏，诛反讨逆。'因此海宇振动，英雄宾服。先生在草庐之中，但笑傲风月，抱膝危坐。今既从事刘豫州，当与生灵兴利除害，此所谓'达则兼善于天下'。且玄德公未见先生之时，尚且纵横寰宇，据守城池；今见先生，人皆仰面望之，虽三尺之童蒙，亦谓彪虎生翼，将见汉室复兴，曹氏即灭矣。朝廷故旧大臣，山林隐迹之士，皆拭目而待；拂高天之云翳，仰日月之光辉，拯民于水火之中，措之于衽席之上⑩。何其先生自归豫州，曹兵一出，玄德弃甲抛戈，望风而窜，上不能报刘表以安庶民，下不能辅孤子而据汉室。先生知而使之，是不仁也；不知而使之，是不智也。近闻玄德弃新野，走樊城，败当阳，奔夏口，无容身之地，有烧眉之急。此是自得先生以来，反不如其初也。岂有管仲、乐毅万分之一哉？先生幸勿以愚直而怪之！"孔明昂然而笑曰："鹏飞万里，其志岂群鸟之识哉？古人有云：'善人为邦百季，亦可以胜残去杀矣。'且以世俗病人论之：夫病疾之极，当以糜粥以饮之，和药以服之；待其脏腑调和，形体暂回，然后用肉食以补之，猛药以治之，则病根尽拔去，人得全生也。汝若不待气脉和缓，便投之以猛药硬食，欲求安者，诚为难矣。以吾主刘豫州，向日军败于汝南，寄迹于刘表，军不满千，将惟关、张、赵云而已；新野山僻小县，人民稀少，粮食鲜薄，非险要之地，豫州借此容身：正如病势尪羸之极也⑪。夫以兵甲不完，城廓不坚，军不经练，粮不继日，守之则坐而待死，如以金玉弃沟壑耳。博望烧屯，白河用水，使夏侯惇、曹仁等辈闻吾之名，心胆皆裂，虽管仲复生，乐毅不死，安可及我哉？刘琮投降，豫州不知；亮常数言，豫州不忍乘乱夺人基业，此大义也，故不为之。当阳大败，豫州见有十数万赴义之民，扶老携幼，不忍弃之，日行十里，不思进取江陵，甘与同败，此亦大义也。兵书云：'寡不敌众。'胜负乃常事也，焉有必胜之理乎？昔楚项羽数胜高皇，垓下一战成功，此是韩信之良谋。且信久事高皇，未常累胜。国家之大计，社稷之安危，自有主谋，非比夸辩之徒，虚誉妄人耳：坐议立谈，谁人可及；临机应变，百无一能。诚为天下取笑耶？子布莫怪口直！"只这一篇词，唬得张昭并无一言。

忽于座间又一人，高言而问曰："今曹公兵屯百万，将列千员，龙骧虎视，平吞江夏，公以何如？"孔明视之，乃是从事会稽余姚人虞仲翔虞翻也⑫。孔明应声答曰："曹操收袁绍蚁聚之兵，劫刘表乌合之众，军无纪律，将无谋略，虽数百万，不足惧也。"虞翻大笑曰："军败于当阳，计穷于夏口，区区求救于人，犹言不惧，此真'掩耳偷铃'也！"孔明曰："岂不闻兵法云：'信兵实战。'吾主刘豫州有数千仁义之师，安能敌百万暴残之众耳？退守夏口，待其时也。今汝江东兵精粮足，又有长江之险，犹欲使其主屈膝降贼，何其太懦也！若此论之，刘豫州实不惧曹贼耳！"虞翻不能对。

座上又一人应声而问曰："孔明效苏秦、张仪掉三寸不烂之舌⑬，游说江东也。"孔明视之，乃临淮淮阴人步子山步骘也。孔明曰："君知苏秦、张仪乃舌辩之士，不知苏秦、张仪乃豪杰之辈也。苏秦佩六国之玺绶，张仪二次相秦，皆有匡扶社稷之机，补完天地之手，非比守株待兔、畏刀避剑之人耳。君等闻曹操虚发诈伪之词，犹豫不决，敢望于苏秦、张仪乎？"步骘不能对。

忽座上一人问曰："孔明以曹操何如人也？"孔明视之，乃沛郡竹邑薛敬文薛综也。孔明应声曰："曹操乃汉贼耳！"综曰："公言差矣。子闻古人云：'天下者，非一人之天下，乃天下人之天下也。'故尧以天下禅于舜，舜以天下禅于禹。其后成汤放桀，武王伐纣，列国相吞，汉承秦业以及乎今，天数以终于此。今曹公遂有天下三分之二,人皆归心。惟豫州不识天时而欲争之,正是以卵击石,而驱羊斗虎,安能不败乎?"孔明应声叱之曰:"汝乃无父无君之人也!夫人生于天地之间者,以忠孝为立身之本。吾汝累世食汉室之水土,思报其君,闻有奸贼蠹国害民者⑭,誓共戮之,臣之道也。曹操祖宗叨食汉禄四百余年⑮,不思报本,久有篡逆之心,天下共恶之。汝以天数归之,真无父无君之人也。不足与语!再无复言!"薛综满面羞惭,不敢对答。

座上忽一人应声问曰:"曹操虽挟天子而令诸侯,犹是曹相国曹参之后。汝刘豫州虽中山靖王苗裔,无可稽考,眼见只是织席贩屦之庸夫,何足与曹操抗衡哉!"孔明视之,乃吴郡陆公纪陆绩也。孔明笑而言曰:"公乃袁术座间怀桔之陆郎乎?请安坐,听吾论之。昔日文王三分天下有其二以服事殷,孔子云:'周之德,其可谓至德也已矣!'此所谓不敢伐君也。其后武王伐纣。纣暴虐至甚,武王伐之,伯夷、叔齐扣马而谏曰:'以臣弑君,可谓仁乎?'太公称为义士,孔子亦称其德。为臣不可以犯上,此万古不易之理也。曹操累世汉臣,君又无过,常有篡图之心,非逆贼而何?昔汉高祖皇帝,起身乃泗上亭长,宽洪大度,重用文武而开大汉洪基四百余季。至于吾主,纵非刘氏宗亲,仁慈忠孝,天下共知,胜如曹操万倍,岂以织席贩屦为辱乎?汝小儿之见,不足共高士言之,岂不自辱乎?"

座上一人昂然而出曰:"虽吾江东之英俊,被汝词夺却正理,汝治何经典?"孔明视之,乃彭城严曼才严畯也。孔明应声曰:"寻章摘句,世之腐儒也,何能兴邦立事?且古耕莘伊尹,钓渭子牙,张良、陈平之流,耿弇、邓禹之辈⑯,皆有斡旋天地之手,匡扶宇宙之机,未审平生治何经典。岂效书生区区为笔砚之间,论黄数黑,舞文弄笔,而玩唇舌乎?"严畯低头丧气而不能对。

忽又一人指孔明而言曰:"汝言'文不能安邦,武不能定国',何士立于四科之首?"孔明视之,汝南程德枢程秉也。孔明曰:"有君子之儒,有小人之儒。夫君子之儒,心存仁义,德处温良;孝于父母,尊于君王;上可仰瞻于天文,下可俯察于地理,中可流泽于万民;治天下如盘石之安,立功名于青史之内,此君子之儒也。夫小人之儒,惟务吟诗,空书翰墨;青春作赋,皓首穷经;笔下虽有千言,胸中实无一物。且如汉扬雄,以文章为状元,而屈身仕莽,不免投阁而死,此乃小人之儒也;虽日赋万言,何足道哉!"

座上诸人见孔明对答如流,滔滔然如决长河之水,众皆失色。又有吴郡吴人张温、会稽乌伤人骆统二人,又欲难问。忽一人自外而入,厉声言曰:"孔明乃当世之才,汝等却以唇舌相难,非敬客之礼也。曹操引百万之众虎视江南,不思退敌之策,但以口头之昧,各负己能,政事安在?吴侯久等,请先生便入,以论安危。"众视其人，乃零陵人，姓黄，名盖，字公覆，现为东吴粮官。

　　（选自《三国演义》第四十三回，罗贯中著，人民文学出版 1973 年版，略有改动）

注　释

　　①鲁肃：孙权的参谋，字子敬，是促成孙刘联盟的重要人物。孔明：诸葛亮字孔明，号卧龙，刘备军师，辅助刘备建立了蜀国。

　　②孙权：字仲谋，保有江东，建立吴国，自立为帝。

　　③猎：打猎。这是摆开战场的委婉说法。

　　④张昭：字子布，东吴第一谋士。

　　⑤艨艟（měngchōng）：古代战船。

　　⑥袁绍：字本初，发兵讨董卓，成为诸侯军的盟主。后在官渡之战中被曹操击败。

　　⑦刘豫州：即刘备，字玄德。曾任豫州牧，因此又称刘豫州。建立蜀国，自立为帝。

　　⑧峨冠博带：高帽子阔衣带。古代士大夫的装束。

　　⑨管仲、乐毅：诸葛亮《隆中对》云："亮躬耕陇亩，好为《梁父吟》。身高八尺，每自比于管仲、乐毅，时人莫之许也。"管仲：春秋时期齐国相国，通货积财，富国强兵，九合诸侯，使齐桓公成为五霸之首。乐毅：战国时期燕国名将。

　　⑩衽席：泛指卧席，引申为住处。

　　⑪尪羸（wāngléi）：瘦弱。

　　⑫虞翻：东吴重臣，字仲翔。下文提到的步骘、薛综、陆绩、严畯、程秉、张温、骆统等人均为东吴谋臣。

　　⑬苏秦、张仪：两人为战国谋士。张仪相秦，为秦国策划"连横"之策，对六国各个击破；苏秦佩六国相印，策划六国"合纵"，联合对抗秦国。历史上称这两人为"纵横家"。

　　⑭蠹（dù）国害民：危害国家，残害人民。

　　⑮叨食汉禄：蒙受汉室的俸禄。叨（tāo）：承受，受到（好处）。

　　⑯耕莘伊尹：指商时贤人伊尹，耕于有莘（shēn，地名，今山东莘县）之野，乐尧舜之道，后成为商汤重臣。钓渭子牙：姜子牙钓于渭水。文王出猎相遇，立为太师，辅佐周文王、武王灭商建立周朝。张良、陈平：两人为汉高祖时的谋臣。邓禹、耿弇（yǎn）：两人为东汉名将，开国功臣。

　　罗贯中（约 1330—约 1400），名本，字贯中，号湖海散人，山西太原府清徐人。元末明初著名小说家、戏曲家，开中国章回体小说先河。关于罗贯中，目前所知甚少，对他的了解，只是根据贾仲明《录鬼簿续编》、蒋大器《三国志通俗演义序》等的记载，胡应麟《少室山房笔丛》说他是施耐庵的弟子。罗贯中一生著作颇丰,除《三国演义》外,还有《隋唐两朝志传》、《残唐五代史演义》、《三遂平妖传》等,剧本《赵太祖龙虎风云会》。《三国演义》是我国第一部长篇章回体小说,也是历史演义小说的开山之作,它是根据历史记载创作的,但也有艺术加工的成分,渗透着作者主观的价值判断,鲜明地去褒贬人物,叙述了从黄巾起义到西晋统一的百年历史,描写了东汉末年和整个三国时代以曹操、刘备、孙权为首的魏、蜀、吴三个政治、军事集团之间的矛盾和斗争,表达了对昏君叛臣的痛恨和对明君贤臣的赞美之情。

导读

本文是《三国演义》中非常精彩的一节,刘备三顾茅庐请得诸葛亮以后,以为"如鱼得水",不想却遭到接二连三的失败,弃新野,走樊城,败当阳,奔夏口,无容身之地。面对曹操的剿杀,与江东孙权联合是最好的出路。诸葛亮主动请缨出使东吴,以促成孙刘联合,但遭到孙权手下主降的一班谋士群起发难,于是上演了一场激烈的舌战。

诸葛亮以一人之口,将"峨冠博带,整衣端坐"的一群东吴儒官,说得尽皆失色。东吴第一谋士——张昭,先指出诸葛亮以管仲、乐毅自比,被刘备重用后,反使刘备不如以前,气势咄咄逼人,诸葛亮以沉疴之疾的治疗为切入点,以刘备的仁义来说明刘备失败不抗敌的原因,层层深入,让他无可辩驳;最后不忘以"夸辩之徒,虚誉欺人"挫其锐气,终使其无言回答。面对虞翻、步骘、薛琮、陆绩、严畯、程德枢等人接二连三的发难,诸葛亮运用娴熟的论辩技巧,不仅能对答如流,而且使对方无言以对。在论辩的过程中,诸葛亮镇定自若,谦逊有礼,或怒斥,或戏谑,雄辩滔滔,无所畏惧,睿智不凡的形象跃然纸上,显示了他卓越的外交才能和雄辩的口才。

本文主要采用了语言描写,人物对话和内心独白兼有。情节安排紧凑,叙述措辞独具匠心,在讲述群儒接连发难时,分别使用了"以言挑之"、"高言而问"、"应声而问"、"忽座上一人问"、"座上忽一人应声问"、"昂然而出曰"、"忽又一人指孔明而言曰",把群儒与诸葛亮交锋时的神态描摹得各具特色,烘托渲染了现场气氛,从侧面衬托出诸葛亮的博学、机智、沉着和能言善辩。

感 悟 讨 论

1. 诸葛亮舌战群儒中,调动了哪些知识?他能不能算作一位"通人"?

2. 你觉得诸葛亮在舌战中取得成功的关键是什么？回敬群儒诘难时运用了哪些方法？

3. 你还知道《三国演义》里哪些跟诸葛亮相关的传奇故事？

链接

《三国演义》，罗贯中著，人民文学出版 1973 年版。

作者通过言语、动作、表情、心理的白描来刻画人物，不同的人物有各自不同的外显言行和内在的心理活动，人物形象鲜明生动，相得益彰，表现出了极高的艺术造诣。

第三节

宝玉挨打①

◎ 曹雪芹

却说王夫人唤上金钏儿的母亲来，拿了几件簪环②，当面赏了；又吩咐："请几位僧人念经超度他。"金钏儿的母亲磕了头，谢了出去。

原来宝玉会过雨村回来③，听见金钏儿含羞自尽，心中早已五内摧伤，进来又被王夫人数说教训了一番，也无可回说。看见宝钗进来，方得便走出，茫然不知何往，背着手，低着头，一面感叹，一面慢慢的信步走至厅上。刚转过屏门，不想对面来了一人正往里走，可巧撞了个满怀。只听那人喝一声："站住！"宝玉唬了一跳，抬头看时，不是别人，却是他父亲。早不觉倒抽了一口凉气，只得垂手一旁站着。

贾政道："好端端的，你垂头丧气的嗐什么④？方才雨村来了，要见你，那半天才出来！既出来了，全无一点慷慨挥洒的谈吐，仍是委委琐琐的⑤。我看你脸上一团私欲愁闷气色！这会子又嗳声叹气，你那些还不足、还不自在？无故这样，是什么原故？"宝玉素日虽然口角伶俐，此时一心却为金钏儿感伤，恨不得也身亡命殒，如今见他父亲说这些话，究竟不曾听明白了，只是怔怔的站着。

贾政见他惶悚，应对不似往日，原本无气的，这一来倒生了三分气。方欲说话，忽有门上人来回："忠顺亲王府里有人来⑥，要见老爷。"贾政听了，心下疑惑，暗暗思忖道："素日并不与忠顺府来往，为什么今日打发人来？"一面想，一面命："快请厅上坐。"急忙进内更衣。出来接见时，却是忠顺府长府官，一面彼此见了礼，归坐献茶。未及叙谈，那长府官先就说道："下官此来，并非擅造潭府，皆因奉命而来，有一件事相求。看王爷面上，敢烦老先生做主，不但王爷知情，且连下官辈亦感谢不尽。"

贾政听了这话，摸不着头脑，忙赔笑起身问道："大人既奉王命而来，不知有何见谕？望大人宣明，学生好遵谕承办。"那长府官冷笑道："也不必承办，只用老先生一句话就完了。我们府里有一个做小旦的琪官，一向好好在府，如今竟三五日不见回去,各处去找,又摸不着他的道路。因此各处察访,这一城内,十停人倒有八停人都说:他近日和衔玉的那位令郎相与甚厚。下官辈听了,尊府不比别家,可以擅来索取,因此启明王爷。王爷亦说:'若是别的戏子呢,一百个也罢了;只是这琪官,随机应答,谨慎老成,甚合我老人家的心境,断断少不得此人。'故此求老先生转致令郎,请将琪官放回:一则可慰王爷谆谆奉恳之意,二则下官辈也可免操劳求觅之苦。"说毕,忙打一躬。

贾政听了这话,又惊又气,即命唤宝玉出来。宝玉也不知是何原故,忙忙赶来,贾政便问:"该死的奴才!你在家不读书也罢了,怎么又做出这些无法无天的事来!那琪官现是忠顺王爷驾前承奉的人,你是何等草莽,无故引逗他出来,如今祸及于我!"宝玉听了,唬了一跳,忙回道:"实在不知此事。究竟'琪官'两个字,不知为何物,况更加以'引逗'二字!"说着便哭。

贾政未及开口,只见那长府官冷笑道:"公子也不必隐饰:或藏在家,或知其下落,早说出来,我们也少受些辛苦,岂不念公子之德呢!"宝玉连说:"实在不知。恐是讹传,也未见得。"那长府官冷笑两声道:"现有证据,必定当着老大人说出来,公子岂不吃亏?既说不知,此人那红汗巾子怎得到了公子腰里?"

宝玉听了这话,不觉轰了魂魄,目瞪口呆。心下自思:"这话他如何知道?他既连这样机密事都知道了,大约别的瞒不过他。不如打发他去了,免得再说出别的事来。"因说道:"大人既知他的底细,如何连他置买房舍这样大事倒不晓得了。听得说,他如今在东郊离城二十里有个什么紫檀堡,他在那里置了几亩田地,几间房舍。想是在那里,也未可知。"那长府官听了,笑道:"这样说,一定是在那里了。我且去找一回,若有了便罢;若没有,还要来请教。"说着,便忙忙的告辞走了。

贾政此时气得目瞪口歪,一面送那官员,一面回头命宝玉:"不许动!回来有话问你!"一直送那官去了。才回身时,忽见贾环带着几个小厮一阵乱跑⑦。贾政喝命小厮:"给我快打!"贾环见了他父亲,吓得骨软筋酥,赶忙低头站住。贾政便问:"你跑什么?带着你的那些人都不管你,不知往那里去,由你野马一般!"喝叫:"跟上学的人呢?"

贾环见他父亲甚怒,便乘机说道:"方才原不曾跑,只因从那井边一过,那井里淹死了一个丫头,我看脑袋这么大,身子这么粗,泡的实在可怕,所以才赶着跑过来了。"贾政听了,惊疑问道:"好端端,谁去跳井?我家从无这样事情。自祖宗以来,皆是宽柔待下,大约我近年于家务疏懒,自然执事人操克夺之权,致使弄出这暴殄轻生的祸来。若外人知道,祖宗的颜面何在!"喝命:"叫贾琏、赖大来⑧!"

　　小厮们答应了一声，方欲去叫，贾环忙上前拉住贾政袍襟，贴膝跪下道："老爷不用生气。此事除太太屋里的人，别人一点也不知道。我听见我母亲说——"说到这句，便回头四顾一看。贾政知其意，将眼色一丢，小厮们明白，都往两边后面退去。贾环便悄悄说道："我母亲告诉我说：宝玉哥哥前日在太太屋里，拉着太太的丫头金钏儿，强奸不遂，打了一顿，金钏儿便赌气投井死了。"话未说完，把个贾政气得面如金纸，大叫："拿宝玉来！"一面说，一面便往书房去，喝命："今日再有人来劝我，我把这冠带家私，一应就交与他和宝玉过去！我免不得做个罪人，把这几根烦恼鬓毛剃去，寻个干净去处自了，也免得上辱先人、下生逆子之罪！"众门客仆从见贾政这个形景，便知又是为宝玉了，一个个咬指吐舌，连忙退出。贾政喘吁吁直挺挺的坐在椅子上，满面泪痕，一叠连声："拿宝玉来！拿大棍拿绳来！把门都关上！有人传信到里头去，立刻打死！"众小厮们只得齐齐答应着，有几个来找宝玉。

　　那宝玉听见贾政吩咐他"不许动"，早知凶多吉少，那里知道贾环又添了许多的话。正在厅上旋转，怎得个人往里头捎信，偏偏的没个人来，连焙茗也不知在那里①。正盼望时，只见一个老妈妈出来。宝玉如得了珍宝，便赶上来拉他，说道："快进去告诉：老爷要打我呢！快去，快去！要紧，要紧！"宝玉一则急了说话不明白，二则老婆子偏偏又耳聋，不曾听见是什么话，把"要紧"二字只听做"跳井"二字，便笑道："跳井让他跳去，二爷怕什么？"宝玉见是个聋子，便着急道："你出去叫我的小厮来罢！"那婆子道："有什么不了的事？老早的完了。太太又赏了银子，怎么不了事呢？"

　　宝玉急的手脚正没抓寻处，只见贾政的小厮走来，逼着他出去了。贾政一见，眼都红了，也不暇问他在外流荡优伶，表赠私物，在家荒疏学业，逼淫母婢，只喝命："堵起嘴来，着实打死！"小厮们不敢违，只得将宝玉按在凳上，举起大板，打了十来下。宝玉自知不能讨饶，只是呜呜的哭。贾政还嫌打的轻，一脚踢开掌板的，自己夺过板子来，狠命的又打了十几下。宝玉生来未经过这样苦楚，起先觉得打的疼不过还乱嚷乱哭，后来渐渐气弱声嘶，哽咽不出。众门客见打的不祥了，赶着上来，恳求夺劝。贾政那里肯听？说道："你们问问他干的勾当，可饶不可饶！素日皆是你们这些人把他酿坏了，到这步田地，还来劝解！明日酿到他弑父弑君，你们才不劝不成？"

　　众人听这话不好，知道气急了，忙乱着觅人进去给信。王夫人听了，不及去回贾母，便忙穿衣出来，也不顾有人没人，忙忙扶了一个丫头赶往书房中来，慌得众门客小厮等避之不及。贾政正要再打，一见王夫人进来，更加火上浇油，那板子越下去的又狠又快。按宝玉的两个小厮忙松手走开，宝玉早已动弹不得了。贾政还欲打时,早被王夫人抱住板子。贾政道:"罢了,罢了! 今日必定要气死我才罢!"王夫人哭道:"宝玉虽然该打,老爷也要保重。且炎暑天气,老太太身上又不大好,打死宝玉事小,倘或老太太一时不自在了,岂不事大?"贾政冷笑道:"倒休提这话! 我养了这不肖的孽障,我已不孝;平昔教训他一番,又有众人护持。不如趁今日结果了他的狗命,以绝将来之患!"说着,便要绳来勒死。王夫人连忙抱住哭道:"老爷虽然应当管教儿子,也要看夫妻分上。我如今已五十岁的人,只有这个孽障,必定苦苦的以他为法,我也不敢深劝。今日越发要弄死他,岂不是有意绝我呢? 既要勒死他,索性先勒死我,再勒死他! 我们娘儿们不如一同死了,在阴司里也得个倚靠。"说毕,抱住宝玉,放声大哭起来。

贾政听了此话,不觉长叹一声,向椅上坐了,泪如雨下。王夫人抱着宝玉,只见他面白气弱,底下穿着一条绿纱小衣,一片皆是血渍。禁不住解下汗巾去,由腿看至臀胫,或青或紫,或整或破,竟无一点好处,不觉失声大哭起"苦命的儿"来。因哭出"苦命儿"来,又想起贾珠来⑩,便叫着贾珠哭道:"若有你活着,便死一百个我也不管了!"

此时里面的人闻得王夫人出来,李纨⑪、凤姐及迎、探姊妹两个也都出来了。王夫人哭着贾珠的名字,别人还可,惟有李纨禁不住也抽抽搭搭的哭起来了。贾政听了,那泪更似走珠一般滚了下来。正没开交处,忽听丫环来说:"老太太来了!"一言未了,只听窗外颤巍巍的声气说道:"先打死我,再打死他,就干净了!"贾政见母亲来了,又急又痛,连忙迎出来。只见贾母扶着丫头,摇头喘气的走来。贾政上前躬身赔笑说道:"大暑热的天,老太太有什么吩咐,何必自己走来,只叫儿子进去吩咐便了。"贾母听了,便止步喘息,一面厉声道:"你原来和我说话! 我倒有话吩咐,只是我一生没养个好儿子,却叫我和谁说去!"

贾政听这话不像,忙跪下含泪说道:"儿子管他,也为的是光宗耀祖。老太太这话,儿子如何当的起?"贾母听说,便啐了一口,说道:"我说了一句话,你就禁不起! 你那样下死手的板子,难道宝玉儿就禁的起了? 你说教训儿子是光宗耀祖,当日你父亲怎么教训你来着。"说着也不觉泪往下流。贾政又赔笑道:"老太太也不必伤感,都是儿子一时性急,从此以后再不打他了。"贾母便冷笑两声道:"你也不必和我赌气,你的儿子,自然你要打就打。想来你也厌烦我们娘儿们,不如我们早离了你,大家干净。"说着,便令人:"去看轿! 我和你太太、宝玉儿立刻回南京去!"家下人只得答应着。

贾母又叫王夫人道:"你也不必哭了。如今宝玉儿年纪小,你疼他;他将来长大,为官作宦的,也未必想着你是他母亲了。你如今倒是不疼他,只怕将来还少生一口气呢！"贾政听说，忙叩头说道："母亲如此说，儿子无立足之地了。"贾母冷笑道："你分明使我无立足之地，你反说起你来！只是我们回去了，你心里干净，看有谁来不许你打！"一面说，一面只命："快打点行李车辆轿马回去！"贾政直挺挺跪着，叩头谢罪。贾母一面说，一面来看宝玉。只见今日这顿打不比往日，又是心疼，又是生气，也抱着哭个不了。王夫人与凤姐等解劝了一会，方渐渐的止住。

早有丫环媳妇等上来要搀宝玉。凤姐便骂："糊涂东西！也不睁开眼瞧瞧，这个样儿，怎么搀着走的？还不快进去把那藤屉子春凳抬出来呢！"众人听了，连忙飞跑进去，果然抬出春凳来，将宝玉放上，随着贾母王夫人等进去，送至贾母屋里。

彼时贾政见贾母怒气未消，不敢自便，也跟着进来。看看宝玉果然打重了，再看看王夫人一声"肉"一声"儿"的哭道："你替珠儿早死了，留着珠儿，也免你父亲生气，我也不白操这半世的心了！这会子你倘或有个好歹，撇下我，叫我靠那一个？"数落一场，又哭"不争气的儿"。贾政听了，也就灰心自己不该下毒手打到如此地步。先劝贾母，贾母含泪说道："儿子不好，原是要管的，不该打到这个分儿。你不出去，还在这里做什么！难道于心不足，还要眼看着他死了才算吗？"贾政听说，方诺诺的退出去了。

此时薛姨妈、宝钗、香菱、袭人、湘云等也都在这里。袭人满心委屈，只不好十分使出来。见众人围着，灌水的灌水，打扇的打扇，自己插不下手去，便索性走出门，到二门前，命小厮们找了焙茗来细问："方才好端端的，为什么打起来？你也不早来透个信儿！"焙茗急的说："偏我没在跟前，打到半中间，我才听见了。忙打听原故，却是为琪官儿和金钏儿姐姐的事。"袭人道："老爷怎么知道了？"焙茗道："那琪官儿的事，多半是薛大爷素昔吃醋，没法儿出气，不知在外头挑唆了谁来，在老爷跟前下的蛆。那金钏儿姐姐的事，大约是三爷说的，我也是听见跟老爷的人说。"袭人听了这两件事都对景，心中也就信了八九分。然后回来，只见众人都替宝玉疗治。调停完备，贾母命："好生抬到他屋里去。"众人一声答应，七手八脚，忙把宝玉送入怡红院内自己床上卧好。又乱了半日，众人渐渐的散去了。袭人方才进前来，经心服侍细问。

话说袭人见贾母王夫人等去后，便走来宝玉身边坐下，含泪问他："怎么就打到这步田地？"宝玉叹气说道："不过为那些事，问他做什么！只是下半截疼的很，你瞧瞧，打坏了那里？"袭人听说，便轻轻的伸手进去，将中衣脱下，略动一动，宝玉便咬着牙叫嗳哟，袭人连忙停住手：如此三四次，才褪下来了。袭人看时，只见腿上半段青紫，都有四指阔的僵痕高起来。袭人咬着牙说道："我的娘,怎么下这般的狠手! 你但凡听我一句话,也不到这个分儿。幸而没动筋骨,倘或打出个残疾来,可叫人怎么样呢?"

正说着,只听丫环们说:"宝姑娘来了。"袭人听见,知道穿不及中衣,便拿了一床夹纱被替宝玉盖了。只见宝钗手里托着一丸药走进来,向袭人说道:"晚上把这药用酒研开,替他敷上,把那淤血的热毒散开,就好了。"说毕,递与袭人。又问:"这会子可好些?"宝玉一面道谢,说:"好些了。"又让坐。宝钗见他睁开眼说话,不像先时,心中也宽慰了些,便点头叹道:"早听人一句话,也不至有今日。别说老太太、太太心疼,就是我们看着,心里也——"刚说了半句,又忙咽住,不觉眼圈微红,双腮带赤,低头不语了。宝玉听得这话如此亲切,大有深意,忽见他又咽住不往下说,红了脸低下头含着泪只管弄衣带,那一种软怯娇羞、轻怜痛惜之情,竟难以言语形容,越觉心中感动,将疼痛早已丢在九霄云外去了。想道:"我不过挨了几下打,他们一个个就有这些怜惜之态,令人可亲可敬。假若我一时竟别有大故,他们还不知何等悲感呢。既是他们这样,我便一时死了,得他们如此,一生事业纵然尽付东流,也无足叹惜。"正想着,只听宝钗问袭人道:"怎么好好的动了气,就打起来了?"袭人便把焙茗的话悄悄说了。宝玉原来还不知贾环的话,见袭人说出,方才知道;因又拉上薛蟠⑫,惟恐宝钗沉心,忙又止住袭人道:"薛大哥从来不是这样,你们别混猜度。"

宝钗听说,便知宝玉是怕他多心,用话拦袭人。因心中暗暗想道:"打得这个形象,疼还顾不过来,还这样细心,怕得罪了人。你既这样用心,何不在外头大事上做工夫,老爷也欢喜了,也不能吃这样亏。你虽然怕我沉心,所以拦袭人的话,难道我就不知我哥哥素日恣心纵欲、毫无防范的那种心性吗? 当日为个秦钟还闹的天翻地覆⑬,自然如今比先又加利害了。"想毕,因笑道:"你们也不必怨这个怨那个,据我想,到底宝兄弟素日肯和那些人来往,老爷才生气。就是我哥哥说话不防头,一时说出宝兄弟来,也不是有心挑唆:一则也是本来的实话,二则他原不理论这些防嫌小事。袭姑娘从小儿只见过宝兄弟这样细心的人,何曾见过我哥哥那天不怕地不怕、心里有什么口里说什么的人呢?"

袭人因说出薛蟠来,见宝玉拦他的话,早已明白自己说造次了,恐宝钗没意思;听宝钗如此说,更觉羞愧无言。宝玉又听宝钗这一番话,半是堂皇正大,半是体贴自己的私心,更觉比先心动神移。方欲说话时,只见宝钗起身道:"明日再来看你,好生养着罢。方才我拿了药来,交给袭人,晚上敷上管就好了。"说着便走出门去。袭人赶着送出院外,说:"姑娘倒费心了。改日宝二爷好了,亲自来谢。"宝钗回头笑道:"这有什么的? 只劝他好生养着,别胡思乱想就好了。要想什么吃的玩的,悄悄的往我那里只管取去,不必惊动老太太、太太众人。倘或吹到老爷耳朵里，虽然彼时不怎么样，将来对景，终是要吃亏的。"说着去了。

袭人抽身回来，心内着实感激宝钗。进来见宝玉沉思默默，似睡非睡的模样，因而退出房外桥沐⑭。宝玉默默的躺在床上，无奈臀上作痛，如针挑刀挖一般，更热如火灸，略展转时，禁不住"嗳哟"之声。那时天色将晚，因见袭人去了，却有两三个丫鬟伺候，此时并无呼唤之事，因说道："你们且去梳洗，等我叫时再来。"众人听了，也都退出。

这里宝玉昏昏沉沉，只见蒋玉函走进来了，诉说忠顺府拿他之事；一时又见金钏儿进来，哭说为他投井之情。宝玉半梦半醒，刚要诉说前情，忽又觉有人推他，恍恍惚惚听得悲切之声。宝玉从梦中惊醒，睁眼一看，不是别人，却是黛玉。犹恐是梦，忙又将身子欠起来，向脸上细细一认，只见他两个眼睛肿得桃儿一般，满面泪光，不是黛玉却是那个？宝玉还欲看时，怎奈下半截疼痛难禁，支持不住，便"嗳哟"一声仍旧倒下，叹了口气说道："你又做什么来了？太阳才落，那地上还是怪热的，倘或又受了暑，怎么好呢？我虽然挨了打，却也不很觉疼痛。这个样儿是装出来哄他们，好在外头布散给老爷听。其实是假的，你别信真了。"

此时黛玉虽不是嚎啕大哭，然越是这等无声之泣，气噎喉堵，更觉利害。听了宝玉这些话，心中提起万句言词，要说时却不能说得半句。半天，方抽抽噎噎的道："你可都改了罢！"宝玉听说，便长叹一声道："你放心。别说这样话。我便为这些人死了，也是情愿的。"一句话未了，只见院外人说："二奶奶来了。"黛玉便知是凤姐来了，连忙立起身，说道："我从后院子里去罢，回来再来。"宝玉一把拉住道："这又奇了，好好的怎么怕起他来了？"黛玉急得跺脚，悄悄的说道："你瞧瞧我的眼睛！又该他们拿咱们取笑儿了。"宝玉听说，赶忙的放了手。黛玉三步两步转过床后，刚出了后院，凤姐从前头已进来了。问宝玉："可好些了？想什么吃？叫人往我那里取去。"接着薛姨妈又来了。一时贾母又打发了人来。

至掌灯时分，宝玉只喝了两口汤，便昏昏沉沉的睡去。接着周瑞媳妇、吴新登媳妇、郑好时媳妇这几个有年纪长来往的，听见宝玉挨了打，也都进来。袭人忙迎出来，悄悄的笑道："婶娘们略来迟了一步，二爷睡着了。"说着，一面陪他们到那边屋里坐着，倒茶给他们吃。那几个媳妇子都悄悄的坐了一回，向袭人说："等二爷醒了，你替我们说罢。"

袭人答应了，送他们出去。

（节选自《红楼梦》，曹雪芹、高鹗著，人民文学出版社 1982 年版）

注 释

①课文节选自《红楼梦》第三十三回《手足耽耽小动唇舌，不肖种种大受笞挞》，又三十四回《情中情因情感妹妹，错里错以错劝哥哥》约半回，大致呈有一个段落。

②簪环：女子所带的首饰。

③雨村：贾化，号雨村。一个与贾家关系密切的贪酷县官，革职后得到贾家帮助又做了官。

④嗐(hài)：叹息声。

⑤委委琐琐：无精打采、萎靡不振的样子。

⑥忠顺亲王府：当时有权势的一家皇亲国戚。

⑦贾环：贾政庶子，与赵姨娘所生。

⑧贾琏、赖大：贾琏，王熙凤丈夫。赖大，贾府管家。

⑨焙茗：宝玉的贴身男仆。

⑩贾珠：宝玉的哥哥，已早死。贾珠一心走仕途经济之路，深得贾政喜欢。

⑪李纨：贾珠的遗孀。

⑫薛蟠：薛宝钗的哥哥。

⑬秦钟：秦可卿之弟，宝玉的密友，早死。

⑭栉沐：梳洗。

曹雪芹(约 1715—约 1763)，名霑，字梦阮，又号芹圃、芹溪。清代满洲正白旗包衣，中国文学史上最杰出的现实主义小说家。自曾祖父起，三代任江宁织造。祖父曹寅，喜藏书，有文才，交游甚广，受康熙帝信任。雍正初年，曹家因受清廷内部政治斗争牵连，被革职抄家，全家前往北京，从此家业一蹶不振。曹雪芹年轻时过的是锦衣玉食的富贵生活，具有丰富深厚的文化素养，经历了一个从封建贵族大家庭富贵奢侈生活到没落贫苦无奈极为困顿的巨大变故。晚年回首前尘，颇有憬悟，感慨万端，凭其独特复杂的生活经验和卓越的艺术才能，苦心孤诣，创作出了这部《石头记》即《红楼梦》。曹雪芹精益求精，"披阅十载，增删五次"，终于完成了这部我国古典长篇小说中最脍炙人口的现实主义巨著。

《红楼梦》目前流传有 120 回，一般认为前 80 回是他的原作，后 40 回是高鹗的续作。曹雪芹为人放达，性格坚强，能诗善画，晚年迁往西郊，在茅草屋里过着"绳床瓦灶"，"举家食粥酒常赊"的生活，先是儿子夭折，后来自己也贫病不起，去世时年仅 40 多岁。《红楼梦》以贾、王、史、薛四大家族为背景，以贾宝玉、林黛玉的爱情为主要线索着重描写了贾家荣、宁二府由盛转衰的过程，对贵族阶级中具有叛逆精神的青年争取男女平等、婚姻自由的思想行为进行了热情的歌颂,《红楼梦》的思想和艺术成就,使之成为中国古代长篇小说的高峰。

导读

本篇摘取《红楼梦》的一部分,故事可成一个相对完整的段落,《宝玉挨打》可以说是《红楼梦》中矛盾冲突的高峰。

课文大体可分为三个部分,先写宝玉挨打的原因,侧面显示出这个封建家庭内部的复杂关系,宝玉同情被逼跳井的丫头金钏儿,贾环出于嫡庶间的嫉恨而挑拨是非,以及宝玉私下与"戏子"琪官的交往成了挨打的导火线。次写毒打的经过,显示挨打的根本原因在于宝玉的思想感情和他父亲贾政南辕北辙,贾政认为宝玉的想法和行为发展下去一定会弑父弑君,"不如趁今日结果了他的狗命,以绝将来之患",揭示出叛逆者和卫道士之间不可调和的矛盾。最后写宝玉挨打后府里众人都来探望宝玉,各有各的表现:王夫人善用心计,心疼宝玉,却哭贾珠;李纨联想自己的处境,孤儿寡母,唯有眼泪陪伴;凤姐管家风范,矛盾冲突中,大家乱作一团,却能指挥若定;贾母心疼宝玉,呵斥贾政,倚老卖老;宝钗表现大度,关心宝玉,言行得体,善于化被动为主动;黛玉伤心至极,真情流露。主要人物个性独特,反映出同一个生活环境里,由于各自地位、性格和感情关系的不同,人物呈现出不同的个性,并非千人一面。

贾宝玉和林黛玉的内心确实存在对封建社会及其礼制的某些叛逆思想,宝玉无心应酬官场之人,表明他无心仕途经济,厌弃传统的思想;不喜欢读书,喜欢与丫环厮混,与"戏子"交往,也表明了他反叛传统的叛逆性格。这一点上,黛玉是坚定地与宝玉站在一起的。作者通过言语、动作、表情、心理的白描来刻画人物性格,而且不同的人物有各自不同的外显言行和内在的心理活动,人物形象非常生动,个性鲜明,栩栩如生。此外,本篇叙事有条不紊,情节起伏跌宕,行文张弛有度,语言生动传神,表现出了很高的艺术造诣。

感 悟 讨 论

1. 宝玉挨打的原因是什么?

2. 你是如何理解贾政和宝玉冲突的?

3. 体会小说通过同一场景塑造不同人物性格的高超艺术手法,文中围绕宝玉挨打这一核心事件来描写不同人物的反应,分析冲突中主要人物的身份、思想、情感与性格特征。

链接

《红楼梦》,曹雪芹、高鹗著,人民文学出版社 1982 年版。

《老残游记》以老残的见闻为线索，描写了晚清各种社会现象，内容丰富，意蕴深远。全书人物、景物描写都很细腻生动，语言清新流畅、富有韵味。

第四节

大明湖边听美人绝调

◎ 刘　鹗

　　老残从鹊华桥往南，缓缓向小布政司街走去，一抬头，见那墙上贴了一张黄纸，有一尺长，七八寸宽的光景。居中写着"说鼓书"三个大字①，旁边一行小字是"二十四日明湖居"②。那纸还未十分干，心知是方才贴的，只不知道这是什么事情，别处也没有见过这样招子③。一路走着，一路盘算，只听得耳边有两个挑担子的说道："明儿白妞说书，我们可以不必做生意，来听书罢。"又走到街上，听铺子里柜台上有人说道："前次白妞说书是你告假的，明儿的书，应该我告假了。"一路行来，街谈巷议，大半都是这话，心里诧异道："白妞是何许人？说的是何等样书，为甚一纸招贴，倾举国若狂如此④？"信步走来，不知不觉已到高升店口。

　　进得店去，茶房便来回道："客人，用什么夜膳？"老残一一说过，就顺便问道："你们此地说鼓书是个什么玩意儿？何以惊动这么许多的人？"茶房说："客人，你不知道。这说鼓书本是山东乡下的土调，同一面鼓，两片梨花简⑤，名叫'梨花大鼓'，演说些前人的故事，本也没甚稀奇。自从王家出了这个白妞、黑妞姊妹两个，这白妞名字叫做王小玉，此人是天生的怪物⑥！他十二三岁时就学会了这说书的本事。他却嫌这乡下的调儿没什么出奇，他就常到戏园里看戏，所有什么西皮、二簧、梆子腔等唱，一听就会；甚么余三胜、程长庚、张二奎等人的调子⑦，他一听也就会唱。仗着他的喉咙，要多高有多高；他的中气要多长有多长。他又把那南方的什么昆腔、小曲，种种的腔调，他都拿来装在这大鼓书的调儿里面。不过二三年工夫，创出这个调儿，竟至无论南北高下的人，听了他唱书，无不神魂颠倒。现在已有招子，明儿就唱。你不信，去听一听就知道了。只是要听还要早去，他虽是一点钟开唱，若到十点钟去，便没有坐位的。"老残听了，也不甚相信。

　　次日六点钟起，先到南门内看了舜井⑧。又出南门，到历山脚下，看看相传大舜昔日耕田的地方。及至回店，已有九点钟的光景，赶忙吃了饭，走到明湖居，才不过十点钟时候。那明湖居本是个大戏园子，戏台前有一百多张桌子。那知进了园门，园子里面已经坐的满满的了，只有中间七八张桌子还无人坐，桌子却都贴着"抚院定""学院定"等类红纸条儿。老残看了半天，无处落脚，只好袖子里送了看坐儿的二百个钱，才弄了一张短板凳，在人缝里坐下。看那戏台上，只摆了一张半桌⑨，桌子上放了一面板鼓，鼓上放了两个铁片儿，心里知道这就是所谓梨花筒了，旁边放了一个三弦子，半桌后面放了两张椅子，并无一个人在台上。偌大的个戏台，空空洞洞，别无他物，看了不觉有些好笑。园子里面，顶着篮子卖烧饼油条的有一二十个，都是为那不吃饭来的人买了充饥的。

　　到了十一点钟，只见门口轿子渐渐拥挤，许多官员都着了便衣，带着家人，陆续进来。不到十二点钟，前面几张空桌俱已满了，不断还有人来，看坐儿的也只是搬张短凳，在夹缝中安插。这一群人来了，彼此招呼，有打千儿⑩，有作揖的，大半打千儿的多。高谈阔论，说笑自如。这十几张桌子外，看来都是做生意的人；又有些像是本地读书人的样子，大家都嘁嘁喳喳的在那里说闲话。因为人太多了，所以说的什么话都听不清楚，也不去管他。

　　到了十二点半钟，看那台上，从后台帘子里面，出来一个男人，穿了一件蓝布长衫，长长的脸儿，一脸疙瘩，仿佛风干福橘皮似的，甚为丑陋，但觉得那人气味到还沉静。出得台来，并无一语，就往半桌后面左手一张椅子上坐下。慢慢的将三弦子取来，随便和了和弦，弹了一两个小调，人也不甚留神去听。后来弹了一枝大调，也不知道叫什么牌子。只是到后来，全用轮指⑪，那抑扬顿挫，入耳动心，恍若有几十根弦，几百个指头，在那里弹似的。这时台下叫好的声音不绝于耳，却也压不下那弦子去，这曲弹罢，就歇了手，旁边有人送上茶来。

　　停了数分钟时，帘子里面出来一个姑娘，约有十六七岁，长长鸭蛋脸儿，梳了一个抓髻，戴了一副银耳环，穿了一件蓝布外褂儿，一条蓝布裤子，都是黑布镶滚的。虽是粗布衣裳，倒十分洁净。来到半桌后面右手椅子上坐下。那弹弦子的便取了弦子，铮铮鏦鏦弹起⑫。这姑娘便立起身来，左手取了梨花筒，夹在指头缝里，便丁丁当当的敲，与那弦子声音相应；右手持了鼓捶子，凝神听那弦子的节奏。忽羯鼓一声⑬，歌喉遽发，字字清脆，声声宛转，如新莺出谷，乳燕归巢，每句七字，每段数十句，或缓或急，忽高忽低；其中转腔换调之处，百变不穷，觉一切歌曲腔调俱出其下，以为观止矣⑭。

　　旁坐有两人，其一人低声问那人道："此想必是白妞了罢?"其一人道："不是。这人叫黑妞，是白妞的妹子。他的调门儿都是白妞教的，若比白妞，还不晓得差多远呢! 他的好处人说得出，白妞的好处人说不出；他的好处人学的到，白妞的好处人学不到。你想，这几年来，好玩耍的谁不学他们的调儿呢? 就是窑子里的姑娘，也人人都学，只是顶多有一两句到黑妞的地步。若白妞的好处，从没有一个人能及他十分里的一分的。"说着的时候，黑妞早唱完，后面去了。这时满园子里的人，谈心的谈心，说笑的说笑。卖瓜子、落花生、山里红、核桃仁的，高声喊叫着卖，满园子里听来都是人声。

　　正在热闹哄哄的时节，只见那后台里，又出来了一位姑娘，年纪约十八九岁，装束与前一个毫无分别，瓜子脸儿，白净面皮，相貌不过中人以上之姿，只觉得秀而不媚，清而不寒，半低着头出来，立在半桌后面，把梨花筒丁当了几声，然是奇怪：只是两片顽铁，到他手里，便有了五声十二律似的[15]。又将鼓捶子轻轻的点了两下，方抬起头来，向台下一盼。那双眼睛，如秋水，如寒星，如宝珠，如白水银里头养着两丸黑水银，左右一顾一看，连那坐在远远墙角子里的人，都觉得王小玉看见我了；那坐得近的，更不必说。就这一眼，满园子里便鸦雀无声，比皇帝出来还要静悄得多呢，连一根针跌在地下都听得见响!

　　王小玉便启朱唇，发皓齿，唱了几句书儿。声音初不甚大，只觉入耳有说不出来的妙境：五脏六腑里，像熨斗熨过，无一处不伏贴；三万六千个毛孔，像吃了人参果，无一个毛孔不畅快。唱了十数句之后，渐渐的越唱越高，忽然拔了一个尖儿，像一线钢丝抛入天际，不禁暗暗叫绝。那知他于那极高的地方，尚能回环转折。几啭之后[16]，又高一层，接连有三四叠，节节高起。恍如由傲来峰西面攀登泰山的景象：初看傲来峰削壁千仞，以为上与天通；及至翻到傲来峰顶，才见扇子崖更在傲来峰上；及至翻到扇子崖，又见南天门更在扇子崖上：愈翻愈险，愈险愈奇。

　　那王小玉唱到极高的三四叠后，陡然一落，又极力骋其千回百折的精神，如一条飞蛇在黄山三十六峰半中腰里盘旋穿插，顷刻之间，周匝数遍[17]。从此以后，愈唱愈低，愈低愈细，那声音渐渐的就听不见了。满园子的人都屏气凝神，不敢少动。约有两三分钟之久，仿佛有一点声音从地底下发出。这一出之后，忽又扬起，像放那东洋烟火，一个弹子上天，随化作千百道五色火光，纵横散乱。这一声飞起，即有无限声音俱来并发。那弹弦子的亦全用轮指，忽大忽小，同他那声音相和相合，有如花坞春晓[18]，好鸟乱鸣。耳朵忙不过来，不晓得听那一声的为是。正在撩乱之际，忽听霍然一声，人弦俱寂。这时台下叫好之声，轰然雷动。

停了一会,闹声稍定,只听那台下正座上,有一个少年人,不到三十岁光景,是湖南口音,说道:"当年读书,见古人形容歌声的好处,有那'余音绕梁,三日不绝'的话⑲,我总不懂。空中设想,余音怎样会得绕梁呢? 又怎会三日不绝呢? 及至听了小玉先生说书,才知古人措辞之妙。每次听他说书之后,总有好几天耳朵里无非都是他的书,无论做什么事,总不入神,反觉得'三日不绝',这'三日'二字下得太少,还是孔子'三月不知肉味'⑳,'三月'二字形容得透彻些!"旁边人都说道:"梦湘先生论得透辟极了! '于我心有戚戚焉'㉑!"

说着,那黑妞又上来说了一段,底下便又是白妞上场。这一段,闻旁边人说,叫做"黑驴段"。听了去,不过是一个士子见一惊人,骑了一个黑驴走过去的故事。将形容那美人,先形容那黑驴怎样怎样好法,待铺叙到美人的好处,不过数语,这段书也就完了。其音节全是快板,越说越快。白香山诗云:"大珠小珠落玉盘㉒。"可以尽之。其妙处,在说得极快的时候,听的人仿佛都赶不上听,他却字字清楚,无一字不送到人耳轮深处。这是他的独到,然比着前一段却未免逊了一筹了。

这时不过五点钟光景,算计王小玉应该还有一段。不知那一段又是怎样好法。

(选自《老残游记》,刘鹗著,人民文学出版社 1979 年版)

注 释

①鼓书:即大鼓书。一般有一个人演唱,一人或数人伴奏,以鼓为主要乐器。

②明湖居:戏院名,原址在今济南大明湖正西门。

③招子:招贴、海报。

④举国:原指全国,这里指济南全城。

⑤梨花筒:打击乐器名。

⑥怪物:奇人,极言非常罕见的出色人物。

⑦余三胜、程长庚、张二奎:均为清末著名的京剧演员。

⑧舜井:济南名胜之一,传为大舜所开凿。

⑨半桌:用于曲艺表演相当于普通桌子一半的桌子。

⑩打千:清代男子的一种礼节,其姿势为屈左膝,垂右手,上体稍向前俯。

⑪轮指:弹奏乐器的一种高超技法,一手五个指头能周而复始地轮流弹拨。

⑫铮铮鏦鏦(cōng):这里形容不同的弦声。

⑬羯鼓:乐器名,从古代羯族传来。

⑭观止：再也没有比这更完好的了。形容事物的美好。

⑮五声十二律：古代五声音阶名，宫、商、角、徵、羽总称五声。十二律：古乐中十二个从低而高的半音的一种律制。

⑯啭(zhuàn)：婉转发出的美声。

⑰周匝：周围。

⑱花坞：花园深凹处。

⑲余音绕梁，三日不绝：语出自《列子·汤问》。这里引来极言演唱之美。

⑳三月不知肉味：语出自《论语·述而》，意为听过美好的音乐，兴味全被吸引，三个月还记不起肉的美味。

㉑于我心有戚戚焉：语出自《孟子·梁惠王上》，意为这些话在我心里引起了强烈的共鸣。戚戚：心动。

㉒大珠小珠落玉盘：白居易名作《琵琶行》中的诗句，形容声音错落有致，清新美好。

　　刘鹗(1857—1909)，清末小说家。原名孟鹏，后更名鹗，字铁云，号老残。别号"鸿都百炼生"，江苏丹徒(今镇江市)人。刘鹗出身官宦家庭，自幼好学，但不喜科场文字。他承袭家学，致力于数学、医学、水利、音乐、算学等实际学问，并纵览百家，喜欢收集书画碑帖、金石甲骨，在上海行医时，收藏大量甲骨，后辑成《铁云藏龟》一书，对甲骨文研究贡献巨大。自青年时期拜从太谷学派李光(龙川)之后，终生主张以"教养"为大纲，发展了以经济生产，富而后教，养民为本的太谷学说。他一生从事实业，投资教育，以实现太谷学派"教养天下"的目的。八国联军入侵时，为赈济京城灾民，刘鹗从占领军手中低价购粮，被诬私售仓粟罪，流放新疆，客死乌鲁木齐。《老残游记》是刘鹗的代表作，被称为清末四大谴责小说之一，流传甚广。小说以一位江湖郎中老残的游历为主线，对当时的社会现实和官吏残暴昏庸多有揭露，描写人情世态、风景名胜也十分出色，构思巧妙，刻画生动，语言精彩。

▶ 导读

　　本文描写当时著名的鼓书艺人白妞的出色演唱，是《老残游记》中公认的最为精彩的篇章，彰显出刘鹗深谙艺术之妙的大手笔。

　　作者从"老残从鹊华桥往南"一路写起，运笔从容，缓缓写来，看似平淡，却烘托渲染，层层铺垫。写一众对白妞说书的街谈巷议，人未出场，已先声夺人，吊足了读者的胃口；次写戏园盛况，听书人不但人数多，而且来得早，人声嘈杂，这一切为后面白妞说书时的鸦雀无声作了对照性的铺垫；接着写琴师出场，先抑后扬，他的相貌"甚为丑陋"，但技惊四座；再写黑妞出场，字字清脆，声声婉转,说书技艺已臻观止,这一切描写,为白妞出场做了十足的铺垫。白妞出场,先写容貌,不过中人以上之色,但是"把梨花筒丁当了几声","将鼓捶子轻轻的点了两下",就让人顿觉出彩。"那双眼睛,如秋水,如寒星,如宝珠,如白水银里头养着两丸黑水银",左顾右盼,就摄去了众听书人的心魄,作者抓住了她这一极富特点的眼睛来写,一下就把白妞写活了。"满园子里便鸦雀无声,比皇帝出来还要静悄得多呢,连一根针跌在地下都听得见响!"与前面描写的人声嘈杂的场面构成鲜明的对比。白妞说书的正面描写,极有层次,"初不甚大","越唱越高","陡然一落","忽又扬起","人弦俱寂",描写丝丝入扣,步步入胜,节节火爆,白妞的形象呼之欲出,光彩照人。白妞演唱声音的无穷变化,美妙难以言说,作者用泰山、黄山景色加以譬况,又用众多事物和前人诗文妙喻,曲尽形容之能事。

　　小说层层铺垫,步步设置悬疑,构思十分巧妙,显得抑扬跌宕,艺术效果十分强烈。

感 悟 讨 论

　　1. 仔细阅读课文,作者有没有直接议论的文字? 为什么?

　　2. 作者运用了哪些方法,生动地写出了白妞声音之美?

　　3. 作者为什么花很大的篇幅写街谈巷议和黑妞说书? 从中你能悟出哪些艺术表现的道理?

链接

《老残游记》,刘鹗著,人民文学出版社 1979 年版。

　　熟稔传统文化，采用西方现代派心理描写，小说化用杜甫《秋兴八首》中"同学少年多不贱，五陵裘马自轻肥"之意。风雨天涯多少年，昔日同窗再度相逢，纯真情谊已然镜花水月，代替的是云泥之感。

第五节

同学少年都不贱（节选）

◎ 张爱玲

　　起先简直令人无法相信——犹太人姓李外的极多，取名汴杰民的更多。在季辛吉国务卿之前①，第一个入内阁的移民，又是从上海来的，也还是可能刚巧姓名相同。赵珏看了时代周刊上那篇特写，提到他的中国太太，又有他们的生活照，才确实知道了。

　　"还是我一句话撮合了他们。"她不免这样想。

　　当然，人总夸张自己演的角色的重要性。恩娟不跟她商量，大概也会跟他好的。那时候又没有别的男朋友，据她所知。

　　她记得非常清楚，那天在恩娟家里吃晚饭，上海娘姨做的有一碗本地菜芋艿肉片②，她别处没见过。恩娟死了母亲就是自己当家。

　　饭后上楼到她住的亭子间去，搬开椅子上堆的一叠衣服，坐下谈了一会，她忽然笑道："有个同学写信来，叫我也到内地去。汴·李外——犹太人，他们家前几年刚从德国逃出来的。"

　　"哦。"赵珏有点模糊。无国籍的犹太人无处收容，仿佛只能到上海来。"他现在在重庆？"

　　"嗳，去年走的。因为洋行都搬到重庆去了，在那边找事比较容易。他在芳大也是半工半读。"

　　说着便走开去翻东西，找出一张衬着硬纸板的团体照，微笑递了过来，向第二排略指了指，有点羞意。

　　是个中等身材的黑发青年，黑框眼镜，不说也看不出来是外国人，额角很高，露齿而笑，鼻直口方，几乎可以算漂亮。

　　赵珏一见立即笑道："你去。你去好。"

恩娟很不好意思的"咦"了一声,咕哝道:"怎么这样注重外表?"

赵珏知道恩娟是替她不好意思。她这么矮小瘦弱苍白,玳瑁眼镜框正好遮住眼珠,使人对面看不见眼睛,有不可测之感。像她这样如果恋爱的话,只能是纯粹心灵的结合,倒这样重视形体?

虽如此,把那张大照片搁过一边的时候,看得出恩娟作了个决定。

此后还有一次提起他。恩娟想取个英文名字。

"你叫苏西好,"赵珏说。"我最喜欢听你唱《与苏西偕行》。"

恩娟笑道:"汴要叫我凯若兰。"

"叫苏西好,苏西更像你。"

她力争,直到恩娟有点窘起来,脸色都变了,不想再说下去,她才觉得了,也讪讪的。怎么这样不自量?当然是男朋友替女朋友取名字。

她们学校同性恋的风气虽盛,她们俩倒完全是朋友,一来考进中学的时候都还小,一个又是个丑小鸭,一个也并不美。恩娟单眼皮,小塌鼻子,不过一笑一个大酒窝,一口牙齿又白又齐。有红似白的小枣核脸,反衬出下面的大胸脯,十二三岁就"发身"了,十来岁的人大都太瘦,再不然就是太胖,她属于后一类,而且一直不瘦下来,加上丰满的乳房,就是中年妇人的体型。

"走在马路上,有人说'大奶子'。"她有一次气愤的告诉赵珏。

她死了母亲,请了假,销假回来住校的时候,短发上插一朵小白棉绒花,穿着新做的白辫子滚边灰色爱国布夹袍,因为是虔诚的教徒,腰身做得相当松肥,站在那里越觉硕大无朋,眼睛哭得红红的。赵珏也不敢说什么,什么都没问。

她写信给母亲总是称"至爱的母亲"。开恳亲会,她父母是不配称的一对,母亲高个子,长得简直像圣母像,除了一双吊梢眼太细窄了些,人也斯文。父亲年纪大得多,胖大身材,前面头发秃得额角倒插,更显得方腮大面,横眉竖眼的。穿西装,开一爿义肢拐杖店。恩娟告诉赵珏,他另外有个家,生了一大窝孩子。母亲知道了跟他闹,不是孩子多,就离婚了。

"他们从前怎么会结婚的?"

"他会骗。"

他们都是内地教会培植出来的。母亲也在外面做事,不知道是房产还是股票掮客,赵珏搞不清楚。恩娟后来告诉她有个李天声,一直从前两人感情非常好,在遗物里发现他的照片。

悠长的星期日下午,她们到校园去玩,后园就有点荒烟蔓草,有个小丘,残破的碎石阶上去,上面搭了个花架,木柱的枣红漆剥落了,也没种花,恩娟认识桑树，一人带一只漱盂摘桑椹吃，从地下拾起烂熟的，紫红的珍珠兰似的一小簇一小簇，拿到宿舍空寂无人的盥洗室，在灰色水泥长槽上放自来水冲洗，冲掉蚂蚁。

赵珏不会说上海话，听人家的"强苏白"混身起鸡皮疙瘩，再也老不起脸来学着说。国语发音不好，也不好意思撇着"话剧腔"。上海学生向来是，非国语非吴语一概称为江北话。人力车夫都是江北人。所以她在学校里一个朋友也没有，除了恩娟。

恩娟人缘非常好，入校第二年就当选级长。那年她们十二岁，赵珏爱上了劳莱哈台片中一个配角，演十八世纪的贵族，扑白粉的假发，有一场躲在门背后，走出来向女人高唱歌剧曲子。看了戏回家，心潮澎湃，晚上棕黑色玻璃窗的上角遥遥映出一个希腊石像似的面影，恍如稠人广众中涌现。男高音的歌声盈耳，第一次尝到这震荡人心魄的滋味。

"你那个但尼斯金从来没张开嘴笑过，一定是绿牙齿。"恩娟说。

从此同房间的都叫他绿牙齿。

四个人一间房，熄灯前上床后最热闹。恩娟喜欢在蚊帐里枕上举起双臂，两只胳膊扭绞个不停，柔若无骨，模仿中东艳舞，自称为"玉臂作怪"。赵珏笑得满床打滚。窗外黑暗中蛙声阁阁，没装纱窗，一阵阵进来江南绿野的气息。

……

赵珏出了大陆写信去，打听去美国的事。恩娟回信非常尽职而有距离，赵珏后来到了美国就没去找她。汴是在那大学读博士，所以当时只有恩娟一个人做事。

这次通讯后，过了十廿年赵珏才又写信给恩娟。原因之一，是刚巧住在这文化首都，又是专供讲师院士住的一座大楼，多少称得上清贵。萱望回大陆了，此地租约期满后她得要搬家。要托恩娟找事，不如趁现在有这体面的住址。——萱望大概也觉得从此地"回归"比较有面子。她不肯跟他一块回，他当然也不能一个钱都不留给她。不过他在台湾还有一大家子人靠他养活，一点积蓄都做了安家费。她目前生活虽然不成问题，不要等到山穷水尽，更没脸去找人家。她跟萱望分居那时候在华府，手里一个钱都没有，没有学位又无法找事，那时候也知道恩娟也在华府，始终也没去找她。

她信上只说想找个小事，托恩娟替她留心，不忙。没说见面的话。现在境遇悬殊，见不见面不在她。

恩娟的回信只有这一句有点刺目："不见面总不行的。"显然以为她怕见她，妒富愧贫。

她又去信说："我可以乘飞机到华府来，谈一两个钟头就回去。再不然你如果路过，弯到这里来也是一样。在这里过夜也方便，有两间房，床也现成。"

这几年跟着萱望东跑西跑，坐飞机倒是家常便饭了。他找事，往往乘系主任到外地开会，在芝加哥换机，就在俄海机场约谈，两便。

隔了些时，恩娟来信说月底路过，来看她，不过要带着小女儿。时代周刊上那篇特写提起过他们有四个孩子，一男三女。

赵珏当然表示欢迎，心里不免想着，是否要有个第三者在场，怕她万一哭诉？

临时又打长途电话约定时间。

那天中午，公寓门上极轻的剥啄两声。她一开门，眼前一亮，恩娟穿着件艳绿的连衫裙，翩然走进来，笑着搂到她一下。名牌服装就是这样，通体熨贴，毫不使人觉得这颜色四五十岁的人穿着是否太娇了。看看也至多三十几岁，不过像美国多数的阔人，晒成深浓的日光色，面颊像姜黄的皮制品。头发极简单的朝里卷。

赵珏还没开口，恩娟见她脸上惊艳的神气，先自笑了。

赵珏笑道："你跟从前重庆回来的时候完全一样。"显然没有再胖过。

向她身后张了张。"小女儿呢？在车上？"末了声音一低。也许不应当问。临时决定不下车？

她也只咕噜了一声。赵珏没听清楚，就没再问，也猜着车子一定开走了。本地没有机场；以她的地位，长程决不会自己开车，而司机在此间是奢侈品，不是熟人不便提的。她来，决不会让汽车停在大门口，司机坐在车上等着，像摆阔。

"喝咖啡？"倒了两杯来。"汴好？"也只能带笑轻声一提，不是真问，她也不会真回答。

她四面看看，见是一间相当大的起坐间兼卧室，凸出的窗户有古风；因笑道："你不是说有两间房？"

"本来有两间，最近这层楼上空出这一间房的公寓，我就搬了过来。"

恩娟不确定的"哦"了一声，那笑容依旧将信将疑。

赵珏感到困惑。倒像是骗她来过夜——为什么？还是骗她有两间房，有多余的床，结果只好一床睡觉，彻夜长谈？不过是这样？一时闹不清楚，只觉得十分暧昧，又急又气，竟没想到指出信上说过公寓门牌号码现在是五〇七，不是五〇二了。

还是恩娟换了话题,喝着咖啡笑道:"现在男人头发长了,你觉得怎么样?"

赵珏笑道:"不赞成。"

这样守旧,恩娟有点不好意思的咕哝了一声:"难道还是要后头完全推平了?"也没再说什么。

赵珏也不便解释她认为男人脑后发脚下那块地方可爱,正如日本人认为女人脖子背后性感,务必搭得雪白粉嫩在和服领口外。男人即使头发不太长,短发也盖过发脚,尤其是中国人直头发,整个是中年妇人留的"鸭屁股"。

她跟恩娟说国语。自从到北京跑单帮,国语也道地了。其实上次见面已经这样,但是恩娟忽然抱怨道:

"怎么你口音完全变了? 好像完全是另外一个人。"末句声音一低,半自言自语,像个不耐烦得快要哭出来的小孩。

赵珏心里很感动,但是仍旧笑道:"我从前的话不会说了,从家里跑出来就没机会说了,连我姨妈的口音都两样。"

恩娟想了想,似乎也觉得还近情理。

"要不然我们就说上海话。"

恩娟摇摇头。

赵珏笑道:"我每次看见茱娣霍丽黛都想起你。"

恩娟在想这已故的喜剧演员的状貌——胖胖的,黄头发,歌喉也不怎么——显然不大高兴。

赵珏还是记得她从前胖的时候,因又解释道:"我是想你'玉臂作怪'那些。"

恩娟只说了声"哦噢哟!"上海话,等于"还提那些陈壳子烂芝麻!"

"此地不用开车,可以走了去的饭馆子只有一家好的,"赵珏说,"也都是冷盆。挤得不得了,要排班等着。"让现在的恩娟排长龙!"所以我昨天晚上到那儿去买了些回来,也许你愿意马马虎虎就在家里吃饭。"

她当然表同意。

公寓有现成的家具,一张八角橡木桌倒是个古董,沉重的石瓶形独脚柱,擦得黄澄澄的,只是桌面有裂痕。赵珏不喜欢用桌布,放倒一只大圆镜子做桌面,大小正合式。正中铺一窄条印花细麻布,芥末黄地子上印了只橙红的鱼。萱望的烟灰盘子多,有一只是个简单的玻璃碟子,装了水搁在镜子上,水面浮着朵黄玫瑰。上午摆桌子的时候不禁想起镜花水月。

他们没有孩子,他当然失望。她心深处总觉得他走也是为了摆脱她。

她从冰箱里搬出装拼盆的长磁盘,搁在那条红鱼图案上。洋山芋沙拉也是那家买的,还是原来的纸盒,没装碗。免得恩娟对她的手艺没信心。又倒了两杯葡萄牙雪瑞酒,比上不足比下有余。

没有桌布,恩娟看了一眼,见镜面纤尘不染,方拿起刀叉。

一面吃,恩娟笑道:"怎么回大陆了?"

赵珏笑道:"萱望没过过共产党来了之后的日子,刚来他已经出国了。他家在台湾,也只回去过两次。我也难得跟他讲大陆的事,他从来不谈这些。"

又道:"现在美国左派时髦,学生老是问他中共的事,他为自己打算,至少要中立客观的口气。也许是'行为论'的心理,装什么就是什么,总有一天相信了自己的话。"

她没说他有自卑感。他教中文,比教中国文学的低一级。教中文,又是一口江西国语。中共有原子弹,有自卑感的人最得意。

恩娟笑道:"你倒还好,撑得住,没神经崩溃。"

赵珏笑道:"也是因为前两年已经分居过。那时候他私生活很糟。也是现在学生的风气,不然也没有那么些机会。"

她不便多说。恩娟总有个把女儿正是进大学的年龄。

那时候在东北部一个小大学城。刚到,他第一要紧把汽车开去修理。她刚打开行李理东西,发现缺两件必需品,看手表才五点半,药房还没关门。只好步行,其实公寓离大街并不远,不过陌生的路总觉得远些。

买了东西回来,一过了大街满目荒凉,狭窄的公路两旁都是田野,天黑了也没有路灯,又没个路牌广告牌作标志,竟迷了路。车辆又稀少,半天才驰过一辆拖鞋式没后跟的卡车,也没拦截得住。

正心慌意乱,迎面来了一大群男女学生,有了救星,忙上前问路。向来美国人自己说逢到问路,他们的毛病在瞎指导,决不肯说不知道。何况大学城里,陌生人不是学生就是教职员或是家属,都不是外人。这些青年却都不作声,昏暗中也看得出脸色有保留,仿佛带三分尴尬,两分不愿招惹的神气。赵珏十分诧异,只得放慢了脚步跟着走,再去问后面的人,专拣女孩子问,也都待理不理,意意思思的。

这两年因为越战与反战,年轻人无论什么态度也都不足为奇了。她又是个东方人,也许连越共之外的东方人他们都恨。她心里这样想着,也没办法,只好姑且跟着走,脚下紧一阵慢一阵,希望碰上个话多的,或者走到有人烟的地方。他们多数空着手,也有的背着邮袋式书包,里面露出热水瓶之类。奇怪的是他们自己也不交谈——还是因为她在这里?多年前收到赫素容的信,一度憧憬篝火晚会,倒在天涯海角碰上了,可真不是滋味。

前面有个树林子,黑暗中依稀只见一棵棵很高的灰白色树干。邻近加拿大,北国的新秋,天一黑就有点寒烟漠漠起来。她觉得不对,越走越远了。把心一横,终于返身往回走,不一会,已经离开了那沉默的队伍。

一个人瞎摸着,半晌,大街才又在望。

这次总算找到了回家的路。

次日坎波教授来访,萱望来这里是他经手的,房子也是他代找的。

"昨天我从药房走回来,迷了路,天又黑了,"赵珏笑着告诉他。"幸而遇见一大群学生,问路他们也不知道,我只好跟着走,快走到树林子那儿才觉得不像,又往回走。"

坎波教授陡然变色。

赵珏也就明白了,他们是去集体野合的。当然不见得是无遮大会,大概还是一对一对,在黑暗中各据一棵树下。也许她本来也就有点疑心,不过不肯相信。

"我应当去买只电筒。"她笑着说。

坎波教授笑道:"这是个好主意。"

萱望咕哝了一声:"有——干电池用光了。"

坎波随即谈起现在学生的性的革命。显然他刚才不是怕她撞破这件事,惊慌的是她险些被卷入,给强奸了闹出事故来。

"我们那时候也还不是这样。"他笑着说。他不过三十几岁,这话是说他比他们俩小,他的大学时代比较晚。其实萱望先在国内做了几年事,三十来岁才来美国找补了几年苦学生的生活。

坎波又道:"现在这些女孩子长得美的,受到的压力一定非常大。"

他只顾怜香惜玉,只知其一,不知其二。萱望瘦小漂亮,本就看不出四十多了,美国人又总是说看不出东方人的岁数。他英文发音不好,所以缄默异常。这样纤巧神秘的东方人,在小城里更有艳异之感。

女生有关于中共的问题,想学吹箫、功夫以及柔道空手道,都来找他。夫妇俩先当笑话讲。迄今他们过的都是隔离的生活,过两年从一个小大学城搬到另一个小大学城,与师生与本地人都极少接触,在赵珏看来是延长的蜜月。忽然成了红人,起初连她都很得意。选修中文,往往由于对中共抱着幻想,因此都知道《东方红》这支歌。有个高材生替老师取了个绰号叫东方红。

赵珏在汽车门上的口袋里发现一条尼龙比基尼衬裤,透明的,绣着小蓝花——毋忘我花,偏偏忘了穿上。

以后她坐上车就恶心。

"人家不当桩事,我也不当桩事,你又何必认真?"他说。言外之意是随乡入乡,有便宜可捡,不捡白不捡了。

后来就是那沁娣。

人是天生多妻主义的,人也是天生一夫一妻的。

即使她受得了,也什么都变了,与前不同了。

赵珏笑道:"他回大陆大概也是赎罪。因为那阵子生活太糜烂了,想回去吃苦'建国'。"过饱之后感到幻灭是真的,连带的看不起美国,她想。

她又从冰箱里取出一盅蛋奶冻子,用碟子端了来道:"我不知道你小女儿是不是什么都吃,这我想总能吃。也是那家买的。"

恩娟很尽责的替女儿吃了。她显然用不着节食减肥。

她看了看表道:"我坐地道火车走。"

"我送你到车站。"

"住在两个地方就是这样,见面难。"

"也没什么,我可以乘飞机来两个钟头就走,你带我看看你们房子,一定非常好。"

恩娟淡淡的笑道:"你想是吗?"这句话似乎是英文翻译过来的,用在这里不大得当,简直费解。反正不是说"你想我们的房子一定好?"而较近"你想你会特为乘飞机来这么一会?"来了就不会走了。

这是第二次不相信她的话。她已经不再惊异了。当然是司徒华"下了话"——当时她就想到华府中国人的圈子小,司徒华一定会到处去讲她多么落魄。人穷了就随便说句话都要找铺保。这还是她从小的知己朋友。

她离开萱望之后到华府去,因为听见说国务院的传译员只有中日俄法德意西班牙葡萄牙阿拉伯九种语言,此外的小国都是雇散工,可能条件宽些,上了他们的名单就好了。她从前跟崔相逸学的高丽话很流利,文字也看得懂。找到国务院语文服务科,由中文传译员司徒华接见。后来她听说有人说科长是做情报工作的,此地不过挂个名。司徒华老资格了,差不多的公事都由他代拆代行。

她在华盛顿混了些时,等候下一届传译员考试。去临时秘书介绍所领了些文件来打,司徒华又介绍一个翻译中心,试验及格后常有几页中文韩文发下来,不过报酬既少,又严禁本人送译稿去,对这些难民避之若浼③,她觉得有点侮辱性。

这次考传译员她考得成绩不错,登记备用。刚巧此后不久就有个宴会,招待韩国官员。女传译员要像女宾一样穿夜礼服,是个难题。东方妇女矮小的在美国本就买不到衣服,连美国女人里面算矮小的都只能穿得老实点,新妍的时装都没有她们的尺寸。赵珏只好拣男童衣服中最不花哨的。晚宴不能穿长裤,她又向不穿旗袍。定做夜礼服不但来不及,也做不起。

她去买了几尺碧纱,对折了一折,胡乱缝上一道直线——她补袜子都是利用指甲油——人钻进这圆筒,左肩上打了个结,袒露右肩。长袍从一只肩膀上斜挂下来,自然而然通身都是希腊风的衣褶。左边开叉,不然迈不开步。

又买了点大红尼龙小纺做衬裙,依照马来纱笼,袒肩扎在胸背上。乳房不够大,怕滑下来,绑得紧些就是了。朱碧掩映,成为赭色,又似有若无一层金色的雾,与她有点憔悴的脸与依然稚弱的身材也配称。

鞋倒容易买,廉价部的鞋都是特大特小的。买的高跟鞋虽然不太时式,颜色也不大对,好在长裙曳地,也看不清楚,下摆根本没缝过。

这身装束在那相当隆重的场合不但看着顺眼,还很引人注目。以后再有这种事,再买几尺青纱或是黑纱,尽可能翻行头。衬裙现成。

每次派到工作,一百元一次,虽然不会常有,加上打字,译点零件,该可以勉强够过了。这次宴会司徒华也在座,此后不久打电话来,约她出来一趟,有件事告诉她。

他开车来接她。“到什么地方去坐坐,吃点东西。”

“不用了,吃晚饭还早,不饿。”

他很像丑小鸭时代的她,不过胖些,有肚子——比蟑螂短些的甲虫。

“你这件大衣非常好看。”他夹着英文说。

她也随口说了声英文“谢谢你”,拿它当外国人例有的赞美。但是出自他的口中,她就疑心他看见过这件大衣,知道是旧衣服,自己改的。宽膊的霜毛炭灰灯笼袖大衣,她把钮子揶了揶,成为斜襟,腰身就小得多。

车开到中心区,近国会山庄,停下来等绿灯。

“找个咖啡馆坐坐,好说话。”

“不用了,就停在这儿不好吗?不是一样说话?”

安全岛旁边停满了汽车,不过都是空车。他踌躇了一下,也就开过去,挤进它们的行列。

在闹市泊车,总没什么瓜田李下的嫌疑。

华府特有的发紫的嫩蓝天,傍晚也还是一样莹洁。远景也是华府特有的,后期古典式白色建筑上,浅翠绿的铜锈圆顶。车如流水,正是最挤的时辰。黑铁电灯杆上端低垂的弧线十分柔和,高枝上点着并蒂街灯。

他告诉她科长可能外调。如果他补了缺,可以荐她当中文传译员。

"不过不知道你可预备在华盛顿待下去？有没有计划？纽汉浦夏有信来？"

萱望在纽汉浦夏州教书。

她笑了笑。"信是有。我反正只要现在这事还在，我总在华盛顿。能当上正式的职员当然更好。"

她靠后坐着，并不冷，两只手深深的插在大衣袋里。

他是结了婚的人，她觉得他也不一定是看上了她，不过是掂她的斤两。

她不禁心中冷笑，但是随即极力排除反感，免得给他觉得了，不犯着结怨，只带点微笑看街景，一念不生。

在狭小的空间内的沉默中，比较容易知道对方有没有意思。汽车又低矮，他这辆车又小。

坐了一会，他就说："好，那以后有确定的消息我再通知你。"就送她回去了。

恩娟在说："我倒想带小女儿到法国去住，在巴黎她可以学芭蕾舞。我也想学法文。"

这神气倒像是要分居。

当然现在的政界，离婚已经不是政治自杀了。合伙做生意无论怎样成功，也可能有拆伙的一天。

赵珏没说"你怎么走得开？"免得像刺探他们的私事。"法国是好，一样一个东西，就是永远比别处好一点。"

"不过他们现在一般人生活苦。"

"无论怎么苦，我想他们总有办法过得好一点。"她吃过法国菜的酒焖兔肉，像红烧鸡。兔子繁殖得最快。

恩娟要走了，她穿上外套陪她出去，笑道："你认识司徒华？他知道我认识你？"

恩娟只含糊漫应着。

赵珏笑道："你不知道，真可笑，有一次国务院招待中国韩国的代表团，做一次请，韩国的演说是我翻译。轮到中国人演讲，这位代表一口江西官话，不大好懂，英文倒听得懂，一听司徒华给他翻得太简略，有些又错了，一着急把江西话也急出来了。司徒华只好不开口，僵在那里。刚巧我听萱望跟他的同乡说话，江西话有点懂，演说又比较文，总是那几句辙儿，所以听懂了，就挤进去替他翻译。他心定了些，就又讲起国语来。司徒华已经坐下了，我就替他翻译下去，到讲完为止。那天我们那科长也去了，后来叫我去见他。司徒华在隔壁，一直站在玻璃隔子旁边理书桌上的东西。也许谈了有二十分钟，他一直就没坐下。我当然说话留神，可是后来没多少时候，科长调走了，还是好久没派我差使。阴历年三十晚上司徒华打电话来，说他们有个韩国人翻译韩国话了，触我的霉头。"

恩娟听了啧啧有声，皱眉咕哝道："怎么这样的？"

那回大年三十晚上，赵珏在电话上笑道："当然应当的——只要看那些会说中国话的外国人，会错在再也想不到的地方。"

他听了仿佛很意外。至少这一点她可以自慰。

她这里离校园与市中心广场都近在咫尺。在马路上走着，恩娟忽道："那汪孃在纽约，还是很阔。"说着一笑。

汪孃是上海日据时代的名交际花。这话的弦外之音是人家至少落下一大笔钱。

赵珏不大爱惜名声，甚至于因为丑小鸭时期过长，恨不得有点艳史给人家去讲。但是出自恩娟口中，这话仍旧十分刺耳。把她当什么人了？

实在想不出什么话来说，她只似笑非笑的没接口。

"姨妈没出来？"恩娟跟着她叫姨妈。

"没有。你父亲有信没有？"

恩娟黯然道："我父亲给红卫兵打死了。他都八十多岁了。"

这种事无法劝慰，赵珏只得说："至少他晚年非常得意，说恩娟现在好得不得了，讲起来那高兴的神气——"

但是这当然也就是他的死因——有几个儿女在美国，女儿又这样轰轰烈烈、飞黄腾达。死得这样惨，赵珏觉得抵补不了，说到末了声音微弱起来，缩住了口。

恩娟锐利的看了她一眼，以为她心虚。虽然这话她一出大陆写信来的时候就已经说过，还是以为是她编造出来的，借花献佛拍马屁。也许因为他们父女一向感情不好，不相信他真是把女儿的成就引以为荣。

这是第三次不信她的话。不知道为什么这次特别刺心。

在地道火车入口外拾级而下，到月台上站着，她开始担忧临别还要不要拥抱如仪。

"仪贞夫妇俩都教书。现在不知道怎么样了。我走也没跟她说。"倒联想到一个安全的话题。

恩娟道："芷琪也没出来。"

提起来赵珏才想起来，听仪贞说过，芷琪的男人把她母亲的钱都花光了。

"嫁了她哥哥那朋友，那人不好，"恩娟喃喃的说。她扮了个恨毒的鬼脸。"都是她哥哥。"又沉着嗓子拖长了声音郑重道，"她那么聪明，真可惜了。"说着几乎泪下。

赵珏自己也不懂为什么这么震动。难道她一直不知道恩娟喜欢芷琪？芷琪不是闹同性恋爱的人——就算是同性恋，时至今日，尤其在美国，还有什么好骇异的？何况是她们从前那种天真的单恋。

她没作声。提起来芷琪，她始终默无一言，恩娟大概当她犹有余妒——当然是作为朋友来看。

火车轰隆轰隆轰隆进站了，这才知道她刚才过虑得可笑。恩娟笑着轻松的搂了她一下，笑容略带讽刺或者开玩笑的意味，上车去了。

一个多月后恩娟寄了张圣诞卡来，在空白上写道：

> 那次晤谈非常愉快。讲起我带小女儿到法国去，汴倒去了。她在此地也进了芭蕾舞校。祝近好——
>
> 恩娟

"愉快"！

不过是随手写的，受了人家款待之后例有的一句话。但是"愉快"二字就是卡住她喉咙，自己再也说不出口。她寄了张贺年片去，在空白上写道：

> 恩娟，
> 那天回去一切都好？我在新闻周刊上看见汴去巴黎开会的消息，恐怕来不及回来过圣诞节了？此外想必都好。家里都好？
>
> 珏

从此她们断了音讯。她在贺年片上写那两行字的时候就知道的。

不知从什么时候起，她也明白了，她为什么骇异恩娟对芷琪一往情深。战后她在兆丰公园碰见赫素容，一个人推着个婴儿的皮篷车，穿着葱白旗袍——以前最后一次见面也是穿白——戴着无边眼镜，但是还是从前那样，头发也还是很短，不过乳房更大了，也太低，使她想起芷琪说的，当时觉得粗俗不堪的一句话："给男人拉长了的。"

隔得相当远，没打招呼，但是她知道赫素容也看见了她。她完全漠然。固然那时候收到那封信已经非常反感，但是那与淡漠不同。与男子恋爱过了才冲洗得干干净净，一点痕迹都不留。

难道恩娟一辈子都没恋爱过？

是的。她不是不忠于丈夫的人。

赵珏不禁联想到听见甘迺迪总统遇刺的消息那天④。午后一时左右在无线电上听到总统中弹，两三点钟才又报道总统已死。她正在水槽上洗盘碗，脑子里听见自己的声音在说：

"甘迺迪死了。我还活着，即使不过在洗碗。"

是最原始的安慰。是一只粗糙的手的抚慰，有点隔靴搔痒，觉都不觉得。但还是到心里去，因为是真话。

但是后来有一次，她在时代周刊上看见恩娟在总统的游艇赤杉号上的照片，刚上船，微呵着腰跟镜头外的什么人招呼，依旧是小脸大酒窝，不过面颊瘦长了些，东方色彩的发型，一边一个大辫子盘成放大的丫鬟——当然辫子是假发——那云泥之感还是当头一棒，够她受的。

（节选自《同学少年都不贱》，张爱玲著，天津人民出版社 2004 年版）

注释

①季辛吉：即基辛格，1923 年出生于德国一个犹太人家庭，曾任美国尼克松政府国家安全事务助理、国务卿，福特政府国务卿。1973 年，基辛格在巴黎完成了结束越南战争的谈判，并因此获得诺贝尔和平奖。

②芋艿(nǎi)：简称"芋"，俗称"芋头"。

③避之若浼(měi)：指躲避唯恐不及，生怕玷污了自身。

④甘迺迪：即肯尼迪(1917—1963)，美国第三十五任总统(1961—1963)。1961 年在得克萨斯州遇刺身亡。

张爱玲(1920—1995)，现代著名女作家。本名张瑛，出生在上海，童年在天津、北京度过。张爱玲家世显赫，早年受到西方教育，喜爱文学，很早就开始文学创作。1943 年小说处女作《沉香屑》发表，此后接连发表了《倾城之恋》、《金锁记》等代表作品。1955 年旅居美国，在加州大学中文研究中心从事翻译和小说考证工作，过着深居简出的生活。张爱玲一生创作大量文学作品，类型包括小说、散文、电影剧本以及文学论著，她的书信也被人们作为著作的一部分加以研究。张爱玲的作品大多取材于上海和香港，以女性细腻的笔触略带调侃地描绘人情世态，叙述故事喜欢使用倒叙的手法，总体结构独特，开头和结尾十分吸引人，融中国古典小说技法和西方现代派心理描写技巧于一体，体现了娴熟的写作技巧，形成了独特的风格。

导读

　　《同学少年都不贱》是张爱玲后期的作品。课文节选了小说的开头和后半部分。

　　这部小说袭用杜工部《秋兴八首》中"同学少年都不贱,五陵裘马自轻肥"之意,铺陈上海某所教会女中一个寝室四位女生,尤其是赵珏和恩娟两位不同的生活经历和心理成长,以此揭示人生无常的沧桑悲凉,可谓别出心裁,意味深长。风雨天涯多少年,当恩娟和赵珏异地相逢时,昔日同窗如今身份迥异,一个是进入美国内阁的高官阔太,一个是为生活奔波的临时传译员,当年一样的同学少年,如今却高低不一。岁月蒙尘,再好的情谊也悄然发生了变化,曾经无话不说的少年时代已经回不去了。如今见面后,两个人的言谈谨慎小心,女人之间隔着一层纱的对照和较量,嫉妒和焦灼混杂,欲说还休。赵珏过于敏感,恩娟过于猜疑,因为地位悬殊,彼此都感到了"刺心",那个无忧无虑的年代依然画上了句号,过去的一切全都化作了"镜花水月"。小说的结尾写到"甘迺迪死了。我还活着,即使不过在洗碗。"苦也好,累也好,人生的辛酸和误解也好,只要是活着,便是种"最原始的安慰",像"一只粗糙的手的抚慰",赵珏到底想通了,可她仍然难以释然。当她看见恩娟在总统游艇上的照片,"那云泥之感还是当头一棒,够她受的。"故事到这儿戛然而止,而止不了的是读者对复杂而沧桑人生的喟叹。

　　渗透在小说中的是张爱玲一贯的略带调侃的笔法,细腻入微的心理描绘,简洁凝练的人物对白,大起大落的时间跨度,一贯的前后呼应的情节结构。小说中对三四十年代教会女生性心理的露骨展示,对五六十年代海外知识分子人生选择的逼真刻画,在张爱玲以前的小说中都是从未出现过的。小说无疑带有某种程度的自传色彩,小说标题对于杜诗的化用,不用"多不贱",而改用"都不贱",似乎把作者当时自己的那种处境的孤独凄凉描摹得更加传神。大家都有自己的一片天,小说中的赵珏似乎是其中混得比较差的,然而赵珏的种种心境的细致刻画,却又表露出,即使我差,我也有自己的活法,我也不比别人差,人生本就没有高劣之别。这部张爱玲晚期的作品,延续了作者一贯的高傲,为张爱玲才情洒然而坎坷飘零的一生画上了一个句号。

感 悟 讨 论

1. 如何理解作者化用杜甫《秋兴八首》"同学少年多不见,五陵裘马自轻肥"之意?

2. 评论认为这部小说带有半自传性质,联系张爱玲的人生经历,找找小说中赵珏心理描写的部分,分析赵珏的性格特点。

链接

《同学少年都不贱》,张爱玲著,天津人民出版社 2004 年版。

第五篇
西文汉译

在英国乃至世界十四行诗的创作中,文艺复兴时期的伟大诗人莎士比亚的十四行诗是一座高峰,词汇丰富,结构精妙,意境深邃,当得起空前绝后的美誉。

第一节

十四行诗(第 18 首)

◎ [英]莎士比亚

我怎么能够把你来比作夏天?
你不独比它可爱也比它温婉;
狂风把五月宠爱的嫩蕊作践,
夏天出赁的期限又未免太短;
骄阳的眼睛有时照得太酷烈,
它那炳耀的金颜又常遭黯晦①;
给机缘或无常的天道所摧折,
没有芳艳不终于雕残或销毁。
但是你的长夏永远不会雕落,
或者会损失你这皎洁的红芳,
或死神夸口你在他影里漂泊,
当你在不朽的诗里与时同长。

　　只要一天有人类,或人有眼睛,
　　　　这诗将长在,并且赐给你生命。

(选自《外国抒情诗歌选》,邵鹏健编,梁宗岱译,江西人民出版社 1980 年版)

注 释

①炳耀：光辉灿烂。

莎士比亚（1564—1616），英国著名戏剧家和诗人，欧洲文艺复兴时期的代表人物。出生于英格兰中部斯特拉福镇的一个富裕市民家庭，曾在当地文法学校学习拉丁文和古希腊文。14岁时家道中落辍学经商，20岁后前往伦敦谋生，先在剧院门前为贵族顾客看马，后逐渐成为剧院的杂役、演员、剧作家和股东。1597年在家乡购置了房产，并为他的家庭取得了世袭绅士的身份，一生的最后几年在家乡度过。莎士比亚共写有37部戏剧，154首十四行诗，两首长诗和其他诗歌。重要的剧作有：喜剧《仲夏夜之梦》、《威尼斯商人》；悲剧《哈姆雷特》、《奥赛罗》、《李尔王》、《麦克白》；历史剧《亨利四世》、《亨利五世》等。他的剧作利用历史传说或旧剧本改编，赋予新的生命，反映各种社会力量的冲突，表现文艺复兴时期的人文主义思想。剧本主要用无韵诗体写成，又结合了散文、有韵诗句和抒情歌谣等，语言丰富而富于形象，对欧洲戏剧发展影响重大。莎士比亚的十四行诗是欧洲文艺复兴时期十四行诗中最优秀的作品，充分表达了诗人的世界观和艺术观，通过对友情和爱情的歌颂，诠释了他所主张的最高准则：真、善、美，和这三者的结合，诗作词汇丰富，语言精练，结构巧妙，音调铿锵，有巨大的艺术感染力。

导读

这首诗是莎士比亚154首十四行诗中的第十八首。诗人讴歌美，讴歌文学，认为美可以依靠文学的力量而永远不朽，颂扬了创造文学的人类智慧，体现了他深邃悠远的人文主义思想。

十四行诗是源于意大利民间的一种抒情短诗，文艺复兴初期盛行于整个欧洲，其结构十分严谨，韵脚排列为：ABBA　ABBA　CDE　CDE，莎士比亚的十四行诗有所创新，结构更严谨，韵脚为：ABAB　CDCD　EFEF　GG，这样的格式后来被称为"莎士比亚式"。莎士比亚的十四行诗共有154首，作于1592年至1598年间，前126首是献给一位年轻的贵族，歌颂了这位朋友的美貌以及他们的友情；127首到154首是献给一位"黑女士"的，描写爱情。诗作的结构技巧和语言技巧都很高，几乎每首诗都具有独立的审美价值。

莎士比亚十四行诗的第十八首历来备受推崇,这首诗是献给一位美貌出众、前程似锦的贵族青年的。诗作以夏天展开了想象,夏天本身是一种象征,万物复苏在春季,夏天是生命力最旺盛的季节,暗指友人充满活力和美的青春人生,而友人的这种美又把"夏天"、"嫩蕊"、"骄阳"比下去了,因为它们不够"温婉"、"期限又未免太短"、"常遭黯晦",前六句写友人的魅力远超夏天。七、八两句慨叹:人生苦短,如同朝露,美好的人和事物都难逃死亡的宿命。九到十二句讴歌了文学的魅力,友人的美会超越时空,在诗中成为一种永恒,因为文学具有这样流芳百世的魅力。最后两句发出深挚的吟咏,只要人世间能有人鉴赏文采,只要有人尚在呼吸,眼睛还能阅读,这首诗就会流传,友人的美将永驻人间。这是生命之美,也是艺术之美。

诗作联想恣意流畅,比喻贴切鲜明,拟人生动形象,语言跌宕起伏,节奏激越铿锵,全诗既精雕细刻,更语出天成。梁宗岱的译文精准传神,将莎士比亚十四行诗毫不拘谨、自由奔放、抑扬悦耳的风格传递给中国的读者,翻译颇具匠心,文词优美,意境深远。

感 悟 讨 论

1. 结合欧洲文艺复兴的时代背景,体会这首诗的内涵。

2. 这首诗的汉译是否保留了原诗韵脚的结构? 辨析这首诗作汉译的韵脚。

3. 阅读莎士比亚十四行诗第 105 首,体会诗人秉持的真、善、美准则。

⚙ 平行阅读

十四行诗(第 105 首)

[英]莎士比亚

别把我的爱人唤作偶像崇拜,

也别把我爱人看成是一座偶像,

尽管我所有的歌和赞美都用来

献给你一个人,讲一件事情,不改样。

我爱人今天有情,明天也忠实,

在一种奇妙的优美中永不变心;

所以，我的只歌颂忠贞的诗辞，
就排除驳杂，单表达一件事情。
真，善，美，就是我全部的主题，
真，善，美，变化成不同的辞章；
我的创造力就用在这种变化里，
三题合一，产生瑰丽的景象。

真，善，美，过去是各不相关，
现在呢，三位同坐，真是空前。

（选自《外国抒情诗歌选》，邵鹏健编，屠岸译，江西人民出版社 1980 年版）

雪莱是英国文学史上最有才华的浪漫主义诗人之一,被誉为诗人中的诗人。创作的诗歌节奏明快,积极向上,热情而又富于哲理思辨,诗风自由不羁。

第二节

西 风 颂

◎［英］雪莱

一

哦,狂野的西风,你秋之实体①的气息!
由于你无形无影的出现,万木萧疏,
似鬼魅逃避驱魔巫师,蔫黄,魃黑,
苍白,潮红,疫疠摧残的落叶无数②,
四散飘舞;哦,你又把有翅的种籽
凌空运送到他们阴暗的越冬床圃;
仿佛是一具具僵卧在坟墓里的尸体,
他们将分别蛰伏,冷落而又凄凉,
直到阳春你蔚蓝的姐妹③向梦中的大地
吹响她嘹亮的号角(如同牧放群羊,
驱送香甜的花蕾到空气中觅食就饮)
给高山平原注满生命的色彩和芬芳。
不羁的精灵,你啊,你到处运行;
你破坏,你也保存,听,哦,听!

二

在你的川流上,在骚动的高空,
纷乱的乌云,那雨和电的天使,
正像大地凋零枯败的落叶无穷,

挣脱天空和海洋交错缠接的柯枝，
漂流奔泻；在你清虚的波涛表面，
似梅娜德④头上扬起的蓬勃青丝，
从那茫茫地平线阴暗的边缘
直到苍穹的绝顶，到处散布着
迫近的暴风雨飘摇翻腾的发卷。
你啊，垂死残年的挽歌，四合的夜幕
在你聚集的全部水汽威力的支撑下，
将构成他那庞大墓穴的拱形顶部。
从你那雄浑磅礴的氛围，将迸发
黑色的雨、火、冰雹；哦，听啊！

三

你，哦，是你把蓝色的地中海
从梦中唤醒，他在一整个夏天
都酣睡在贝伊湾一座浮石岛外⑤，
被澄澈的流水喧哗声催送入眠，
梦见了古代的楼台、塔堡和宫闱，
在澎湃汹涌的波光里不住地抖颤，
全都长满了蔚蓝色苔藓和花卉，
馨香馥郁，如醉的知觉难以描摹。
哦，为了给你让路，大西洋水
豁然开裂，而在浩淼波澜深处，
海底花藻和枝叶无汁的淤泥丛林，
哦，由于把你的呼啸声辨认出，
一时都惨然变色，胆怵心惊，
战栗着自行凋落；听，哦，听！

四

我若是一朵轻捷的浮云，能随你同飞，
我若是一片落叶，能为你所提携，
我若是一重波浪，能喘息于你的神威，
分享你雄强的脉搏，自由不羁，

仅次于，哦，仅次于不可控制的你；
我若能像在少年时，作为伴侣，
随你同游天际，因为在那时节，
似乎超越你天界的神速也不为奇迹；
我也就不至于像现在这样急切，
向你苦苦祈求。哦，快把我飐起，
就像你飐起波浪、浮云、落叶！
我倾覆于人生的荆棘！我在流血！
岁月的重负压制着的这一个太像你⑥，
像你一样，骄傲，不驯，而且敏捷。

五

像你以森林演奏，请也以我为琴，
哪怕我的叶片也像森林的一样凋谢！
你那非凡和谐的慷慨激越之情，
定能从森林和我同奏出深沉的秋乐，
悲怆却又甘冽。但愿你勇猛的精灵
竟是我的魂魄，我能成为剽悍的你！
请把我枯萎的思绪播送宇宙，
就像你驱遣落叶催促新的生命，
请凭借我这韵文写就的符咒，
就像从未灭的余烬飐出炉灰和火星，
把我的话语传遍天地间万户千家，
通过我的嘴唇，向沉睡未醒的人境，
让预言的号角奏鸣！哦，风啊，
如果冬天来了，春天还会远吗？

（选自《世界抒情诗选》，江枫译，春风文艺出版社1994年版）

注释

①秋之实体：原文 Autumn's being，指秋的存在、秋的生命、秋的实质、秋的本体。
②魆（xū）黑：犹漆黑。魆：暗。疫疠（lì）：即瘟疫。

③蔚蓝的姐妹:指春天清新明净的春风。

④梅娜德:希腊神话中酒神狄俄尼索斯的女伴之一。

⑤贝伊湾:意大利那不勒斯附近的一处海湾。浮石:由火山熔岩形成,亦称轻石。

⑥岁月的重负:指陈旧腐朽的习惯势力。这一个:诗人自指。

　　雪莱(1792—1822),全名珀西·比西·雪莱,英国浪漫主义诗人,出生于英格兰苏塞克斯郡,其祖父是受封的男爵,父亲是议员。12岁那年,雪莱进入伊顿公学,20岁入牛津大学学习,因写反宗教论文被学校开除。投身社会后,又因写诗歌鼓动英国人民革命及支持爱尔兰民族民主运动,被迫于1818年迁居意大利。在意大利,他仍然支持意大利人民的民族解放运动。1822年渡海时遇风暴,不幸船沉溺死,结束了个性如火的一生。1813年,雪莱完成了第一部著名长诗《麦布女王》,1818年至1819年,雪莱完成了两部重要的长诗《解放了的普罗米修斯》和《钦契一家》,以及不朽名作《西风颂》。雪莱浪漫主义理想的终极目标是创造一个人人享有自由的幸福新世界,他的作品热情奔放而富哲理思辨,诗风自由不羁,打破时空界限,往来变幻驰骋,惯用梦幻象征手法和远古神话题材,激情洋溢,气势磅礴。著有《珀西·比西·雪莱全集》(10卷本)。

导读

　　《西风颂》是雪莱的代表作,是一首富于思想性、象征性和艺术性的杰作。1819年8月英国国内的激进派在曼彻斯特的圣彼得广场举行八万人大会,要求政府改革国会,取消维护高昂粮价的谷物法,政府派骑兵进行镇压,当场死十一人,伤四万余人。消息传到意大利,引起雪莱强烈的反应,他奋笔疾书,写下了这首著名的《西风颂》。诗人借西风横扫落叶的威势歌唱革命力量扫荡腐朽势力,表达了诗人愿意为革命牺牲的坚强决心,洋溢着对西风的热爱与向往。

　　全诗共五节,由五首十四行诗组成。形式上五个小节格律完整,可以独立成篇;内容上它们又融为一体,贯穿着秋天西风的主脉。第一小节,诗人描写西风扫除林中残叶,送走生命的种子;第二小节描写了西风搅乱天上的云雾,呼唤雷电的到来;第三小节描绘西风掀起大海的凶猛海浪,摧毁树木,三小节三个意境,从树林到天空,再到大海,飞翔在现实和想象之中。诗人的想象夸张而丰富,表达出了西风能够涤荡腐朽,鼓舞新生的巨大潜能。第四小节,创作形式转变,从写西风到直接抒情;最后一节是整首诗的高潮,进一步讴歌了西风的力量。诗人要求西风把他作为琴弦,使诗人能施展自己的力量,把沉睡的人们唤醒。"哦,风啊,如果冬天来了,春天还会远吗?"诗人以强烈的感叹结束了全诗。

《西风颂》采用了象征手法,全诗从头到尾都在写秋天的西风,无论是写景也好,抒情也好,都没有脱离西风这个意象。诗人不仅是在歌唱西风,也是在歌唱革命。诗中的西风、残叶、种子、云、风、雨、雷、电、大海、树木具有深刻的含义,大自然瞬息万变的景象,正是革命和腐朽两种力量激烈碰撞的象征。诗作以浪漫主义情感和象征性的现实刻画,高超地构筑了西风的形象,比喻奇异,形象鲜明,气势磅礴,激情飞扬。诗人赞美西风的壮烈,把急于扫除旧世界、期盼美好春天到来的情感抒发得淋漓尽致。

感 悟 讨 论

1. 本诗采用了什么表现手法? 试就具体意象进行分析。

2. 雪莱笔下的西风意象和中国传统诗歌中赋予的含义不同,谈谈你的理解体会。

3. 这首《西风颂》有多个汉译本,课文的译者是江枫,下面节选了郭沫若的译作一、五两小节,试加以比较,分析两个译本的特点。

平行阅读

西 风 颂

[英]雪莱

一

哦,不羁的西风,你秋神之呼吸,
你虽不可见,败叶为你吹飞,
好像魍魉之群在诅咒之前逃退,
黄者,黑者,苍白者,惨红者
无数病残者之大群:哦,你,
你又催送一切的翅果速去安眠,

冷冷沉沉的去睡在他们黑暗的冬床，

好像——死尸睡在墓中一样，

直等到你阳春的青妹来时，

一片笙歌吹遍梦中的大地，

吹放叶蕾花蕊如像就草的绵羊，

在山野之中弥散着活色生香：

不羁的精灵哟，你是周流八垠；

你破坏而兼保护者，你听哟，你听！

……

五

请把我作为你的瑶琴如像树林般样：

我纵使如败叶飘飞也是无妨！

你雄浑的谐调的交流

会从两者得一深湛的秋声，虽凄切而甘芳。

严烈的精灵哟，请你化成我的精灵！

请你化成我，你个猛烈者哟！

请你把我沉闷的思想如像败叶一般，

吹越乎宇宙之外促起一番新生！

请你用我这有韵的咒文，

把我的言辞散布人间，

好像从未灭的炉头吹起热灰火烬！

请你从我的唇间吹出醒世的警号！

严冬如来时，哦，西风哟，

阳春宁尚迢遥？

（选在《外国抒情诗歌选》，邵鹏健编，郭沫若译，江西人民出版社 1980 年版）

　　在地球的每个角落,分别之时人们会以各种不同语言齐唱《友谊地久天长》,紧紧
挽着手,歌唱永不相忘的真挚友谊。这首家喻户晓的苏格兰民歌的词作者,即是著名
的苏格兰农民诗人罗伯特·彭斯。

第三节

红红的玫瑰

◎ ［英］彭斯

啊,我爱人像红红的玫瑰,
　　它在六月里初开;
啊,我爱人像一支乐曲,
　　美妙地演奏起来。

你是那么美,漂亮的姑娘,
　　我爱你那么深切;
我要爱你下去,亲爱的,
　　一直到四海枯竭。

一直到四海枯竭,亲爱的,
　　到太阳把岩石烧裂;
我要爱你下去,亲爱的,
　　只要是生命不绝。

再见吧——我唯一的爱人,
　　我和你小别片刻;
我要回来的,亲爱的,
　　即使是万里相隔。

（选自《彭斯诗钞》,袁可嘉译,上海译文出版社 1981 年版）

罗伯特·彭斯(1759—1796),英国诗人。生于苏格兰艾尔郡一个佃农家庭,自幼家境贫寒,未受过正规教育。父亲生性耿直,笃信教义,关心子女教育,使彭斯在极贫困的境遇中仍受到了良好文化氛围的熏陶。彭斯读过荷马史诗、莎士比亚和许多著名作家的作品,靠自学获得多方面的知识。彭斯长期生活在农村,他的诗出色地抒写了苏格兰农民的生活、思想和感情,第一本诗集《苏格兰方言诗集》于1786年出版,受到广泛欢迎。诗集体现了诗人一反当时英国诗坛的新古典主义诗风,从地方生活和民间文学中汲取营养,为诗歌创作带来了新鲜的活力,形成了他诗歌创作的基本特色。彭斯的诗歌作品多使用苏格兰方言,并多为抒情短诗,如歌颂爱情的名篇《红红的玫瑰》和抒发爱国热情的《苏格兰人》等。他还创作了不少讽刺诗,表达了平民的思想感情,同情下层人民疾苦,同时以健康、自然的方式体现了追求快乐主义的人生哲学。彭斯的诗歌来自民间又回到民间,具有极强的人民性,淳朴深挚的感情,清新明快的语言,极富音乐性的韵律,他的诗歌作品具有极强的民族特色和独特的艺术魅力。

导读

这是一首苏格兰人家喻户晓的歌曲,它表现了热烈真挚的爱情。诗人善于继承传统的民谣,创作出新的诗篇,这首诗人的代表作便是继承和创新结合的成功范例。彭斯在英国文学史上占有特殊重要的地位,他复活并丰富了苏格兰民歌,他的诗歌富有音乐性,可以歌唱,充满了英伦的浪漫情调。

诗的开头用了一个鲜活的比喻——红红的玫瑰,一下子就将恋人的美丽写得活灵活现,同时也写出了诗人心中的感情。在诗人的心中,恋人不仅有醉人的外表,而且有着柔美灵动的心灵,像一段乐曲,婉转动人地倾诉着美丽的心灵。接着诗人表露心迹:这热烈真挚的爱要一直爱到海枯石烂。爱的火焰在诗人的心中强烈地燃烧着,诗人渴望着美好的结果。但这时的诗人知道自己并不能给恋人带来幸福,他已经预感到自己要离去。但诗的最后还是表达了自己的坚信:这样的离别只是暂别,自己一定会回来的。诗歌吸收了民歌的特点,采用口语化的句子使诗歌朗朗上口,极大地显示了民歌的特色和魅力,质朴无华的词语、热烈真挚的情感和流畅悦耳的音调打动了无数人的心。诗中使用了重复的句子和词语,大大增强了诗歌的感情力度,在短短的16句的诗中,涉及"爱"的词语竟有十处之多,强化了诗人对恋人爱情的强烈和情感的浓郁程度,把那种对爱人深深的依恋之情表现得淋漓尽致。袁可嘉对这首诗的翻译是众多译作中最为杰出的。

诗人的另一首代表作《旧日时光》（又译作《友谊地久天长》），更是人们耳熟能详，在全世界范围内广泛传唱。

感 悟 讨 论

1. 彭斯善于从传统民歌中汲取养分，丰富自己的诗歌，这首诗的语言有何特点？

2. 阅读袁可嘉翻译的《旧日时光》，对照其他译本，体味彭斯诗歌的特点。

平行阅读

旧日时光

［英］彭斯

I

难道就该把老朋友遗忘，

不把他再挂在心上？

难道就该把老朋友遗忘，

还有那旧日的时光？

（副歌）　为了那旧日的时光，老朋友，

为了那旧日的时光，

让我们干一杯友谊之酒，

为了那旧日的时光。

II

你准会把一大杯喝尽！

我也会把我的喝光！

让我们干一杯友谊之酒，

为了那旧日的时光。

III

为了采摘美丽的延命菊，
　　我们俩在山坡游荡；
但我们经历了万里跋涉，
　　自从那旧日的时光。

IV

从朝阳初升一直到中午，
　　我们俩漫步溪上；
呼啸的重洋把我们相隔，
　　自从那旧日的时光。

V

忠实的朋友，这是我的手；
　　请给我你那只手掌；
我们干一杯友谊之酒，
　　为了那旧日的时光。

（选自《彭斯诗钞》，袁可嘉译，上海译文出版社 1981 年版）

诗人席勒被誉为"真善美"巨人，"德国的莎士比亚"。而诗人自己眼中，他则是"不臣服于任何王侯的世界公民"。

第四节

欢 乐 颂①

◎［德］席勒

一

欢乐啊，美丽的神奇的火花，
　极乐世界的仙姑，
天女啊，我们如醉如狂，
　踏进你神圣的天府。
为时尚无情地分隔的一切，
　你的魔力会把它们重新连接。
只要在你温柔的羽翼之下，
　一切的人们都成为兄弟。

合唱　万民啊！拥抱在一处，
　和全世界的人接吻！
弟兄们——在上界的天庭，
　一定有天父住在那里。

二

谁有那种极大的造化，
　能和一位友人友爱相处，
谁能获得一位温柔的女性，
　让她一同欢呼！
真的——在这世界上

285

只要有一位能称为知心！

否则，让他去向隅暗泣，

离开我们这个同盟。

合唱 居住在大集体中的众生，

请尊重这共同的感情！

她会把你们向星空率领，

领你们去到冥冥的天庭。

三

一切众生都从自然的

乳房上吮吸欢乐；

大家都尾随着她的芳踪，

不论何人，不分善恶。

欢乐赐给我们亲吻和葡萄

以及刎颈之交的知己；

连蛆虫也获得肉体的快感，

更不用说上帝面前的天使。

合唱 万民啊，你们跪倒在地？

世人啊，你们预感到造物主？

请向星空的上界寻找天父！

他一定住在星空的天庭那里。

四

欢乐就是坚强的发条，

使永恒的自然循环不息。

在世界的大钟里面，

欢乐是推动齿轮的动力。

她使蓓蕾开成鲜花，

她使太阳照耀天空，

望远镜看不到的天体，

她使它们在空间转动。

合唱 弟兄们！请你们欢欢喜喜，

在人生的旅途上前进，

　　　像行星在天空里运行，
　　　像英雄一样快乐地走向胜利。

五

　　从真理的光芒四射的镜面上，
　　　欢乐对着探求者含笑相迎。
　　她给他指点殉教者的道路，
　　　领他到美德的险峻的山顶。
　　在阳光闪烁的信仰的山头，
　　　可以看到欢乐的大旗飘动。
　　就是从裂开的棺材缝里，
　　　也见到她站在天使的合唱队中。

合唱　万民啊！请勇敢地容忍！
　　　为了更好的世界容忍！
　　　在那边上界的天庭，
　　　伟大的神将会酬报我们。

六

　　我们无法报答神灵；
　　　能和神一样快乐就行。
　　不要计较贫穷和愁闷，
　　　要和快乐的人一同欢欣。
　　应该忘记怨恨和复仇，
　　　对于死敌要加以宽恕。
　　不要让他哭出了泪珠，
　　　不要让他因后悔而受苦。

合唱　把我们的账簿全部烧光！
　　　和全世界的人进行和解！
　　　弟兄们——在星空的上界，
　　　神担任审判，也像我们这样。

七

　　欢乐从酒杯中涌了出来；

饮了这金色的葡萄汁液，

吃人的人也变成温柔，

失望的人也添了勇气——

弟兄们，在巡酒的时光，

请离开你们的座位，

让酒泡向着天空飞溅：

对善良的神灵举起酒杯！

合唱　把这杯酒奉献给善良的神灵，

在星空上界的神灵，

星辰的合唱歌颂的神灵，

天使的颂诗赞美的神灵！

八

在沉重的痛苦中要拿出勇气，

对于流泪的无辜者要加以援手，

已经发出的誓言要永远坚守，

要实事求是对待敌人和朋友，

在国王的驾前要保持男子的尊严——

弟兄们，生命财产不足惜——

让有功绩的人戴上花冠，

让欺瞒之徒趋于毁灭！

合唱　我们要巩固这神圣的团体，

凭着这金色的美酒起誓，

对这盟约要永守忠实，

请对星空的审判者起誓！

（选自《外国抒情诗歌选》，邵鹏健编，钱春绮译，江西人民出版社 1980 年版）

注 释

①此诗作于 1785 年，次年发表于诗人自编的期刊《塔利亚》。

　　弗里德里希·席勒（1759—1805），杰出的德国诗人、戏剧家。出生于德国符腾堡小城马尔赫尔。席勒童年时代就对诗歌、戏剧有浓厚的兴趣，1768 年入拉丁语学校学习,但 1773 年被符腾堡公爵强制选入他所创办的军事学校学法律,后来才同意他改学医学。席勒对当时的专制统治有着深切的体会,1780年写成反抗封建暴政、充满狂飙突进精神的剧本《强盗》,公演获得巨大成功,一举成名。1783 年完成悲剧《阴谋与爱情》,确立了他争取自由、唤起民族觉醒的创作道路。1804 年,在诗人歌德的帮助下创作完成了剧本《威廉·退尔》。席勒的早期创作充满炽烈激情和抗争精神,是"狂飙突进"运动的杰出代表。随后席勒和歌德互相砥砺,将德国古典文学推向顶峰。席勒的诗作以思想抒情诗见长,歌颂自由、爱情、勇敢、忠诚和尊严,贯穿着昂扬的理想主义和人道主义精神。其代表诗作《欢乐颂》被贝多芬写进第九交响曲后,在全世界广为传颂,经久不衰。

导读

这是一首颂扬人间欢乐,歌唱自由、平等、博爱理想的作品。凝聚了诗人对超越时代与种族、跨越地域和疆界无私大爱的渴望,洋溢着吟咏人类高尚情感升华的欢乐。

《欢乐颂》是席勒 1785 年夏天在莱比锡创作的。那时他创作的戏剧《强盗》和《阴谋与爱情》获得巨大成功。《强盗》是"歌颂一个向全社会公开宣战的豪侠的青年"的剧作,《阴谋与爱情》则是"德国第一个具有政治倾向的戏剧"。然而,当时的席勒却遭受迫害,出逃在外,过着漂泊不定的生活。在席勒走投无路的时候,莱比锡 4 个素不相识的年轻人仰慕席勒的才华,邀请席勒到莱比锡去,席勒长途奔波来到莱比锡,受到 4 位陌生朋友的热情欢迎和无微不至的招待。《欢乐颂》就是在席勒感受了这种雪中送炭的温暖后,以万分感激的心情写出来的。这首诗采用了当时流行的颂歌体,这种题材源自古希腊,后被运用于德国诗人的创作中,席勒运用这种古老的诗歌体裁歌颂他受友谊感动后产生的欢乐,后又把这种欢乐人格化,使欢乐拥有了普遍意义,进而引申出追求自由、平等、博爱理想的歌唱。"只要在你温柔的羽翼下,一切的人们都成为兄弟。"一句统领全篇,将人类的高尚感情升华成一种与神为伍的欢乐,合唱部分则从不同的方面吟咏这一主题,情感炽烈,热情洋溢。

全诗十六小节,合唱部分除最后一个小节,均由四行、八行的形式组成,结构整齐;而第一小节八行和结尾第十六小节的四行,使整齐中又富于变化。虽是翻译作品,由于译者传神的翻译,我们同样可以体味到诗作崇高庄严的韵律,感受它磅礴的气势和恢弘的意境。

感 悟 讨 论

1. 谈谈你对《欢乐颂》主题思想的理解。

2. 本篇选用的是翻译家钱春绮的译作,对比不同的翻译版本,仔细体会品味此诗。

3. 下面的《旅人》被称作席勒的精神自传,阅读作品,体味席勒的性格特征。

平行阅读

旅 人
［德］席勒

当我还是年轻健壮,
　我便去漂泊流浪,
撇下年少的轻狂,
　留给我父母家庄。

一切家业,一切财产,
　我欣然托别人照管,
有旅人的轻杖作伴,
　去呵,凭我天真烂漫。

一个强烈的憧憬,
一个模糊的使命,
督促我:"这是前程,
　去吧,路,永远上升。"

"到了一扇黄金阙,
那么,你便踏进去,
里面,人间的一切,
　像天上,不朽不灭。"

暮去朝来无尽期，
　　我永远永远不憩息；
但我所求所望的东西，
　　始终还是个秘密。

山岳挡住我前途，
　　狂涛困住我脚步；
我拓开悬崖的路，
　　我筑桥把激流渡。

终于到了大川旁，
　　它滔滔流向东方；
我泰然信赖波浪，
　　霍的投入它胸膛。

川上澎湃的波澜，
　　把我冲入大海里面，
眼前是空阔无边，
　　目的地，我不曾接近。

呵，没有道路可通联，
　　呵，我头顶上的苍天
永远不会接触地面，
　　"那边"呀终不成"这边"！

（选自《外国抒情诗歌选》，邵鹏健编，缪灵珠译，江西人民出版社1980年版）

莫泊桑的文学成就以短篇小说最为突出,一生创作了包括大家熟悉的《羊脂球》、《项链》、《我的叔叔于勒》在内的近300部短篇小说,被誉为"短篇小说之王"。

第五节

伞

◎［法］莫泊桑

奥莱依太太很节俭,她知道一个铜子有多么大的价值,为了增加钱财,她有一大堆清规戒律。她的女仆当然很难报虚账揩油,就是奥莱依先生也是好不容易才能得到点零用钱。其实呢,他们经济上相当宽裕,并且是无儿无女。不过,奥莱依太太看见白花花的银币从手里出去,总好像心被撕破了一块,感到一种真正的痛苦。每逢不得已而付出一笔数目稍大的款子,尽管这笔费用绝不能省,她当天晚上总是一夜睡不安稳。

奥莱依一再对妻子说:

"你应该手松一点,我们从来也没啃过我们的老本啊。"

奥莱依太太的回答是:

"谁也不知道会发生什么意外的事,钱多总比钱少好。"

她是一个四十岁的、矮小灵活的妇人,脸上已经有皱纹,身上干净利落,经常光火发脾气。

她的丈夫时时刻刻在抱怨,抱怨她害他缺这短那。有些东西缺得特别叫他难受,因为缺少这些,便伤害了他的自尊心。

他在陆军部当主任科员,他之所以还当下去,纯粹是为了服从妻子的命令,为的是增加家里从不动用的常年利息。

两年来,他一直挟着那把满身补丁的伞上办公室,老是招来同事们的讪笑。最后他实在忍不住他们的耍笑,坚决要求奥莱依太太给他买一把新伞。她花八个半法郎买了一把,是那种大铺子里招徕生意的廉价品。同事们一看这件在巴黎成千上万地投到市场上的东西,又是一番嘲弄嬉笑,奥莱依痛苦得不得了。这把伞也真不顶事,三个月的工夫就不能用了,部里大家都把它当作笑谈,并且有人还编了一首歌,从早到晚在整个大楼里从楼上到楼下都听见这首歌。

　　奥莱依实在气愤极了,命令妻子替他选购一把值二十法郎的好绸子的大伞,并且必须把发票带回来作证。

　　她花十八法郎买了一把,在交给她丈夫的时候,脸气得通红,说道:

　　"你至少得用五年!"

　　奥莱依得意洋洋,在办公室里得到了一次真正的胜利。

　　他傍晚回到家里,他的妻子忧形于色地朝伞看了一眼,对他说:

　　"你不应该老让那根松紧带紧紧箍着伞,这会把绸面箍裂的。你必须好好爱护,因为我决不会三天两头给你买新伞。"

　　她拿过伞来,解开箍,把那些折痕抖了抖。可是她惊得不能动了,她发现伞的正中间有个小铜子大的洞,是雪茄烧的!

　　她结结巴巴地说:

　　"它怎么了?"

　　她的丈夫连看也不看,从容自如地回答:

　　"谁怎么了? 什么怎么了? 你是什么意思?"

　　现在怒火堵住了她的嗓子,她连话也说不出来了:

　　"你……你……你把……你的……伞……烧了。 你这……不……不是……疯了……吗? 你是想让咱们倾家荡产啊!"

　　他觉得自己脸色都变了,急忙转过身来:

　　"你说什么?"

　　"我说你把你的伞烧了! 你自己去看! ……"

　　她好像要打他似的朝他扑过去,把那个烧破的小圆洞恶狠狠地放在他的鼻子底下。

　　在这个烧痕面前,他真是不知所措了,他吞吞吐吐地说道:

　　"这个……这个……这是怎么回事? 我,我不知道! 我可以发誓,我什么也没有做过,什么也没有做过。我,我不知道这把伞是怎么回事。"

　　她现在是高声大喊了:

　　"我敢打赌,你一定在办公室里拿着它耍着玩,变戏法,你一定撑开过,叫大家欣赏来着。"

　　他回答:

　　"我只撑开过一回,让他们看看它多么漂亮。事实就是如此,我敢发誓。"

　　但是她气得直跺脚,和他狠狠地吵了起来,这种夫妻间的争吵,对一个喜爱和平的男子来说,真比枪林弹雨的战场还要可怕。

她在颜色不一样的旧伞上剪下一块绸子,补在新伞上。第二天,奥莱依老老实实地拿了补好的雨具出门了。他把伞往柜里一塞,就跟一桩不愉快的回忆似的,不再去想它。

可是傍晚回家,刚一进门,他的妻子就从他手里把伞抢过去,打开来检查:出现在她眼前的是一桩无法弥补的灾难,她恨得喘不过气来。原来伞上密密麻麻都是小洞,显然是火烧出来的,好像有人把燃着的一斗烟灰都倒在上面了。伞是完蛋了,无药可救了。

她一言不发地看着,愤怒到了极点,嗓子里倒反而发不出声音。他呢,他也眼睛注视着破伞,呆若木鸡,又怕又懊丧。

接下来夫妇俩你看着我,我看着你;他低下了头,她把那件体无完肤的东西扔过来,打在他脸上;在一阵狂怒中她的嗓音又恢复了:

"啊!坏蛋!坏蛋!你是故意这样做的!我得叫你尝尝我的厉害!你休想再要伞……"

吵闹算是又开始了。经过了一个钟头的狂风暴雨,他才能够张嘴声辩。他赌神罚咒,说自己也弄不清怎么回事,很可能是有人恶作剧或者有意报复,除此以外实在想不出别的缘故。

一阵门铃声替他解了围,原来是一个朋友到他们家来吃晚饭。

奥莱依太太就把事情讲给他听。至于再买一把新伞,那是休想,他的丈夫从此别想再买伞了。

那位朋友回答得也很有道理:

"那么,太太,他的衣服就要遭殃了,衣服当然更值钱。"

那矮个儿的太太怒气还是很大,回答:

"那么,他可以撑厨娘用的伞,我决不再给他买绸子伞。"

一想到叫他用厨娘的伞,奥莱依十分愤慨。

"那么,我就辞职不干!我决不拿着一把厨娘的伞到部里去。"

朋友又说了:

"去把面子换一换,费不了多少钱。"

奥莱依太太火更大了,她结结巴巴地说:

"换面子,至少要八个法郎。八法郎加十八法郎,就是二十六法郎!为一把伞花二十六法郎,这简直是发疯,是丧失理智!"

那位朋友本是一个寒苦的小市民,忽然灵机一动想出了一个高明主意。

"去要求保险公司赔偿好了。烧毁的物件,只要是在你的住宅里烧毁的,保险公司是应该赔偿的。"

一听这个主意,那个矮女人立刻怒气全消,思索了一分钟之后,便对丈夫说道:

"明天,到部里去以前,你先到马台内尔公司去一趟,让他们检查一下伞的情况,然后要求他们赔偿。"

奥莱依先生吓了一跳,他说:

"要了命我也不敢呀!无非是损失十八个法郎,这又没有什么大不了的。"

第二天,他出门就拿了一根手杖。正赶上运气不错,是个晴天。

奥莱依太太独自呆在家里,总也忘不了那笔十八法郎的损失。伞就放在饭厅的桌上,她一直围着它转,拿不定主意。

她时时刻刻都想到保险公司,可是她也不敢跑去领教接待她的那些先生们意带嘲笑的眼光;因为在人面前,她有点怯生,为一丁点小事就要脸红,遇到必须跟生人说话的时候,就感到为难。

可是她舍不得十八法郎,这就跟创伤一样使她痛苦。她已经不愿意再去想它了,但是这笔损失的回忆不停地、痛苦地捶打着她。该怎么办呢?时间一点钟一点钟地过去了,她还是任何主意也拿不定。后来,正如胆小的人忽然壮起胆子来一样,她突然下了决心:

"我一定去,到了那再说!"

不过她还得先把伞收拾一番,让灾情显得十分严重,以便她更容易坚持她的要求。于是她在壁炉台上拿了一根火柴,在两根伞骨之间烧了有手掌那样宽的一大块。她把那未烧毁的绸面仔细地卷好,用松紧带箍好,然后披上披肩,戴上帽子,急忙向保险公司所在地的黎沃里大街走去。

可是离着公司越近,她的脚步却越放慢。她将说些什么呢?他们又将回答她什么呢?

她看了看门牌号头,还有二十八个号头,很好!她可以再仔细考虑考虑。她越走越慢。忽然,她打了个哆嗦。到门口了,门上写着几个金字:"马台内尔火灾保险公司"。已经到了!她止步停了一秒钟,又是焦躁又是羞愧,她走过去,走回来,第二次又走过去,第二次又走回来。

最后她对自己说:

"可是,总得进去啊。早去总比晚去强。"

不过,一走进去,她发现自己的心怦怦跳个不住。

她走进一间宽阔的大厅,四面有不少窗口,每一个窗口里都可以看见一个人的头,身子被隔板挡着看不见。

来了一位捧着文件的先生。她赶紧止步,低声下气地问道:

"对不起,先生,请问东西烧毁了,要求赔偿,应该到哪儿去接洽?"

那人声音很洪亮,回答道:

"二楼,向左,损失科。"

这个名称她听了愈发心惊胆战,真想什么也不说,牺牲了她那十八个法郎,拔腿逃跑。不过一想到这个数目,又恢复了点勇气。她走上了楼梯,喘着气,迈一级停一停。

到了二楼,她发现了一个门,敲了几下,一个响亮的声音喊道:"进来!"

她走进去一看,原来是一间很大的屋子,里面有三位先生站着谈话,三个人都佩戴着勋章,仪表非凡。

其中一人向她问道:

"您接洽什么事,太太?"

要说的话,她都想不起来了,结结巴巴说道:

"我……我来……是为的……为的一笔损失。"

那位先生彬彬有礼,指着一个座说:

"请坐一坐,我马上就跟您谈。"

然后转身去向着那两位,继续他们的谈话:

"两位先生,敝公司认为对你们应负的责任不能超过四十万法郎,你们希望我们多付十万法郎,这个要求我们实难接受。并且按照估价……"

两人中的一个打断了他的话:

"不必再说下去了,先生,将来由法院来决定吧。我们现在只有告辞了。"

他们很讲究礼节地一连几次行礼告别,然后走了出去。

啊!如果她敢跟他们一起走,她一定跟着走了;她会把一切都放弃,一走了之。但是这样办,行吗?那位先生送客回来了,鞠着躬问道:

"太太,有什么事需要我效劳?"

她很困难地说道:

"我……我是因为这个来的。"

那位主任着实惊奇地低下头,望着她递给他看的那样东西。

她哆里哆嗦地努力解着伞上的松紧带,费了不少力气才解开,她猛地一下子把那柄拖一片挂一条的伞的尸骨撑了开来。

主任用颇为同情的口气说道:

"看来损坏的情形不轻啊!"

她吞吞吐吐地说:

"我花了二十法郎买的呢。"

他吃了一惊：

"真的吗？有这么贵？"

"是的，当初是一把很好的伞。我就是要让你亲眼察看一下它现在的情况。"

"很好，我看见了。很好。不过我看不出这事与我有什么关系。"

她有点担心了。这个公司也许对小东西是不赔偿的，她于是说道：

"不过……它是被烧毁的……"

那位先生不否认这一点：

"我看得很清楚。"

她张口结舌，再也不知说什么才好；可是她忽然明白自己忘了说明来意，于是赶紧说道：

"我是奥莱依夫人，我们在马台内尔公司保了火险。我是来向你们要求赔偿这笔损失的。"

她怕遭受对方正式拒绝，赶紧又找补了一句：

"我只是要求你们换一个伞面子。"

主任感到为难，说道：

"不过……太太……我们并不是卖伞的商店。我们无法承担这种修理的工作。"

这位矮小的夫人觉得胆又壮起来了，不争是不行的，那她就争吧！她不再害怕了。她说：

"我只要求修理费，我自己会找人去修理的。"

那位先生显出抱歉的神气说道：

"实在说，太太，钱并不算多。不过，对这样无足轻重的意外事情，是从来也没有人向我们要求过赔偿的。您当然明白，像手绢、手套、笤帚、旧鞋子等等每天都可以遭火损害的微小物件，我们是无法赔偿的。"

她觉得怒气上冲，脸色红了起来，她说：

"先生，不过，去年十二月，我们的烟囱着了一次火，给我们造成了至少五百法郎的损失，奥莱依先生并没有向公司要求任何赔偿。因此今天要求公司赔偿我这把伞，是天经地义的事情。"

主任猜到这是一派谎言，笑嘻嘻地说道：

"奥莱依先生遭受了五百法郎的损失，并不要求任何赔偿，为了一把伞却跑来要求五六个法郎的修理费，太太，您也会承认这是个十分叫人奇怪的事情吧？"

她一点也不感到慌张，马上答道：

"先生，话不是这样说的，五百法郎的损失是奥莱依先生掏腰包，十八法郎的损失却要动奥莱依太太的腰包，这可不是一回事。"

他看出不答应就没法打发她走，这一天就要这样白白浪费掉，只好狠了狠心问道：

"那么，请把事情的经过给我讲一讲吧。"

她嗅出了胜利的气味，就讲述起来：

"是这样的，先生：在我的前厅里，有这么一种青铜做的东西，可以插伞和手杖。那一天，回家的时候，我就把这伞插在里面。还应该告诉您一件事：在这东西的上边，在墙上钉着一块小木板，为的是放个蜡烛、火柴什么的。我一伸手，拿起四根火柴。我擦了一根，没着，我又擦了一根，着了，马上又灭了。我擦到第三根，还是那样。"

主任打断了她的话，说了一句俏皮话：

"这么说一定是政府公卖的火柴了？"

她没明白其中的意思，接着往下讲：

"也许是的。第四根总算是着了，我点上了蜡，就进卧室睡觉去了。可是过了一刻钟，好像闻见了一股子焦煳味。我平生就是害怕着火，如果真要遭上火灾，那决不会是因为我不小心！尤其是从方才跟您提起过的那场烟囱失火以后，我一直是提心吊胆。所以我马上爬起来，走出卧室，各处寻找，像猎狗似的到处闻，最后发现是我的伞烧着了。多半是一根火柴掉在里边了。您看看它现在成了什么样子了……"

主任已经甘心赔款，就问道：

"您估计得赔多少钱？"

她先是闭口无言，不敢决定数目。后来为了表示大方气概，她说：

"您叫人去修理吧，任凭您处理就是了。"

他拒绝了，他说：

"不行，太太，我办不了。您说要多少钱吧。"

"可是……我觉得……您看，先生，我也不想勉强您……咱们这么办吧。我把伞送到一家制伞店里去，让他们给绷上能经久耐用的好绸面子，随后我把发票给您送来，这样行吧？"

"很好，太太，就这样一言为定了。这是给出纳科的一个条子，他们会把您花的钱如数付给您的。"

他随即递给奥莱依太太一张卡片，她接了过来，一边道谢一边往外走；她生怕他会反悔改变主意,所以急着要出来。

她现在是迈着轻松的步伐在大街上走着,要找一家她认为漂亮的伞店。等她找到了一家神气阔绰的店铺,她就走了进去,用坚定的口气说:

"看,这把伞要换一个绸面子,要用顶好的绸子,你有什么好绸子就用什么好绸子。价钱多少,我是不在乎的。"

(选自《羊脂球》,莫泊桑著,赵少侯译,北京燕山出版社 1999 年版)

莫泊桑(1850—1893),法国作家。生于法国西北部诺曼底省的一个没落贵族家庭,曾参加普法战争,战争结束后,先后在海军部和教育部任职,业余时间开始文学创作,1880 年,《羊脂球》的发表使他一举成名。创作上深受法国文学大师福楼拜的影响,一生写了近 300 部短篇小说和 6 部长篇小说。短篇小说有脍炙人口的《项链》、《我的叔叔于勒》、《绳子》、《西蒙的爸爸》等名篇,长篇小说代表作《一生》、《漂亮朋友》为世界名著。莫泊桑小说的题材极其丰富多彩,各色人物刻画栩栩如生,截取的生活层面也十分广泛,形成了逼真、自然的写作风格。小市民是莫泊桑笔下着墨较多的阶层,作家对小资产者的贪婪自私、爱慕虚荣、虚假伪善等弱点进行了无情的揭露和批判。他观察深刻,独具见解,创作上力求生动自然,以写实的手法描摹细节,烘托气氛,尤其擅长运用简洁、凝练的语言描写勾勒人物性格,有"短篇小说之王"的美誉。

导读

这篇小说以幽默和富于夸张的笔触,对一个中产阶级家庭主妇的人生理财哲学进行了辛辣的嘲讽,让人在诙谐风趣的故事中看清人性的弱点,发人深省。

小说中的奥莱依太太,一个 40 岁的小个子女人,性格活跃,但经常为攒钱而发脾气。虽然她的家庭收入不错,可以说基本过着中上层阶级的生活,用她丈夫的话来说,就是"我们的收入足够开销,你该松松手了"。但她哪里肯听,仍然不惜一切代价,只知道看紧自己家庭的钱袋,不给丈夫一个子儿的零花钱,甚至让自己的丈夫,一个国防部的高级职员,连续两年来打着补过的伞去国防部上班。在丈夫的一再要求下,奥莱依太太花 18 法郎为丈夫买了一把伞,但新伞却被丈夫的同事恶作剧用烟斗烧了个洞,于是奥莱依太太无法接受这个现实,她暴跳如雷,责骂丈夫;最后她不惜硬着头皮、冒着自尊心受到伤害

299

的危险,编造谎言,要求火灾保险公司赔付她的伞的价值。小说最后,奥莱依太太用保险公司的钱去定制新伞面,又摆出一副满不在乎钱财的姿态,要用最好的绸面,爱慕虚荣的个性淋漓尽致地展现出来,这一细节为奥莱依太太的节俭做了最好的注脚。

小说主人公的形象塑造典型生动,她似乎活灵活现地出现在读者眼前。作者描写了她的肖像、她的发怒乃至大发雷霆,她的满足,刻画生动而具体。除了肖像描写和动作行为描写外,还采用了大量的心理描写和语言对话描写刻画人物,细腻传神。从奥莱依太太心理活动的描写中,读者会发现她的内心世界,她软弱,甚至怯懦,在到底去不去火灾保险公司要求赔偿的问题上,她有过犹豫,甚至到了保险公司的办公室门口,她几乎要打退堂鼓了,她在内心里充满了矛盾,"她听了愈发心惊胆战,真想什么也不说,牺牲了她那十八个法郎,拔腿逃跑。不过一想到这个数目,又恢复了点勇气"。担心她的赔偿要求遭到拒绝,"这位矮小的夫人觉得胆又壮起来了,不争是不行的,那她就争吧!她不再害怕了"。传神的心理描写把奥莱依太太的性格跃然纸上。作者调动多种描写,成功地塑造了一个爱慕虚荣、视财如命、性格怯懦、性情乖戾的守财奴形象。

感 悟 讨 论

1. 奥莱依太太是一个什么样的人?作者塑造这一形象采用了哪些方法?
2. 小说的结尾有何特点,在作品中起了怎样的作用?
3. 奥莱依太太与莫泊桑小说《项链》的女主人公性格上有何异同?

链接

《羊脂球》,莫泊桑著,赵少侯等译,北京燕山出版社1999年版。

俄国的契诃夫和法国的莫泊桑、美国的欧·亨利为世界三大短篇小说巨匠,高尔基曾经这样评价他:"这是一个独特的巨大天才,是那些在文学史上和在社会情绪中构成时代的作家中的一个。"

第六节

苦　恼

◎ ［俄］契诃夫

——我拿我的烦恼向谁去诉说？……①

　　暮色晦暗。大片的湿雪绕着刚点亮的街灯懒洋洋地飘飞,落在房顶、马背、肩膀、帽子上,积成又软又薄的一层。车夫姚纳·波达波夫周身白色,像个幽灵。他坐在车座上一动也不动,身子往前伛着,伛到了活人的身子所能伛到的最大限度。哪怕有一大堆雪落在他身上,仿佛他也会觉得用不着抖掉似的……他的小母马也一身白,也一动不动。它那呆呆不动的姿势、它那瘦骨嶙峋的身架、它那棍子一样笔直的四条腿,使得它活像拿一个小钱就可以买到的马形蜜糖饼。它大概在想心事吧。不管是谁,只要被人从犁头上硬拉开,从熟悉的灰色景致里硬拉开,硬给丢到这个充满古怪的亮光、不断的喧哗、熙攘的行人的漩涡里,那他就会不想心事……

　　姚纳和他的小马有好久没动了。还是在午饭以前,他们就走出了院子,至今还没拉到一趟生意。可是现在黄昏的暗影笼罩全城了。街灯的黯淡的光已经变得明亮生动,街上的杂乱也热闹多了。

　　"车夫,到维堡区去②!"姚纳听见有人喊车。"车夫!"

　　姚纳猛地哆嗦一下,从粘着雪的睫毛望出去,看见一个军人,穿一件军大衣,头戴一顶兜囊③。

　　"到维堡区去!"军人又说一遍,"你是睡着了还是怎么的?拉到维堡区去!"

　　为了表示同意,姚纳抖了抖缰绳;这样一来,一片片的雪就从马背上和他的肩膀上纷纷掉下来……军人坐上了雪橇。车夫撅起嘴唇,对那匹马发出喷的一响④，跟天鹅那样伸出脖子，在车座上微微挺起身子，与其说是由于需要还不如说是出于习惯地扬起鞭子。那小母马也伸出脖子，弯一弯像棍子一样笔直的腿，迟迟疑疑地走动了……

"你往哪儿闯啊，鬼东西？"姚纳立刻听见黑暗里有人嚷起来，一团团黑影在他眼前游过来游过去，"你到底是往哪儿走啊？靠右！"

"你不会赶车！靠右走！"军人生气地说。

一个赶四轮轿车的车夫朝他咒骂；一个行人穿过马路，肩膀刚好擦着马鼻子，就狠狠地瞪他一眼，抖掉袖子上的雪。姚纳坐在车座上局促不安，仿佛坐在针尖上似的，他向两旁撑开胳臂肘儿，眼珠乱转，就跟有鬼附了体一样，仿佛他不知道自己在哪儿，也不知道为什么在那儿似的。

"这些家伙真是混蛋！"军人打趣地说，"他们简直是极力跑来撞你，或者扑到马蹄底下去。他们这是预先商量好的。"

姚纳回头瞧着他的乘客，张开嘴唇……他分明想要说话，可是喉咙里没吐出一个字来，只是哼了一声。

"什么？"军人问。

姚纳咧开苦笑的嘴，嗓子里用一下劲，这才干哑地说出来：

"老爷，我的……嗯……我的儿子在这个星期死了。"

"哦！……他害什么病死的？"

姚纳掉转整个身子朝着乘客说：

"谁说得清呢？多半是热病吧……他在医院里躺了三天就死了……上帝的意旨哟。"

"拐弯呀，鬼东西！"黑暗里有人喊，"瞎了眼还是怎么的，老狗？用眼睛瞧着！"

"赶车吧，赶车吧……"乘客说，"照这样走下去，明天也到不了啦。快点赶车吧！"

车夫又伸出脖子，微微挺起身子，笨重而优雅地挥动他的鞭子。他有好几回转过身去看军官，可是军官闭着眼睛，分明不愿意再听了。姚纳把车赶到维堡区，让乘客下车，再把车子赶到一个饭馆的左近停下来，坐在车座上伛下腰，又不动了……湿雪又把他和他的马涂得挺白。一个钟头过去了，又一个钟头过去了……

三个青年沿着人行道走过来，两个又高又瘦，一个挺矮，驼背；他们互相谩骂，他们的雨鞋踩出一片响声。

"车夫，上巡警桥去！"驼背用破锣似的声音喊道，"我们三个人……二十个戈比！”

　　姚纳抖动缰绳，把嘴唇嘬得喷喷的响。二十个戈比是不公道的，可是他顾不得讲价了。现在，一个卢布也好，五个戈比也好，在他全是一样，只要有人坐车就行……青年们互相推挤着，骂着下流话，拥上雪橇，三个人想一齐坐下来。这就有了需要解决的问题：该哪两个坐着？该哪一个站着呢？经过很久的吵骂、变卦、责难，他们总算得出了结论：该驼背站着，因为他顶矮。

　　“好啦，赶车吧！”驼背站稳，用破锣样的声音说，他的呼吸吹着姚纳的后脑壳，“快走！你戴的这是什么帽子呀，老兄！走遍彼得堡，再也找不到比这更糟的了……”

　　“嘻嘻！……嘻嘻！……”姚纳笑，“这帽子本来不行啦！”

　　“得了，本来不行了，你啊，赶车吧！你就打算一路上都照这样子赶车吗？啊？要我给你一个脖儿拐吗？……”

　　“我的脑袋要炸开了……”一个高个子说，“昨天在杜科玛索夫家里，华斯卡和我两个人一共喝了四瓶白兰地。”

　　“我真不懂你为什么要胡说！”另一个高个子生气地说，“你跟下流人似的胡说八道。”

　　“要是我胡说，让上帝惩罚我！我说的是实在的情形嘛！……”

　　“要是这实在，跳蚤咳嗽就也实在喽。”

　　“嘻嘻！”姚纳笑了，“好有兴致的几位老爷！”

　　“呸！滚你的！……”驼背愤愤地喊叫，“你到底肯不肯快点走啊，你这老不死的？难道就这样赶车？给它一鞭子！他妈的！快走！结结实实地抽它一鞭子！”

　　姚纳感到了背后那驼背的扭动的身子和颤抖的声音。他听着骂他的话，看着这几个人，孤单的感觉就渐渐从他的胸中消散了。驼背一股劲儿地骂他，诌出一长串稀奇古怪的骂人话，直说得透不过气来，连连咳嗽。那两个高个子开始讲到一个名叫娜节日达·彼得罗芙娜的女人。姚纳不住地回头看他们。等到他们的谈话有了一个短短的停顿，他又回过头去，叽叽咕咕地说：

　　“这个星期我……嗯……我的儿子死了！”

　　“大家都要死的……”驼背咳了一阵，擦擦嘴唇，叹口气说，“算了，赶车吧！赶车吧！诸位先生啊，车子照这么爬，我简直受不得啦！什么时候他才会把我们拉到啊？”

　　“那么，你给他一点小小的鼓励也好……给他一个脖儿拐！”

　　“你听见没有，你这老不死的？我要给你一个脖儿拐啦！要是跟你们这班人讲客气,那还不如索性走路的好! ……听见没有,你这条老龙⑤,莫非我们说的话你不在心上吗?"

于是姚纳,与其说是觉得,不如说是听见脖子后面啪的一响。

"嘻嘻! ……"他笑,"好有兴致的几位老爷……求上帝保佑你们!"

"赶车的,你结过婚没有?"一个高个子问。

"我? 嘻嘻! ……好有兴致的老爷! 现在我那个老婆成了烂泥地……嘻嘻嘻! ……那就是,在坟里头啦! 这会儿,我儿子也死了,我却活着……真是怪事,死神认错了门啦……它没来找我,却去找了我的儿子……"

姚纳回转身去,想说一说他儿子是怎么死的,可是这当儿驼背轻松地吁一口气,说是谢天谢地,他们总算到了。姚纳收下二十个戈比,对着那几个玩乐的客人的后影瞧了好半天,他们走进一个漆黑的门口,不见了。他又孤单了,寂静又向他侵袭过来……苦恼,刚淡忘了不久,现在又回来了,更为有力地撕扯他的胸膛。姚纳的眼睛焦灼而痛苦地打量大街两边川流不息的人群:难道在那成千上万的人当中,连一个愿意听他讲话的人都找不到吗? 人群匆匆地来去,没人理会他和他的苦恼……那苦恼是浩大的,无边无际。要是姚纳的胸裂开,苦恼滚滚地流出来的话,那苦恼仿佛会淹没全世界似的,可是话虽如此,那苦恼偏偏没人看见。那份苦恼竟包藏在这么一个渺小的躯壳里,哪怕在大白天举着火把去找也找不到……

姚纳看见一个看门人提着一个袋子,就下决心跟他攀谈一下。

"现在什么时候啦,朋友?"他问。

"快到十点了……你停在这儿做什么? 把车子赶开!"

姚纳把雪橇赶到几步以外,伛下腰,任凭苦恼来折磨他……他觉得向别人诉说也没有用了。可是还没过上五分钟,他就挺起腰板,摇着头,仿佛感到一阵剧烈的疼痛似的;他拉了拉缰绳……他受不住了。

"回院子里去!"他想,"回院子里去!"

他那小母马仿佛领会了他的想头似的,踩着小快步跑起来。过了一个半钟头,姚纳已经坐在一个又大又脏的火炉旁边了。炉台上、地板上、凳子上,全睡得有人,正在打鼾。空气又臭又闷……姚纳看一看那些睡熟的人,搔一搔自己的身子,后悔回来得太早了……

"其实我连买燕麦的钱还没挣到呢,"他想,"这就是为什么我会这么苦恼的缘故了。一个人,要是会料理自己的事……让自己吃得饱饱的,自己的马也吃得饱饱的,那他就会永远心平气和……"

墙角上,有一个年轻的车夫爬起来,睡意蒙眬地嗽了嗽喉咙,走到水桶那儿去。

"想喝水啦?"姚纳问他。

"是啊,想喝水!"

"那就喝吧。……喝点水,身体好……可是,老弟,我的儿子死啦……听见没有? 这个星期在医院里死的……真是怪事!"

姚纳看一看他的话生了什么影响,可是什么影响也没看见。那年轻小伙子已经盖上被子蒙着头,睡着了。老头儿叹口气,搔搔自己的身子……如同那青年想喝水似的,他想说话。他儿子去世快满一个星期了,他却至今还没跟别人好好地谈过这件事……应当有条有理、有声有色地讲一讲……应当讲一讲他儿子怎样得的病,怎样受苦,临死以前说过些什么话,怎样去世的……他要描摹一下儿子怎样下葬,后来他怎样上医院里去取死人的衣服。他还有个女儿阿尼霞住在乡下……他也想谈一谈她……他现在可以讲的话还会少吗? 听讲的人应该哀伤,叹息,惋惜……倒还是跟娘们儿谈一谈的好。她们虽是些蠢东西,不过听不上两句话就会呜呜地哭起来。

"出去看看马吧,"姚纳想,"有的是工夫睡觉……总归睡得够的,不用担心……"

他穿上大衣,走进马棚,他的马在那儿站着。他想到燕麦,想到干草,想到天气……他孤单单一个人的时候,不敢想儿子……对别人谈一谈儿子倒还可以,至于想他,描出他的模样,那是会可怕得叫人受不了的……

"你在嚼草吗?"姚纳问他的马,看见它亮晶晶的眼睛,"好的,嚼吧,嚼吧……我们挣的钱既然不够吃燕麦,那就吃干草吧……对了……我呢,岁数大了,赶车不行啦……应当由我儿子来赶车才对,不该由我来赶了……他可是个地道的马车夫……要是他活着才好……"

姚纳沉默一会儿,接着说:

"是这么回事,小母马……库司玛·姚尼奇下世了……他跟我说了再会……他一下子就无缘无故死了……哪,打个比方,你生了个小崽子,你就是那小崽子的亲妈了……突然间,比方说,那小崽子跟你告别,死了……你不是要伤心吗?……"

小母马嚼着干草,听着,闻闻主人的手……

姚纳讲得有了劲,就把心里的话统统讲给它听了……

(选自《契诃夫短篇小说选》,契诃夫著,汝龙译,人民文学出版社 2002 年版)

注 释

①我拿我的烦恼句:出自《旧约全书》,作者以这句话为题记,并作为小说情节的线索。
②维堡区:彼得堡的一个区。
③兜囊:一种与大衣连在一起,可以折叠用作御寒的帽子。
④喷的一响:这是叫马往前走的表示。
⑤老龙:原文是"高里尼奇龙",神话传说中一条怪龙,这里用作骂人。

　　安东·巴甫洛维奇·契诃夫(1860—1904),俄国小说家、戏剧家、19世纪末期俄国批判现实主义作家、短篇小说艺术大师。1860年生于一个破产商人家庭,1879年进莫斯科大学医药系,1884年毕业后到各地行医,广泛接触平民和了解生活,这对他的文学创作产生了深远影响。他一生创作了七八百篇短篇小说,还写了一些中篇小说和剧本。作品大多数取材于中等阶层的"小人物"的平凡生活,揭露了社会的黑暗,针砭时弊,抨击了沙皇的专制制度,代表作有短篇小说《变色龙》、《凡卡》、《装在套子里的人》、《公务员之死》等。他的小说简练冷峻、情趣隽永、文笔犀利、风格独特。高尔基曾经说过:"这是一个独特的巨大天才,是那些在文学史上和在社会情绪中构成时代的作家中的一个。"列夫·托尔斯泰也给契诃夫极高的评价,称他是"无与伦比的艺术家",而且还说:"我撇开一切虚伪的客套肯定地说,从技巧上讲,他,契诃夫,远比我为高明!"契诃夫和法国的莫泊桑、美国的欧·亨利被誉为"世界三大短篇小说巨匠"。

◤ 导读

　　这篇小说讲述了一个刚刚丧子的贫穷的老车夫姚纳在冰天雪地的彼得堡街头拉客,一心想向别人倾诉心中的痛苦,然而偌大的城市竟然找不到一个肯听他说话的人,老车夫最后只得对着自己的小母马诉说"苦恼"。作者以冷峻的笔触,揭示出社会底层小人物悲惨无援的苍凉境地和孤寂苦恼的悲凉心态,通过姚纳的遭遇,反映出俄罗斯底层民众的悲惨命运,控诉了沙皇专制下人与人之间的冷漠无情,揭示了下层劳动者由于贫穷造成精神上的苦恼更胜物质贫乏的悲哀与无奈。

　　小说的中心线索紧紧围绕着老车夫想向他人倾诉丧子之痛的心愿展开,情节依时间顺序展开,铺陈过程中,精心将"人与人"的关系和"人与马"的关系进行了对比。小说安排了四次诉说"苦恼"的机会,诉说对象有军人、青年、看门人和年轻的车夫,但这些人对老车夫的诉说漠不关心,老车夫的苦恼哀痛,不仅是贫穷丧子的事件本身,更是丧子后的孤独无诉的悲哀。四次向人诉说无成,揭露了老车夫姚纳的悲剧命运。而后写老车夫向小母马诉说苦恼,小母马不仅听着他的倾诉,而且还"闻闻主人的手",马有情而人无情两者形成了一个鲜明的对比,世态炎凉令人触目惊心。小说运用了大量精练的对白,反映出特定环境中人物的性格特征和心理活动,与军人的对话揭示了他的麻木不仁、冷酷无情;与青年的对话则反映了他们自私自利、玩世不恭,而且这些对话也反映出老车夫内心的苦恼已经到了极限。

作品情节简单,结构紧凑,故事平凡,但读后发人深省,善于在简单的情节中反映重大的社会问题,体现了契诃夫短篇小说的独特风格。特别值得一提的是,小说语言简洁凝练、朴实无华,细节描写逼真传神,尤其是开头一段漫天风雪中静态的肖像刻画,为整个作品定了基调,读后撼人心扉。

感 悟 讨 论

1. 小说开头一段静态肖像描写有什么作用?

2. 作者将老车夫姚纳向人诉说丧子之事和向小马诉说做了对比,这样处理有什么作用?

3. 举例说明小说中的对话描写对表现人物心理活动所起的作用。

链接

《契诃夫短篇小说选》,契诃夫著,汝龙译,人民文学出版社 2002 年版。

欧·亨利有"曼哈顿的桂冠诗人"之称,他的作品以描写纽约的市井百态著称,被誉为"美国生活的幽默百科全书"。

第七节

财神与爱神

◎ ［美］欧·亨利

退休的洛氏尤列加肥皂制造商和专利人,老安东尼·洛克沃尔,在五马路私邸的书房里望着窗外,咧开嘴笑了一笑。他右邻的贵族兼俱乐部会员,乔·范·舒莱特·萨福克—琼斯,正从家里出来,朝等在门口的小轿车走去;萨福克—琼斯跟往常一样,向这座肥皂大厦正面的文艺复兴式的雕塑轻蔑而傲慢地扇了扇鼻翅儿。

"倔老头,看你的架子端得了多久!"前任肥皂大王说,"你这个僵老的纳斯尔罗德①,如果不留神,你得光着身子,打赤脚滚蛋呢。今年夏天,我要把这座房子漆得五光十色,看你那荷兰鼻子还能翘多高。"

召唤佣人时一向不喜欢摇铃的安东尼·洛克沃尔走到房门口,喊了声"迈克!"他那嗓子一度震破过堪萨斯大草原的天空,如今声势仍不减当年。

"关照少爷一声,"安东尼吩咐进来侍候的佣人说,"叫他出去之前到我这儿来一次。"

小洛克沃尔走进书房时,老头儿摞开报纸,打量着他,那张光滑红润的大脸上透出了又慈爱又严肃的神情。他一只手把自己的白头发揉得乱蓬蓬的,另一只手在口袋里把钥匙弄得咔哒咔哒直响。

"理查德,"安东尼·洛克沃尔说,"你用的肥皂是花多少钱买的?"

理查德离开学校后,在家里只待了六个月,听了这话稍微有些吃惊。他还没有摸透他老子的脾气,那老头儿活像一个初次交际的姑娘,总是提出一些叫人意想不到的问题。

"大概是六块钱一打的,爸。"

"那么你的衣服呢?"

"一般在六十块钱上下。"

　　"你是个上流人物。"安东尼斩钉截铁地说，"我听说，现今这些年轻的公子哥儿都用二十四块钱一打的肥皂，做一套衣服往往超过一百元大关。你有的是钱，尽可以像他们那样胡花乱用，但是你仍旧规规矩矩，很有分寸。我自己也用老牌尤列加肥皂——不仅是出于感情关系，还因为它是市面上最纯粹的肥皂。你买一块肥皂，实际上只得到一毛钱的货色，其余的无非是蹩脚香料和商标装潢罢了。像你这种年纪、地位和身份的年轻人，用五毛钱一块的肥皂已经够好了。我刚才说过，你是个上流人物。有人说，三代才能造就一个上流人物。他们的话不对头。有了钱就好办，并且办得跟肥皂油脂一般滑溜。它在你身上已经见效啦。天哪！它几乎使我也成了上流人物。我差不多同我左邻右舍的那两个荷兰老爷一样言语无味、面目可憎。他们晚上睡不着觉，只因为我在他们的住宅中间置下了房产。"

　　"某些事情哪怕有了钱也办不到。"小洛克沃尔有点忧郁地说。

　　"慢着，别那么说。"老安东尼错愕地说道，"我始终认为钱能通神。我已经把百科全书翻到了 Y 字，还没有发现金钱所办不到的东西；下星期我打算翻翻补遗。我是彻头彻尾拥护金钱的。你倒说说，世界上有什么是金钱买不到的。"

　　"举个例子吧，"理查德有点不服气地答道，"花了钱也挤不进最高等的上流社会呀。"

　　"啊哈！是吗？"这个拥护万恶之根的人暴喊道②。"你说给我听听，假如阿斯特的老祖宗没有钱买统舱船票到美国来③，你所谓的上流社会又打哪儿来呢？"

　　理查德叹了一口气。

　　"我要谈的正是那件事。"老头儿说，声音低了一点。"我把你找来就为了那个缘故。你最近有点不对劲，孩子。我注意了有两个星期啦。讲出来吧。我想我在二十四小时以内可以调度一千一百万元现款，房地产还不算在内。如果你的肝气毛病又犯了，'逍遥号'就停泊在海湾里，上足了煤，两天之内就可以开到巴哈马群岛④。"

　　"猜得不坏，爸；相差不远啦。"

　　"啊，"安东尼热切地说，"她叫什么名字呀？"

　　理查德开始在书房里踱来踱去。这位粗鲁的老爸爸这般关心同情，不由他不说真心话。

　　"你干吗不向她求婚呢？"老安东尼追问道，"她一定会忙不迭地扑进你怀里。你有钱，相貌漂亮，又是个正派的小伙子。你一身清清白白，没有沾上尤列加肥皂。你固然进过大学,但是那一点她不至于挑眼的。"

"我始终没有机会。"理查德说。

"造机会呀。"安东尼说,"带她去公园散步,或者带她去野餐,再不然做了礼拜后陪她回家。机会!啐!"

"你不了解社交界的情况,爸。她是推动社交界的头面人物之一。她的每一小时、每一分钟,早在几天之前就安排好了。我非得到那个姑娘不可,爸,否则这个城市简直成了一片腐臭的沼泽,使我抱恨终身。我又不能写信表白——我不能那么做。"

"咄!"老头儿说,"难道你想对我说,拿我的全部财产做后盾,你还不能让一个姑娘陪你一两个小时吗?"

"我发动得太迟了。后天中午,她就要乘船去欧洲,在那儿待两年。明天傍晚,我可以单独同她待上几分钟。眼前她在拉奇蒙特她姨妈家。我不能到那儿去,但是她答应我明天傍晚乘马车到中央火车站去接她,她搭八点三十分那班火车来。我们一起乘马车赶到百老汇路的沃拉克剧院,她母亲和别的亲友在剧院休息室等着我们,一起看戏。你认为在那种情况下,只有六分钟或者八分钟的时间,她会听我表白心意吗?不会的。在剧院里或者散戏之后,我还能有什么机会呢?绝对没有。不,爸爸,这就是你的金钱所不能解决的难题。金钱连一分钟的时间都买不到;如果能买到,有钱人的寿命就可以长些啦。在兰特里小姐启程之前,要同她好好谈一谈是没有希望的了。"

"好吧,理查德,我的孩子,"老安东尼快活地说,"你现在可以到你的俱乐部去啦。我很高兴,你并没有犯肝气病。可是你别忘了时常去庙里烧烧香,敬敬伟大的财神。你说金钱买不到时间吗?唔,你当然不能出一个价钱,叫人把'永恒'包扎得好好的,送货上门;但是我看到时间老人走过金矿的时候,脚踝给磕得满是伤痕。"

那晚,正当安东尼在看晚报时,那位温柔善感,满脸皱纹,给财富压得郁郁不乐,老是长吁短叹的埃伦姑妈来看她的弟弟了。他们开始拿情人的烦恼当做话题。

"他已经完全告诉我啦。"安东尼说着打了一个呵欠,"我对他说,我的银行存款全部听他支配。他却开始诋毁金钱。说是有了钱也不中用。又说十个百万富翁凑在一起也不能把社会规律拖动一步。"

"哦,安东尼,"埃伦姑妈叹息说,"我希望你别把金钱看得太了不起。牵涉到真实感情的时候,财富就不管用了。爱情才是万能的。他如果早一点开口就好啦!那个姑娘不可能拒绝我们的理查德。但是我怕现在已经太迟了。他没有向她求爱的机会。你的全部金钱并不能替你的儿子带来幸福。"

第二天晚上八点钟,埃伦姑妈从一个蛀痕斑驳的盒子里取出一枚古雅的金戒指,把它交给理查德。

"孩子,今晚戴上它吧。"姑妈央求道,"这枚戒指是你母亲托付给我的。她说它能替情人带来幸福。她嘱咐我等你找到了意中人时,就把它交给你。"

小洛克沃尔郑重其事地接过戒指,套在小手指上试试。戒指滑到第二个指节就停住了。他把它勒下来,照男人的习惯,往坎肩口袋里一塞。接着,他打电话叫马车。

八点三十二分,他在火车站嘈杂的人群中接到了兰特里小姐。

"我们别让妈妈和别人久等。"她说。

"去沃拉克剧院,越快越好!"理查德唯命是从地吩咐马车夫说。

他们飞快地向百老汇路驶去,先取道第四十二号街,然后沿着一条街灯像璀璨星光的小道,从宁谧的西区奔向高楼耸立的东区。

到了第四十三号街的时候,小理查德迅速推开车窗,吩咐马车夫停住。

"我掉了一枚戒指。"他一面道歉似地解释说,一面跨出车门。"那是我母亲的遗物,我不愿意把它弄丢。我耽误不了一分钟——我看到了它掉在什么地方。"

不出一分钟,他找到了戒指,重新坐上马车。

可是就在那一分钟里,一辆市区汽车在马路的正前方停住了。马车夫想往左拐,然而一辆笨重的快运货车挡住了他的去路。他向右面试试,又不得不退回来,避让一辆莫名其妙地出现在那儿的装载家具的马车。他企图倒退,但也不成,便只好扔下缰绳,聊尽本分地咒骂起来。他给封锁在一批纠缠不清的车辆和马匹中间了。

交通阻塞了。在大城市里,有时会相当突然地发生这种情况,断绝交通往来。

"为什么不赶路呀?"兰特里小姐不耐烦地问道。"我们要迟啦。"

理查德在车子里站起身,朝四周扫了一眼。他看到百老汇路、六马路和第三十号街广阔的交叉路口给各式各样的货车、卡车、马车、搬运车和街车挤得水泄不通,正像一个腰围二十六英寸的姑娘硬要束二十二英寸的腰带那样。所有交叉的街道上,还有车辆在飞快地、咔哒咔哒地朝着这个混乱的中心赶来,投入这一批难解难分、轮毂交错的车辆和马匹中⑤,在原有的喧嚣声中又加上了它们的车夫的诅咒声。曼哈顿所有的车辆似乎都充塞在它们周围。挤在人行道上看热闹的纽约人成千上万,他们中间连资格最老的都记不清哪一次交通阻塞的规模可以同这一次的相比。

"真对不起,"理查德坐下来说,"看情形我们给卡住了。在一个小时之内,这场混乱不可能松动。这要怪我不好。假如我没有掉落那枚戒指,我们——"

"给我瞧瞧那枚戒指吧。"兰特里小姐说。"现在既然已无法挽救,我也无所谓了。说起来,我一向认为看戏是顶无聊的事。"

当天夜里十一点钟,有人轻轻叩安东尼·洛克沃尔的房门。

"进来。"安东尼喊道,他穿着一件红色的袍子,正在看一本海盗冒险小说。

进来的是埃伦姑妈,她的模样活像是一个头发灰白,错留在人间的天使。

"他们订婚啦,安东尼。"她温柔地说。"她答应跟我们的理查德结婚。他们在去剧院的路上碰到了一次交通阻塞,他们的马车过了两个小时才脱身出来。"

"哦,安东尼弟弟,你别再替金钱的力量吹嘘啦。一件表示真实爱情的小小信物——一枚象征海枯石烂永不变,金钱买不到的爱情的小戒指——是我们的理查德获得幸福的根由。他半路上掉落了那个戒指,下车去捡。他们重新上路之前,街道给堵住了。马车给卡在中间的时候,他向心上人表明了态度,赢得了她。同真实的爱情比较起来,金钱简直成了粪土,安东尼。"

"好吧,"老安东尼说,"我很高兴,那孩子总算实现了他的愿望。我早对他说过,在这件事上,我不惜付出任何代价,只要——"

"可是,安东尼弟弟,在这件事上,你的金钱起了什么作用?"

"姊姊,"安东尼·洛克沃尔说,"我的海盗正处于万分危急的关头。他的船刚给凿穿,他有钱,重视金钱的价值,绝不会让自己给淹死的。我希望你别来打扰,让我看完这一章吧。"

故事原该在这儿收场了。我跟各位一样,也热切地希望如此。但是为了弄清事实真相,我们非刨根问底不可。

第二天,一个双手通红,系着蓝点子领带,自称是凯利的人来找安东尼·洛克沃尔,立刻给让进了书房。

"唔,"安东尼一面伸手去拿支票簿,一面说道,"这一锅肥皂熬得不坏。我们瞧瞧——你已经支了五千元现钞。"

"我自己还垫了三百块。"凯利说,"预算不得不超过一些。快运货车和马车大多付了五块;可是卡车和两匹马拉的车子多半要我付十块。汽车夫要十块,几辆满载的车子要二十块。警察敲得我最凶——其中有两个,我每人给了五十,其余有的二十,有的二十五。不过表演得真精彩,可不是吗,洛克沃尔先生?幸好威廉·阿·布雷迪没有看到那场小小的车辆外景⑥。我不希望威廉炉忌得伤心。并且我们根本没有经过排练！伙计们都准时赶到，一秒钟也不差。足足两小时，堵得水泄不通，格里利的塑像底下连一条蛇都钻不过去⑦。"

"一千三百元——喏，凯利。"安东尼撕下一张支票，递给凯利说，"一千元是酬劳你的，三百元是还你垫付的钱。你不至于瞧不起金钱吧，凯利？"

"我吗？"凯利说。"我真想揍那个发明贫穷的人呐。"

凯利走到门口时，安东尼又叫住了他。

"你有没有注意到，"他说，"在那交通断绝的地点，有一个一丝不挂，拿着弓箭乱射的胖娃儿⑧？"

"啊，没有呀。"凯利给弄得莫名其妙，"我没有见到。即使他像你所说的也到过那儿，警察在我至场之前早该把他抓走啦。"

"我原想那个小流氓是不会在场的。"安东尼咯咯笑道。"再见，凯利。"

（选自《麦琪的礼物》，欧·亨利著，王仲年译，北京燕山出版社 2000 年版）

注释

①纳斯尔罗德(1780—1862)：德籍俄罗斯政治家，安东尼借用来讽刺外籍移民萨福克—琼斯。

②万恶之根：典出《新约·提摩太前书》六章十节："贪财是万恶之根。"

③阿斯特：美国富商及金融家约翰·阿斯特(1763—1848)，出生于德国海德堡附近的沃尔道夫村，于 1783 年移居美国。纽约的豪华旅馆"沃尔道夫·阿斯托里亚"就是他创办的。

④巴哈马群岛：加勒比海上的岛屿，是旅游胜地，1783 年沦为英国殖民地，1973 年 7 月 10 日正式独立。

⑤轮毂(gǔ)：轮圈。

⑥威廉·阿·布雷迪(1863—1950)：美国著名的剧院经理，纽约康奈岛游乐场的倡办人。

⑦格里利(1811—1872)：美国新闻记者、作家、政治家，纽约《论坛报》的创办人。他是纽约州选出的众议员，1872 年竞选总统失败。纽约市有一个以他命名的广场。

⑧有一个一丝不挂句：指罗马神话中的爱神丘比特，他的形象通常被描绘成裸体，有双翅，手持弓箭，蒙住眼睛的小男孩儿。

欧·亨利(1862—1910)，原名威廉·西德尼·波特，美国著名的短篇小说家，曾被评论界誉为"曼哈顿桂冠诗人"和美国现代短篇小说之父。他出生于美国北卡罗来纳州格林斯波罗镇一个医师家庭，当过药房学徒、牧牛人、会计员、土地局办事员、新闻记者、银行出纳员。当银行出纳员时,因银行短缺了一笔现金,为避免审讯,离家流亡中美的洪都拉斯。后因回家探视病危的妻子被捕入狱。他创作第一部作品的起因是为了给女儿买圣诞礼物,但基于犯人的身份不敢使用真名,乃用笔名发表了《口哨迪克的礼物》。1901年提前获释后,迁居纽约,专门从事写作。欧·亨利善于描写美国社会尤其是纽约百姓的生活。他的作品构思新颖,语言诙谐,结局总使人"感到在情理之中,又在意料之外";又因描写了众多的人物,富于生活情趣,被誉为"美国生活的幽默百科全书"。代表作有小说集《白菜与国王》、《四百万》、《命运之路》等。其中一些名篇如《爱的牺牲》、《警察与赞美诗》、《麦琪的礼物》、《带家具出租的房间》、《最后一片常春藤叶》等使他获得了世界声誉。

导读

　　这篇小说通过肥皂大王老安东尼·洛克沃尔花钱制造交通堵塞,为儿子向意中人表白爱情赢得时间的故事,对金钱至上的社会进行了深刻的揭露,辛辣嘲讽了金钱万能的异化观念。

　　小说的构思非常巧妙。纽约肥皂大王老安东尼·洛克沃尔的儿子理查德爱上了一位美丽的姑娘——社交界的头面人物,却一直没有机会向她表白。当心仪的姑娘要离开美国前往欧洲居住的当天,理查德才获得了一个陪她去剧院的机会。理查德告诉父亲,仅在去剧院途中六分多钟的时间里有向姑娘表白的机会,这么短的时间根本不会有什么结果。在理查德从火车站接姑娘向剧院驶去的途中,他们的马车在一个路口遇到了严重的交通堵塞,各种车辆和闲杂人员交织在一起,水泄不通,而且一堵就是两个小时。当晚,埃伦姑妈兴高采烈地告诉肥皂大王弟弟:就在堵车的时候,他向她表白了爱情,最后赢得了她。比起真正的爱情来,金钱成了粪土,故事在这里可以结束了。然而,接下来就是"欧·亨利式的结尾",第二天,老安东尼·洛克沃尔的一个手下来到他的书房,向他汇报说,制造这次交通堵塞一共花去了5300美元,原来,那场关乎理查德终生幸福的交通堵塞,是老安东尼花钱雇人制造出来的。小说线索明暗交替,详略有度,老安东尼和儿子谈论心中苦恼,儿子理查德送姑娘去剧院遇到交通堵塞,埃伦姑妈带来理查德求婚成功的好消息,这些情节明写。而至于小伙子是怎么向姑娘表白,姑娘怎么答应小伙子的,老安东尼又是如何雇人去制造交通堵塞的,小说并没有正面描写,这些情节都是事后通过对话表现出来的。结构非常紧凑,出人意料的结尾,成为小说的点睛之笔。

　　小说出场的人物不多,但可以分为两派,一是"财神"派,主人公肥皂大王老安东尼是代表,他是"金钱万能"思想的化身,作者以较多的笔墨描写了他的心理活动,还有一个是着笔不多的手下凯利;一是"爱神"派,埃伦姑妈,儿子理查德和姑娘,代表爱神的埃伦姑妈相信人间有真爱,儿子理查德和姑娘的爱作者虽然没有正面描写,但毋庸置疑这种爱是真诚的。小说结局,表面上看是代表"金钱万能"的财神胜利了,老安东尼花钱制造了交通堵塞,为儿子赢得了时间;仔细分析,老安东尼的举动是在儿子理查德和姑娘不知情的情况下进行的,只不过在他们不知情的情况下给"爱神"帮了个忙,胜利的还是真挚的爱情。小说结尾既令人忍俊不禁,又意味深长,老安东尼在嘲讽"爱神",其实,此时他是不是应该这样想,两个年轻人如果没有爱,结果会怎么样呢? 小说通过大量的对话推进故事情节,表现人物性格,语言干净简洁,诙谐幽默,充满了喜剧讽刺效果。

感 悟 思 考

　　1. 对于《财神与爱神》这篇小说的主题有不同的看法,有人认为宣扬了"金钱万能"的思想,有人认为嘲讽了"金钱至上"的社会,你怎么看?

　　2. 分析老安东尼的人物形象。

　　3. 体会小说通过对话推进故事情节、刻画人物性格的特点。

链接

《麦琪的礼物》,欧·亨利著,王仲年译,北京燕山出版社 2000 年版。

"一个人并不是生来就要被打败的","人尽可以被毁灭,但却不能被打败"。这就是《老人与海》想揭示的哲理。人生道路漫长、艰难,充满坎坷,但只要勇敢顽强地以一颗自信的心去迎接挑战,他将永远是一个真正的强者。

第八节

老人与海（节选）

◎ ［美］海明威

直到快日落的时候,鲨鱼才再来袭击它。

老人看见两片褐色的鳍正顺着那鱼必然在水里留下的很宽的臭迹游来。它们竟然不用到处来回搜索这臭迹。它们笔直地并肩朝小船游来。

他别住了舵把,系紧帆脚索,伸手到船艄下去拿棍子。它原是个桨把,是从一支断桨上锯下的,大约两英尺半长。因为它上面有个把手,他只能用一只手有效地使用,于是他就用右手好好儿攥住了它,弯着手按在上面,一面望着鲨鱼在过来。两条都是加拉诺鲨。

我必须让第一条鲨鱼好好咬住了才打它的鼻尖,或者直朝它头顶正中打去,他想。

两条鲨鱼一起紧逼过来,他一看到离他较近的那条张开嘴直咬进那鱼的银色胁腹,就高高举起棍子,重重地打下去,砰的一声打在鲨鱼宽阔的头顶上。棍子落下去,他觉得好像打在坚韧的橡胶上。但他也感觉到坚硬的骨头,他就趁鲨鱼从那鱼身上朝下溜的当儿,再重重地朝它鼻尖上打了一下。

另一条鲨鱼刚才窜来后就走了,这时又张大了嘴扑上来。它直撞在鱼身上,闭上两颚,老人看见一块块白色的鱼肉从它嘴角漏出来。他抡起棍子朝它打去,只打中了头部,鲨鱼朝他看看,把咬在嘴里的肉一口撕下了。老人趁它溜开去把肉咽下时,又抡起棍子朝它打下去,只打中了那厚实而坚韧的橡胶般的地方。

"来吧,加拉诺鲨,"老人说。"再过来吧。"

鲨鱼冲上前来,老人趁它合上两颚时给了它一下。他结结实实地打中了它,是把棍子举得尽量高才打下去的。这一回他感到打中了脑子后部的骨头,于是朝同一部位又是一下，鲨鱼呆滞地撕下嘴里咬着的鱼肉，从鱼身边溜下去了。

老人守望着，等它再来，可是两条鲨鱼都没有露面。接着他看见其中的一条在海面上绕着圈儿游着。他没有看见另外一条的鳍。

我没法指望打死它们了，他想。我年轻力壮时能行。不过我已经把它们俩都打得受了重伤，它们中哪一条都不会觉得好过。要是我能用双手抡起一根棒球棒，我准能把第一条打死。即使现在也能行，他想。

他不愿朝那条鱼看。他知道它的半个身子已经被咬烂了。他刚才跟鲨鱼搏斗的时候，太阳已经落下去了。

它们也许还会再来袭击我。不过，一个人在黑夜里，没有武器，怎样能对付它们呢？

他这时身子僵硬、疼痛，在夜晚的寒气里，他的伤口和身上所有用力过度的地方都在发痛。我希望不必再斗了，他想。我真希望不必再斗了。

但是到了午夜，他又搏斗了，而这一回他明白搏斗也是徒劳。它们是成群袭来的，朝那鱼直扑，他只看见它们的鳍在水面上划出的一道道线，还有它们的磷光。他朝它们的头打去，听到上下颚啪地咬住的声音，还有它们在船底下咬住了鱼使船摇晃的声音。他看不清目标，只能感觉到，听到，就不顾死活地挥棍打去，他感到什么东西攫住了棍子，它就此丢了。

他把舵把从舵上猛地扭下，用它又打又砍，双手攥住了一次次朝下戳去。可是它们此刻都在前面船头边，一条接一条地蹿上来，成群地一起来，咬下一块块鱼肉，当它们转身再来时，这些鱼肉在水面下发亮。

最后，有条鲨鱼朝鱼头游来，他知道这下子可完了。他把舵把朝鲨鱼的脑袋抡去，打在它咬住厚实的鱼头的两颚上，那儿的肉咬不下来。他抡了一次，两次，又一次。他听见舵把啪的断了，就把断下的把手向鲨鱼扎去。他感到它扎了进去，知道它很尖利，就再把它扎进去。鲨鱼松了嘴，一翻身就走了。这是前来的这群鲨鱼中最末的一条。它们再也没有什么可吃的了。

老人这时简直喘不过气来，觉得嘴里有股怪味儿。这味儿带着铜腥气，甜滋滋的，他一时害怕起来。但是这味儿并不太浓。

他朝海里啐了一口说："把它吃了，加拉诺鲨。做个梦吧，梦见你杀了一个人。"

他明白他如今终于给打败了，没法补救了，就回到船艄，发现舵把那锯齿形的断头还可以安在舵的狭槽里，让他用来掌舵。他把麻袋在肩头围好，使小船顺着航线驶去。航行得很轻松，他什么念头都没有，什么感觉也没有。他此

317

刻超脱了这一切,只顾尽可能出色而明智地把小船驶回他家乡的港口。夜里有些鲨鱼来咬这死鱼的残骸,就像人从饭桌上捡面包屑吃一样。老人不去理睬它们,除了掌舵以外他什么都不理睬。他只留意到船舷边没有什么沉重的东西,小船这时驶来多么轻松,多么出色。

船还是好好的,他想。它是完好的。没受一点儿损伤,除了那个舵把。那是容易更换的。

他感觉到已经在湾流中行驶,看得见沿岸那些海滨住宅区的灯光了,他知道此刻到了什么地方,回家是不在话下了。

不管怎么样,风总是我们的朋友,他想。然后他加上一句:有时候是。还有大海,海里有我们的朋友,也有我们的敌人。还有床,他想。床是我的朋友,光是床,他想。床将是样了不起的东西,给打垮了,倒感到舒坦了,他想。我从来不知道竟会这么舒坦,那么是什么把你打垮的,他想。

"什么也没有,"他说出声来。"只怪我出海太远了。"

等他驶进小港,露台饭店的灯光全熄灭了,他知道人们都上床了。海风一步步加强,此刻刮得很猛了。然而港湾里静悄悄的,他直驶到岩石下一小片卵石滩前。没人来帮他的忙,他只好尽自己的力量把船划得紧靠岸边。然后他跨出船来,把它系在一块岩石上。

他拔下桅杆,把帆卷起,系住。然后他扛起桅杆往岸上爬。这时候他才明白自己疲乏到什么程度。他停了一会儿,回头一望,在街灯的反光中,看见那鱼的大尾巴直竖在小船船艄后边。看清它赤裸的脊骨像一条白线,看清那带着突出的长嘴的黑糊糊的脑袋,而在这头尾之间却什么也没有。

他再往上爬,到了顶上,摔倒在地,躺了一会儿,桅杆还是横在肩上。他想法爬起身来。可是太困难了,他就扛着桅杆坐在那儿,望着大路。一只猫从路对面走过,去干它自己的事,老人注视着它,然后他只顾望着大路。

临了,他放下桅杆,站起身来。他举起桅杆,扛在肩上,顺着大路走去。他不得不坐下歇了五次,才走到他的窝棚。

(选自《老人与海》,海明威著,吴劳译,上海译文出版社1999年版)

欧内斯特·米勒尔·海明威(1899—1961),美国小说家。1899年出生在美国伊利诺伊州芝加哥郊外橡树园镇一个医生的家庭。他的父亲酷爱打猎、钓鱼等户外活动,他的母亲喜爱文学,这一切都对海明威日后的生活和创作产生了影响。海明威曾在《星报》做过实习记者,受到过良好的职业训练。第一次世界大战爆发后,海明威加入美国红十字会战场服务队,投身意大利战场。

1927 年,海明威的长篇小说《太阳照样升起》和《永别了,武器》发表,这两部小说是"迷惘的一代"文学的代表作。第二次世界大战爆发,他以战地记者的身份奔波于西班牙内战前线。1940 年,海明威发表了以西班牙内战为背景的反法西斯主义的长篇小说《丧钟为谁而鸣》。1952 年,海明威发表了中篇小说《老人与海》,由于小说中体现了人在"充满暴力与死亡的现实世界中"表现出来的勇气而获得 1954 年的诺贝尔文学奖。颁奖词这样写道:"因为他精通于叙事艺术,突出地表现在他的近著《老人与海》中,同时也由于他在当代风格中所发挥的影响。"海明威简约有力的文体和多种现代派手法的出色运用,在美国文学界曾引起一场革命,影响了欧美很多作家。

导读

　　《老人与海》发表于 1952 年,小说成功地塑造了一个经典的硬汉形象,作者海明威也因此获得了 1954 年诺贝尔文学奖。

　　书中讲的是古巴一个名叫桑地亚哥的老渔夫,独自一个人出海打鱼,在一无所获的 84 天之后终于钓到了一条巨大的马林鱼。这是老人从来没见过也没听说过的鱼,比他的船还长两英尺。大鱼很难捕获,拖着小船漂流了整整两天两夜,老人在这两天两夜中经历了从未经受的生死艰难考验,终于把大鱼刺死,拴在船头。然而这时却遇上了鲨鱼,老人与鲨鱼进行了殊死搏斗,结果大马林鱼还是被鲨鱼吃光了,老人最后拖回家的是一副只剩头和尾的光秃秃的鱼骨架。这是一场人与自然搏斗的惊心动魄的颂歌,老人每取得一点胜利都付出了惨重的代价,最后遭到无可挽救的失败。但是,从另外一种意义上来说,他又是一个胜利者。因为,他不屈服于命运,无论在多么艰苦卓绝的环境里,他都凭着自己的勇气、毅力和智慧进行了奋勇的抗争。最后捕到一条完整的马林鱼还是一副空骨架,这都已经不重要了,因为生命价值已在追捕马林鱼的过程中充分地体现了。老人捍卫了"人的灵魂的尊严",显示了"一个人的能耐可以到达什么程度"。小说中的大海和鲨鱼象征着与人作对的社会与自然力量,而老人在与之进行的殊死搏斗中,表现了无与伦比的力量和勇气,不失人的尊严,虽败犹荣,精神上并没有被打败。人类本身有自己的限度,但正是因为有了老渔夫这样的人一次又一次地向限度挑战,超越它们,这个限度才一次次扩大,一次次把更大的挑战摆在了人类面前。在这个意义上,老渔夫桑地亚哥这样的英雄,不管他挑战限度是成功还是失败,都是值得我们永远敬重的,因为他带给我们的是人类最为高贵的自信。

海明威的作品结构紧凑集中,语言清澈流畅,文风朴实无华,电报式的对话,简洁的心理独白,凝练的动作和景物描写,形成了他特有的"冰山风格"。本文节选自这篇小说的结尾部分,写老渔夫和鲨鱼的最后搏斗。仔细品味,看似简洁自然的语言,其实包含了作者的精心揣摩和润色加工,"老人看见两片褐色的鳍正顺着那鱼必然在水里留下的很宽的臭迹游来。它们竟然不用到处来回搜索这臭迹。它们笔直地并肩朝小船游来"。小说描述细节真实具体,大量的事实被运用于人物的心理活动之中,而不是由作者来叙述,"我没法指望打死它们了,他想。我年轻力壮时能行。不过我已经把它们俩都打得受了重伤,它们中哪一条都不会觉得好过。要是我能用双手抡起一根棒球棒,我准能把第一条打死。即使现在也能行,他想"。叙述描写精准客观,语言凝练,"他把舵把朝鲨鱼的脑袋抡去,打在它咬住厚实的鱼头的两颚上,那儿的肉咬不下来。他抡了一次,两次,又一次。他听见舵把啪的断了,就把断下的把手向鲨鱼扎去。他感到它扎了进去,知道它很尖利,就再把它扎进去。鲨鱼松了嘴,一翻身就走了",这一切都体现了海明威独特的"新闻报道式"的语言风格。

感 悟 讨 论

1. 分析老人桑地亚哥的"硬汉"性格。

2. 这部小说讴歌了什么样的精神品质?

3. 海明威在谈创作时说过"冰山在大洋里移动很庄严宏伟,这是因为它只有八分之一露在水面上"。你怎么理解这句话?

链接

《老人与海》,海明威著,吴劳译,上海译文出版社 1999 年版。

马克·吐温的作品用大家喜闻乐见的幽默形式表现出来,亦庄亦谐的艺术风格拉近了他与广大读者之间的距离,深刻的社会洞察力和丰富的艺术表现力又使他的作品进入严肃文学的领域。

第九节

给青年的忠告

◎ [美]马克·吐温

听说期望我来谈谈,我便询问应该发表什么样的谈话。他们说应当宜于青年的话题——

教诲性的、启发性的话题,或者实质上是良言忠告之类的话题。好吧。关于开导青年人,我心里倒是有几件事时常想说的;因为正是在人幼小时,这些事最适合扎根,而且最持久、最有价值。那么,首先呢,我要对你们、我的年轻朋友们说的是——我恳切地、迫切地要说的是——

永远服从你们的父母,只要他们在堂的时候。长远看来这是上策,因为你们要是不服从的话,他们也非要你们服从。大多数家长认为比你们懂得多,一般说来你们迁就那种迷信的话,比起你们根据自以为是的判断行事,你们会建树大些。

对待上司要尊重,要是你们有了上司;对待陌生人,有时还有别人,也要尊重。如果有人得罪了你们,你们要犹豫一番,看看是存心的还是无意的,不要采取极端的做法;只要看好机会用砖块打他一下,那就足够了。如果你们发现他并非故意冒犯,那就坦然走出来,承认自己打他不对;像个男子汉认个错,说声不是故意的。况且,永远要避免动武;处于这个仁慈和睦的时代,此类举动的年代已经过去了。"炸药"留给卑下而无教养的人吧。

早睡早起——这是聪明的。有的权威讲,跟着太阳起床;还有的讲,跟着这样东西起床,又有的讲,跟着那样东西起床。其实跟着云雀起床才是再好不过的。这样你就落个好名声,人人都知道你跟着云雀起床;如果弄到一只那种适当的云雀,在它身上花些功夫,你就很容易把它调教到九点半起来,每次都是——这可绝不是欺人之谈。

　　接着来谈说谎的问题。你们可要非常谨慎地对待说谎；否则十有八九会被揭穿。一旦揭穿，在善良和纯洁的眼光看来，你就再也不可能是过去的你了。多少年轻人，因为一次拙劣难圆的谎言，那是由于不完整的教育而导致的轻率的结果，使得自己永远蒙受损害。有些权威认为，年轻人根本不该说谎。当然，这种说法言之过甚，其实未必如此；不过，虽然我可不能把话讲得太过分，我却认定而且相信自己看法正确，那就是，在实践和经验使人获得信心、文雅、严谨之前，年轻人运用这门了不起的艺术时要有分寸，只有这三点才能使得说谎的本领无伤大雅，带来好处。耐性、勤奋、细致入微——这些是必要素质；这些素质日久天长便会使学生变得完善起来；凭借这些，只有凭借这些，他才可能为将来的出类拔萃打下稳固的基础。试想一下，要付出多么漫长的岁月，通过学习、思考、实践、经验，那位盖世无双的前辈大师才具有如此的素养，他迫使全世界接受了"真理是强大的而且终将取胜"这句崇高而掷地有声的格言——这是关于事实的复杂层面道出的最豪迈的话，迄今任何出自娘胎的人都未获得。因为我们人类的历史，还有每个个人的经验，都深深地埋下了这样的证据：一个真理不难扼杀，一个说得巧妙的谎言则历久不衰。波士顿有座发现麻醉法的人的纪念碑；许多人到后来才明白，那个人根本没有发现麻醉法，而是剽窃了另一个人的发现。这个真理强大吗？它终将取胜吗？唉，错哉，听众们，纪念碑是用坚硬材料建造的，而它所晓示的谎言却将比它持久百万年。一个笨拙脆弱而有破绽的谎言是你们应该不断学会避免的东西；诸如此类的谎言比起一个普通事实来，决不具有更加真实的永恒性。嗨，你们倒不如既讲真话又和真理打交道。一个脆弱愚蠢而又荒谬的谎言持续不了两年——除非是对什么人物的诽谤。当然，那种谎言是牢不可破的，不过那可不是你们的光彩。最后说一句：早些开始实践这门优雅美妙的艺术——从现在做起。要是我早些做起，我就能学会门道了。

　　切莫随便摆弄枪支。年轻人无知而又冒失地摆弄枪支，造成了多少悲伤痛苦。就在四天前，就在我度夏的农庄住家的隔壁人家，一位祖母，年老花发一团和气，当地最可爱的一个人物，坐着在干活，这时她的小孙儿悄悄进屋，取下一把破烂生锈的旧枪，多年无人碰过，以为没装子弹，把枪对准了她，哈哈笑了吓唬着要开枪。她惊骇得边跑边叫边求饶，朝屋子对面的门口过去；可是经过身边的时候，小孙儿几乎把枪贴在她的胸口上，扣动了扳机！他以为枪里没有子弹。他猜对了——没装子弹。所以没有造成什么伤害。这是我听到的同类情况中绝无仅有的。因此呢，同样的，你们可不要乱动没装子弹的旧枪支；它们是人所创造的最致命的每发必中的家伙。你们不必在这些东西上花什么功夫；你们不必搞个枪架，你们不必在枪上装什么准星，你们连瞄准都没有必要。算了，你们就挑个相似的东西，砰砰打个几枪，你肯定能打中。三刻钟内用加特林机枪在三十码处不能击中一个教堂的年轻人，却可以站在百码开外，举起一把空膛的旧火枪，趔趔把祖母当靶子击倒。再试想一下，倘若有一支旧火枪武装起来的童子军，大概没有装上子弹，而另一支部队是由他们的女亲戚组成的，那么滑铁卢战役会是什么结局。只要一想到此，就会令人不寒而栗。

图书有许多种类；但好书才是年轻人该读的一类。记住这一点。好书是一种伟大、无价、无言的完善自我的工具。因此，要小心选择，年轻的朋友们：罗伯逊的《布道书》①，巴克斯特的《圣者的安息》②，《去国外的傻瓜》③，以及这一类的作品，你们应该只读这些书。

我可是说得不少了。我希望大家会铭记我给你们的言教，让它成为你们脚下的指南和悟性的明灯。用心刻苦地根据这些规矩培养自己的品格，天长日久，培养好了品格，你们将会惊喜地看到，这种品格多么准确而鲜明地类似其他每个人的品格。

（选自《美国文化读本》，杨自伍译，华东师范大学出版社 1996 年版）

注 释

①弗雷德里克·威廉·罗伯逊（1816—1853）：英国传教士，被称为"传道人中的传道人"。

②理查德·巴克斯特（1615—1691）：英国基德敏斯特长老会牧师，被誉为"清教徒之父"。

③《去国外的傻瓜》：马克·吐温写的旅欧报道，以诙谐、滑稽的笔触描写一群天真无知、自以为是的美国人欧洲旅行的故事。又译作《傻子出国记》。

马克·吐温（1835—1910），原名萨缪尔·兰亨·克莱门斯，美国的幽默大师、小说家、作家、著名演说家，19 世纪后期美国现实主义文学的杰出代表。出生于密苏里州佛罗里达，父亲是个地方法官，12 岁时，父亲去世，马克·吐温外出谋生做过排字工、领航员、记者，体验过各种各样的生活，接触过各种各样的人物，对密西西比河流域的民间传说非常熟悉，这是他以后创作的基础。1867 年第一部短篇小说集《加利维拉县的跳蛙及其他》问世，从此以马克·吐温为笔名步入文坛。他的作品熔幽默与讽刺于一体，既富于独特的个人机智与妙语,又不乏深刻的社会洞察与剖析。代表作《汤姆·索亚历险记》、《百万英镑》、《竞选州长》。

导读

　　这篇演讲名为忠告,实则反话正说,体现了马克·吐温招牌式的幽默风格。演讲既讽刺了社会的丑陋现象,也警戒青年,要洞察世事真相,保持自己的主见,走自己的路,无须听那些所谓青年道士的忠告,因为那些忠告往往置社会丑恶现象于不顾,虚伪至极。

　　作者开篇说他这篇演讲已经被邀请者规定好了题目:对青年进行教诲,要有启发意义,最好是良言忠告之类。于是,他"恳切地、迫切地"说出了他的"忠告",一共六条。名为"忠告",实乃说反话,淋漓尽致地体现了作者幽默、讥刺风格,即将那些批评性的、讽刺性的反向话语、意思,用一种一本正经、堂而皇之的方式说出来。"永远服从父母",实际是批评那些武断、自以为是的父母;劝诫青年尊重上司、陌生人,足见其并非本意提倡温良恭俭让,是在讥讽这个"仁慈和睦的时代";"早睡早起"则嘲弄了那些自欺欺人的可笑做法;六条忠告中,说得最多是说谎的问题,在这里幽默淡化了,这倒是给青年的忠告,是社会对年轻人的不宽容使得情有可原的小错成为弥天大错,说谎是成人世界的一门艺术,讽刺何其尖锐;讲到"切莫随便摆弄枪支",作者变得严肃起来,一改调侃的口吻,痛心地指出枪支泛滥的社会问题;讲到读书,作者又恢复了开头的幽默风格。最后,作者仍以反语的方式收结全文,真正的智者绝不会对涉世未深的年轻人,进行空洞的说教,讲那些不可言说的事物,真诚是一种有责任感的态度。如果青年人真的铭记那些所谓的"忠告"并实行之,结果则会是千人一腔,千人一面,作者是决不愿抹杀青年的个性的。

　　反话正说是本文最大的写作特点。幽默谐谑而富于哲理,讽刺嘲弄而不失分寸,亦庄亦谐,体现了作者丰厚的生活阅历和幽默洒脱的个性。

感 悟 讨 论

1. 你怎么看这篇演讲给青年的六点忠告?

2. 仔细体会这篇演讲的写作特点。

3. 你还读过马克·吐温的哪些作品?印象最深的是什么?

链接

《汤姆·索亚历险记》,马克·吐温著,张友松译,人民文学出版社 1978 年版。

编者的话

  "粗缯大布裹生涯，腹有诗书气自华"，这是 900 多年前北宋文学家苏轼《和董传留别》中的诗句。《和董传留别》是苏轼写给朋友董传的一首留别诗，这首诗可能不为大家熟知，而"腹有诗书气自华"这一句却广为传诵，原因就在于它经典地阐述了饱读诗书与修养的关系。董传生活贫困，衣衫朴素，但他满腹经纶，脱俗的气质自内而生，平凡的衣着掩饰不住他乐观向上的精神风骨。丰富知识，开阔视野，提升人的精神境界，养成高雅的气质，这就是诗书对人的内化效果。

  人文素质培养是将人类优秀文化成果通过知识传授、环境熏陶内化为人格、气质、修养，使之成为人的相对稳定的、内在的品格。加强大学生通识教育和人文素质培养，作为新时期人才培养的重要举措受到越来越多的关注。作为一门公共基础课，大学语文不但具有基础性，同时在维系文化认同，传承民族精神，了解人类优秀文化，塑造文化品格方面的作用也无可替代。教育部《大学语文教学大纲》规定，"充分发挥语文学科的人文性和基础性的特点，适应当代人文学科与自然学科日益交叉、渗透的发展趋势，为我国的社会主义现代化建设培养具有全面素质的高质量人才"。伴随着经济全球化的大趋势和中国经济的迅猛发展，具有实践能力、创新能力的高素质复合型人才成为高等院校人才培养的重要目标，而通识教育和人文素质的培养又是实现这个目标的重要一环。

  将大学语文的教学落实到提高语文素养和提升人文素质、塑造文化品格上，是我们多年来为之探索和努力的目标，也是编写这本教材的指导思想。大学语文兼具提高学生母语素养和提升学生人文素质和审美能力的基本思想，体现在教材的编写上，那就是守正出新，突出重点。首先是文本本位，提升汉语综合素养；其次是强调文化元典与文学经典的结合，注重知识性、审美性、趣味性相结合，突破传统的思维局限，开阔学生的阅读视野，提高学生汉语语言文学素养，增强他们对古今中外美文所传达的优秀文化的兴趣和了解，培育其高雅的审美趣味。

  本教材编写体例，在以文体为单元的基础上，有所创新和突破。以文体分类为框架，贯穿文体写作、文体解读理论。文本选择上注重经典美文，赏析中外诗歌、散文游记、经典小说、论理品艺文章,提升作品解读与鉴赏水平。每一个篇目前均给出精要的提示,帮助学生把握学习要点,统领解读核心。导读部分:精要分析文本,文体、文化知识并重。感悟思考部分:引导学生独立思考与理解,特别是对一些有不同见解的文本,不设标准答案,鼓励学生发散思维,表述个人见解。拓展阅读和链接部分:拓展学生视野,丰富学习内容,感悟文化价值,提高人文素质。篇目的选材范围不仅涉及古典和现代,也注重了对世界优秀文学的吸纳,既有传统的经典美文赏析,也有颇具时代感的文章解读,最大限度调动学生的学习热情,从优秀文化中汲取养分,获得优秀文化的浸染。

本书为全日制高等院校非中文类专业的大学语文课编写,由姜恩庆、张朝丽通撰编著。赵旭参加了部分篇目的撰写。

本书在编写过程中,参阅并恭引、借鉴了相关专著和书刊,恕不一一注出,谨向原作者致以诚挚的谢意。特别要感谢厦门大学出版社和各位领导、专家、学者的指导和支持。由于编者水平所限,书中难免不当、疏漏之处,敬请方家不吝指正。

图书在版编目(CIP)数据

大学语文/姜恩庆,张朝丽编著. —厦门:厦门大学出版社,2011.6(2014.7 重印)
ISBN 978-7-5615-3947-7

Ⅰ.①大… Ⅱ.①姜…②张… Ⅲ.①大学语文课-教材 Ⅳ.①H19

中国版本图书馆 CIP 数据核字(2011)第 146968 号

本书部分篇章因故未能与相关著作权人取得联系,
敬请作者与本社联系以便获取稿酬。

厦门大学出版社出版发行

(地址:厦门市软件园二期望海路 39 号　邮编:361008)

http://www.xmupress.com

xmup @ public. xm. fj. cn

厦门集大印刷厂印刷

2011 年 8 月第 1 版　2014 年 7 月第 2 次印刷

开本:787×960　1/16　印张:21　字数:361 千字

定价:39.00 元

本书如有印装质量问题请直接寄承印厂调换